el...

A. CORNELII CELSI
DE MEDICINA
LIBRI OCTO.

AD FIDEM OPTIMORUM LIBRORUM

DENUO RECENSUIT

ADNOTATIONE CRITICA INDICIBUSQUE INSTRUXIT

C. DAREMBERG

BIBLIOTHECAE MAZARINEAE PROCURATOR.

LIPSIAE

IN AEDIBUS B. G. TEUBNERI.

MDCCCLIX.

SIGNA PONDERUM.

P: *pondo* si junctum est cum notis aliorum ponderum quae
    dem semper quantitatem significant, nec ad alia referui

P per se: 1 *libra.*

)-(: 1 *denarius.*

z, seu ⚌, seu ⊤: 1 *sextans.*

zz, seu ⚌ ⚌: 1 *triens*, seu 2 *sextantes.*

—: ½ *sextantis* sive 1 *uncia.*

ε: *semis.*

A. CORNELII CELSI
ARTIUM LIBER SEXTUS

IDEM

˙MEDICINAE PRIMUS.

PROOEMIUM.

Conspectus historiae medicinae. Quae ratio medicinae potissima sit.

Ut alimenta sanis corporibus Agricultura, sic sanitatem
aegris Medicina promittit. Haec nusquam quidem non est:
5 siquidem etiam imperitissimae gentes herbas, aliaque promta in auxilium vulnerum morborumque noverunt. Verumtamen apud Graecos aliquanto magis, quam in ceteris na-
tionibus, exculta est; ac ne apud hos quidem a prima ori-
gine, sed paucis ante nos saeculis; utpote quum vetustissi-
10 mus auctor Aesculapius celebretur. Qui, quoniam adhuc
rudem et vulgarem hanc scientiam paulo subtilius excoluit,
in Deorum numerum receptus est. Hujus deinde duo filii, Po-
dalirius et Machaon, bello Trojano ducem Agamemnonem
sequuti, non mediocrem opem commilitonibus suis attulerunt.
15 Quos tamen Homerus (*Il.*), non in pestilentia, neque in variis
generibus morborum aliquid attulisse auxilii, sed vulneribus
tantummodo ferro et medicamentis mederi solitos esse, proposuit. Ex quo apparet, has partes medicinae solas ab iis esse
tractatas, easque esse vetustissimas. Eodemque auctore disci
20 potest, morbos tum ad iram Deorum immortalium relatos esse,
et ab iisdem opem posci solitam. Verique simile est, inter nulla auxilia adversae valetudinis, plerumque tamen eam bonam
contigisse ob bonos mores, quos neque desidia, neque luxuria
vitiarant: siquidem haec duo, corpora, prius in Graecia, deinde

apud nos, afflixerunt. Ideoque multiplex ista medicina, neque
olim [apud Graecos], neque apud alias gentes necessaria, vix
aliquos ex nobis ad senectutis principia perducit. Ergo
etiam post eos, de quibus retuli, nulli clari viri medicinam
exercuerunt; donec majore studio literarum disciplina agitari 5
coepit, quae, ut animo praecipue omnium necessaria, sic corpori inimica est. Primoque medendi scientia sapientiae pars
habebatur, ut et morborum curatio, et rerum naturae contemplatio sub iisdem auctoribus nata sit: scilicet iis hanc maxime
requirentibus, qui corporum suorum robora quieta cogita- 10
tione, nocturnaque vigilia minuerant. Ideoque multos ex sapientiae professoribus peritos ejus fuisse accepimus; claris-
simos vero ex iis Pythagoram, et Empedoclem, et Democri-
tum. Hujus autem, ut quidam crediderunt, discipulus Hippocrates Cous, primus quidem ex omnibus memoria dignis, ab 15
studio sapientiae disciplinam hanc separavit, vir et arte et fa-
cundia insignis. Post quem Diocles Carystius, deinde Praxa-
goras et Chrysippus, tum Herophilus et Erasistratus sic artem hanc exercuerunt, ut etiam in diversas curandi vias processerint. Iisdemque temporibus in tres partes medicina di- 20
ducta est: ut una esset, quae victu; altera, quae medicamentis; tertia, quae manu mederetur. Primam διαιτητικήν, secundam φαρμακευτικήν, tertiam χειρουργικήν Graeci
nominarunt. Ejus autem, quae victu morbos curat, longe cla-
rissimi auctores, etiam altius quaedam agitare conati, rerum 25
quoque naturae sibi cognitionem vindicarunt, tamquam sine
ea trunca et debilis medicina esset. Post quos Serapion,
primus omnium, nihil hanc rationalem disciplinam pertinere
ad medicinam professus, in usu tantum et experimentis eam
posuit. Quem Apollonius, et Glaucias, et aliquanto post 30
Heraclides Tarentinus, et alii quoque non mediocres viri sequuti, ex ipsa professione se ἐμπειρικούς appellaverunt.
Sic in duas partes ea quoque, quae victu curat, medicina divisa est, aliis rationalem artem, aliis usum tantum sibi vindi-
cantibus: nullo vero quidquam post eos qui supra compre- 35
hensi sunt, agitante, nisi quod acceperat, donec Asclepiades
medendi rationem ex magna parte mutavit. Ex cujus succes-
soribus Themison nuper ipse quoque quaedam in senectute

deflexit. Et per hos quidem maxime viros salutaris i.ta nobis
professio increvit. |
Quoniam autem ex tribus medicinae partibus, ut difficillima,
sic etiam clarissima est ea, quae morbis [sc. *victu*] medetur, ante
5 omnia de hac dicendum est. Et quia prima in eo dissensio est,
quod alii sibi experimentorum tantummodo notitiam necessariam esse contendunt, alii, nisi corporum rerumque ratione
comperta, non satis potentem usum esse proponunt, indican-
dum est, quae maxime ex utraque parte dicantur, quo facilius
10 nostra quoque opinio interponi possit. [Igitur ii, qui rationalem medicinam profitentur, haec necessaria esse proponunt:
abditarum et morbos continentium causarum notitiam, deinde
evidentium; post haec etiam naturalium actionum; novissime
partium interiorum. Abditas causas vocant, in quibus requiri-
15 tur, ex quibus principiis nostra corpora sint, quid secundam,
quid adversam valetudinem faciat. Neque enim credunt, posse
eum scire, quomodo morbos curare conveniat, qui, unde hi
sint, ignoret; neque esse dubium, quin alia curatione opus
sit, si ex quatuor principiis*) vel superans aliquid, vel defi-
20 ciens adversam valetudinem creat; ut quidam ex sapientiae
professoribus dixerunt: alia, si in humidis omne vitium est,
ut Herophilo visum est; alia, si in spiritu, ut Hippocrati [in
libro *de Flatibus*]; alia, si sanguis in eas venas [sc. *arterias*], quae spiritui accommodatae sunt, transfunditur, et in-
25 flammationem, quam Graeci φλεγμονήν nominant, excitat,
eaque inflammatio talem motum efficit, qualis in febre est, ut
Erasistrato placuit; alia, si manantia corpuscula per invisi-
bilia foramina subsistendo iter claudunt, ut Asclepiades con-
tendit; eum vero recte curaturum, quem prima origo causae
30 non fefellerit. Neque vero infitiantur, experimenta quoque
esse necessaria; sed ne ad haec quidem aditum fieri potuisse,
nisi ab aliqua ratione, contendunt; non enim quidlibet antiquiores viros aegris inculcasse, sed cogitasse, quid maxime
conveniret, et id usu explorasse, quo ante conjectura aliqua
35 duxisset; neque interesse, an nunc jam pleraque explorata
sint, si a consilio tamen coeperunt. Et id quidem in multis ita

---

*) Id est *igne, aere, aqua, terra,* seu *calido, frigido, sicco, humido.*

1*

se habere. Saepe vero etiam nova incidere genera morborum, in quibus nihil adhuc usus ostenderit, et ideo necessarium sit animadvertere, unde ea coeperint; sine quo nemo reperire mortalium possit, cur hoc, quam illo, potius utatur. Et ob haec quidem in obscuro positas causas persequuntur. Evi- 5 dentes vero eas appellant, in quibus quaerunt, initium morbi calor attulerit, an frigus; fames, an satietas; et quae similia sunt; occursurum enim vitio dicunt eum, qui originem non ignorarit. Naturales vero corporis actiones appellant, per quas spiritum trahimus et emittimus; cibum potionemque et assu- 10 mimus et concoquimus: itemque per quas eadem haec in omnes membrorum partes digeruntur. Tum requirunt etiam, quare venae nostrae modo submittant se, modo attollant; quae ratio somni, quae vigiliae sit: sine quorum notitia neminem putant vel occurrere, vel mederi morbis inter haec nascentibus posse. 15 Ex quibus quia maxime pertinere ad rem concoctio videtur, huic potissimum insistunt; et, duce alii Erasistrato, teri cibum in ventre contendunt; alii, Plistonico Praxagorae discipulo, putrescere; alii credunt Hippocrati, per calorem cibos concoqui: acceduntque Asclepiadis aemuli, qui, omnia ista vana et 20 supervacua esse, proponunt: nihil enim concoqui, sed crudam materiam, sicut assumta est, in corpus omne diduci. Et haec quidem inter eos parum constant: illud vero convenit, alium dandum cibum laborantibus, si hoc; alium, si illud verum est. Nam si teritur intus, eum quaerendum esse, qui facillime teri 25 possit; si putrescit, eum, in quo hoc expeditissimum est; si calor concoquit, eum, qui maxime calorem movet: at nihil ex his esse quaerendum, si nihil concoquitur; ea vero sumenda, quae maxime manent qualia assumta sunt. Eademque ratione, quum spiritus gravis est, quum somnus aut vigilia 30 urget, eum mederi posse arbitrantur, qui prius illa ipsa qualiter eveniant, perceperit. Praeter haec quum in interioribus partibus et dolores et morborum varia genera nascantur, neminem putant his adhibere posse remedia, qui ipsas ignoret. Necessarium ergo esse incidere corpora mortuorum, eorum- 35 que viscera atque intestina scrutari; longeque optime fecisse Herophilum et Erasistratum, qui nocentes homines, a regibus ex carcere acceptos, vivos inciderint, considerarintque,

etiamnum spiritu remanente, ea, quae natura ante clausisset,
eorumque positum, colorem, figuram, magnitudinem, ordinem, duritiem, mollitiem, laevorem, contactum; processus
deinde singulorum et recessus, et sive quid inseritur alteri,
5 sive quid partem alterius in se recipit. Neque enim, quum
dolor intus incidit, scire quid doleat, eum, qui, qua parte
quodque viscus intestinumve sit, non cognoverit: neque curari id, quod aegrum est, posse ab eo, qui, quid sit, ignoret.
Et quum per vulnus alicujus viscera patefacta sunt, eum,
10 qui sanae cujusque colorem partis ignoret, nescire quid integrum, quid corruptum sit; ita ne succurrere quidem posse
corruptis. Aptiusque extrinsecus imponi remedia, comper-
tis interiorum et sedibus et figuris, cognitaque eorum magnitudine: similesque omnia, quae [intus] posita sunt, rationes
15 habere. Neque esse crudele, sicut plerique proponunt, hominum nocentium, et horum quoque paucorum, suppliciis, remedia populis innocentibus saeculorum omnium quaeri.

Contra ii, qui se ἐμπειρικούς ab experientia nominant,
evidentes quidem causas, ut necessarias, amplectuntur: ob-
20 scurarum vero causarum et naturalium actionum quaestionem
ideo supervacuam esse contendunt, quoniam non comprehen-
sibilis natura sit. Non posse vero comprehendi, patere ex
eorum, qui de his disputarunt, discordia; quum de ista re,
neque inter sapientiae professores, neque inter ipsos medi-
25 cos conveniat. Cur enim potius aliquis Hippocrati credat,
quam Herophilo? cur huic potius, quam Asclepiadi? Si rationes sequi velit, omnium posse videri non improbabiles; si
curationes, ab omnibus his aegros perductos esse ad sanitatem. Ita neque disputationi, neque auctoritati cujusquam
30 fidem derogari oportuisse: etiam sapientiae studiosos maxi-
mos medicos esse, si ratiocinatio hoc faceret; nunc illis verba superesse, deesse medendi scientiam. Differre quoque
pro natura locorum genera medicinae; et aliud opus esse
Romae, aliud in Aegypto, aliud in Gallia. Quod si morbos
35 eae causae facerent, quae ubique eaedem essent, remedia
quoque ubique eadem esse debuisse. Saepe etiam causas
apparere, ut puta lippitudinis, vulneris; neque ex his patere
medicinam. Quod si scientiam hanc non subjiciat evidens

c̓ausa, multo minus eam posse subjicere, quae in dubio est.
Quum igitur illa incerta, incomprehensibilis sit, a certis potius et exploratis petendum esse praesidium; id est, iis, quae
experientia in ipsis curationibus docuerit; sicut in ceteris
omnibus artibus; nam ne agricolam quidem aut gubernato- 5
rem disputatione, sed usu fieri. Ac nihil istas cogitationes
ad medicinam pertinere, eo quoque disci, quod qui diversa
de his senserint, ad eamdem tamen sanitatem homines per-
duxerint. Id enim fecisse, quia non ab obscuris causis, neque a naturalibus actionibus, quae apud eos diversae erant, 10
sed ab experimentis, prout cuique responderant, medendi
vias traxerint. Ne inter initia quidem ab istis quaestionibus
deductam esse medicinam, sed ab experimentis. Aegrorum
enim, qui sine medicis erant, alios propter aviditatem primis
diebus protinus cibum assumsisse, alios propter fastidium ab- 15
stinuisse; levatumque magis eorum morbum esse, qui absti-
nuerant. Itemque alios in ipsa febre aliquid edisse, alios paulo
ante eam, alios post remissionem ejus; optime deinde iis ces-
sisse, qui post finem febris id fecerant. Eademque ratione
alios inter principia protinus usos esse cibo pleniore, alios exi- 20
guo; gravioresque eos factos, qui se implerant. Haec similiaque quum quotidie inciderent, diligentes homines notasse,
quae plerumque melius responderent: deinde aegrotantibus
ea praecipere coepisse. Sic medicinam ortam, subinde aliorum salute, aliorum interitu, perniciosa discernentem a salu- 25
taribus. Repertis deinde jam remediis, homines de rationibus
eorum disserere coepisse: nec post rationem medicinam esse
inventam; sed post inventam medicinam rationem esse quae-
sitam. Requirere etiam ratio idem doceat quod experientia, an aliud: si idem, supervacuam esse; si aliud, etiam 30
contrariam. Primo tamen remedia exploranda summa cura
fuisse, nunc vero jam explorata esse; neque aut nova genera
morborum reperiri, aut novam desiderari medicinam. Quod si
jam incidat mali genus aliquod ignotum, non ideo tamen fore
medico de rebus cogitandum obscuris: sed eum protinus visu- 35
rum, cui morbo id proximum sit; tentaturumque remedia similia illis, quae vicino malo saepe succurrerint, et per ejus similitudinem opem reperturum. Neque enim se dicere, consilio

medicum non egere, et irrationale animal hanc artem posse
praestare; sed has latentium rerum conjecturas ad rem non
pertinere; quia non intersit, quid morbum faciat, sed quid
tollat, neque quomodo, sed quid optime digeratur; sive hac
5 de causa concoctio incidat, sive de illa; et sive concoctio sit
illa, sive tantum digestio. Neque quaerendum esse quomodo
spiremus, sed quid gravem tardumque spiritum expediat; neque quid venas moveat, sed quid quaeque motus genera signi-
ficent. Haec autem cognosci experimentis. Et in omnibus
10 ejusmodi cogitationibus in utramque partem disseri posse; itaque ingenium et facundiam vincere; morbos autem non elo-
quentia, sed remediis curari. Quae si quis elinguis usu discreta bene norit, hunc aliquanto majorem medicum futurum,
quam si sine usu linguam suam excoluerit. Atque ea quidem,
15 de quibus est dictum, supervacua esse tantummodo; id vero,
quod restat, etiam crudele: vivorum hominum alvum atque
praecordia incidi, et salutis humanae praesidem artem non solum pestem alicui, sed hanc etiam atrocissimam, inferre; quum
praesertim ex iis, quae tanta violentia quaerantur, alia non
20 possint omnino cognosci, alia possint etiam sine scelere. Nam
colorem, laevorem, mollitiem, duritiem, similiaque omnia, non
esse talia, inciso corpore, qualia integro fuerint: quia, quum,
corporibus inviolatis, haec tamen metu, dolore, inedia, cruditate, lassitudine, mille aliis mediocribus affectibus saepe mu-
25 tentur; multo magis verisimile est, interiora, quibus major
mollities, et lux ipsa nova sit, sub gravissimis vulneribus et
ipsa trucidatione mutari. Neque quidquam esse stultius, quam
quale quid vivo homine est, tale existimare esse moriente,
imo jam mortuo; nam uterum (sc. *ventrem*) quidem, qui minus
30 ad rem pertineat, spirante homine posse diduci: simul atque
vero ferrum ad praecordia accessit, et discissum transversum
septum est, quod membrana quadam superiores partes ab inferioribus diducit (διάφραγμα Graeci vocant), hominem protinus animam amittere: ita mortui demum praecordia et viscus
35 omne in conspectum latrocinantis medici dari necesse est tale,
quale mortui sit, non quale vivi fuit. Itaque consequi medicum
ut hominem crudeliter jugulet, non ut sciat, qualia vivi viscera
habeamus. Si quid tamen sit, quod adhuc spirante homine

conspectui subjiciatur, id saepe casum offerre curantibus.
Interdum enim gladiatorem in arena, vel militem in acie, vel
viatorem a latronibus exceptum sic vulnerari, ut ejus interior
aliqua pars aperiatur, et in alio alia: ita sedem, positum, ordinem, figuram, similiaque alia cognoscere prudentem medi- 5
cum, non caedem, sed sanitatem molientem; idque per mise-
ricordiam discere, quod alii dira crudelitate cognorint. Ob
haec ne mortuorum quidem lacerationem necessariam esse,
quae, etsi non crudelis, tamen foeda sit; quum aliter pleraque in mortuis se habeant: quantum vero in vivis cognosci 10
potest, ipsa curatio ostendat.

Quum haec per multa volumina, perque magnae conten-
tionis disputationes a medicis saepe tractata sint atque tractentur: subjiciendum est, quae proxima vero videri possint. Ea
neque addicta alterutri opinioni sunt, neque ab utraque nimium 15
abhorrentia; media quodammodo inter diversas sententias:
quod in plurimis contentionibus deprehendere licet, sine am-
bitione verum scrutantibus, ut in hac ipsa re; nam quae demum causae, vel secundam valetudinem praestent, vel morbos
excitent; quomodo spiritus, aut cibus, vel trahatur, vel dige- 20
ratur, ne sapientiae quidem professores scientia comprehendunt, sed conjectura persequuntur. Cujus autem rei non est
certa notitia, ejus opinio certum reperire remedium non potest. Verumque est, ad ipsam curandi rationem nihil plus conferre, quam experientiam. Quamquam igitur multa sint ad 25
ipsas artes proprie non pertinentia, tamen eas adjuvant, exci-
tando artificis ingenium. Itaque ista quoque naturae rerum
contemplatio, quamvis non faciat medicum, aptiorem tamen
medicinae reddit. Verique simile est, et Hippocratem et Erasistratum et quicumque alii, non contenti febres et ulcera agi- 30
tare, rerum quoque naturam ex aliqua parte scrutati sunt, non
ideo quidem medicos fuisse, verum ideo quoque majores medicos extitisse. Ratione vero opus est ipsi medicinae, etsi
non inter obscuras causas, neque inter naturales actiones, tamen saepe; est enim haec ars conjecturalis; neque respon- 35
det ei plerumque non solum conjectura, sed etiam experientia.
Et interdum non febris, non cibus, non somnus subsequitur,
sicut assuevit. Rarius, sed aliquando morbus quoque ipse no-

vus est: quem non incidere, manifeste falsum est; quum aetate
nostra quaedam, ex naturalibus partibus carne prolapsa et
arente, intra paucas horas expiraverit sic, ut nobilissimi medici neque genus mali, neque remedium invenerint. Quos eo
5 nihil tentasse judico, quia nemo in splendida persona periclitari conjectura sua voluerit, ne occidisse, nisi servasset, vi-
deretur: veri tamen simile est, potuisse aliquid cogitari, detracta tali verecundia; et fortasse responsurum fuisse id, quod
aliquis esset expertus. Ad quod medicinae genus neque sem-
10 per similitudo aliquid confert; et si quando confert, tamen id
ipsum rationale est, inter multa similia genera et morborum
et remediorum, cogitare, quo potissimum medicamento sit
utendum. Quum igitur talis res incidit, medicus aliquid oportet inveniat, quod non utique fortasse, sed saepius tamen
15 etiam respondeat. Petet autem novum quoque consilium non
ab rebus latentibus, istae enim dubiae et incertae sunt, sed ab
iis, quae explorari possunt, id est evidentibus causis. Interest
enim, fatigatio morbum, an sitis, an frigus, an calor, an vigilia,
an fames fecerit, an cibi vinique abundantia, an intemperan-
20 tia libidinis. Neque ignorare hunc oportet, quae sit aegri
natura: humidum magis, an magis siccum corpus ejus sit;
validi nervi, an infirmi; frequens adversa valetudo, an rara;
eaque, quum est, vehemens esse soleat, an levis; brevis, an
longa: quod is vitae genus sit sequutus, laboriosum, an quie-
25 tum; cum luxu, an cum frugalitate. Ex his enim, similibusque, saepe curandi nova ratio ducenda est.

Quamvis ne haec quidem sic praeteriri debent, quasi nullam controversiam recipiant; nam et Erasistratus non ex his
fieri morbos dixit; quoniam et alii, et iidem alias post ista
30 non febricitarent: et quidam medici saeculi nostri, sub auctore, ut ipsi videri volunt, Themisone, contendunt, nullius
causae notitiam quidquam ad curationes pertinere; satisque
esse, quaedam *communia* morborum intueri. Siquidem horum tria genera esse, unum adstrictum, alterum fluens, ter-
35 tium mixtum. Nam modo parum excernere aegros, modo
nimium; modo alia parte parum, alia nimium. Haec autem
genera morborum modo acuta esse, modo longa; et modo increscere, modo consistere, modo minui. Cognito igitur eo,

quod ex his est, si corpus adstrictum est, digerendum esse;
si profluvio laborat, continendum; si mixtum vitium habet,
occurrendum subinde vehementiori malo. Et aliter acutis morbis medendum, aliter vetustis, aliter increscentibus, aliter sub-
sistentibus, aliter jam ad sanitatem inclinatis. Horum obser- 5
vationem medicinam esse; quam ita finiunt, ut quasi viam
quamdam, quam μέϑοδον Graeci nominant, eorumque, quae
in morbis communia sunt, contemplatricem esse contendant.
Ac neque rationalibus se, neque experimenta tantum spectantibus adnumerari volunt: quum ab illis eo nomine dissentiant, 10
quod in conjectura rerum latentium nolunt esse medicinam;
ab his eo, quod parum artis esse in observatione experimentorum credunt. Quod ad Erasistratum pertinet, primum ipsa
evidentia ejus opinioni repugnat; quia raro, nisi post horum
aliquid, morbus venit. Deinde non sequitur, ut quod alium 15
non afficit, aut eumdem alias, id ne alteri quidem, aut eidem
tempore alio noceat. Possunt enim quaedam subesse corpori, vel ex infirmitate ejus, vel ex aliquo affectu, quae vel
in alio non sunt, vel in hoc alias non fuerunt; eaque per se
non tanta, ut concitent morbum, tamen obnoxium magis aliis 20
injuriis corpus efficiant. Quod si contemplationem rerum naturae, quam non temere medici sibi vindicant, satis compre-
hendisset, etiam illud scisset, nihil omnino ob unam causam
fieri, sed id pro causa apprehendi, quod contulisse plurimum
videtur. Potest autem id, dum solum est, non movere, quod 25
junctum aliis maxime movet. Accedit ad haec, quod ne ipse
quidem Erasistratus, qui transfuso in arterias sanguine febrem
fieri dicit, idque nimis repleto corpore incidere, reperit, cur
ex duobus aeque repletis, alter in morbum inciderit, alter
omni periculo vacarit; quod quotidie fieri apparet. Ex quo 30
disci potest, ut vera sit illa transfusio, tamen illam non per
se, quum plenum corpus est, fieri, sed quum horum aliquid
accesserit. Themisonis vero aemuli, si perpetua, quae pro-
mittunt, habent, magis etiam quam ulli, rationales sunt. Neque enim, si quis non omnia tenet, quae rationalis alius pro- 35
bat, protinus alio novo nomine artis indiget; si modo, quod
primum est, non memoriae soli, sed rationi quoque insistit.
Sin, quod vero propius est, vix ulla perpetua praecepta me-

dicinalis ars recipit (cf. II, 10; III, 4), idem sunt, quod ii, quos
experimenta sola sustinent: eo magis, quoniam, compresserit
aliquem morbus, an fuderit, quilibet etiam imperitissimus videt:
quid autem compressum corpus resolvat, quid solutum teneat,
5 si a ratione tractum est, rationalis est medicus; si, ut ei qui se
rationalem negat, confiteri necesse est, ab experientia, em-
piricus. Ita apud eum morbi cognitio extra artem, medicina
intra usum est. Neque adjectum quidquam empiricorum pro-
fessioni, sed demtum est; quoniam illi multa circumspiciunt,
10 hi tantum facillima, et non plus, quam vulgaria; nam et ii,
qui pecoribus ac iumentis medentur, quum propria cujusque
ex mutis animalibus nosse non possint, communibus tantummodo insistunt; et exterae gentes, quum subtilem medicinae
rationem non noverint, communia tantum vident; et qui am-
15 pla valetudinaria nutriunt, quia singulis summa cura consu-
lere non sustinent, ad communia ista confugiunt. Neque, hercules, istud antiqui medici nescierunt, sed his contenti non
fuerunt. Ergo etiam vetustissimus auctor Hippocrates (*Epid.*
I, sect. 3, § 10) dixit, mederi oportere et communia et pro-
20 pria intuentem. Ac ne isti quidem ipsi intra suam professionem
consistere ullo modo possunt: siquidem et compressorum et
fluentium morborum genera diversa sunt; faciliusque id in iis,
quae fluunt, inspici potest. Aliud est enim sanguinem, aliud
bilem, aliud cibum vomere; aliud dejectionibus, aliud tormi-
25 nibus laborare; aliud sudore digeri, aliud tabe consumi. Atque in partes quoque humor erumpit, ut in oculos, auresque:
quo periculo nullum humanum membrum vacat. Nihil autem
horum sic, ut aliud, curatur. Ita protinus in his a communi
fluentis morbi contemplatione ad propriam medicina descen-
30 dit. Atque in hac quoque rursus alia proprietatis notitia saepe
necessaria est; quia non eadem omnibus, etiam in similibus
casibus, opitulantur: siquidem certae quaedam res sunt, quae
in pluribus ventrem aut adstringunt, aut resolvunt; inveniun-
tur tamen, in quibus aliter, atque in ceteris, id eveniat. In
35 his ergo communium inspectio contraria est, propriorum tantum salutaris. Et causae quoque aestimatio saepe morbum
solvit. Ergo etiam ingeniosissimus saeculi nostri medicus,
quem nuper vidimus, Cassius, febricitanti cuidam, et magna

siti affecto, quum post ebrietatem eum premi coepisse cog-
nosset, aquam frigidam ingessit. Qua ille epota, quum vini
vim miscendo fregisset, protinus febrem somno et sudore
discussit. Quod auxilium medicus opportune providit, non
ex eo, quod aut adstrictum corpus erat, aut fluebat; sed ex ea
causa, quae ante praecesserat. Estque etiam proprium aliquid et loci et temporis istis quoque auctoribus: qui quum
disputant, quemadmodum sanis hominibus agendum sit, praecipiunt, ut gravibus aut locis aut temporibus magis vitetur frigus, aestus, satietas, labor, libido; magisque ut conquiescat
iisdem locis aut temporibus, si quis gravitatem corporis sentit; ac neque vomitu stomachum, neque purgatione alvum
sollicitet. Quae vera quidem sunt; a communibus tamen ad
quaedam propria descendunt. Nisi persuadere nobis volunt,
sanis quidem considerandum esse, quod coelum, quod tempus anni sit; aegris vero non esse: quibus tanto magis omnis
observatio necessaria est, quanto magis obnoxia offensis infirmitas est. Quin etiam morborum in iisdem hominibus aliae
atque aliae proprietates sunt; et qui secundis aliquando frustra curatus est, contrariis saepe restituitur. Plurimaque in
dando cibo discrimina reperiuntur: ex quibus contentus uno
ero. Nam famem facilius adolescens, quam puer (*Aph.* I, 13);
facilius in denso coelo, quam in tenui; facilius hieme, quam
aestate; facilius uno cibo, quam prandio quoque assuetus;
facilius inexercitatus, quam exercitatus homo sustinet. Saepe
autem in eo magis necessaria cibi festinatio est, qui minus
inediam tolerat. Ob quae concipio, eum, qui propria non
novit, communia tantum intueri debere; eumque, qui nosse
propria potest, illa quidem non oportere negligere, sed his
quoque insistere. Ideoque, quum par scientia sit, utiliorem
tamen medicum esse amicum, quam extraneum.

Igitur, ut ad propositum meum redeam, rationalem quidem puto medicinam esse debere: instrui vero ab evidentibus causis; obscuris omnibus, non a cogitatione artificis, sed
ab ipsa arte rejectis. Incidere autem vivorum corpora, et
crudele, et supervacuum est: mortuorum, discentibus necessarium; nam positum et ordinem nosse debent; quae cada-
vera melius, quam vivus et vulne tus homo repraesentant.

Sed et cetera, quae modo in vivis cognosci possunt, in ipsis
curationibus vulneratorum paulo tardius, sed aliquanto mitius
usus ipse mónstrabit. His propositis, primum dicam, quemadmodum sanos agere conveniat: tum ad ea transibo, quae
5 ad morbos curationesque eorum pertinebunt.

CAPUT I.

Qualiter se sanus agere debeat.

Sanus homo, qui et bene valet, et suae spontis est, nullis
obligare se legibus debet; ac neque medico, neque alipta
10 egere. Hunc oportet varium habere vitae genus: modo ruri
esse, modo in urbe, saepiusque in agro; navigare, venari,
quiescere interdum, sed frequentius se exercere: siquidem
ignavia corpus hebetat, labor firmat (Hipp. *Vict. rat.* II, 60);
illa maturam senectutem, hic longam adolescentiam reddit.
15 Prodest etiam interdum balneo, interdum aquis frigidis uti;
modo ungi, modo id ipsum negligere; nullum cibi genus fugere, quo populus utatur; interdum in convivio esse, interdum ab eo se retrahere; modo plus justo, modo non amplius
assumere; bis die potius, quam semel cibum capere, et sem-
20 per quam plurimum, dummodo hunc concoquat. Sed ut hujus generis exercitationes cibique necessarii sunt; sic athle-
tici supervacui; nam et intermissus, propter civiles aliquas
necessitates, ordo exercitationis corpus affligit: et ea corpora, quae more eorum repleta sunt, celerrime et senescunt,
25 et aegrotant.

Concubitus vero neque nimis concupiscendus, neque nimis pertimescendus est: rarus corpus excitat; frequens solvit. Quum autem frequens non numero sit, sed ratione aetatis et corporis, scire licet, eum non inutilem esse, quem cor-
30 poris neque languor, neque dolor sequitur. Idem interdiu
pejor est, noctu tutior: ita tamen, si neque illum cibus, neque hunc cum vigilia labor statim sequitur. Haec firmis servanda sunt; cavendumque, ne in secunda valetudine adversae
praesidia consumantur.

CAPUT II.

Qualiter se agere debeant qui imbecilles sunt.

At imbecillis (quo in numero magna pars urbanorum, omnesque paene cupidi literarum sunt), observatio major necessaria est; ut, quod vel corporis, vel loci, vel studii ratio 5 detrahit, cura restituat. Ex his igitur, qui bene concoxit, mane tuto surget; qui parum, quiescere debet, et, si mane surgendi necessitas fuerit, redormire: qui non concoxit, ex toto conquiescere, ac neque labori se, neque exercitationi, neque negotiis credere. Qui crudum sine praecordiorum do- 10 lore ructat, is ex intervallo aquam frigidam bibere, et se nihilo minus continere. Habitare vero aedificio lucido, perflatum aestivum, hibernum solem habente; cavere meridianum solem, matutinum et vespertinum frigus; itemque auras fluminum atque stagnorum; minimeque, nubilo coelo, soli ape- 15 rienti, se committere, ne modo frigus, modo calor moveat; quae res maxime gravedines destillationesque concitat. Magis vero gravibus locis ista servanda sunt, in quibus etiam pestilentiam faciunt. Scire autem licet, integrum corpus esse, quum quotidie mane urina alba, deinde rufa est: illud con- 20 coquere, hoc concoxisse significat. Ubi experrectus est aliquis, paulum intermittere: deinde, nisi hiems est, fovere os multa aqua frigida debet. Longis diebus meridiari potius ante cibum; sin minus, post eum: per hiemem potissimum totis noctibus conquiescere. Sin lucubrandum est, non post 25 cibum id facere, sed post concoctionem. Quem interdiu vel domestica, vel civilia officia tenuerunt, huic tempus aliquod servandum curationi corporis sui est. Prima autem ejus curatio, exercitatio est, quae semper antecedere cibum debet: in eo, qui minus laboravit, et bene concoxit, amplior; in eo, 30 qui fatigatus est, et minus concoxit, remissior. Commode vero exercent clara lectio, arma, pila, cursus, ambulatio; atque haec non utique plana, commodior est: siquidem melius ascensus quoque et descensus cum quadam varietate corpus movet; nisi tamen id perquam imbecillum est. Melior autem 35

est sub divo, quam in porticu; melior, si caput patitur, in
sole, quam in umbra; melior in umbra quam parietes aut viridia efficiunt, quam quae tecto subest; melior recta, quam
flexuosa. Exercitationis autem plerumque finis esse debet
sudor, aut certe lassitudo, quae citra fatigationem sit: idque
ipsum modo minus, modo magis faciendum est. Ac ne his
quidem, athletarum exemplo, vel certa esse lex, vel immodicus labor debet. Exercitationem recte sequitur modo unctio, vel in sole, vel ad ignem; modo balneum, sed conclavi
quam maxime et alto et lucido et spatioso. Ex his vero
neutrum semper fieri oportet; sed saepius alterutrum, pro
corporis natura. Post haec paulum conquiescere opus est.
Ubi ad cibum ventum est, numquam utilis est nimia satietas;
saepe inutilis nimia abstinentia; si qua intemperantia subest,
tutior est in potione, quam in esca (cf. *Aph.* II, 11). Cibus
a salsamentis, oleribus, similibusque rebus melius incipit:
tum caro assumenda est, quae assa optima, aut elixa est.
Condita omnia duabus de causis inutilia sunt; quoniam et plus
propter dulcedinem assumitur, et quod modo par est, tamen
aegrius concoquitur. Secunda mensa bono stomacho nihil
nocet, in imbecillo coacescit. Si quis itaque hoc parum valet, palmulas, pomaque, et similia melius primo cibo assumit. Post multas potiones, quae aliquantum sitim excesserunt,
nihil edendum est: post satietatem, nihil agendum. Ubi ex-
pletus est aliquis, facilius concoquit, si quidquid assumsit,
potione aquae frigidae includit, tum paulisper invigilat, deinde
bene dormit. Si quis interdiu se implevit, post cibum neque
frigori, neque aestui, neque labori se debet committere: neque enim tam facile haec inani corpore, quam repleto nocent.
Si quibus de causis futura inedia est, labor omnis vitandus
est. (Hipp. *Aph.* II, 16.)

CAPUT III.

Observationes circa corporum genera, aetates, et tempora anni.

Atque haec quidem paene perpetua sunt. Quasdam au
tem observationes desiderant et novae res, et corporum re

nera, et aetates, et tempora anni. Nam neque ex salubri loco
in gravem, neque ex gravi in salubrem transitus satis tutus
est. Ex salubri in gravem, prima hieme; ex gravi in eum,
qui salubris est, prima aestate transire melius est. Neque
vero ex multa fame nimia satietas; neque ex nimia satietate 5
fames idonea est (cf. *Aph.* II, 4). Periclitaturque, et qui
semel, et qui bis die cibum incontinenter, contra consuetudinem, assumit (Hipp. *Vict. rat. acut.* § 9). Item neque ex nimio labore subitum otium, neque ex nimio otio subitus labor,
sine gravi noxa est. Ergo, quum quis mutare aliquid volet, 10
paulatim debebit assuescere (*Aph.* II, 50). Omnem etiam
laborem facilius vel puer vel senex, quam insuetus homo sustinet (*Aph.* II, 49). Atque ideo quoque nimis otiosa vita
utilis non est; quia potest incidere laboris necessitas. Si
quando tamen insuetus aliquis laboravit, aut si multo plus, 15
quam solet, etiam is, qui assuevit, huic jejuno dormiendum
est: multo magis, si etiam os amarum est, vel oculi caligant,
aut venter perturbatur. Tum enim non dormiendum tantummodo jejuno est, sed etiam in posterum diem permanendum;
nisi cito id quies sustulit. Quod si factum est, surgere opor- 20
tet, et lente paululum ambulare. At si somni necessitas
non fuit, quia modice magis aliquis laboravit, tamen ingredi
aliquid eodem modo debet. Communia deinde omnibus sunt
post fatigationem cibum sumpturis, ubi paulum ambulaverunt,
si balneum non est, calido loco, vel in sole, vel ad ignem 25
ungi, atque sudare; si est, ante omnia in tepidario sedere,
deinde, ubi paulum conquieverunt, intrare et descendere in
solium; tum multo oleo ungi, leniterque perfricari, iterum in
solium descendere: post haec os aqua calida, deinde frigida
fovere. Balneum his fervens idoneum non est. Ergo si ni- 30
mium alicui fatigato paene febris est, huic abunde est loco
tepido demittere se inguinibus tenus in aquam calidam, cui
paulum olei sit adjectum; deinde totum quidem corpus, maxime tamen eas partes, quae in aqua fuerunt, leniter perfricare ex oleo, cui vinum et paulum contriti salis sit adjectum. 35
Post haec omnibus fatigatis aptum est cibum sumere, eoque
humido uti; aqua, vel certe diluta potione esse contentos;
maximeque ea, quae moveat urinam. Illud quoque nosse opor-

tet, quod ex labore sudanti frigida potio perniciosissima est;
atque etiam, quum sudor se remisit, itinere fatigatis inutilis.
A balneo quoque venientibus Asclepiades inutilem eam ju-
dicavit: quod in iis verum est, quibus alvus facile, nec tuto,
5 resolvitur, quique facile inhorrescunt; perpetuum in omnibus
non est, quum potius naturale sit, potione aestuantem stomachum refrigerari. Quod ita praecipio, ut tamen fatear, ne
ex hac quidem causa sudanti adhuc frigidum bibendum esse.
Solet etiam prodesse, post varium cibum, frequentesque di-
10 lutas potiones, vomitus, et postero die longa quies, deinde
modica·exercitatio. Si assidua fatigatio urget, invicem modo
aqua, modo vinum bibendum est, raroque balneo utendum.
Levatque lassitudinem etiam laboris mutatio: eumque, quem
novum genus laboris pressit, id, quod in consuetudine est,
15 reficit. Fatigato quotidianum cubile tutissimum est: insolitum
contra lassat. Quod enim contra consuetudinem est, nocet,
seu molle, seu durum est (cf. Hipp. *Vict. rat. acut.* § 12).
  Proprie quaedam ad eum pertinent, qui ambulando fatiga-
tur. Hunc reficit in ipso quoque itinere frequens frictio; post
20 iter, primum sedile, deinde unctio: tum calida aqua in balneo
magis inferiores partes, quam superiores foveat. Si quis
vero exustus in sole est, huic in balneum protinus eundum,
perfundendumque oleo corpus et caput; deinde in solium
bene calidum descendendum est; tum multa aqua per caput
5 infundenda, prius calida, deinde frigida. At ei, qui perfrixit,
opus est in balneo primum involuto sedere, donec insudet
(cf. cap. 4 et II, 17); tum ungi; deinde lavari: cibum modicum, potiones meracas assumere. Is vero qui navigavit, et
nausea pressus est, si multam bilem evomuit, vel abstinere
10 a cibo debet, vel paulum aliquid assumere; si pituitam aci-
dam effudit, utique sumere cibum, sed assueto leviorem; si
sine vomitu nausea fuit, vel abstinere, vel post cibum vomere. Qui vero toto die, vel in vehiculo, vel in spectaculis
sedit, huic nihil currendum, sed lente ambulandum est: lenta
5 quoque in balneo mora, dein coena exigua prodesse consueverunt. Si quis in balneo aestuat, reficit hunc ore exceptum,
et in eo retentum acetum: si id non est, eodem modo frigida
aqua assumta.

Ante omnia autem norit quisque naturam sui corporis: quoniam alii graciles, alii obesi sunt, alii calidi, alii frigidiores, alii humidi, alii sicci; alios adstricta, alios resoluta alvus exercet: raro quisquam non aliquam partem corporis imbecillam habet. Tenuis vero homo implere se debet, plenus 5 extenuare, calidus refrigerare, frigidus calefacere, madens siccare, siccus madefacere: itemque alvum firmare is, cui fusa; solvere is, cui adstricta est: succurrendumque semper parti maxime laboranti est.

Implet aqtem corpus modica exercitatio, frequentior quies, 10 unctio, et, si post prandium est, balneum, contracta alvus, modicum frigus hieme, somnus et plenus et non nimis longus, molle cubile, animi securitas, assumta per cibos et potiones maxime dulcia et pinguia, cibus et frequentior et quantus plenissimus potest concoqui. Extenuat corpus aqua calida, si 15 quis in eam descendit, magisque si salsa est; in jejuno balneum, inurens sol et omnis calor, cura, vigilia, somnus nimium vel brevis vel longus; durum cubile (Hipp. *De sal. diaeta* § 4); cursus, multa ambulatio, omnisque vehemens exercitatio, vomitus, dejectio, acidae res et austerae, et semel 20 die assumtae, et vini non praefrigidi potio jejuno in consuetudinem adducta.

Quum vero inter extenuantia posuerim vomitum et dejectionem, de his quoque proprie quaedam dicenda sunt. Ejectum esse ab Asclepiade vomitum in eo volumine, quod *De* 25 *tuenda sanitate* composuit, video: neque reprehendo, si offensus eorum est consuetudine, qui quotidie ejiciendo, vorandi facultatem moliuntur. Paulo etiam longius processit: idem purgationes quoque eodem volumine expulit. Et sunt eae perniciosae, si nimis valentibus medicamentis fiunt; sed 30 haec tamen submovenda esse, non est perpetuum; quia corporum temporumque ratio potest ea facere necessaria, dum et modo, et non nisi quum opus est, adhibeantur. Ergo ille quoque ipse, si quid jam corruptum esset, expelli debere confessus est: ita non ex toto res condemnanda est; sed esse 35 ejus etiam plures causae possunt; estque in ea quaedam paulo subtilior observatio adhibenda.

Vomitus utilior est hieme, quam aestate (cf. *Aph.* IV, 4):

nam tunc et pituitae plus, et capitis gravitas major subest. Inutilis est gracilibus, et imbecillum stomachum habentibus: utilis plenis et biliosis omnibus, si vel nimium se replerunt, vel parum concoxerunt; nam sive plus est, quam quod concoqui possit, periclitari ne corrumpatur, non oportet; sive corruptum est, nihil commodius est, quam id, qua via primum expelli potest, ejicere. Itaque, ubi amari ructus cum dolore et gravitate praecordiorum sunt, ad hunc protinus confugiendum est (cf. *Aph.* IV, 17). Idem prodest ei, cui pectus aestuat, et frequens saliva, vel nausea est; aut sonant aures, aut madent oculi, aut os amarum est: similiterque ei, qui vel coelum, vel locum mutat; iisque, quibus, si per plures dies non vomuerunt, dolor praecordia infestat. Neque ignoro inter haec praecipi quietem: quae non semper contingere potest agendi necessitatem habentibus; nec in omnibus idem facit. Itaque istud luxuriae causa fieri non oportere confiteor; interdum valetudinis causa recte fieri, experimentis credo: cum eo tamen, ne quis, qui valere et senescere volet, hoc quotidianum habeat. — Qui vomere post cibum vult, si ex facili facit, aquam tantum tepidam ante debet assumere; si difficilius, aquae vel salis, vel mellis paulum adjicere. At qui mane vomiturus est, ante bibere mulsum, vel hyssopum, aut esse radiculam debet; deinde aquam tepidam, ut supra scriptum est, bibere. Cetera, quae antiqui medici praeceperunt, stomachum omnia infestant. Post vomitum, si stomachus infirmus est, paulum cibi, sed hujus idonei, gustandum, et aquae frigidae cyathi tres bibendi sunt, nisi tamen fauces vomitus exasperarit. Qui vomuit, si mane id fecit, ambulare debet, tum ungi, deinde coenare: si post coenam, postero die lavari, et in balneo sudare. Huic proximus cibus mediocris utilior est; isque esse debet cum pane hesterno, vino austero meraco, et carne assa, cibisque omnibus quam siccissimis. Qui vomere bis in mense vult, melius consulet, si biduo continuarit, quam si post quintumdecimum diem vomuerit (Hipp. *De salubri diaeta* § 5); nisi haec mora gravitatem pectori faciet.

Dejectio autem a medicamento quoque petenda est, ubi venter suppressus parum reddit, ex eoque inflationes.

gines, capitis dolores, aliaque superioris partis mala increscunt. Quid enim inter haec adjuvare possunt quies et inedia, per quae illa maxime eveniunt? Qui dejicere vult, primum cibis vinisque utetur iis, quae hoc praestant; dein, si
parum illa proficient, aloen sumat. Sed purgationes quoque,
ut interdum necessariae sunt, sic, ubi frequentes sunt, periculum afferunt. Assuescit enim non ali corpus; quum omnibus morbis obnoxia maxime infirmitas sit.

Calefacit autem unctio, aqua salsa, magisque si calida
est, omnia salsa, amara, carnosa, si post cibum est, balneum, vinum austerum. Refrigerat in jejuno et balneum, et
somnus, nisi nimis longus est, omnia acida; aqua quam frigidissima; oleum, si aqua miscetur. Humidum autem corpus
efficit labor minor, quam ex consuetudine, frequens balneum,
cibus plenior, multa potio; post haec ambulatio, et vigilia;
per se quoque ambulatio multa et vehemens, et matutinae
exercitationi non protinus cibus adjectus; ea genera escae,
quae veniunt ex locis frigidis, et pluviis, et irriguis. Contra
siccat immodica exercitatio, fames, unctio sine aqua, calor,
sol immodicus, frigida aqua, cibus exercitationi statim subjectus; et is ipse ex siccis et aestuosis locis veniens.

Alvum adstringit labor, sedile, creta figularis corpori
illita, cibus imminutus, et is ipse semel die assumtus ab eo,
qui bis solet; exigua potio, neque adhibita, nisi quum cibi
quis quantum assumturus est, cepit; post cibum quies. Contra solvit aucta ambulatio atque esca, motus qui post cibum
est, subinde potiones cibo immixtae. Illud quoque scire
oportet, quod ventrem vomitus solutum comprimit, compressum solvit: itemque comprimit is vomitus, qui statim post
cibum est; solvit is, qui tarde supervenit.

Quod ad aetates vero pertinet, inediam facillime sustinent mediae aetates, minus juvenes, minime pueri et senectute
confecti (Aph. I, 13). Quo minus fert facile quisque, eo
saepius debet cibum assumere; maximeque eo eget, qui increscit (Aph. I, 14). Calida lavatio et pueris et senibus
apta est. Vinum dilutius pueris, senibus meracius, neutri
aetati quae inflationes movent. Juvenum minus, quae assu-
mant, et quomodo curentur, interest. Quibus juvenibus fluxit

alvus, plerumque in senectute contrahitur: quibus in adolescentia fuit adstricta, saepe in senectute solvitur (*Aph.* II, 20). Melior est autem in juvene fusior, in sene adstrictior (cf. *Aph.* II, 53).

5 Tempus quoque anni considerare oportet. Hieme plus esse convenit (*Aph.* I, 15; cf. 18); minus, sed meracius bibere; multo pane uti, carne potius assa, modice oleribus (cf. Hipp. *De diaeta salubri* § 1) semel die cibum capere, nisi si nimis venter adstrictus est. Si prandet aliquis, utilius
10 est exiguum aliquid, et ipsum siccum sine carne, sine potione sumere. Eo tempore anni calidis omnibus potius utendum est, vel calorem moventibus. Venus tum non aeque perniciosa est. At vere paulum cibo demendum, adjiciendumque potioni, sed dilutius tamen bibendum est; magis carne
15 utendum, magis oleribus; transeundum paulatim ab assis ad elixa. Venus eo tempore anni tutissima est. Aestate vero et potione et cibo saepius corpus eget; ideo prandere quoque commodum est. Eo tempore aptissima sunt et caro et olus; potio quam dilutissima, ut et sitim tollat, nec corpus incen-
20 dat; frigida lavatio, caro elixa, frigidi cibi, vel qui refrigerent. Ut saepius autem cibo utendum, sic exiguo est. Per autumnum vero, propter coeli varietatem, periculum maximum est (cf. *Aph.* III, 4). Itaque neque sine veste, neque sine calceamentis prodire oportet, praecipueque diebus fri-
25 gidioribus, neque sub divo noctu dormire, aut certe bene operiri. Cibo vero jam paulo pleniore uti licet; minus, sed meracius bibere. Poma nocere quidam putant, quae immodice toto die plerumque sic assumuntur, ne quid ex densiore cibo remittatur: ita non haec, sed consummatio omnium no-
30 cet. Ex quibus in nullo tamen minus, quam in his noxae est. Sed his uti non saepius, quam alio cibo, convenit. Denique aliquid densiori cibo, quum hic accedit, necessarium est demi. Neque aestate vero, neque autumno utilis venus est: tolerabilior tamen per autumnum; aestate in totum, si fieri
35 potest, abstinendum est.

CAPUT IV.

De his quibus caput infirmum est.

Proximum est, ut de iis dicam, qui partes aliquas corporis imbecillas habent. Cui caput infirmum est, is, si bene concoxit, leniter perfricare id mane manibus suis debet; numquam id, si fieri potest, veste velare; ad cutem tonderi; sed numquam post cibum (cf. cap. 5). Si cui capilli sunt, eos quotidie pectere; multum ambulare, sed, si licet, neque sub tecto, neque in sole; utique autem vitare solis ardorem, maximeque post cibum et vinum; potius ungi, quam lavari; numquam ad flammam ungi, interdum ad prunam. Si in balneum venit, sub veste primum paulum in tepidario insudare, ibi ungi, tum transire in calidarium; ubi insudarit, in solium non descendere, sed multa calida aqua per caput se totum perfundere, tum tepida, deinde frigida; diutiusque ea caput, quam ceteras partes perfundere; deinde id aliquamdiu perfricare; novissime detergere, et ungere. Capiti nihil aeque prodest atque aqua frigida: itaque is, cui hoc infirmum est, per aestatem id bene largo canali quotidie debet aliquamdiu subjicere. Semper autem, etiamsi sine balneo unctus est, neque totum corpus refrigerare sustinet, caput tamen aqua frigida perfundere. Sed quum ceteras partes attingi nolit, demittere id, ne ad cervices aqua descendat; eamque, ne quid oculis, aliisve partibus noceat, defluentem subinde manibus ad hoc regerere. Huic modicus cibus necessarius est, quem facile concoquat; isque, si jejuno caput laeditur, assumendus etiam medio die est; si non laeditur, semel potius. Bibere huic assidue vinum dilutum, lene, quam aquam, magis expedit; ut, quum caput gravius esse coeperit, sit quo confugiat: eique ex toto neque vinum, neque aqua semper utilia sunt; medicamentum utrumque est, quum invicem assumitur (cf. III, 2). Scribere, legere, voce contendere, huic opus non est, utique post coenam; post quam ne cogitatio quidem ei satis tuta est: maxime tamen vomitus alienus est.

CAPUT V.

De his qui lippitudine, gravedine, destillatione, tonsillisque
laborant.

Neque vero his solis, quos capitis imbecillitas torquet,
5 usus aquae frigidae prodest, sed iis etiam, quos assiduae
lippitudines, gravedines, destillationes, tonsillaeque male
habent. His autem non caput tantum quotidie perfundendum,
sed os quoque multa frigida aqua fovendum est; praecipueque
omnibus, quibus hoc utile auxilium est, eo utendum est, ubi
10 gravius coelum austri reddiderunt. Quumque omnibus inutilis
sit post cibum aut contentio, aut cogitatio; tum iis praecipue,
qui vel capitis, vel arteriae (*asperae*) dolores habere consuerunt, vel quoslibet alios oris affectus. Vitari etiam gravedines, destillationesque possunt, si quam minime, qui his
15 opportunus est, loca aquasque mutat; si caput in sole prote-
git, ne incendatur, neve subitum ex repentino nubilo frigus
id moveat; si post concoctionem jejunus caput radit; si post
cibum neque legit, neque scribit.

CAPUT VI.

De alvo soluta.

20

Quem vero frequenter cita alvus exercet, huic opus est
pila similibusque superiores partes exercere; dum jejunus
est, ambulare; vitare solis nimium ardorem, continua balnea; ungi citra sudorem; non uti cibis variis, minimeque ju-
25 rulentis, aut leguminibus oleribusve iis, quae celeriter descendunt; omnia denique sumere quae tarde concoquuntur. Venatio, durique pisces, et ex domesticis animalibus assa caro
maxime juvant. Numquam vinum salsum bibere expedit, ne
tenue quidem, aut dulce; sed austerum et plenius, neque
30 idipsum pervetus. Si mulso uti volet, id ex decocto melle
faciendum est. Si frigidae potiones ventrem ejus non turbant,
his utendum potissimum est. Si quid offensae in coena sensit, vomere debet; idque postero quoque die facere: tertio,

modici ponderis panem ex vino esse, adjecta uva ex olla,
vel ex defruto (cf. Colum. XII, 43), similibusque aliis: deinde
ad consuetudinem redire. Semper autem post cibum conquiescere, ac neque intendere animum, neque ambulatione
quamvis leni dimoveri.   5

CÁPUT VII.

Remedia ad coli dolorem.

At si laxius intestinum dolere consuevit, quum id nihil nisi genus inflationis sit, id agendum est, ut concoquat
aliquis, ut lectione, aliisque generibus exerceatur, utatur 10
balneo calido, cibis quoque et potionibus calidis; denique
omnimodo frigus vitet, item dulcia omnia, leguminaque, et
quidquid inflare consuevit.

CAPUT VIII.

Stomacho laborantibus quae agenda sint.   15

Si quis vero stomacho laborat, legere clare debet; post
lectionem ambulare; tum pila, vel armis, aliove quo genere,
quo superior pars movetur, exerceri; non aquam, sed vinum
calidum bibere jejunus; cibum bis die assumere, sic tamen,
ut facile concoquat; uti vino tenui et austero, et post cibum 20
frigidis potionibus potius. Stomachum autem infirmum indi-
cant pallor, macies, praecordiorum dolor, nausea, et nolen-
tium vomitus, in jejuno dolor capitis. Quae in quo non sunt,
is firmi stomachi est. Neque credendum utique nostris est,
qui, quum in adversa valetudine vinum aut frigidam aquam 25
concupiverunt, deliciarum patrocinium in accusationem non
merentis stomachi habent. At qui tarde concoquunt, et quorum ideo praecordia inflantur, quive propter ardorem aliquem noctu sitire consuerunt, antequam conquiescant, duos
tresve cyathos per tenuem fistulam bibant. Prodest etiam 30
adversus tardam concoctionem clare legere, deinde ambulare,
tum vel ungi vel lavari; assidue vinum frigidum bibere; et

post cibum, magnam potionem, sed, ut supra dixi, per si-
phonem: deinde omnes potiones aqua frigida includere. Cui
vero cibus acescit, is ante eum bibere aquam egelidam
debet, et vomere: at si cui ex hoc frequens dejectio incidit,
5 quoties alvus ei constiterit, frigida potione potissimum utatur.

CAPUT IX.

De dolore nervorum et de affectibus caloris frigorisque.

Si cui vero dolere nervi solent, quod in podagra chira-
grave esse consuevit (cf. II, 7; IV, 24), huic, quantum fieri
10 potest, exercendum id est, quod affectum est, subjiciendum-
que labori et frigori; nisi quum dolor increvit; sub quo quies
optima est. Venus semper inimica est; concoctio, sicut in
omnibus corporis affectibus, necessaria. Cruditas enim id
maxime laedit, et quoties offensum corpus est, vitiosa pars
15 maxime sentit.

Ut concoctio autem omnibus vitiis occurrit, sic rursus
aliis frigus, aliis calor: quae sequi quisque pro habitu corporis sui debet. Frigus inimicum est seni, tenui, vulneri,
praecordiis, intestinis, vesicae, auribus, coxis, scapulis,
20 naturalibus, ossibus, dentibus, nervis, vulvae, cerebro:
idem summam cutem facit pallidam, aridam, duram, nigram;
ex hoc horrores, tremoresque nascuntur (*Aph.* V, 18 et 20).
At prodest juvenibus, et omnibus plenis: erectiorque mens
est, et melius concoquitur, ubi frigus quidem est, sed cave-
25 tur. Aqua vero frigida infusa, praeterquam capiti, etiam stomacho prodest: item articulis doloribusque[1]), qui sunt sine
ulceribus: item rubicundis nimis hominibus, si dolore vacant
(*Aph.* V, 25). Calor autem adjuvat omnia, quae frigus infestat: item lippientes, si nec dolor, nec lacrimae sunt;
30 nervos quoque, qui contrahuntur (*Aph.* V, 22); praecipueque ea ulcera, quae ex frigore sunt: idem corporis colorem

---

1) *Id est:* item in articulorum tumoribus doloribusque. In *Aph.*
legitur: Τὰ ἐν ἄρθροισι οἰδήματα, καὶ ἀλγήματα, κ. τ. λ. cf. II, 7,
p. 40, l. 3.

bonum facit; urinam movet. Si nimius est, corpus effeminat,
nervos mollit, stomachum solvit (cf. *Aph.* V, 16). Minime .
vero aut frigus aut calor tuta sunt, ubi subita insuetis sunt;
nam frigus lateris dolores, aliaque vitia, frigida aqua stru-
mas excitat: calor concoctionem prohibet, somnum aufert,
sudore digerit, obnoxium morbis pestilentibus corpus efficit.

CAPUT X.

Regimen contra pestem.

Est etiam observatio necessaria, qua quis in pestilentia
utatur adhuc integer, quum tamen securus esse non possit.
Tunc igitur oportet peregrinari, navigare: ubi id non licet,
gestari, ambulare sub divo, ante aestum, leniter; eodemque
modo ungi: et, ut supra comprehensum est, vitare fatigationem, cruditatem, frigus, calorem, libidinem: multoque magis se continere, si qua gravitas in corpore est. Tunc neque
mane surgendum, neque pedibus nudis ambulandum est,
minimeque post cibum, aut balneum; neque jejuno, neque
coenato vomendum est; neque movenda alvus; atque etiam,
si per se mota est, comprimenda est; abstinendum potius, si
plenius corpus est. Itemque vitandum balneum (cf. III, 7),
sudor, meridianus somnus, utique si cibus quoque antecessit;
qui tamen semel die tum commodius assumitur; insuper etiam
modicus, ne cruditatem moveat. Alternis diebus invicem,
modo aqua, modo vinum bibendum est. Quibus servatis, ex
reliqua victus consuetudine quam minimum mutari debet.
Quum vero haec in omni pestilentia facienda sint, tum in ea
maxime, quam austri excitarint. Atque etiam peregrinanti-
bus eadem necessaria sunt, ubi gravi tempore anni discesse-
runt ex suis sedibus, vel ubi in graves regiones venerunt.
Ac si cetera res aliqua prohibebit, utique abstinere debebit:
atque ita a vino ad aquam, ab hac ad vinum, eo, qui supra
positus est, modo, transitus ei esse.

A. CORNELII CELSI
ARTIUM LIBER SEPTIMUS

IDEM

MEDICINAE SECUNDUS.

PROOEMIUM.

De signis adversae valetudinis, et de communibus auxiliis.

Instantis autem adversae valetudinis signa complura sunt.
a quibus explicandis non dubitabo auctoritate antiquorum
irorum uti, maximeque Hippocratis; quum recentiores me-
ici, quamvis quaedam in curationibus mutarint, tamen haec
lum optime praesagisse fateantur. Sed antequam dico, qui-
us praecedentibus morborum timor subsit, non alienum
idetur exponere, quae tempora anni, quae tempestatum
enera, quae partes aetatis, qualia corpora maxime tuta,
el periculis opportuna sint, quod genus adversae valetudi-
is in quoque timeri maxime possit. Non quod non omni
:mpore, in omni tempestatum genere, omnis aetatis, omnis
abitus homines, per omnia genera morborum et aegrotent
t moriantur: sed quod frequentius tamen quaedam eveniant
cf. *Aph.* III, 19); ideoque utile sit scire unumquemque,
uid, et quando maxime caveat.

CAPUT I.

uae anni tempora, quae tempestatum genera, quae partes aetatis,
qualia corpora vel tuta vel morbis et qualibus opportuna sint.

Igitur saluberrimum ver est; proxime deinde ab hoc
iems; periculosior aestas; autumnus longe periculosissimus.

Ex tempestatibus vero optimae aequales sunt, sive frigidae,
sive calidae: pessimae, quae maxime variant (cf. *Aph.* III,
1 et 8). Quo fit, ut autumnus plurimos opprimat (cf. *Aph.*
III, 9); nam fere meridianis temporibus calor; nocturnis
atque matutinis, simulque etiam vespertinis, frigus est.
Corpus ergo, et aestate, et subinde meridianis caloribus
relaxatum, subito frigore excipitur; sed, ut eo tempore id
maxime fit, sic quandocumque evenit, noxium est. Ubi
aequalitas autem est, tamen saluberrimi sunt sereni dies;
meliores pluvii quam tantum nebulosi, nubilive: optimique
hieme, qui omni vento vacant, aestate, quibus favonii per-
flant. Si genus aliud ventorum est, salubriores septentrio-
nales, quam subsolani, vel austri sunt: sic tamen haec, ut
interdum regionum sorte mutentur. Nam fere-ventus ubique
a mediterraneis regionibus veniens, salubris; a mari, gravis
est. Neque solum in bono tempestatum habitu certior valetudo est; sed morbi quoque, si qui inciderunt, leviores sunt,
et promtius finiuntur (*Aph.* III, 8; *Epid.* II, 1, 5). Pessimum
aegro coelum est, quod aegrum fecit; adeo ut in id quoque
genus, quod natura pejus est, in hoc statu salubris mutatio
sit. At aetas media tutissima est, quae neque juventae calore, neque senectutis frigore infestatur. Longis morbis se-
nectus, acutis adolescentia magis patet. Corpus autem habi-
lissimum quadratum est, neque gracile, neque obesum. Nam
longa statura, ut in juventa decora est, sic matura senectute
conficitur (*Aph.* II, 54): gracile corpus infirmum; obesum
hebes est. Vere autem maxime, quaecumque humoris motu
novantur, in metu esse consuerunt. Ergo tunc lippitudines,
pustulae, profusio sanguinis, abscessus, quae ἀποστήματα
Graeci nominant, bilis atra, quam μελαγχολίαν appellant, et
insania, morbus comitialis, angina, gravedines, destillationes
oriri solent. Ii quoque morbi, qui in articulis nervisque modo
urgent, modo quiescunt, tunc maxime et inchoantur et repe-
tunt (cf. *Aph.* III, 20). At aestas non quidem vacat plerisque his morbis; sed adjicit febres vel continuas, vel ardentes, vel tertianas, vomitus, alvi dejectiones, auricularum
dolores, ulcera oris, cancros, et in ceteris quidem partibus,
sed maxime in obscoenis; et quidquid sudore hominem resol-

vit (*Aph.* III, 21). Vix quidquam ex his in autumnum non
incidit; sed oriuntur quoque eo tempore febres incertae,
lienis dolor, aqua inter cutem, tabes, quam Graeci φϑίσιν
nominant; urinae difficultas, quam στραγγουρίαν appellant;
5 tenuioris intestini morbus, quem εἰλεόν nominant; item laevitas intestinorum, quae λειεντερία vocatur; coxae dolores;
morbi comitiales (*Aph.* III, 22). Idemque tempus et diutinis malis fatigatos, et ab aestate etiam proxima pressos, interimit; et alios novis morbis conficit; et quosdam longissio mis implicat, maximeque quartanis, quae per hiemem quoque exercent. Neque aliud magis tempus pestilentiae patet,
cujuscumque ea generis est, quamvis variis rationibus nocet.
Hiems autem capitis dolores, tussim, et quidquid in faucibus,
in lateribus, in visceribus mali contrahitur, irritat (*Aph.*
5 III, 23).

At ex tempestatibus, aquilo tussim movet, fauces exasperat, ventrem adstringit, urinam supprimit, horrores excitat, item dolores lateris et pectoris: sanum tamen corpus
spissat, et mobilius atque expeditius reddit. Auster aures
10 hebetat, sensus tardat, capitis dolorem movet, alvum solvit, totum corpus efficit hebes, humidum, languidum (*Aph.*
III, 5, 17). Ceteri venti quo vel huic vel illi propiores sunt,
eo magis vicinos his illisve affectus faciunt. Denique omnis
calor et jecur et lienem inflammat, mentem hebetat, ut anima
15 deficiat, ut sanguis prorumpat, efficit. Frigus modo nervorum distentionem, modo rigorem infert; illud σπασμός, hoc
τέτανος Graece nominatur: nigritiem in ulceribus, horrores
in febribus excitat (*Aph.* V, 17). In siccitatibus, acutae
febres (*Aph.* III, 7), lippitudines, tormina, urinae difficul
20 tas, articulorum dolores oriuntur. Per imbres, longae febres,
alvi dejectiones, angina, cancri, morbi comitiales, resolutio
nervorum; παράλυσιν Graeci nominant (*Aph.* III, 16). Neque solum interest, quales dies sint, sed etiam quales ante
praecesserint. Si hiems sicca septemtrionales ventos habuit,
25 ver autem austros et pluvias exhibet, fere subeunt lippitudines, tormina, febres, maximeque in mollioribus corporibus
ideoque praecipue in muliebribus (*Aph.* III, 11). Si vero
austri pluviaeque hiemem occuparunt, ver autem frigidum --

siccum est, gravidae quidem feminae, quibus tum adest partus, abortu periclitantur; eae vero quae gignunt, imbecillos,
vixque vitales edunt: ceteros lippitudo arida, et, si seniores
sunt, gravedines atque destillationes male habent (*Aph.* III,
12). At si a prima hieme austri ad ultimum ver continuarunt, 5
laterum dolores, et insania febricitantium, quam φρενῖτιν (cf.
III, 18) appellant, quam celerrime rapiunt. Ubi vero calor a
primo vere orsus aestatem quoque similem exhibet, necesse
est multum sudorem in febribus subsequi (*Aph.* III, 6). At
si sicca aestas aquilones habuit, autumno vero imbres austri- 10
que sunt, tota hieme, quae proxima est, tussis, destillatio,
raucitas, in quibusdam etiam tabes oritur (*Aph.* III, 13).
Sin autem autumnus quoque aeque siccus iisdem aquilonibus
perflatur, omnibus quidem mollioribus corporibus, inter quae
muliebria esse proposui, secunda valetudo contingit: durio- 15
ribus vero instare possunt et aridae lippitudines, et febres
partim acutae, partim longae; et ii morbi, qui ex atra bile
nascuntur (*Aph.* III, 14).

Quod ad aetates vero pertinet, pueri proximique his vere
optime valent, et aestate prima tutissimi sunt; senes aestate 20
et autumni prima parte; juvenes hieme, quique inter juven-
tam senectutemque sunt. Inimicior senibus hiems, aestas
adolescentibus est (*Aph.* III, 18). Tum si qua imbecillitas
oritur, proximum est, ut infantes, tenerosque adhuc pueros
serpentia ulcera oris, quae ἄφϑας Graeci nominant, vomi- 25
tus, nocturnae vigiliae, aurium humor, circa umbilicum inflammationes exerceant (*Aph.* III, 24). Proprie etiam den-
tientes, gingivarum exulcerationes, febriculae, interdum
distentiones nervorum, alvi dejectiones, maximeque caninis
dentibus orientibus, male habent. Quae pericula plenissimi 30
cujusque sunt, et cui maxime venter adstrictus est (*Aph.*
III, 25). At ubi aetas paulum processit, glandulae, et vertebrarum quae in spina sunt, aliquae inclinationes, strumae,
verrucarum quaedam genera dolentia, ἀκροχορδόνας Graeci
appellant, et plura alia tubercula oriuntur (*Aph.* III, 26). 35
Incipiente vero jam pube, ex iisdem multa, et longae febres,
et sanguinis ex naribus cursus (*Aph.* III, 27). Maximeque
omnis pueritia, primum circa quadragesimum diem, deinde

ṣptimo mense, tum septimo anno, postea circa pubertatem
ericlitatur. Si qua etiam genera morborum in infantem in-
iderunt, ac neque pubertate, neque primis coitibus, neque
ı femina primis menstruis finita sunt, fere longa sunt (*Aph.*
II, 28): saepius tamen morbi pueriles, qui diutius manse-
unt, terminantur. Adolescentia morbis acutis, item comitia-
ibus, tabique maxime objecta est: fereque juvenes sunt,
ui sanguinem exspuunt (*Aph.* III, 29). Post hanc aetatem
iterum et pulmonis dolores, lethargus, cholera, insania,
anguinis per quaedam velut ora venarum, αἱμοῤῥοῖδας
ṛaeci appellant, profusio (*Aph.* III, 30). In senectute,
ṗiritus et urinae difficultas, gravedo, articulorum et renum
olores, nervorum resolutiones, malus corporis habitus,
αχεξίαν Graeci appellant, nocturnae vigiliae, vitia lon-
ịora aurium, oculorum, etiam narium, praecipueque soluta
ḷvus, et, quae sequuntur hanc, tormina, vel laevitas inte-
tinorum, ceteraque ventris fusi mala (*Aph.* III, 31). Prae-
ẹr haec graciles tabes, dejectiones, destillationes; item
iscerum et latérum dolores fatigant. Obesi plerumque acu-
is morbis, et difficultate spirandi strangulantur: subitoque
aepe moriuntur; quod in corpore tenuiore vix evenit (*Aph.*
I, 44).

CAPUT II.

De notis adversae valetudinis futurae.

Ante adversam autem valetudinem, ut supra dixi (*in pro-
em.*), quaedam notae oriuntur: quarum omnium commune est,
liter se corpus habere, atque consuevit; neque in pejus tan-
ṇm, sed etiam in melius. Ergo si plenior aliquis, et spe-
iosior, et coloratior factus est, suspecta habere bona sua
ebet; quae, quia neque in eodem habitu subsistere, neque
ḷtra progredi possunt, fere retro, quasi ruina quadam,
evolvuntur (*Aph.* I, 3). Pejus tamen signum est, ubi ali-
uis contra consuetudinem emacruit, et colorem decoremque
misit: quoniam in iis quae superant, est quod morbus de-
ịat; in iis quae desunt, non est quod ipsum morbum ferat.
ṛaeter haec protinus timeri debet, si graviora membra

sunt; si crebra ulcera oriuntur; si corpus supra consuetudinem incaluit; si gravior somnus pressit; si tumultuosa somnia fuerunt; si saepius expergiscitur aliquis, quam assuevit,
deinde iterum soporatur; si corpus dormientis circa partes
aliquas contra consuetudinem insudat, maximeque si circa 5
pectus, aut cervices, aut crura, vel genua, vel coxas. Item,
si marcet animus; si loqui et moveri piget; si corpus torpet;
si dolor praecordiorum est, aut totius pectoris, aut, qui in
plurimis evenit, capitis; si salivae plenum os est; si oculi
cum dolore vertuntur; si tempora adstricta sunt; si membra 10
inhorrescunt; si spiritus gravior est; si circa frontem intentae venae moventur; si frequentes oscitationes; si genua
quasi fatigata sunt, totumve corpus lassitudinem sentit. Ex
quibus saepe plura, nunquam non aliqua, febrem antecedunt.
In primis tamen illud considerandum est, num cui saepius 15
horum aliquid eveniat, neque ideo corporis ulla difficultas
subsequatur. Sunt enim quaedam proprietates hominum, sine
quarum notitia non facile quidquam in futurum praesagiri
potest. Facile itaque securus est in iis aliquis, quae saepe
sine periculo evasit: ille sollicitari debet, cui haec nova 20
sunt; aut qui ista numquam sine custodia sui tuta habuit.

CAPUT III.

Incipiente febre signa mala vel bona.

Ubi vero febris aliquem occupavit, scire licet, non periclitari, si in latus aut dextrum aut sinistrum, ut ipsi visum 25
est, cubat, cruribus paulum reductis; qui fere sani quoque
jacentis habitus est (*Progn.* § 3); si facile convertitur
(§ 9); si noctu dormit, interdiu vigilat (*Progn.* § 10); si
ex facili spirat (*Progn.* § 5); si non conflictatur; si circa
umbilicum et pubem cutis plena est (cf. *Aph.* II, 35); si 30
praecordia ejus sine ullo sensu doloris aequaliter mollia in
utraque parte sunt (*Progn.* § 7). Quod si paulo tumidiora
sunt, sed tamen digitis cedunt et non dolent, haec valetudo,
ut spatium aliquod habebit, sic tuta erit. Corpus quoque,
quod aequaliter molle et calidum est, quodque aequaliter 35

totum insudat, et cujus febricula·eo sudore finitur, securitatem pollicetur (cf. *Progn.* §·6). Sternumentum etiam inter
bona indicia est, et cupiditas cibi vel a primo servata, vel
etiam post fastidium orta. Neque terrere debet ea febris,
5 quae eodem die finita est; ac ne ea quidem, quae; quamvis
longiore tempore tenuit, tamen ante alteram accessionem ex
toto quievit, sic ut corpus integrum, quod εἰλικρινές Graeci
vocant, fieret. Si quis autem incidit vomitus, mixtus esse et
bile et pituita debet; et in urina subsidere album, laeve,
10 aequale; sic ut etiam, si quae quasi nubeculae innatarint, in
imum deferantur (cf. *Progn.* § 12—13). At venter ei, qui
a periculo tutus est, reddit mollia, figurata, atque eodem
fere tempore, quo secunda valetudine assuevit, modo convenientia iis quae assumuntur. Pejor cita alvus est: sed ne
15 haec quidem terrere protinus debet, si matutinis temporibus coacta magis est, aut si procedente tempore paulatim
contrahitur, et rufa est, neque foeditate odoris similem alvum sani hominis excedit (cf. *Progn.* § 11). Ac lumbricos quoque aliquos sub fine morbi descendisse, nihil nocet
20 (*Ibid.*). Si inflatio in superioribus partibus dolorem tumo-
remque fecit, bonum signum est sonus ventris inde ad inferiores partes evolutus; magisque etiam si sine difficultate cum
stercore excessit (*Aph.* IV, 73; *Coac.* 285; *Progn.* § 11).

CAPUT IV.

Mala signa aegrotorum.

25

Contra gravis morbi periculum est, ubi supinus aeger
jacet, porrectis manibus et cruribus (*Progn.* § 3); ubi residere vult in ipso acuti morbi impetu, praecipueque pul-
monibus laborantibus; ubi nocturna vigilia premitur, etiamsi
30 interdiu somnus accedit; ex quo tamen pejor est qui inter
quartam horam et noctem est, quam qui a matutino tempore
ad quartam (*Progn.* § 10). Pessimum tamen est, si somnus
neque noctu, neque interdiu accedit (*Progn.* § 10): id enim
fere sine continuo dolore esse non potest (*Coac.* 497).
35 Aeque vero signum malum est etiam somno ultra debitum

urgeri (cf. *Aph.* II, 3); pejusque quo magis sopor interdiu,
noctuque continuat. Mali etiam morbi testimonium est, vehementer et crebro spirare, a sexto die coepisse inhorrescere
(cf. *Aph.* IV, 29), pus expuere, vix excreare, dolorem
habere continuum, difficulter ferre morbum, jactare brachia 5
et crura, sine voluntate lacrimare (cf. *Aph.* IV, 52); habere
humorem glutinosum dentibus inhaerentem (cf. *Aph.* IV,
53), cutem circa umbilicum et pubem macram (cf. *Aph.*
II, 35), praecordia inflammata, dolentia, dura, tumida, intenta, magisque si haec dextra parte, quam sinistra, sunt 10
(*Progn.* § 7); periculosissimum tamen est, si venae quoque
ibi vehementer agitantur (*Ibid.*). Mali etiam morbi signum
est, nimis celeriter emacrescere; caput et pedes manusque
frigidas habere, ventre et lateribus calentibus, aut frigidas
extremas partes acuto morbo urgente (*Aph.* VII, 1); aut 15
post sudorem inhorrescere; aut post vomitum singultum esse,
vel rubere oculos (*Aph.* VII, 4 et 3); aut post cupiditatem
cibi, postve longas febres fastidire; aut multum sudare, maximeque frigido sudore; aut habere sudores non per totum
corpus aequales, quique febrem non finiant; et eas febres, 20
quae quotidie tempore eodem revertantur; quaeve semper
pares accessiones habeant, neque tertio quoque die leventur
(cf. *Aph.* IV, 43; *Progn.* § 6); quaeve sic continuent, ut
per accessiones increscant, per decessiones tantum mollian-
tur, neque umquam integrum corpus dimittant. Pessimum 25
est, si ne levatur quidem febris, sed aeque concitata continuat. Periculosum est etiam, post arquatum morbum febrem
oriri (cf. III, 24); utique si praecordia dextra parte dura
manserunt. Ac dolentibus iis, nulla acuta febris leviter terrere nos debet; neque umquam in acuta febre, aut a somno 30
non est terribilis nervorum distentio. Timere etiam ex somno,
mali morbi est; itemque in prima febre protinus mentem esse
turbatam, membrumve aliquod resolutum. Ex quo casu,
quamvis vita redditur, tamen id fere membrum debilitatur.
Vomitus etiam periculosus est sincerus pituitae, vel bilis; 35
pejorque, si viridis, aut niger est (cf. *Progn.* § 13). At
mala urina est, in qua subsidunt subrubra et laevia: deterior,
in qua quasi folia quaedam tenuia atque alba: pessima ex

his, si tamquam ex furfuribus factas nubeculas repraesentat.
Diluta quoque atque alba, vitiosa est, sed in phreneticis
maxime (*Aph.* IV, 72; *Coac.* 568; cf. *Progn.* § 12). Alvus
autem mala est, ex toto suppressa: periculosa etiam, quae
5 inter febres fluens conquiescere hominem in cubili non patitur; utique si quod descendit, est perliquidum, aut albidum,
aut pallidum, aut spumans. Praeter haec periculum ostendit
id, quod excernitur, si est exiguum, glutinosum, laeve, album, idemque subpallidum: vel si est aut lividum, aut bilio-
10 sum, aut cruentum, aut pejoris odoris quam ex consuetndine.
Malum est etiam, quod post longas febres sincerum est (cf.
Progn. § 11).

CAPUT V.
De signis longi morbi.

15 Post haec indicia votum est longum morbum fieri: sed et
necesse est, nisi occidit. Neque vitae alia spes in magnis
malis est, quam ut impetum morbi trahendo aliquis effugiat,
porrigaturque in id tempus, quod curationi locum praestet.
Protinus tamen signa quaedam sunt, ex quibus colligere pos-
20 simus, morbum, etsi non interemerit, longius tamen tempus
habiturum: ubi frigidus sudor inter febres non acutas circa
caput tantum et cervices oritur; aut ubi, febre non quiescente,
corpus insudat (cf. *Aph.* IV, 56; *Coac.* 562; cf. *Progn.*
§ 6); aut ubi corpus modo frigidum, modo calidum est, et
25 color alius ex alio fit (*Aph.* IV, 40); aut ubi, quod inter
febres aliqua parte abscessit, ad sanitatem non pervenit (cf.
Aph. IV, 51); aut ubi aeger pro spatio parum emacrescit
(cf. *Aph.* II, 28): item, si urina modo liquida et pura est,
modo habet quaedam subsidentia; si laevia atque alba rubrave
30 sunt, quae in ea subsidunt; aut si quasdam quasi miculas
repraesentat; aut si bullulas excitat (cf. *Progn.* § 12).

3*

CAPUT VI.
De indiciis mortis.

Sed inter haec quidem, proposito metu, spes tamen superest. Ad ultima vero jam ventum esse testantur nares acutae, collapsa tempora, oculi concavi, frigidae languidaeque 5 aures, et imis partibus leniter versae, cutis circa frontem dura et intenta, color aut niger aut perpallidus; multoque magis, si ita haec sunt, ut neque vigilia praecesserit, neque ventris resolutio, neque inedia. Ex quibus causis interdum haec species oritur, sed uno die finitur: itaque diutius durans, 10 mortis index est (*Progn.* § 2). Si vero in morbo vetere jam triduo talis est, in propinquo mors est; magisque si, praeter haec, oculi quoque lumen refugiunt, et illacrimant; quaeque in iis alba esse debent, rubescunt; atque in iisdem venulae pallent; pituitaque in iis innatans, novissime angulis 15 inhaerescit; alterque ex his minor est; iique aut vehementer subsederunt, aut facti tumidiores sunt (*Progn.* § 2); perque somnum palpebrae non committuntur, sed inter has ex albo oculorum aliquid apparet, neque id fluens alvus expressit (cf. *Aph.* VI, 52; *Progn.* § 2); eaedemque palpebrae pal- 20 lent, et idem pallor labra et nares decolorat; eademque labra, et nares, oculique, et palpebrae, et supercilia, aliquave ex his pervertuntur; isque propter imbecillitatem jam non audit, aut non videt (*Aph.* IV, 49; *Coac.* 72). Eadem mors denuntiatur, ubi aeger supinus cubat, eique genua con- 25 tracta sunt: ubi deorsum ad pedes subinde delabitur; ubi brachia et crura nudat, et inaequaliter dispergit, neque iis calor subest; ubi hiat; ubi assidue dormit; ubi is, qui mentis suae non est, neque id facere sanus solet, dentibus stridet; ubi ulcus, quod aut ante, aut in ipso morbo natum est, 30 aridum, et aut pallidum, aut lividum factum est (*Progn.* § 3). Illa quoque mortis indicia sunt, ungues, digitique pallidi; frigidus spiritus; aut si manibus quis in febre, et acuto morbo, vel insania, pulmonisve dolore, vel capitis, in veste floccos legit, fimbriasve diducit, vel in adjuncto pariete, si 35 qua minuta eminent, carpit (*Progn.* § 4). Dolores etiam

circa coxas et inferiores partes orti, si ad viscera transierunt, subitoque desierunt, mortem subesse testantur; magisque si alia quoque signa accesserunt (*Progn.* § 19). Neque
is servari potest, qui sine ullo tumore febricitans, subito
5 strangulatur, aut devorare salivam suam non potest (*Aph.*
IV, 34; *Coac.* 271); cuive in eodem febris corporisque habitu cervix convertitur, sic ut devorare aeque nihil possit
(*Aph.* IV, 35; *Coac.* 272); aut cui simul et continua febris
et ultima corporis infirmitas est; aut cui, febre non quiescente,
10 exterior pars friget, interior sic calet, ut etiam sitim faciat
(cf. *Aph.* IV, 48; *Coac.* 13); aut qui, febre aeque non quiescente, simul et delirio et spirandi difficultate vexatur (cf.
Aph. IV, 50); aut qui, epoto veratro, exceptus distentione
nervorum est (cf. *Aph.* IV, 16; V, 1); aut qui ebrius obmu-
15 tuit. Is enim fere nervorum distentione consumitur, nisi aut
febris accessit, aut eo tempore, quo ebrietas solvi debet,
loqui coepit (*Aph.* V, 5). Mulier quoque gravida acuto morbo
facile consumitur (cf. *Aph.* V, 30); et is, cui somnus dolorem
auget (cf. *Aph.* II, 1); et cui protinus in recenti morbo bilis
20 atra vel infra vel supra se ostendit; cuive alterutro modo se
promsit, quum jam longo morbo corpus ejus esset extenuatum
et affectum (cf. *Aph.* III, 22 et 23). Sputum etiam biliosum
et purulentum, sive separatim ista, sive mixta proveniunt,
interitus periculum ostendunt. Ac si circa septimum diem
25 tale esse coepit, proximum est, ut is circa quartumdecimum decedat, nisi alia signa meliora pejorave accesserint
(*Progn.* § 15): quae, quo leviora graviorave subsequuta
sunt, eo vel seriorem mortem, vel maturiorem denuntiant.
Sudor quoque frigidus in acuta febre pestifer est: atque in
30 omni morbo vomitus, qui varius, et multorum colorum est:
praecipueque si malus in hoc odor est. Ac sanguinem quoque in febre vomuisse pestiferum est. Urina vero rubra et
tenuis in magna cruditate esse consuevit; et saepe, antequam
spatio maturescat, hominem rapit: itaque, si talis diutius per-
35 manet, periculum mortis ostendit. Pessima tamen est, praecipueque mortifera, nigra, crassa, mali odoris. Atque in viris
quidem et mulieribus talis deterrima est: in pueris vero, quae
tenuis et diluta est (cf. *Progn.* § 12). Alvus quoque varis

pestifera est, quae strigmentum, sanguinem, bilem, viride
aliquid, modo diversis temporibus, modo simul, et in mixtura
quadam, discreta tamen, repraesentat. Sed haec quidem potest
paulo diutius trahere: in praecipiti vero jam esse denuntiat,
quae liquida, eademque vel nigra, vel pallida, vel pinguis 5
est; utique si magna foeditas odoris accessit (*Progn.* § 11).

Illud interrogari me posse ab aliquo scio: si certa futurae
mortis indicia sunt, quomodo interdum deserti a medicis con-
valescant, quosdamque fama prodiderit in ipsis funeribus re-
vixisse? Quin etiam vir jure magni nominis Democritus, ne 10
finitae quidem vitae satis certas notas esse proposuit, quibus
medici credidissent: adeo illud non reliquit, ut certa aliqua
signa futurae mortis essent. Adversus quos ne dicam illud
quidem, quod in vicino saepe quaedam notae positae, non
bonos, sed imperitos medicos decipiunt; quod Asclepiades 15
funeri obvius intellexit, quemdam vivere, qui efferebatur:
nec protinus crimen artis esse, si quod professoris sit; illa
tamen moderatius subjiciam: conjecturalem artem esse medicinam, rationemque conjecturae talem esse, ut quum saepius aliquando responderit, interdum tamen fallat. Si quid 20
itaque vix in millesimo corpore aliquando decipit, id notam
non habet, quum per innumerabiles homines respondeat. Idque non in iis tantum, quae pestifera sunt, dico; sed in iis
quoque, quae salutaria. Siquidem etiam spes interdum fru-
stratur, et moritur aliquis, de quo medicus securus primo 25
fuit: quaeque medendi causa reperta sunt, nonnumquam in
pejus alicui convertunt. Neque id evitare humana imbecillitas in tanta varietate corporum potest. Sed est tamen medicinae fides, quae multo saepius, perque multo plures aegros
prodest. Neque tamen ignorare oportet, in acutis morbis 30
fallaces magis notas esse et salutis et mortis (*Aph.* II, 19).

CAPUT VII.

Ex quibus notis singula morborum genera cognoscuntur.

Sed quum proposuerim signa, quae in omni adversa valetudine communia esse consueverunt; eo quoque transibo, 35

ut quas aliquis in singulis morborum generibus habere possit notas, indicem. Quaedam autem sunt, quae aute febres, quaedam quae inter eas, quid aut intus sit, aut venturum sit, ostendunt. Ante febres, si caput grave est, aut ex somno, 5 oculi caligant, aut frequentia sternutamenta sunt, circa caput aliquis pituitae impetus timeri potest. Si sanguis, aut calor abundat, proximum est, ut aliqua parte profluvium sanguinis fiat. Si sine causa quis emacrescit, ne in malum habitum corpus ejus decidat, metus est. Si praecordia dolent, aut 10 inflatio gravis est, aut toto die non concocta fertur urina, cruditatem esse manifestum est. Quibus diu color sine morbo regio malus est, hi vel cápitis doloribus conflictantur, vel terram edunt (Prorrh. II, § 31). Qui diu habent faciem pallidam et tumidam, aut capite, aut visceribus, aut alvo 15 laborant. Si in continua febre puerô venter nihil reddit, mutaturque ei color, neque somnus accedit, ploratque is assidue, metuenda nervorum distentio est. Frequens autem destillatio in corpore tenui longoque, tabem timendam esse testatur. Ubi pluribus diebus non descendit alvus, docet, 20 aut subitam dejectionem, aut febriculam instare. Ubi pedes turgent, longae dejectiones sunt; ubi dolor in imo ventre et coxis est, aqua inter cutem instat; sed hoc morbi genus ab ilibus oriri solet (Progn. § 8). Idem propositum periculum est iis, quibus voluntas desidendi est, venter nihil reddit, nisi 25 et aegre et durum, tumor in pedibus est, idemque modo dextra, modo sinistra parte ventris, invicem oritur atque finitur. Sed a iecinore id malum proficisci videtur (Progn. § 8). Ejusdem morbi nota est, ubi circa umbilicum intestina torquentur, στρόφους Graeci nominant; coxaeque dolores manent: eaque 30 neque tempore, neque remediis solvuntur. Dolor autem articulorum, prout in pedibus, manibusve, aut alia quálibet parte sic est, ut eo loco nervi contrahantur; aut si id membrum ex levi causa fatigatum, aeque frigido calidoque offenditur, podagram, chiragramve, vel ejus articuli, in quo id sentitur, 35 morbum futurum esse denuntiat. Quibus in pueritia sanguis ex naribus fluxit, dein fluere desiit, hi vel capitis doloribus conflictentur necesse est, vel in articulis aliquas exulcerationes graves habeant, vel aliquo morbo etiam debilitentur. Qui-

bus feminis menstrua non proveniunt, necesse est capitis acer-
bissimi dolores sint, vel quaelibet alia pars morbo infestetur
(cf. *Aph.* V, 57). Eademque iis pericula sunt, quibus articulorum dolores tumoresque, sine podagra similibusque morbis, oriuntur, et desinunt: utique, si saepe tempora iisdem 5
dolent, noctuque corpora insudant. Si frons prurit, lippitudinis metus est. Si mulier a partu vehementes [capitis] dolores habet, neque alia praeterea signa mala sunt, circa vicesimum diem aut sanguis per nares erumpet, aut in inferioribus
partibus aliquid abscedet (*Progn.* § 21). Quicumque etiam 10
dolorem ingentem circa tempora et frontem habebit, is al-
terutra ratione eum finiet; magisque, si juvenis erit, per sanguinis profusionem; si senior, per suppurationem (*Progn.*
§ 21). Febris autem quae subito sine ratione, sine bonis
signis finita est, fere revertitur (*Progn.* § 24). Cui fauces 15
sanguine et interdiu et noctu replentur, sic, ut neque capitis
dolores, neque praecordiorum, neque tussis, neque vomitus,
neque febricula praecesserit, hujus aut in naribus, aut in
faucibus ulcus [vel hirudo] reperietur (*Prorrh.* II, § 17).
Si mulieri inguen (cf. III, 5) et febricula orta est, neque 20
causa apparet, ulcus in vulva est (*Ibid.* § 24). Urina autem
crassa, ex qua quod desidit, album est, significat circa articulos, aut circa viscera dolorem, metumque morbi esse
(*Ibid.* § 4). Eadem viridis, aut viscerum dolorem, tumorem-
que cum aliquo periculo subesse, aut certe corpus integrum 25
non esse, testatur (*Ibid.*). At si sanguis aut pus in urina est,
vel vesica, vel renes exulcerati sunt (*Aph.* IV, 75; — *ad
seq.* cf. IV, 76, 79, 80, 81; VII, 34). Si haec crassa ca-
runculas quasdam exiguas quasi capillos habet, aut si bullat,
et male olet, et interdum quasi arenam, interdum quasi san- 30
guinem trahit, dolent autem coxae, quaeque inter has superque pubem sunt, et accedunt frequentes ructus, interdum
vomitus biliosus, extremaeque partes frigescunt, urinae crebra cupiditas, sed magna difficultas est, et quod inde excre-
tum est, aquae simile, vel rufum, vel pallidum est, paulum 35
tamen in eo levamenti est, alvus vero cum multo spiritu redditur, utique in renibus vitium est. At si paulatim destillat,
vel si sanguis per hanc editur, et in eo quaedam cruenta con-

creta sunt, idque ipsum cum difficultate redditur, et circa pubem interiores partes dolent, in eadem vesica vitium est. Calculosi vero his indiciis cognoscuntur: difficulter urina redditur, paulatimque; interdum etiam sine voluntate, destillat; eadem arenosa est (cf. *Aph.* IV, 79); nonnumquam aut sanguis, aut cruentum, aut purulentum aliquid cum ea excernitur; eamque quidam promtius recti, quidam resupinati, maximeque ii, qui grandes calculos habent, quidam etiam inclinati reddunt, colemque extendendo, dolorem levant. Gravitatis quoque cuiusdam in ea parte sensus est: atque ea cursu, omnique motu augentur. Quidam etiam, quum torquentur, pedes inter se, subinde mutatis vicibus, implicant. Feminae vero oras naturalium suorum manibus admotis scabere crebro coguntur: nonnumquam, si digitum admoverunt, ubi vesicae cervicem is urget, calculum sentiunt (cf. *Aer, aq. et loc.* 9). At qui spumantem sanguinem exscreant, his in pulmone vitium est (*Aph.* V, 13; *Coac.* 495). Mulieri gravidae sine modo fusa alvus elidere partum potest (*Aph.* V, 34). Eidem si lac ex mammis profluit, imbecillum est quod intus gerit: durae mammae, sanum illud esse, testantur (*Aph.* V, 52). Frequens singultus, et praeter consuetudinem continuus, jecur inflammatum esse significat (cf. *Aph.* VII, 17). Si tumores super ulcera subito esse desierunt, idque a tergo incidit, vel distentio nervorum, vel rigor timeri potest: at si a priore parte id evenit, vel lateris acutus dolor, vel insania exspectanda est (*Aph.* V, 65); interdum etiam ejusmodi casum, quae tutissima inter haec est, profusio alvi sequitur. Si ora venarum, sanguinem solita fundere, subito suppressa sunt, aut aqua inter cutem, aut tabes sequitur (*Aph.* VI, 12). Eadem tabes subit, si in lateris dolore orta suppuratio intra quadraginta dies purgari non potuit (*Aph.* V, 15; *Coac.* 398). At si longa tristitia cum longo timore et vigilia est, atrae bilis morbus subest. Quibus saepe ex naribus fluit sanguis, his aut lienis tumet, aut capitis dolores sunt; quos sequitur, ut quaedam ante oculos tamquam imagines obversentur (*Prorrh.* II, § 35). At quibus magni lienes sunt, his gingivae malae sunt, et os olet, aut sanguis aliqua parte prorumpit: quorum si nihil evenit, necesse est in cruribus mala ulcera, et ex his

nigrae cicatrices fiant (*Ibid.* § 36). Quibus causa doloris,
neque sensus ejus est, his mens labat (cf. *Aph.* II, 6). Si
in ventrem sanguis confluxit, ibi in pus vertitur (*Aph.* VI, 20).
Si a coxis, et ab inferioribus partibus dolor in pectus transit,
neque ullum signum malum accessit, suppurationis eo loco;
periculum est (*Progn.* § 19). Quibus sine febre aliqua parte
dolor, aut prurigo, cum rubore et calore est, ibi aliquid suppurat. Urina quoque quae in homine sano parum liquida est,
circa aures futuram aliquam suppurationem esse denuntiat.

Haec vero, quum sine febre quoque vel latentium, vel 10
futurarum rerum notas habeant, multo certiora sunt, ubi febris accessit; atque etiam aliorum morborum tum signa nascuntur. Ergo protinus insania timenda est, ubi expeditior
alicujus, quam sani fuit, sermo est, subitaque loquacitas orta
est, et haec ipsa solito audacior (cf. *Coac.* 51): aut ubi raro 15
quis et vehementer spirat, venasque concitatas habet, praecordiis duris et tumentibus. Oculorum quoque frequens motus, et in capitis dolore offusae oculis tenebrae; vel, nullo
dolore substante, somnus ereptus, continuataque nocte et
die vigilia; vel prostratum contra consuetudinem corpus in 20
ventrem, sic ut ipsius alvi dolor id non coegerit; item, robusto adhuc corpore, insolitus dentium stridor, insaniae signa
sunt (*Progn.* § 3). Si quid etiam abscessit, et antequam
suppuraret, manente adhuc febre, subsedit, periculum affert
primum furoris, deinde interitus (*Ibid.* § 18). Auris quoque 25
dolor acutus, cum febre continua vehementique, saepe mentem turbat; et ex eo casu juniores interdum intra septimum
diem moriuntur; seniores tardius; quoniam neque aeque
magnas febres experiuntur, neque aeque insaniunt; ita sustinent, dum is affectus in pus vertatur (*Progn.* § 22). Suf- 30
fusae quoque sanguine mulieris mammae, furorem venturum
esse testantur (*Aph.* V, 40). Quibus autem longae febres
sunt, his aut abscessus aliqui, aut articulorum dolores erunt
(*Aph.* IV, 44; *Coac.* 115). Quorum faucibus in febre illidi-
tur spiritus, instat his nervorum distentio (*Aph.* IV, 68). Si 35
angina subito finita est, in pulmonem id malum transit; idque
saepe intra septimum diem occidit: quod, nisi incidit, sequitur ut aliqua parte suppuret (*Aph.* V, 10; *Coac.* 361; *Progn.*

§ 23). Denique post alvi longam resolutionem, tormina (cf.
Aph. VII, 23); post haec, intestinorum laevitas oritur (*Aph.*
VII, 80, 81); post nimias destillationes, tabes; post lateris
dolorem, vitia pulmonum (*Aph.* VII, 11; *Coac.* 391); post
5 haec, insania (*Aph.* VII, 12); post magnos fervores corporis, nervorum rigor aut distentio (*Aph.* VII, 13); ubi caput vulneratum est, delirium (*Aph.* VII, 14); ubi vigilia
torsit, nervorum distentio (cf. *Aph.* VII, 18); ubi vehementer venae super ulcera moventur, sanguinis profluvium (*Aph.*
10 VII, 21).

Suppuratio vero pluribus morbis excitatur; nam si longae
febres sine dolore, sine manifesta causa remanent, in aliquam
partem id malum incumbit; in junioribus tamen; nam in senioribus ex ejusmodi morbo quartana fere nascitur (cf. *Progn.*
15 § 24). Eadem suppuratio fit, si praecordia dura, dolentia
ante vicesimum diem hominem non sustulerunt, neque sanguis
ex naribus fluxit, maximeque in adolescentibus; utique si inter
principia aut oculorum caligo, aut capitis dolores fuerunt:
sed tum in inferioribus partibus aliquid abscedit; aut si prae-
20 cordia tumorem mollem habent, neque habere intra sexaginta
dies desinunt, haeretque per omne id tempus febris: sed tum
in superioribus partibus fit abscessus (*Progn.* § 7); ac si
inter ipsa viscera non fit, circa aures erumpit. Quumque
omnis longus tumor ad suppurationem fere spectet, magis eo
25 tendit is, qui in praecordiis, quam is, qui in ventre est; is,
qui supra umbilicum, quam is, qui infra est (*Progn.* § 7).
Si lassitudinis etiam sensus in febre est, vel in maxillis, vel
in articulis aliquid abscedit (*Aph.* IV, 31). Interdum quoque
urina tenuis et cruda sic diu fertur, ut alia salutaria signa
30 sint; exque eo casu plerumque infra transversum septum
fit abscessus (*Progn.* § 12). Dolor etiam pulmonis, si neque
per sputa, neque per sanguinis detractionem, neque per victus
rationem finitus est, vomicas aliquas intus excitat (*Progn.*
§ 15), aut circa vicesimum diem, aut circa tricesimum, aut
35 circa quadragesimum, nonnumquam etiam circa sexagesimum
(*Ibid.*). Numerabimus autem ab eo die, quo primum febrici-
tavit aliquis, aut inhorruit, aut gravitatem ejus partis sensit
(*Progn.* § 16; *Coac.* 396). Sed hae vomicae modo a pul-

mone, modo a contraria parte nascuntur. Quod suppurat, ab
ea parte, quam afficit, dolorem inflammationemque concitat;
ipsum calidius est; et si in partem sanam aliquis decubuit,
onerare eam ex pondere aliquo videtur. Omnis etiam suppuratio, quae nondum oculis patet, sic deprehendi potest: si 5
febris non dimittit, eaque interdiu levior est, noctu increscit;
multus sudor oritur; cupiditas tussiendi est, et paene nihil in
tussi exscreatur; oculi cavi sunt; malae rubent; venae sub
lingua inalbescunt; in manibus fiunt adunci ungues; digiti,
maximeque summi, calent; in pedibus tumores sunt; spiritus 10
difficilius trahitur; cibi fastidium est; pustulae toto corpore
oriuntur (*Progn.* § 17). Quod si protinus initio dolor et
tussis fuit, et spiritus difficultas, vomica vel ante, vel circa
vicesimum diem erumpet: si serius ista coeperint, necesse
est quidem increscant; sed quo minus cito affecerint, eo tar- 15
dius solventur (cf. *Progn.* § 17). Solent etiam in gravi
morbo pedes cum digitis unguibusque nigrescere: quod si
non est mors consequuta, et reliquum corpus invaluit, pedes
tamen decidunt (cf. *Progn.* § 9; *Epid.* III, 4).

CAPUT VIII.   20

Quae notae spem salutis quae pericula ostendunt.

Sequitur, ut in quoque morbi genere proprias notas explicem, quae vel spem, vel periculum ostendant. Ex vesica
dolenti, si purulenta urina processit, inque ea laeve et album
subsedit, metum detrahit (*Progn.* § 19). In pulmonis morbo, 25
si sputo ipse levatur dolor, quamvis id purulentum est, tamen
aeger facile spirat, facile excreat, morbum ipsum non
difficulter fert, potest ei secunda valetudo contingere (cf.
Progn. § 15). Neque inter initia terreri convenit, si protinus
sputum mixtum est rufo quodam, et sanguine, dummodo sta- 30
tim edatur (cf. *Progn.* § 14). Laterum dolores, suppuratione
facta, deinde intra quadragesimum diem purgata, finiuntur
(*Aph.* V, 15; *Coac.* 398). Si in jecinore vomica est, et ex
ea fertur pus purum et album, salus facilis: iʰ ..im malum
in tunica est (*Aph.* VII, 45). Ex suppurationu ʳ ᵃ ᵈᵃ

tolerabiles sunt, quae in exteriorem partem feruntur, et
acuuntur (*Progn.* § 7): et ex iis quae intus procedunt, eae
leviores, quae contra se cutem non afficiunt, eamque et sine
dolore, et ejusdem coloris, cujus reliquae partes sunt, sinunt
5 esse (*Progn.* § 7). Pus quoque, quacumque parte erumpit,
si est laeve, album, et unius coloris, sine ullo metu est
(*Progn.* § 7 et 18); et, quo effuso, febris protinus conquievit,
desieruntque urgere cibi fastidium et potionis desiderium
·(*Progn.* § 17). Si quando etiam suppuratio descendit in
10 crura, sputumque factum pro rufo purulentum est, periculi
minus est. At in tabe ejus, qui salvus futurus est, sputum
esse debet album, aequale totum, ejusdemque coloris, sine
pituita; eique etiam simile esse oportet, si quid in nares a
capite destillat. Longe optimum est, febrem omnino non esse;
15 secundum est, tantulam esse, ut neque cibum impediat, neque
crebram sitim faciat (*Progn.* § 17; *Prorrh.* II, § 7). Alvus
in hac valetudine ea tuta est, quae quotidie coacta, eaque
convenientia iis, quae assumuntur, reddit; corpus id, quod
minime tenue, maximeque lati pectoris atque setosi est, cujus-
20 que cartilago exigua et carnosa est (*Prorrh.* II, § 7). Super
tabem, si mulieri suppressa quoque menstrua fuerunt, et circa
pectus atque scapulas dolor mansit, subitoque sanguis erupit,
levari morbus solet: nam et tussis minuitur, et sitis atque
febricula desinunt; sed iisdem fere, nisi redit sanguis, vo-
25 mica erumpit; quae quo cruentior, eo melior est (*Ibid.* § 7).
Aqua autem inter cutem minime terribilis est, quae nullo
antecedente morbo coepit; deinde, quae longo morbo supervenit: utique si firma viscera sunt; si spiritus facilis; si nullus dolor; si sine calore corpus est, aequaliterque in extremis
30 partibus macrum est; si venter mollis; si nulla tussis; nulla
sitis; si lingua, ne per somnum quidem inarescit; si cibi cupiditas est; si venter medicamentis movetur; si per se excernit mollia et figurata; si extenuatur (cf. III, 21); si urina,
et vini mutatione, et epotis aliquibus medicamentis, mutatur;
35 si corpus sine lassitudine est, et morbum facile sustinet: siquidem in quo omnia haec sunt, is ex toto tutus est; in quo
plura ex his sunt, is in bona spe est (*Prorrh.* II, § 5). Articulorum vero vitia, ut podagrae chiragraeque, si juvenes

tentarunt, neque callum induxerunt, solvi possunt: maximeque torminibus leniuntur, et quocumque modo venter fluit
(*Ibid.* § 8). Item morbus comitialis ante pubertatem ortus,
non aegre finitur (cf. *Aph.* V, 7): et in quo ab una parte
corporis venientis accessionis sensus incipit, optimum est a 5
manibus pedibusve initium fieri; deinde a lateribus; pessimum inter haec a capite (*Ibid.* § 9). Atque in his quoque
ea maxime prosunt, quae per dejectiones excernuntur. Ipsa
autem dejectio sine ulla noxa est, quae sine febre est: si
celeriter desinit; si eontrectato ventre nullus motus ejus sen- 10
titur; si extremam alvum spiritus sequitur. Ac ne tormina
quidem periculosa sunt, si sanguis et strigmenta descendunt,
dum febris ceteraeque accessiones hujus morbi absint: adeo
ut etiam gravida mulier, non solum servari possit, sed etiam
partum reservare (*Prorrh.* II, § 22). Prodestque in hoc 15
morbo, si jam aetate aliquis processit (cf. *Aph.* II, 45).
Contra intestinorum laevitas facilius a teneris aetatibus de-
pellitur; utique si ferri urina, et ali cibo corpus incipit. Eadem
aetas prodest, et in coxae dolore, et humerorum, et in omni
resolutione nervorum. Ex quibus coxa, si sine torpore est, 20
si leviter friget, quamvis magnos dolores habet, tamen et
facile, et mature sanatur: resolutumque membrum, si nihilominus alitur, fieri sanum potest. Oris resolutio etiam alvo
cita finitur. Omnisque dejectio lippienti prodest (*Aph.* VI,
17; *Coac.* 220). At varix ortus, vel per ora venarum subita 25
profusio sanguinis, vel tormina, insaniam tollunt (*Aph.* VI,
21). Humerorum dolores, qui ad scapulas vel manus tendunt,
vomitu atrae bilis solvuntur: et quisquis dolor deorsum tendit, sanabilior est (*Prorrh.* II, § 40). Singultus sternutamento finitur (*Aph.* VI, 13). Longas dejectiones supprimit 30
vomitus (*Aph.* VI, 15). Mulier sanguinem vomens, profusis
menstruis, liberatur (*Aph.* V, 32). Quae menstruis non purgatur, si sanguinem ex naribus fudit, omni periculo vacat.
Quae locis laborat, aut difficulter partum edit, sternutamento
levatur. Aestiva quartana fere brevis est (*Aph.* II, 25). 35
Cui calor et tremor est, saluti delirium est (*Coac.* 129).
Lienosis bono tormina sunt (*Aph.* VI, 48). Denique ipsa
febris, quod maxime mirum videri potest, saepe praesidio est;

nam et praecordiorum dolores, si sine inflammatione sunt,
finit (*Aph.* VI, 40); et jecinoris dolori succurrit (*Aph.* VII,
42); et nervorum distentionem rigoremque, si postea coepit,
ex toto tollit (*Aph.* IV, 57; *Coac.* 346); et ex difficultate
5 urinae morbum tenuioris intestini ortum, si urinam per calorem movet, levat (*Aph.* VI, 44; *Coac.* 465). At dolores
capitis, quibus oculorum caligo, et rubor cum quadam frontis prurigine accedunt, sanguinis profusione, vel fortuita, vel
etiam petita submoventur. Si capitis ac frontis dolores ex
10 vento, vel frigore, aut aestu sunt, gravedine et sternutamen-
tis finiuntur (*Prorrh.* II, § 30). Febrem autem ardentem,
quam Graeci καυσώδη vocant, subitus horror exsolvit (*Aph.*
IV, 58; *Coac.* 132). Si in febre aures obtusae sunt, si sanguis e naribus fluxit, aut venter resolutus est, illud malum de-
15 sinit ex toto (*Aph.* IV, 60; *Coac.* 207). Nihil plus adversus
surditatem, quam biliosa alvus potest (*Aph.* IV, 28; *Coac.*
617). Quibus in fistula urinae minuti abscessus, quos φύματα
Graeci vocant, esse coeperunt, iis, ubi pus ea parte profluxit,
sanitas redditur (*Aph.* IV, 82; *Coac.* 463). Ex quibus quum
20 pleraque per se proveniant, scire licet, inter ea quoque, quae
ars adhibet, naturam plurimum posse.

Contra, si vesica cum febre continenti dolet, neque venter
quidquam reddit, malum atque mortiferum est; maximeque
id periculum est pueris a septimo anno ad quartumdecimum
25 (*Progn.* § 19). In pulmonis morbo, si sputum primis diebus
non fuit, deinde a septimo die coepit, et ultra septimum mansit, periculosum est (cf. *Progn.* § 15); quantoque magis
mixtos, neque inter se diductos colores habet, tanto deterius.
Et tamen nihil pejus est, quam sincerum id edi, sive rufum
30 est, sive cruentum, sive album, sive glutinosum, sive pallidum,
sive spumans: nigrum tamen pessimum est (cf. *Progn.* § 14).
In eodem morbo periculosa sunt tussis, destillatio; etiam,
quod alias salutare habetur, sternutamentum: periculosissi-
mumque est, si haec sequuta subita dejectio est (cf. *Aph.*
35 VI, 16). Fere vero quae in pulmonis, eadem in lateris doloribus, et mitiora signa, et asperiora esse consuerunt. Ex
jecinore si pus cruentum exit, mortiferum est (cf. *Coac.* 442).
At ex suppurationibus eae pessimae sunt, quae intus tendunt,

sic ut exteriorem quoque cutem decolorent: ex iis deinde,
quae in exteriorem partem prorumpunt, quae maximae, quaeque planissimae sunt (cf. p. 45, l. 2). Quod si, ne rupta
quidem vomica, vel pure extrinsecus emisso, febris quievit,
aut quamvis quieverit, tamen repetit; item si sitis est, si cibi 5
fastidium, si venter liquidus, si pus est lividum et pallidum,
si nihil aeger excreat nisi pituitam spumantem, periculum
certum est. Atque ex iis quidem suppurationibus, quas pulmonum morbi concitarunt, fere senes moriuntur: ex ceteris
juniores (cf. *Progn.* § 15). At in tabe sputum mixtum puru- 10
lentum, febris assidua, quae et cibi tempora eripit, et siti affligit, in corpore tenui periculum subesse testantur. Si quis
etiam in eo morbo diutius traxit, ubi capilli fluunt (cf. *Aph.*
V, 12; *Coac.* 428); ubi urina quaedam araneis similia subsidentia ostendit, atque in sputis odor foedus est; maximeque 15
ubi post haec orta dejectio est, protinus moritur: utique si
tempus autumni est, quo fere, qui cetera parte anni traxe-
runt, resolvuntur (cf. *Aph.* III, 10). Item pus expuisse in
hoc morbo, deinde ex toto spuere desiisse, mortiferum est
(*Aph.* VII, 16). Solet etiam in adolescentibus is morbus ex 20
vomica fistulave oriri: qui non facile sanescunt, nisi si multa
signa bonae valetudinis subsequuta sunt. Ex reliquis vero
minime facile sanantur virgines, aut eae mulieres, quibus
super tabem menstrua suppressa sunt (*Prorrh.* II, § 7). Cui
vero sano subitus dolor capitis ortus est, dein somnus op- 25
pressit, sic ut stertat, neque expergiscatur, intra septimum
diem pereundum est (*Aph.* VI, 51); magis si, cum alvus
cita non antecesserit, palpebrae dormientis non coeunt, sed
album oculorum apparet (cf. *Progn.* § 2). Quos tamen ita
mors sequitur, si id malum non est febre discussum. At 30
aqua inter cutem, si ex acuto morbo coepit, ad sanitatem raro
perducitur: utique si contraria iis, quae supra posita sunt,
subsequuntur. Aeque in ea quoque tussis spem tollit (*Aph.*
VI, 35 et VII, 47): item, si sanguis sursum deorsumque
erupit, et aqua medium corpus implevit. Quibusdam etiam 35
in hoc morbo tumores oriuntur, deinde desinunt, deinde
rursus assurgunt. Hi tutiores quidem sunt, quam qui supra
comprehensi sunt, si attendunt; sed fere fiducia secundae va-

letudinis opprimuntur. Illud jure aliquis mirabitur, quomodo
quaedam simul et affligant nostra corpora, et parte aliqua tu-
eantur. Nam, sive aqua inter cutem quem implevit, sive in
magno abscessu multum puris coiit, simul id omne effudisse,
5 aeque mortiferum est, ac si quis sani corporis vulnere factus
exsanguis est (*Aph.* VI, 27). Articuli vero cui sic dolent, ut
super eos ex callo quaedam tubercula innata sint, numquam
liberantur: quaeque eorum vitia vel in senectute coeperunt,
vel in senectutem ab adolescentia pervenerunt, ut aliquando
10 leniri possunt, sic numquam ex toto finiuntur. Morbus quoque comitialis post annum quintum et vicesimum ortus aegre
curatur; multoque aegrius is, qui post quadragesimum annum
coepit; adeo ut in ea aetate aliquid in natura spei, vix quidquam in medicina sit (*Prorrh.* II, § 9). In eodem morbo, si
15 simul totum corpus afficitur, neque ante in partibus aliquis
venientis mali sensus est, sed homo ex improviso concidit,
cujuscumque is aetatis est, vix sanescit: si vero aut mens
laesa est, aut nervorum facta resolutio, medicinae locus non
est. Dejectionibus quoque si febris accessit; si inflammatio
20 jecinoris, aut praecordiorum, aut ventris; si immodica sitis;
si longius tempus; si alvus varia; si cum dolore est, etiam
mortis periculum subest: maximeque si inter haec tormina
esse coeperunt. Isque morbus maxime pueros absumit usque ad annum decimum: ceterae aetates facilius sustinent.
25 Mulier quoque gravida ejusmodi casu rapi potest; atque
etiamsi ipsa convaluit, partum tamen perdit (cf. *Aph.* V, 34).
Quin etiam tormina ab atra bile orsa mortifera sunt (cf. *Aph.*
IV, 24); aut si sub his, extenuato jam corpore, subito nigra
alvus profluxit. At intestinorum laevitas periculosior est, si
30 frequens dejectio est; si venter omnibus horis et cum sono,
et sine hoc profluit; si similiter noctu et interdiu; si quod
excernitur, aut crudum est, aut nigrum, et, praeter id, etiam
laeve, et mali odoris; si sitis urget; si post potionem urina non
redditur (quod evenit, quia tunc liquor omnis non in vesicam,
35 sed in intestina descendit—*glossema?*—); si os exulceratur,
si rubet facies, et quasi maculis quibusdam colorum omnium
distinguitur; si venter est quasi fermentatus, pinguis atque ru-
gosus; si cibi et [ambulationis] cupiditas non est. Inter quae

quum evidens mors sit, multo evidentior est, si jam longum
quoque id vitium est; maximeque si etiam in corpore senili
est. Si vero in tenuiore intestino morbus est, vomitus, singultus, nervorum distentio, delirium, mala sunt. At in morbo
arquato, durum fieri jecur, perniciosissimum est (*Aph*. VI, 42). 5
Quos lienis male habet, si tormina prehenderunt, deinde
versa sunt vel in aquam inter cutem, vel in intestinorum lae-
vitatem, vix ulla medicina periculo subtrahit (*Aph*. VI, 43:
Coac. 457). Morbus intestini tenuioris, nisi resolutus est
intra septimum diem, occidit (cf. *Aph*. VI, 44; *Coac*. 465). 10
Mulier ex partu, si cum febre vehementibus etiam et assiduis
capitis doloribus premitur, in periculo mortis est (cf. *Aph*.
V, 55). Si dolor atque inflammatio est in iis partibus, quibus viscera continentur, frequenter spirare, signum malum est.
Si sine causa longus dolor capitis est, et in cervices ac sca- 15
pulas transit, rursusque in caput revertitur, aut a capite ad
cervices scapulasque pervenit, perniciosus est: nisi vomicam
aliquam excitavit, sic ut pus extussiretur; aut nisi sanguis ex
aliqua parte prorupit; aut nisi in capite multa porrigo, to-
tove corpore pusulae ortae sunt. Aeque magnum malum 20
est, ubi torpor atque prurigo pervagantur, modo per totum
caput, modo in parte; aut sensus alicujus ibi quasi frigoris
est, eaque ad sunimam quoque linguam perveniunt. Et quum
in iisdem abscessibus auxilium sit, eo difficilior sanitas est,
quo minus saepe sub his malis illi subsequuntur. In coxae 25
vero doloribus, si vehemens torpor est, frigescitque crus et
coxa: alvus nisi coacta non reddit, idque quod excernitur,
mucosum est; jumque aetas ejus hominis quadragesimum annum excessit: is morbus erit longissimus, minimeque annuus;
neque finiri poterit, nisi aut vere, aut aestate. Difficilis 30
aeque curatio est in eadem aetate, ubi humerorum dolor vel
ad manus pervenit, vel ad scapulas tendit, torporemque et dolorem creat, neque bilis vomitu levatur. Quacumque vero parte
corporis membrum aliquod resolutum est, si neque movetur, et
emacrescit, in pristinum habitum non revertitur (*Prorrh*. II, 35
39): eoque minus, quo vetustius id vitium est, et quo magis in
corpore senili est. Omnique resolutioni nervorum ad medicinam
non idonea tempora sunt hiems ....

)otest vere et aestate. Isque morbus mediocris vix sanatur;
·ehemens sanari non potest (*Aph.* II, 42). Omnis etiam do-
or minus medicinae patet, qui sursum procedit. Mulieri gra-
·idae, si subito mammae emacruerunt, abortus periculum est
Aph. V, 37). Quae neque peperit, neque gravida est, si
ac habet, a menstruis defecta est (*Aph.* V, 39). Quartana
iutumnalis fere longa·est: maximeque, quae coepit hieme
ippropinquante (*Aph.* II, 25 — cf. p. 46 l. 35). Si sanguis·
irofluxit, deinde seqnuta est dementia cum distentione ner-
·orum, periculum mortis est (*Aph.* V, 3 et VII, 9; *Coac.*
:32): itemque, si medicamentis purgatum et adhuc inanem,
.ervorum distentio oppressit (*Aph.* V, 4); aut si in magno
olore extremae partes frigent (cf. *Aph.* VII, 26). Neque
i ad vitam redit, qui ex suspendio, spumante ore, detractus
st (*Aph.* II, 43). Alvus nigra, sanguini atro similis, repen-
ina, sive cum febre, sive etiam sine hac est, perniciosa
st (*Aph.* IV, 21; *Coac.* 596).

CAPUT IX.
De morborum curationibus.

Cognitis indiciis, quae nos vel spe consolentur, vel metu
erreant, ad curationes morborum transeundum est. Ex his
[uaedam communes sunt, quaedam propriae: communes, quae
iluribus morbis opitulantur; propriae, quae singulis. Ante
ie communibus dicam: ex quibus tamen quaedam non aegros
olum, sed sanos quoque sustinent; quaedam in adversa tan-
um valetudine adhibentur. Omne vero auxilium corporis,
iut demit aliquam materiam, aut adjicit (*De flat.* § 1), aut
ivocat, aut reprimit, aut refrigerat, aut calefacit, simulque
iut durat, aut mollit. Quaedam non uno modo tantum, sed
itiam duobus inter se non contrariis adjuvant. Demitur ma-
eria sanguinis detractione, cucurbitula, dejectione, vomitu,
rictione, gestatione, omnique exercitatione corporis, absti-
entia, sudore. De quibus protinus dicam.

CAPUT X.

De sanguinis missione per venam — (cf. Oribas. T. II, p. 750 s.).

Sanguinem, incisa vena, mitti, novum non est: sed nullum paene morbum esse in quo non mittatur, novum est. Item, mitti junioribus, et feminis uterum non gerentibus, vetus est: 5 in pueris vero idem experiri, et in senioribus, et in gravidis quoque mulieribus, vetus non est: siquidem antiqui primam ultimamque aetatem sustinere non posse hoc auxilii genus judicabant: persuaserantque sibi, mulierem gravidam, quae ita curata esset, abortum esse facturam (*Aph.* V, 31). Postea 10 vero usus ostendit, nihil in his esse perpetuum; aliasque potius observationes adhibendas esse, ad quas dirigi curantis consilium debeat: interest enim non quae aetas sit, neque quid in corpore intus geratur, sed quae vires sint. Ergo si juvenis imbecillus est, aut si mulier, quae gravida non est, 15 parum valet, male sanguis mittitur: emoritur enim vis, si qua supererat, hoc modo erepta. At firmus puer, et robustus senex, et gravida mulier valens, tuto curatur. Maxime tamen in his medicus imperitus falli potest: quia fere minus roboris illis aetatibus subest; mulierique praegnanti post curationem 20 quoque viribus opus est, non tantum ad se, sed etiam ad partum sustinendum. Non quidquid autem intentionem animi et prudentiam exigit, protinus ejiciendum est; quum praecipua in hoc ars sit, quae non annos numeret, neque conceptionem solam videat, sed vires aestimet, et ex eo colligat, possit 25 necne superesse, quod vel puerum, vel senem, vel in una muliere duo corpora simul sustineat. Interest etiam inter valens corpus, et obesum; inter tenue, et infirmum: tenuioribus magis sanguis, plenioribus magis caro abundat. Facilius itaque illi detractionem ejusmodi sustinent; celeriusque ea, 30 si nimium est pinguis, aliquis affligitur. Ideoque vis corporis melius ex venis, quam ex ipsa specie aestimatur. Neque solum haec consideranda sunt, sed etiam morbi genus quod sit: utrum superans, an deficiens materia laeserit; corruptum corpus sit, an integrum; nam si materia vel deest, vel integra 35 est, istud alienum est: at si vel copia an . ale habet, vel

corrupta est, nullo modo melius succurritur. Ergo vehemens
febris, ubi rubet corpus, plenaeque venae tument, sanguinis
detractionem requirit: item viscerum morbi, nervorumque
resolutio, et rigor, et distentio: quidquid denique fauces dif-
5 ficultate spiritus strangulat; quidquid subito supprimit vocem;
quisquis intolerabilis dolor est; et quacumque de causa ruptum aliquid intus atque collisum est: item malus corporis
habitus, omnesque acuti morbi, qui modo, ut supra dixi, non
infirmitate, sed onere nocent. Fieri tamen potest, ut morbus
10 quidem id desideret, corpus autem vix pati posse videatur:
sed si nullum tamen appareat aliud auxilium, periturusque
sit qui laborat, nisi temeraria quoque via fuerit adjutus; in
hoc statu boni medici est ostendere, quam nulla spes sit sine
sanguinis detractione, faterique quantus in hac ipsa metus
15 sit: et tum demum, si exigetur, sanguinem mittere. De quo
dubitari in ejusmodi re non oportet: satius est enim anceps
auxilium experiri, quam nullum. Idque maxime fieri debet,
ubi nervi resoluti sunt; ubi subito aliquis obmutuit; ubi angina
strangulatur (cf. IV, 4); ubi prioris febris accessio paene con-
20 fecit, paremque subsequi verisimile est, neque eam videntur
sustinere aegri vires posse. Quum sit autem minime crudo sanguis mittendus, tamen ne id quidem perpetuum est: neque
enim semper concoctionem res exspectat. Ergo si ex superiore parte aliquis decidit, si contusus est, si ex aliquo subito
25 casu sanguinem vomit, quamvis paulo ante sumsit cibum, tamen protinus ei demenda materia est, ne, si subsederit, corpus affligat. Idemque etiam in aliis casibus repentinis, qui
strangulabunt, dictum erit. At si morbi ratio patietur, tum
demum nulla cruditatis suspicione remanente id fiet. Ideoque
30 ei rei videtur aptissimus adversae valetudinis dies secundus,
aut tertius. Sed ut aliquando etiam primo die sanguinem
mittere necesse est, sic numquam utile post diem quartum
est, quum jam spatio ipso materia et exhausta est, et corpus
corrupit: ut detractio imbecillum id facere possit, non possit
35 integrum. Quod si vehemens febris urget, in ipso impetu
ejus sanguinem mittere, hominem jugulare est. Exspectanda
ergo remissio est; si non decrescit, sed crescere desiit, neque speratur remissio, tum quoque, quamvis pejor, sola tamen

occasio non omittenda est. Fere etiam ista medicina, ubi
necessaria est, in biduum dividenda est: satius est enim primum levare aegrum, deinde perpurgare, quam simul omni
vi effusa fortasse praecipitare. Quod si in pure quoque aqua-
que quae inter cutem est, ita respondet, quanto magis necesse 5
est in sanguine respondeat (cf. p. 49 l. 3). Mitti vero is debet,
si totius corporis causa fit, ex brachio; si partis alicujus, ex
ea ipsa parte, aut certe quam proxima : quia non ubique mitti
potest, sed in temporibus, in brachiis, juxta talos. Neque ignoro, quosdam dicere, quam longissime sanguinem inde, ubi lae- 10
dit, esse mittendum: sic enim averti materiae cursum; at illo
modo in id ipsum, quod gravat, evocari. Sed id falsum est:
proximum enim locum primo exhaurit; ex ulterioribus autem
eatenus sanguis sequitur, quatenus emittitur; ubi is suppressus est, quia non trahitur, ne venit quidem. Videtur tamen 15
usus ipse docuisse, si caput fractum est, ex brachio potius
sanguinem esse mittendum; si quod in humero vitium est, ex
altero brachio : credo, quia si quid parum cesserit, opportu-
niores eae partes injuriae sunt, quae jam male habent. Aver-
titur quoque interdum sanguis, ubi alia‘ parte prorumpens, 20
alia emittitur: desinit enim fluere qua nolumus, inde objectis
quae prohibeant, alia dato itinere.

Mittere autem sanguinem quum sit expeditissimum usum
habenti, tamen ignaro difficillimum est; juncta enim est venae arteria, his nervi: ita, si nervum scalpellus attingit, se- 25
quitur nervorum distentio, eaque hominem crudeliter consumit. At arteria incisa neque coit, neque sanescit; interdum
etiam, ut sanguis vehementer erumpat, efficit. Ipsius quoque
venae, si forte praecisa est, capita comprimuntur, neque sanguinem emittunt. At si timide scalpellus demittitur, summam 30
cutem lacerat, neque venam incidit. Nonnumquam etiam ea
latet, neque facile reperitur. Ita multae res id difficile inscio
faciunt, quod perito facillimum est. Incidenda ad medium
vena est: ex qua quum sanguis erumpit, colorem ejus habi-
tumque oportet attendere; nam si is crassus et niger est, 35
vitiosus est; ideoque utiliter effunditur; si rubet et pellucet,
integer est: eaque missio sanguinis adeo non prodest, ut
etiam noceat: protinusque is supprimendus est. Sed id eve-

nire non potest sub eo medico, qui scit ex quali corpore
sanguis mittendus sit. Illud magis fieri solet, ut aeque niger
assidue primo die profluat: quod quamvis ita est, tamen si
jam satis fluxit, supprimendus est; semperque ante finis fa-
5 ciendus est, quam anima deficiat. Deligandumque brachium
superimposito expresso ex aqua frigida penicillo: et postero
die averso medio digito vena ferienda, ut recens coitus ejus
resolvatur, iterumque sanguinem fundat. Sive autem primo,
sive secundo die sanguis, qui crassus et niger initio fluxerat,
10 et rubere, et pellucere coepit, satis materiae detractum est,
atque quod superest, sincerum est: ideoque protinus brachium
deligandum, habendumque ita est, donec valens cicatricula
sit; quae celerrime in vena confirmatur.

CAPUT XI.

15 De cucurbitis medicinalibus.

Cucurbitularum vero duo genera sunt; aeneum, et cor-
neum. Aenea, altera parte patet, altera clausa est: cornea,
altera parte aeque patens, altera foramen habet exiguum.
In aeneam linamentum ardens conjicitur, ac sic os ejus cor-
20 pori aptatur, imprimiturque, donec inhaereat. Cornea per
se corpori imponitur; deinde ubi ea parte, qua exiguum foramen est, ore spiritus adductus est, superque cera cavum
id clausum est, aeque inhaerescit. Utraque non ex his tantum materiae generibus, sed etiam ex quolibet alio recte fit.
25 Ac si cetera defecerunt, caliculus quoque, aut pultarius oris
compressioris, ei rei commode aptatur. Ubi inhaesit, si con-
cisa ante scalpello cutis est, sanguinem extrahit; si integra
est, spiritum. Ergo ubi materia, quae intus est, laedit, illo
modo; ubi inflatio, hoc imponi solet. Usus autem cucurbitu-
30 lae praecipuus est, ubi non in toto corpore, sed in parte
aliqua vitium est, quam exhauriri ad confirmandam valetudinem satis est. Idque ipsum testimonium est, etiam scalpello
sanguinem, ubi membro succurritur, ab ea potissimum parte,
quae jam laesa est, esse mittendum, quod nemo cucurbitulam
35 diversae parti imponit, nisi quum profusionem sanguinis eo

avertit; sed ei ipsi, quae dolet, quaeque liberanda est. Opus
etiam esse cucurbitula potest in morbis longis, sive corrupta
materia, sive spiritu male habente; in acutis quoque quibusdam, quamvis jam et iis spatium aliquod accessit, si et levari
corpus debet, et ex vena sanguinem mitti vires non patiun- 5
tur. Idque auxilium ut minus vehemens, ita magis tutum; neque umquam periculosum est, etiamsi in medio febris impetu,
etiamsi in cruditate adhibetur. Ideoque ubi sanguinem mitti
opus est, si incisa vena praeceps periculum est, aut si in
parte corporis etiam vitium est, huc potius confugiendum 10
est: quum eo tamen, ut sciamus, hic ut nullum periculum, ita
levius praesidium esse; nec posse vehementi malo, nisi aeque
vehemens auxilium succurrere (*Aph.* I, 6).

CAPUT XII.
De dejectione.   15

1. Dejectionem autem antiqui variis medicamentis, cre-
braque alvi ductione in omnibus paene morbis moliebantur:
dabantque aut nigrum veratrum, aut filiculam, aut squamam
aeris, quam λεπίδα χαλκοῦ Graeci vocant; aut lactucae
marinae lac, cujus gutta pani adjecta abunde purgat; aut lac 20
vel asininum, vel bubulum, vel caprinum; eique salis paulum
adjiciebant, decoquebantque id, et sublatis iis, quae coierant,
quod quasi serum supererat, bibere cogebant; sed medicamenta stomachum fere laedunt. Alvus si vehementius fluit,
aut saepius ducitur, hominem infirmat. Ergo numquam in ad- 25
versa valetudine medicamentum ejus rei causa recte datur,
nisi ubi is morbus sine febre est; ut quum veratrum nigrum
aut atra bile vexatis, aut cum tristitia insanientibus, aut iis,
quorum nervi parte aliqua resoluti sunt, datur. At ubi febres
sunt, satius est ejus rei causa cibos potionesque assumere, 30
qui simul et alant, et ventrem molliant. Suntque valetudinis
genera, quibus ex lacte purgatio convenit.

2. Plerumque vero alvus potius ducenda est: quod ab
Asclepiade quoque sic temperatum, ut tamen servatum sit,
video plerumque saeculo nostro praeteriri. Is autem

moderatio, quam is sequutus videtur, aptissima: ut neque
saepe ea medicina tentetur, et tamen semel, vel summum
bis, non omittatur, si caput grave est; si oculi caligant; si
morbus majoris intestini est, quod Graeci κόλον nominant;
5 si in imo ventre, aut in coxa dolores sunt; si in stomachum
quaedam biliosa concurrunt, vel etiam pituita eo se, humorve
aliquis aquae similis confert; si spiritus difficilius redditur;
si nihil per se venter excernit; utique, si juxta quoque stercus est, et intus remanet; aut si stercoris odorem, nihil deji-
10 ciens, aeger ex spiritu suo sentit; aut si corruptum est, quod
excernitur; aut si prima inedia febrem non sustulit; aut si
sanguinem mitti, quum opus sit, vires non patiuntur, tempusve
ejus rei praeteriit; aut si multum ante morbum aliquis pota-
vit; aut si is, qui saepe vel sponte, vel casu purgatus est,
15 subito habet alvum suppressam. Servanda vero illa sunt:
ne ante diem tertium ducatur; ne ulla cruditate substante; ne
in corpore infirmo, diuque adversa valetudine exhausto; neve
in eo, cui satis alvus quotidie reddit, quive eam liquidam habet; neve in ipso accessionis impetu, quia, quod tum infusum
20 est, alvo continetur, regestumque in caput, multo gravius
periculum efficit. Pridie vero abstinere debet aeger, ut aptus
tali curationi sit: eo die ante aliquot horas aquam calidam bibere, ut superiores ejus partes madescant. Tum immittenda
in alvum est, si levi medicina contenti sumus, pura aqua; si
25 paulo valentiori, mulsa; si leni, ea in qua foenum graecum,
vel ptisana, vel malva decocta sit. Acris autem est marina
aqua, vel alia sale adjecto: atque utraque decocta commodior est. Acrior fit adjecto, vel oleo, vel nitro, vel melle:
quoque acrior est, eo plus extrahit, sed minus facile susti-
30 netur. Idque quod infunditur, neque frigidum esse oportet,
neque calidum; ne alterutro modo laedat. Quum infusum
est, quantum fieri potest, continere se in lectulo debet aeger,
nec primae cupiditati dejectionis protinus cedere: ubi necesse est, tum demum desidere. Fereque eo modo demta
35 materia, superioribus partibus levatis, morbum ipsum mollit.
Cum vero, quoties res coegit, desidendo aliquis se exhausit,
paulisper debet conquiescere; et, ne vires deficiant, utique
eo die cibum assumere: qui plenior, an exiguus sit dandus,

ex ratione ejus accessionis, quae exspectabitur, aut in metu
non erit, aestimari oportebit.

CAPUT XIII.

De vomitu.

At vomitus, ut in secunda quoque valetudine saepe ne- 5
cessarius biliosis est, sic etiam in iis morbis, quos bilis con-
citavit. Ergo omnibus, qui ante febres horrore et tremore
vexantur; omnibus, qui cholera laborant; omnibus etiam cum
quadam hilaritate insanientibus; et comitiali quoque morbo
oppressis necessarius est; sed si acutus morbus est, si febris 10
est, asperioribus medicamentis opus non est; sicut in dejectionibus quoque supra dictum est: satisque est ea vomitus causa
sumi, quae sanis quoque sumenda esse proposui. At ubi
longi valentesque morbi sine febre sunt, ut comitialis, ut insania, veratro quoque albo utendum est. Id neque hieme, ne- 15
que aestate recte datur; optime vere; tolerabiliter autumno.
Quisquis daturus erit, id agere ante debet, ut accepturi corpus humidius sit (cf. *Aph.* IV, 13). Illud scire oportet, omne
ejusmodi medicamentum, quod potui datur, non semper aegris
prodesse, semper sanis nocere (cf. *Aph.* II, 36. 37).   20

CAPUT XIV.

De frictione.

De frictione vero adeo multa Asclepiades, tamquam in-
ventor ejus, posuit in eo volumine, quod *Communium Auxi-*
liorum inscripsit, ut, quum trium tantum faceret mentionem, 25
hujus et aquae et gestationis, tamen maximam partem in hac
consumserit. Oportet autem neque recentiores viros in iis
fraudare, quae vel repererunt, vel recte sequuti sunt: et tamen ea, quae apud antiquiores aliquos posita sunt, auctoribus suis reddere. Neque dubitari potest, quin latius quidem, 30
et dilucidius, ubi et quomodo frictione utendum esset Ascle-

piades praeceperit: nihil tamen repererit, quod non a vetustissimo auctore Hippocrate (*De offic. med.* §. 17) paucis verbis comprehensum sit: qui dixit, 'frictione, si vehemens
sit, durari corpus; si lenis, molliri; si multa, minui; si mo-
5 dica, impleri'. Sequitur ergo, ut tum utendum sit, quum aut
adstringendum corpus sit, quod hebes est; aut molliendum,
quod induruit: aut digerendum in eo, quod copia nocet: aut
alendum id, quod tenue et infirmum est. Quas tamen species
si quis curiosius aestimet, quod jam ad medicum non perti-
10 net, facile intelliget, omnes ex una causa pendere, quae demit; nam et adstringitur aliquid, eo demto, quod interposi-
tum, ut id laxaretur, effecerat; et mollitur, eo detracto, quod
duritiem creabat; et impletur, non ipsa frictione, sed eo cibo,
qui postea usque ad cutem, digestione quadam relaxatam,
15 penetrat. Diversarum vero rerum in modo causa est. Inter
unctionem autem et frictionem multum interest. Ungi enim,
leniterque pertractari corpus, etiam in acutis et recentibus
morbis oportet; in remissione tamen, et ante cibum: longa
vero frictione uti, neque in acutis morbis, neque increscenti-
20 bus convenit; praeterquam quum phreneticis somnus ea quaeritur. Amat autem hoc auxilium valetudo longa, et jam a
primo impetu inclinata. Neque ignoro quosdam dicere, omne
auxilium necessarium esse increscentibus morbis, non quum
jam per se finiuntur. Quod non ita se habet. Potest enim
25 morbus, etiam qui per se finem habiturus est, citius tamen
adhibito auxilio tolli: quod duabus de causis necessarium est;
et ut quam primum bona valetudo contingat; et ne morbus,
qui remanet, iterum, quamvis levi de causa, exasperetur.
Potest morbus minus gravis esse, quam fuerit, neque ideo
30 tamen solvi, sed reliquiis quibusdam inhaerere, quas admotum aliquod auxilium discutiat. Sed ut, levata quoque adversa valetudine, recte frictio adhibetur; sic numquam adhibenda est febre increscente: verum, si fieri poterit, quum
ex toto corpus ea vacabit; sin minus, certe quum ea remise-
35 rit. Eadem autem modo in totis corporibus esse debet, ut
quum infirmus aliquis implendus; modo in partibus, aut quia
ejus ipsius membri imbecillitas id requirit, aut quia alterius.
Nam et capitis longos dolores ipsius frictio levat; non in

impetu tamen doloris: et membrum aliquod resolutum ipsius
frictione confirmatur. Longe tamen saepius aliud perfricandum est, quum aliud dolet; maximeque quum a summis, aut
a mediis partibus corporis evocare materiam volumus'; ideoque extremas partes perfricamus. Neque audiendi sunt, qui 5
numero finiunt, quoties aliquis perfricandus sit. Id enim ex
viribus hominis colligendum est: et si is perinfirmus est,
potest satis esse quinquagies; si robustior, potest ducenties;
inter utrumque deinde, prout vires sunt. Quo fit, ut etiam
minus saepe in muliere, quam in viro; minus saepe in puero, 10
vel sene, quam in juvene, manus dimovendae sint. Denique,
si certa membra perfricantur, multa valentique frictione opus
est; nam neque totum corpus infirmari cito per partem potest,
et opus est quam plurimum materiae digeri, sive id ipsum
membrum, sive per id aliud levamus. At ubi totius corporis 15
imbecillitas hanc curationem per totum id exigit, brevior esse
debet et lenior; ut tantummodo summam cutem emolliat, quo
facilius capax ex recenti cibo novae materiae fiat. In malis
jam aegrum esse, ubi exterior pars corporis friget, interior
cum siti calet, supra posui (cf. *Aph.* IV, 48; *Coac.* 113). 20
Sed tunc quoque unicum in frictione praesidium est; quae si
calorem in cutem evocavit, potest alicui medicinae locum
facere.

CAPUT XV.

De gestatione. 25

Gestatio quoque longis et jam inclinatis morbis aptissima
est: utilisque est et iis corporibus, quae jam ex toto febre
carent, sed adhuc exerceri per se non possunt; et iis, quibus
lentae morborum reliquiae remanent, neque aliter eliduntur.
Asclepiades etiam in recenti vehementique, praecipueque 30
ardente febre, ad discutiendam eam, gestatione dixit utendum: sed id periculose fit; meliusque quiete ejusmodi impetus sustinetur. Si quis tamen experiri volet, sic experiatur,
si lingua non erit aspera, si nullus tumor, nulla durities, nullus dolor visceribus, aut capiti, an   aeco li nherit - Et 35

ex toto numquam gestari corpus dolens debet, sive id in toto,
sive in parte est; nisi tamen solis nervis dolentibus; neque
umquam increscente febre, sed in remissione ejus. Genera
autem gestationis plura sunt; quae adhibenda sunt et pro vi-
5 ribus cujusque, et pro opibus; ne aut imbecillum hominem
nimis digerant, aut humili desint. Lenissima est navi, vel in
portu, vel in flumine; vehementior vel in alto (vid. p. 65,
l. 38), vel lectica; etiamnum acrior vehiculo. Atque haec
ipsa et intendi et leniri possunt. Si nihil horum est, suspendi
10 lectus debet, et moveri: si ne id quidem est, at certe uni
pedi subjiciendum fulmentum est, atque ita lectus huc et illuc
manu impellendus (cf. Orib. T. I, p. 661).

Et lenia quidem genera exercitationis infirmis conveniunt
valentiora vero iis, qui jam pluribus diebus febre liberati
15 sunt; aut iis, qui gravium morborum initia sic sentiunt, ut adhuc febre vacent, quod et in tabe, et in stomachi vitiis, et
quum aqua cutem subiit, et interdum in morbo regio fit; aut
ubi quidam morbi, qualis comitialis, qualis insania est, sine
febre, quamvis diu, manent. In quibus affectibus ea quoque
20 genera exercitationum necessaria sunt, quae comprehendi-
mus eo loco, quo, quemadmodum sani, neque firmi homines
se gererent, praecepimus (I, 2).

CAPUT XVI.

De abstinentia.

25 Abstinentiae vero duo genera sunt: alterum, ubi nihil
assumit aeger; alterum, ubi non nisi quod oportet. Initia
morborum primum famem sitimque desiderant: ipsi deinde
morbi moderationem, ut neque aliud quam expedit, neque
ejus ipsius nimium sumatur; neque enim convenit juxta in-
30 ediam protinus satietatem esse. Quod si sanis quoque corporibus inutile est, ubi aliqua necessitas famem fecit; quanto
inutilius est in corpore etiam aegro? Neque ulla res magis
adjuvat laborantem, quam tempestiva abstinentia. Intempe-
rantes homines apud nos ipsi cibi tempora curantibus dant.
35 Rursus alii tempora medicis pro dono remittunt, sibi ipsis

modum vindicant. Liberaliter agere se credunt, qui, quum cetera illorum arbitrio relinquant, in genere cibi liberi sunt; quasi quaeratur, quid medico liceat, non quid aegro salutare sit. Cui vehementer nocet, quoties in ejus, quod assumitur, vel tempore, vel modo, vel genere peccatur.   5

CAPUT XVII.
De sudore eliciendo.

Sudor etiam duobus modis elicitur: aut sicco calore, aut balneo. Siccus calor est, et arenae calidae, et laconici, et clibani (cf. Oribas. I, p. 563), et quarumdam naturalium 10 sudationum, ubi e terra profusus calidus vapor aedificio includitur, sicut super Bajas (cf. Horat. *Epist.* I, 15, v. 2) in murtetis habemus (cf. II, 21). Praeter haec sole quoque, et exercitatione is movetur. Utiliaque haec genera sunt, quoties humor intus nocet, isque digerendus est. Ac ner- 15 vorum quoque quaedam vitia sic optime curantur. Sed cetera infirmis possunt convenire: sol et exercitatio tantum robustioribus; qui tamen sine febre, vel inter initia morborum, vel etiam non gravibus morbis tenentur. Cavendum autem est, ne quid horum vel in febre, vel in cruditate tentetur. At 20 balnei duplex usus est; nam modo, discussis febribus, initium cibi plenioris, vinique firmioris valetudini facit; modo febrem ipsam tollit. Fereque adhibetur, ubi summam cutem relaxari, evocarique corruptum humorem, et habitum corporis mutari expedit. Antiqui timidius eo utebantur: Asclepia- 25 des audacius. Neque terrere autem ea res, si tempestiva est, debet: ante tempus nocet. Quisquis febre liberatus est, simulatque ea uno die non accessit, eo qui proximus est, post tempus accessionis, tuto lavari potest. At si circuitum habere ea febris solita est sic, ut tertio, quartove die reverta- 30 tur, quandocumque non accessit, balneum tutum est. Manentibus vero adhuc febribus, si eae sunt lenes, levesque jamdiu male habent, recte medicina ista tentatur: cum eo tamen ne praecordia dura sint, neve ea tumeant, neve lingua aspera sit, neve aut in medio corpore, aut in capite do- 35 lor ullus sit, neve tum febris increscat. Atque in iis quidem

febribus, quae certum circuitum habent, duo balnei tempora
sunt: alterum, ante horrorem; alterum, febre finita: in iis
vero, qui lentis febriculis diu detinentur, quum aut ex toto
recessit accessio; aut, si id non solet, certe lenita est, jamque corpus tam integrum est, quam maxime esse in eo genere valetudinis solet. Imbecillus homo, iturus in balneum,
vitare debet ne ante frigus aliquod experiatur: ubi in balneum venit, paulisper resistere, experirique, num tempora
adstringantur, et an sudor aliquis oriatur: illud si incidit, hoc
non sequutum est, inutile eo die balneum est; perungendus-
que is leniter, et auferendus est; vitandumque omni modo
frigus, et abstinentia utendum. At si temporibus integris,
primum ibi, deinde alibi sudor incipit, fovendum os aqua
calida; tum in solio desidendum est; atque ibi quoque videndum, num sub primo contactu aquae calidae summa cutis inhorrescat; quod vix tamen fieri potest, si priora recte
cesserunt; certum id· autem signum inutilis balnei est.
Ante vero, an postea, quam in aquam calidam se demittat,
aliquis perungi debeat, ex ratione valetudinis suae cogno-
scat. Fere tamen, nisi ubi nominatim, ut postea fiat, prae-
cipietur, moto sudore leniter corpus perungendum; deinde in aquam calidam demittendum est. Atque hic quoque
habenda virium ratio est, neque committendum, ut per aestum
anima deficiat; sed maturius is auferendus, curioseque vestimentis involvendus est, ut neque ad eum frigus adspiret,
et ibi quoque, antequam aliquid assumat, insudet. Fomenta
quoque calida sunt milium, sal, arena; quodlibet eorum cale-
factum, et in linteum conjectum; si minore vi opus est, etiam
solum linteum; at si majore, exstincti titiones, involutique
panniculis, et sic circumdati. Quin etiam calido oleo replentur utriculi; et in vasa fictilia, a similitudine quas lenticulas
vocant, aqua conjicitur; et sal sacco linteo excipitur, demit-
titurque in aquam bene calidam, tum super id membrum,
quod fovendum est, collocatur. Juxtaque ignem ferramenta
duo sunt capitibus paulo latioribus: alterumque ex his demittitur in eum salem, et aqua super leviter adspergitur; ubi
frigere coepit, ad ignem refertur, et idem in altero fit; deinde
invicem in utroque: inter quae descendit salsus et calidus

succus, qui contractis aliquo morbo nervis opitulatur. His
omnibus commune est, digerere id, quod vel praecordia
onerat, vel fauces strangulat, vel in aliquo membro nocet.
Quando autem quoque utendum sit, in ipsis morborum generibus dicetur.   5

CAPUT XVIII.

De cibis et potionibus.

Quum de iis dictum sit, quae detrahendo juvant; ad ea
veniendum est, quae alunt, id est cibum et potionem. Haec
autem non omnium tantum morborum, sed etiam secundae 10
valetudinis communia praesidia sunt: pertinetque ad rem,
omnium proprietates nosse; primum ut sani sciant, quomodo
his utantur; deinde ut exsequentibus nobis morborum curationes, liceat species rerum, quae assumendae erunt, subjicere, neque necesse sit subinde singulas eas nominare. Scire 15
igitur oportet, omnia legumina, quaeque ex frumentis panificia sunt, generis valentissimi esse: valentissimum voco, in
quo plurimum alimenti est; item omne animal quadrupes domi
natum; omnem grandem feram, quales sunt caprea, cervus,
aper, onager; omnem grandem avem, quales sunt anser, et 20
pavo, et grus; omnes belluas marinas, ex quibus cetus est,
quaeque his pares sunt: item mel, et caseum; quo minus mirum est, opus pistorium valentissimum esse, quod ex frumento,
adipe, melle, caseo constat; in media vero materia numerari
ex oleribus debere ea, quorum radices, vel bulbos assumimus; 25
ex quadrupedibus, leporem; aves omnes a minimis ad phoe-
nicopterum; item pisces omnes, qui salem non patiuntur,
solidive saliuntur; imbecillissimam vero materiam esse omnem caulem oleris, et quidquid in caule nascitur, qualis est
cucurbita, et cucumis, et capparis; omnia poma, oleas, 30
cochleas, itemque conchylia. Sed quamvis haec ita discreta
sint, tamen etiam, quae sub eadem specie sunt, magna discrimina recipiunt; aliaque res alia vel valentior est, vel infirmior. Siquidem plus alimenti est in pane, quam in ullo alio:
firmius est triticum, quam milium; id ipsum, quam hordeum, 35
et ex tritico firmissima siligo, deinde simila, deinde cui nihil

demtum est, quod αὐτόπυρον Graeci vocant; infirmior est
ex polline; infirmissimus cibarius panis. Ex leguminibus vero
valentior faba, vel lenticula, quam pisum. Ex oleribus valentior rapa, napique, et omnes bulbi, in quibus cepam quoque, et allium numero, quam pastinaca, vel quae radicula
(cf. I, 3, p. 19, l. 23) appellatur: item firmior brassica, et
beta, et porrum, quam lactuca, vel cucurbita, vel asparagus.
At ex fructibus surculorum valentiores uvae, ficus, nuces,
palmulae, quam quae poma proprie nominantur: atque ex
his ipsis firmiora, quae succosa, quam quae fragilia sunt.
Itemque ex iis avibus, quae in media specie sunt, valentiores
eae, quae pedibus, quam quae volatu magis nituntur; et ex
iis, quae volatu fidunt, firmiores quae grandiores, quam quae
minutae sunt; ut ficedula et turdus. Atque eae quoque quae
in aqua degunt, leviorem cibum praestant, quam quae natandi scientiam non habent. Inter domesticas vero quadru-
pedes levissima suilla est; gravissima bubula: itemque ex
feris, quo majus quodque animal, eo robustior ex eo cibus
est. Pisciumque eorum, qui ex media materia sunt, quibus
maxime utimur, tamen gravissimi sunt [ii] ex quibus salsamenta
quoque fieri possunt, qualis lacertus est; deinde qui, quamvis teneriores, tamen duri sunt, ut aurata, corvus, sparus,
oculata; tum plani; post quos etiamnum leviores lupi, mulli-
que; et post hos, omnes saxatiles. Neque vero in generibus
rerum tantummodo discrimen est, sed etiam in ipsis: quod et
aetate fit, et membro, et solo, et coelo, et habitu. Nam quadrupes omne animal, si lactens est, minus alimenti praestat:
itemque quo tenerior pullus cohortalis est: in piscibus quoque media aetas, quae nondum summam magnitudinem implevit. Deinde ex eodem sue ungulae, rostrum, aures, cerebellum; ex agno, hoedove cum petiolis totum caput aliquanto
quam cetera membra leviora sunt: adeo ut in media materia
poni possint. Ex avibus colla, alaeve recte infirmissimis an-
numerantur. Quod ad solum vero pertinet, frumentum quodque valentius est collinum, quam campestre: levior piscis inter
saxa editus, quam in arena; levior in arena, quam in limo: quo
fit, ut ex stagno, vel lacu, vel flumine eadem genera graviora
sint: leviorque qui in alto (cf. p. 61, l. 7), quam qui in vado

vixit. Omne etiam ferum animal domestico levius; et quodcumque humido coelo, quam quod sicco natum est. Deinde eadem omnia pinguia, quam macra; recentia, quam salsa; nova, quam vetusta, plus alimenti habent. Tum res eadem magis alit jurulenta, quam assa; magis assa, quam elixa. 5 Ovum durum valentissimae materiae est; molle, vel sorbile, imbecillissimae. Quumque panificia omnia firmissima sint, elota tamen quaedam genera frumenti, ut alica, oryza, ptisana, vel ex iisdem facta sorbitio, aut pulticula, et aqua quoque madens panis, imbecillissimis annumerari potest.   10

Ex potionibus vero quaecumque ex frumento facta est, itemque lac, mulsum, defrutum, passum, vinum aut dulce, aut vehemens, aut mustum, aut magnae vetustatis, valentissimi generis est. At acetum, et id vinum quod paucorum annorum, vel austerum, vel pingue est, in media materia est: 15 ideoque infirmis numquam generis alterius dari debet. Aqua omnium imbecillissima est. Firmiorque ex frumento potio est, quo firmius est ipsum frumentum: firmior ex eo vino, quod bono solo, quam quod tenui; quodque temperato coelo, quam quod aut nimis humido, aut nimis sicco, nimiumque aut 20 frigido, aut calido natum est. Mulsum, quo plus mellis habet; defrutum, quo magis incoctum; passum, quo ex sicciore uva est, eo valentius est. Aqua levissima pluvialis est; deinde fontana; tum ex flumine; tum ex puteo; post haec ex nive, aut glacie; gravior his, ex lacu; gravissima, ex palude (cf. 25 Orib.; *Coll. med.* V, 1, sqq.). Facilis etiam et necessaria cognitio est naturam ejus requirentibus. Nam levis, pondere apparet; et ex iis, quae pondere pares sunt, eo melior quaeque est, quo celerius et calefit et frigescit, quoque celerius ex ea legumina percoquuntur (*Aph.* V, 26). Fere vero se- 30 quitur, ut, quo valentior quaeque materia est, eo minus facile concoquatur; sed si concocta est, plus alat. Itaque utendum est materiae genere pro viribus; modusque omnium pro genere sumendus. Ergo imbecillis hominibus, rebus infirmissimis opus est; mediocriter firmos media materia opti- 35 me sustinet; et robustis apta validissima est. Plus deinde aliquis assumere ex levioribus potest: magis in iis, quae valentissima sunt, temperare sibi debet.

CAPUT XIX.

Quae natura ac proprietas cujusque rei sit qua vescimur.

Neque haec sola discrimina sunt; sed etiam aliae res boni succi sunt, aliae mali; quas εὐχύμους, vel κακοχύμους Graeci vocant; aliae lenes, aliaè acres; aliae crassiorem pituitam faciunt, aliae tenuiorem; aliae idoneae stomacho, aliae alienae sunt: itemque aliae inflant, aliae ab hoc absunt; aliae calefaciunt, aliae refrigerant; aliae facile in stomacho acescunt, aliae non facile intus corrumpuntur; aliae movent alvum, aliae supprimunt; aliae citant urinam (cf. cap. 31), *aliae tardant; quaedam somnum movent, quaedam sensus excitant. Quae omnia ideo noscenda sunt, quoniam aliud alii vel corpori, vel valetudini convenit.

CAPUT XX.

De his quae boni succi sunt.

Boni succi sunt triticum, siligo, alica, oryza, amylum, tragum, ptisana, lac, caseus mollis, omnis venatio, omnes aves, quae ex media materia sunt; ex majoribus quoque eae, quas supra nominavi: medii inter teneros durosque pisces, ut mullus, et lupus: verna lactuca (cf. cap. 32), urtica, malva, cucurbita, ovum sorbile, portulaca, cochleae, palmulae: ex pomis quodcumque neque acerbum, neque acidum est: vinum dulce, vel lene, passum, defrutum, oleae, quae ex his duobus in alterutro servatae sunt: vulvae, rostra, trunculique suum, omnis pinguis caro, omnis glutinosa, omne jecur.

CAPUT XXI.

De his quae mali succi sunt.

Mali vero succi sunt milium, panicum, hordeum, legumina, caro domestica permacra, omnisque caro salsa, omne salsamentum, garum, vetus caseus, siser, radicula, rapa, napi,

bulbi, brassica, magisque etiam cyma ejus, asparagus, beta,
cucumis (cf· cap. 22), porrum, eruca, nasturtium, thymum,
nepeta, satureia, hyssopum, ruta, anethum, foeniculum, cuminum, anisum, lapathum, sinapi, allium, cepa, lienes, renes,
intestina, pomum quodcumque acidum vel acerbum est, ace- 5
tum, omnia acria, acida, acerba, oleum, pisces quoque saxatiles, omnesque, qui ex tenerrimo genere sunt, aut qui rursus
nimium duri virosique sunt, ut fere quos stagna, lacus, limo-
sique rivi ferunt, quique in nimiam magnitudinem excesserunt.

CAPUT XXII.   10

Quae res lenes, quaeve acres sint.

    Lenes autem sunt sorbitio, pulticula, laganum, amylum,
ptisana, pinguis caro, et quaecumque glutinosa est: quod
fere quidem in omni domestica fit, praecipue tamen in ungu-
lis, trunculisque suum, in petiolis capitulisque hoedorum et 15
vitulorum et agnorum, omnibusque cerebellis: item qui proprie bulbi nominantur, lac, defrutum, passum, nuclei pinei.
Acria sunt omnia nimis austera, omnia acida, omnia salsa,
mel, et quidem quo melius est, eo magis: item allium, cepa,
eruca, ruta, nasturtium, cucumis (cf. cap. 27), beta, brassica, 20
asparagus, sinapi, radicula, intubus, ocimum, lactuca, maxi-
maque olerum pars.

CAPUT XXIII.

De his quae crassiorem, quaeve tenuiorem pituitam faciunt.

    Crassiorem autem pituitam faciunt ova sorbilia, alica, 25
oryza, amylum, ptisana, lac, bulbi, omniaque fere glutinosa.
Extenuant eamdem omnia salsa, atque acria, atque acida.

CAPUT XXIV.

De his quae stomacho idonea sunt.

    Stomacho autem aptissima sunt, quaecumque austera 30
sunt, etiam quae acida sunt, quaeque contac.. ale modice

sunt; item panis sine fermento, et elota alica, vel oryza, vel
ptisana; omnis avis, omnis venatio; atque utraque vel assa,
vel elixa: ex domesticis animalibus bubula: si quid ex ceteris sumitur, macrum potius, quam pingue: ex sue ungulae,
ᵣ rostra, aures, vulvaeque steriles: ex oleribus intubus, lactuca, pastinaca, cucurbita elixa, siser: ex pomis cerasum, morum, sorbum, pirum fragile, quale crustuminum vel naevia-
num est: item pira, quae reponuntur, tarentina atque signina;
malum orbiculatum, aut scandianum, vel amerinum, vel coto-
ᵒ neum (cf. *Plin.* XV, 11, 10), vel punicum; uvae ex olla,
molle ovum, palmulae, nuclei pinei, oleae albae ex dura
muria, eaedem aceto intinctae, vel nigrae, quae in arbore
bene maturuerunt, vel quae in passo, defrutove servatae
sunt (cf. I, 6): vinum austerum, licet etiam asperum sit, item
ᵣ resinatum: duri ex media materia pisces, ostrea, pectines,
murices, purpurae (cf. cap. 28), cochleae, cybium, potionesque vel frigidae, vel ferventes: absinthium (cf. cap. 31).

CAPUT XXV.
De his quae stomacho aliena sunt.

ᵒ   Aliena vero stomacho sunt omnia tepida, omnia salsa,
omnia jurulenta, omnia praedulcia, omnia pinguia, sorbitio,
panis fermentatus, idemque vel ex milio, vel ex hordeo, radices olerum, et quodcumque olus ex oleo garove estur, mel,
mulsum, defrutum, passum, lac, omnis caseus, uva recens,
ᵣ ficus et viridis et arida, legumina omnia, quaeque inflare consueverunt: item thymum, nepeta, satureia, hyssopum, nasturtium, lapathum, lapsana, juglandes. Ex his autem intelligi
potest, non quidquid boni succi est, protinus stomacho convenire; neque quidquid stomacho convenit, protinus boni
ᵒ succi esse.

CAPUT XXVI.
De his quae inflant, aut non.

Inflant autem omnia fere legumina, omnia pinguia, omnia
dulcia, omnia jurulenta, mustum, atque etiam id vinum, cui

nihil adhuc aetatis accessit: ex oleribus allium, cepa, brassica, omnesque radices, excepto sisere et pastinaca, bulbi,
ficus etiam aridae, sed magis virides, uvae recentes, nuces
omnes, exceptis nucleis pineis, lac, omnisque caseus, quidquid denique subcrudum aliquis assumsit. Minima inflatio fit 5
ex venatione, aucupio, piscibus, pomis, oleis, conchyliis, ovis
vel mollibus vel sorbilibus, vino vetere. Foeniculum vero,
et anethum inflationes etiam levant.

CAPUT XXVII.

De his quae calefaciunt aut refrigerant. 10

At calefaciunt piper, sal, caro omnis jurulenta, allium,
cepa, ficus arida, salsamentum, vinum, et quo meracius est
eo magis. Refrigerant olera, quorum crudi caules assumuntur, ut intubus, et lactuca : item coriandrum, cucumis, elixa
cucurbita, beta, mora, cerasa, mala austera, pira fragilia, 15
caro elixa, praecipueque acetum, sive cibus ex eo, sive potio
assumitur.

CAPUT XXVIII.

De his quae intus facile aut difficillime corrumpuntur.

Facile autem intus corrumpuntur panis fermentatus, et 20
quisquis alius quam qui ex tritico est; lac, mel; ideoque
etiam lactantia, atque omne pistorium opus; teneri pisces,
ostrea, olera, caseus et recens et vetus, crassa vel tenera
caro, vinum dulce, mulsum, defrutum, passum; quidquid denique vel jurulentum est, vel nimis dulce, vel nimis tenue. 25
At minime intus vitiantur panis sine fermento, aves, et eae
potius duriores, duri pisces; neque solum aurata puta, aut
sparus, sed etiam lolligo, locusta, polypus: item bubula,
omnisque dura caro; eademque aptior est, si macra, si salsa
est; omniaque salsamenta; cochleae, murices, purpurae (cf. 30
cap. 24); vinum austerum, vel resinatum.

CAPUT XXIX.

De his quae alvum movent.

At alvum movent panis fermentatus, magisque si cibarius
vel hordeaceus est; brassica, si subcruda·est, lactuca, ane-
5 thum, nasturtium, ocimum, urtica, portulaca, radicula, capparis, allium, cepa, malva, lapathum, beta, asparagus, cucurbita, cerasa, mora, poma omnia mitia, ficus etiam arida, sed
magis viridis, uvae recentes, pingues minutae aves, cochleae,
garum, salsamentum, ostrea, pelorides, echini, musculi, et
10 omnes fere conchulae, maximeque jus earum; saxatiles, et
omnes teneri pisces, sepiarum atramentum; si qua caro assumitur pinguis, eadem vel jurulenta, vel elixa; aves quae
natant; mel crudum, lac, lactantia omnia, mulsum, vinum dulce
vel salsum, aqua tenera (Hipp. *De aere, aq. et loc.* § 1),
15 omnia tepida, dulcia, pinguia, elixa, jurulenta, salsa, diluta.

CAPUT XXX.

De his quae alvum adstringunt.

Contra adstringunt panis ex siligine, vel ex simila; magis
si sine fermento est; magis etiam si ustus est; intenditurque
20 vis ejus etiam si bis coquitur: pulticula vel ex alica, vel ex
panico, vel ex milio; itemque ex iisdem sorbitio; et magis,
si haec antea fricta sunt: lenticula, cui vel beta, vel intubus,
vel ambubeja, vel plantago adjecta est; magisque etiam si
illa ante fricta est: per se etiam intubus, vel plantago, vel
25 ambubeja: minuta olera, brassica bis decocta: dura ova, magisque si assa sunt: minutae aves, merula, palumbus, magisque si in posca decoctus est; grus, omnes aves quae magis
currunt, quam volant; lepus, caprea; jecur ex iis, quae sevum habent, maximeque bubulum, ac sevum ipsum: caseus,
30 qui vehementior vetustate fit, vel ea mutatione quam in
transmarino videmus; aut si recens est, ex melle. mulsove decoctus: item mel coctum, pira immatura, sorba, magisque ea,
quae torminalia vocantur, mala cotonea (cf. cap. 24), et pu-

nica, oleae vel albae vel permaturae, myrta, palmulae, purpurae, murices, vinum resinatum vel asperum, item meracum,
acetum, mulsum quod inferbuit, item defrutum, passum, aqua
vel tepida vel praefrigida, dura, id est ea quae tarde putescit; ideoque pluvia potissimum: omnia dura, macra, austera, 5
aspera, tosta, et in eadem carne, assa potius, quam elixa.

CAPUT XXXI.
De his quae urinam movent.

Urinam autem movent, quaecumque in horto nascentia
boni odoris sunt, ut apium, ruta, anethum, ocimum, menta, 10
hyssopum, anisum, coriandrum, nasturtium, eruca, foeniculum: praeter haec asparagus, capparis, nepeta, thymum, satureia, lapsana, pastinaca, magisque agrestis, radicula, siser,
cepa; ex venatione maxime lepus; vinum tenue, piper et rotundum et longum, sinapi, absinthium, nuclei pinei.   15

CAPUT XXXII.
De his quae ad somnum apta sunt, et sensum excitant.

Somno vero aptum est papaver, lactuca, maximeque
aestiva, cujus cauliculus jam lacte repletus est, morum, porrum. Sensus excitant nepeta, thymum, satureia, hyssopum, 20
praecipueque pulegium, ruta, et cepa.

CAPUT XXXIII.
De his quae materiam evocant, reprimunt, molliunt, calefaciunt,
durant, aut emolliunt.

Evocare vero materiam multa admodum possunt: sed ea 25
quum ex peregrinis medicamentis maxime constent, aliisque
magis, quam quibus ratione victus succurritur, opitulentur, in
praesentia differam: ponam vero ea quae prompta, et iis morbis de quibus protinus dicturus sum, apta, corpus erodunt, et

sic eo, quod mali est, extrahunt. Habent autem hanc facultatem semina erucae, nasturtii, radiculae; praecipue tamen omnium sinapi. Salis quoque et fici eadem vis est.

Leniter vero simul et reprimunt et molliunt lana succida 5 ex aceto vel vino, cui oleum adjectum est; contritae palmulae, furfures in salsa aqua vel aceto decocti. At simul et reprimunt, et refrigerant herba muralis, περδίκιον appellant, serpyllum, pulegium, ocimum, herba sanguinalis, quam Graeci πολύγονον vocant, portulaca, papaveris folia, capreolique 10 vitium, coriandri folia, hyoscyamum, muscus, siser, apium, solanum, quam στρύχνον Graeci vocant, brassicae folia, intubus, plantago, foeniculi semen, contrita pira vel mala, praecipueque cotonea (cf. cap. 24), lenticula, aqua frigida, maximeque pluvialis, vinum, acetum, et horum aliquo madens vel 15 panis, vel farina, vel spongia, vel cinis, vel lana succida, vel etiam linteolum, creta cimolia, gypsum, melinum, myrteum, rosa, acerbum oleum, verbenarum contusa cum teneris caulibus folia; cujus generis sunt olea, cupressus, myrtus, lentiscus, tamarix, ligustrum, rosa, rubus, laurus, hedera, punicum 20 malum. Sine frigore autem reprimunt cocta mala cotonea, malicorium, aqua calida, in qua verbenae coctae sint, quas supra posui, pulvis vel ex faece vini, vel ex myrti foliis, amarae nuces. Calefacit vero ex qualibet farina cataplasma, sive tritici, sive farris, sive hordei, sive ervi, vel lolii, vel milii, 25 vel panici, vel lenticulae, vel fabae, vel lupini, vel lini, vel foeni graeci (cf. l. 33), ubi ea deferbuit, calidaque imposita est. Valentior tamen ad id omnis farina est ex mulso, quam ex aqua cocta. Praeterea cyprinum, irinum, medulla, adeps ex fele, oleum, magisque si vetus est, junctaque oleo sal, nitrum, git, 30 piper, quinquefolium. Fereque, quae vehementer et reprimunt, et refrigerant, durant; quae calefaciunt et digerunt, emolliunt: praecipueque ad emolliendum potest cataplasma ex lini vel foeni graeci semine. His autem omnibus, et simplicibus, et permixtis, varie medici utuntur; ut magis quid 35 quisque persuaserit sibi, appareat, quam quid evidenter compererit.

A. CORNELII CELSI

ARTIUM LIBER OCTAVUS

IDEM

MEDICINAE . TERTIUS.

CAPUT I.

De morborum generibus.

Provisis omnibus, quae pertinent ad universa genera morborum, ad singulorum curationes veniam. Hos autem in duas
species Graeci diviserunt; aliosque ex his acutos, alios lon- 5
gos esse dixerunt: ideoque, quoniam non semper eodem
modo respondebant, eosdem alii inter acutos, alii inter longos retulerunt. Ex quo plura eorum genera esse manifestum
est. Quidam enim breves acutique sunt, qui cito vel tollunt
hominem, vel ipsi cito finiuntur: quidam longi, sub quibus 10
neque sanitas in propinquo, neque exitium est: tertiumque
genus eorum est, qui modo acuti, modo longi sunt; idque
non in febribus tantummodo, in quibus frequentissimum est,
sed in aliis quoque fit. Atque etiam praeter hos, quartum
est, quod neque acutum dici potest, quia non perimit; neque 15
utique longum, quia, si occurritur, facile sanatur. Ego, quum
de singulis dicam, cujus quisque generis sit indicabo. Dividam autem omnes in eos, qui in totis corporibus consistere
videntur, et eos, qui oriuntur in partibus. Incipiam a prioribus, pauca de omnibus praefatus. In nullo quidem morbo 20
minus fortuna sibi vindicare, quam ars potest; utpote quum,
repugnante natura, nihil medicina proficiat (cf. VII, *prooem*).
Magis tamen ignoscendum medico est parum proficienti in acu-

tis morbis, quam in longis. Hic enim breve spatium est, intra
quod, si quod auxilium non profuit, aeger exstinguitur: ibi et
deliberationi, et mutationi remediorum tempus patet; adeo ut
raro, si inter initia medicus accessit, obsequens aeger sine illius
5 vitio pereat. Longus tamen morbus quum penitus insedit, quod
ad difficultatem pertinet, acuto par est. Et acutus quidem,
quo vetustior est; longus autem, quo recentior, eo facilius
curatur. Alterum illud ignorari non oportet, quod non omnibus aegris eadem auxilia conveniunt. Ex quo incidit, ut alia
10 atque alia summi auctores, quasi sola, venditaverint, prout
cuique cesserant. Oportet itaque, ubi aliquid non respondet,
non tanti putare auctorem, quanti aegrum, et experiri aliud
atque aliud: sic tamen, ut in acutis morbis cito mutetur, quod
nihil prodest; in longis, quos tempus ut facit, sic etiam sol-
15 vit, non statim condemnetur, si quid non statim profuit; minus vero removeatur, si quid paulum saltem juvat; quia profectus tempore expletur.

CAPUT II.

Protinus autem inter initia scire facile est, quis acutus
morbus, quis longus sit: non in iis solis in quibus semper ita
se habet; sed in iis quoque in quibus variat. Nam ubi sine
intermissionibus accessiones et dolores graves urgent, acutus
25 morbus est: ubi lenti dolores, lentaeve febres sunt, et spatia
inter accessiones porriguntur, acceduntque ea signa, quae in
priore volumine (II, cap. 5) exposita sunt, longum hunc
futurum esse, manifestum est. Videndum etiam est, morbus
an increscat, an consistat, an minuatur: quia quaedam reme-
30 dia increscentibus morbis, plura inclinatis conveniunt, eaque
quae increscentibus apta sunt, ubi acutus increscens urget,
in remissionibus potius experienda sunt. Increscit autem
morbus, dum graviores dolores, accessionesque veniunt; haeque et ante, quam proximae revertuntur, et postea desinunt.
35 Atque in longis quoque morbis, etiam tales notas non haben-

tibus, .scire licet increscere, si somnus incertus est, si deterior concoctio, si foetidiores dejectiones, si tardior sensus,
si pigrior mens, si percurrit corpus frigus aut calor, si id
magis pallet. Ea vero, quae contraria his sunt, decedentis
ejus notae sunt. Praeter haec in acutis morbis serius aeger 5
alendus est, nec nisi jam inclinatis : ut primo demta materia
impetum frangat : in longis maturius, ut sustinere spatium
affecturi mali possit. Ac si quando is non in toto corpore,
sed in parte est ; magis tamen ad rem pertinet, vim totius
corporis moliri, quam proprie (*propriae?*) partis aegrae 10
sanitatem (cf. VII, 3). Multum etiam interest, ab initio quis
recte curatus sit, an perperam : quia curatio minus iis prodest,
in quibus assidue frustra fuit. Si quis temere habitus, adhuc
integris viribus vivit, admota curatione momento restituitur.

   Sed quum ab iis coeperim (II, 2), quae notas quasdam 15
futurae adversae valetudinis exhibent, curationum quoque
principium ab animadversione ejusdem temporis faciam. Igitur si quid ex iis, quae proposita sunt, incidit, omnium optima
sunt quies et abstinentia ; si quid bibendum est, aqua ; idque
interdum uno die fieri satis est ; interdum, si terrentia manent, 20
biduo : proximeque abstinentiam sumendus est cibus exiguus,
bibenda aqua ; postero die etiam vinum ; deinde invicem alternis diebus, modo aqua, modo vinum (cf. I, 4), donec omnis
causae metus finiatur. Per haec enim saepe instans gravis
morbus discutitur. Plurimique falluntur, dum se primo die 25
protinus sublaturos languorem aut exercitatione, aut balneo,
aut coacta dejectione, aut vomitu, aut sudationibus, aut vino
sperant. Non quo non interdum id incidat, sed quo saepius
fallat, solaque abstinentia sine ullo periculo medeatur ; quum
praesertim etiam pro modo terroris moderari liceat ; et si 30
leviora indicia fuerint, satis sit a vino tantum abstinere, quod
subtractum plus, quam si cibo quid dematur, adjuvat : si
paulo graviora, non aquam tantum bibere, sed etiam cibo
carnem subtrahere ; interdum panis quoque minus, quam pro
consuetudine assumere, humidoque cibo esse contentum, et 35
olere potissimum : satisque sit, tunc ex toto a cibo, a vino,
ab omni motu corporis abstinere, quum vehementes notae terruerunt. Neque dubium est, quin vix quisquam, qui

non dissimulavit, sed per haec mature morbo occurrit,
aegrotet.

* ### C A P U T   I I I.

De febrium generibus.

5   Atque haec quidem sanis facienda sunt, tantum causam
metuentibus. Sequitur vero curatio febrium, quod et in toto
corpore, et vulgare maxime morbi genus est. Ex his una
quotidiana, altera tertiana, altera quartana est: interdum
etiam longiore circumitu quaedam redeunt; sed id raro fit: in
10 prioribus et morbi sunt, et medicina. Et quartanae quidem
simpliciores sunt. Incipiunt fere ab horrore; deinde calor
erumpit; finitaque febre biduum integrum est: ita quarto die
revertitur. Tertianarum vero duo genera sunt: alterum eodem modo, quo quartana, et incipiens, et desinens; illo tan-
15 tum interposito discrimine, quod unum diem praestat integrum, tertio redit: alterum longe perniciosius, quod tertio
quidem die revertitur, ex octo autem et quadraginta horis
fere sex et triginta per accessionem occupat, interdum etiam
vel minus, vel plus; neque ex toto in remissione desistit,
20 sed tantum levius est. Id genus plerique medici ἡμιτριταῖον
appellant. Quotidianae vero variae sunt, et multiplices. Aliae
enim protinus a calore incipiunt, aliae a frigore, aliae ab
horrore. Frigus voco, ubi extremae partes membrorum inal-
gescunt: horrorem, ubi corpus totum intremit. Rursus aliae
25 sic desinunt, ut ex toto sequatur integritas: aliae sic, ut aliquantum quidem minuatur ex febre, nihilominus tamen quaedam reliquiae remaneant, donec altera accessio accedat: ac
saepe aliae vix quidquam aut nihil remittunt. Deinde aliae
fervorem ingentem habent, aliae tolerabilem: aliae quotidie
30 pares sunt, aliae impares; atque invicem altero die leviores,
altero vehementiores: aliae tempore eodem postridie revertuntur, aliae vel serius vel celerius: aliae diem noctemque
accessione et decessione implent, aliae minus, aliae plus: ·
aliae, quum decedunt, sudorem movent, aliae non movent;
35 atque alias per sudorem ad integritatem venitur, alias corpus

tantum imbecillius redditur. Accessiones etiam modo singulae singulis diebus fiunt, modo binae pluresve concurrunt: ex quo saepe evenit, ut quotidie plures accessiones remissionesque sint; sic tamen, ut unaquaeque alicui priori respondeat. Interdum vero accessiones quoque confunduntur sic, 5 ut notari neque tempora earum, neque spatia possint. Neque verum est, quod dicitur a quibusdam, nullam febrem inordinatam esse, nisi aut ex vomica, aut ex inflammatione, aut ex ulcere: facilior enim semper curatio foret, si hoc verum esset. Sed quod evidentes causae faciunt, facere etiam abditae 10 possunt. Neque de re, sed de verbo controversiam movent, qui quum aliter aliterque in eodem morbo febres accedunt, non easdem inordinate redire, sed alias aliasque subinde oriri dicunt. Quod tamen ad curandi rationem nihil pertineret, etiamsi vere diceretur. Tempora quoque remissionum modo 15 liberalia, modo vix ulla sunt.

CAPUT IV.

De febrium curationum diversis generibus.

Et febrium quidem ratio maxime talis est. Curationum vero diversa genera sunt, prout auctores aliquos habent. 20 Asclepiades officium esse medici dicit, *ut tuto, ut celeriter, ut jucunde* curet. Id votum est: sed fere periculosa esse nimia et festinatio et voluptas solet. Qua vero moderatione utendum sit, ut, quantum fieri potest, omnia ista contingant, prima semper habita salute, in ipsis partibus curationum con- 25 siderandum erit. Et ante omnia quaeritur, primis diebus aeger qua ratione continendus sit. Antiqui, medicamentis quibusdam datis, concoctionem moliebantur; eo quod cruditatem maxime horrebant: deinde eam materiam, quae laedere videbatur, ducendo saepius alvum subtrahebant (cf. *Aph.* I, 30 22). Asclepiades medicamenta sustulit; alvum non toties, sed fere tamen in omni morbo, subduxit: febre vero ipsa praecipue se ad remedium ejus uti professus est. Convellendas enim vires aegri putavit, luce, vigilia, siti ingenti, sic ut ne os quidem primis diebus elui sineret; quo magis fa' 35

luntur qui per omnia jucundam ejus disciplinam esse concipiunt. Is enim ulterioribus quidem diebus cubantis etiam
luxuriae subscripsit; primis vero tortoris vicem exhibuit.
Ego autem medicamentorum dari potiones, et alvum duci non
5 nisi raro debere, concedo; non ideo tamen id agendum, ut
aegri vires convellantur, existimo; quoniam ex imbecillitate
summum periculum est. Minui ergo tantum materiam supe-
rantem oportet, quae naturaliter digeritur, ubi nihil novi accedit. Itaque abstinendus a cibo primis diebus, et in luce
10 habendus aeger, nisi infirmus, interdiu est, quoniam corpus
ista quoque digerit; isque cubare quam maximo conclavi debet. Quod ad sitim vero somnumque pertinet, moderandum
est, ut interdiu vigilet; noctu, si fieri potest, conquiescat:
ac neque potet, neque nimium siti crucietur. Os etiam ejus
15 elui potest, ubi et siccum est, et ipsi foetet; quamvis id
tempus potioni aptum non est. Commodeque Erasistratus
dixit, saepe, interiore parte humorem non requirente, os et
fauces requirere; neque ad rem, male haberi aegrum, pertinere.
20   Ac primo quidem sic tenendus est. Optimum vero medicamentum est, opportune cibus datus: qui quando primum
dari debeat, quaeritur. Plerique ex antiquis tarde dabant,
saepe quinto die, saepe sexto: et id fortasse vel in Asia, vel
in Aegypto, coeli ratio patitur (cf. I, *prooem.*). Asclepiades,
25 ubi aegrum triduo per omnia fatigaverat, quarto die cibo
destinabat. At Themison nuper, non quando coepisset febris,
sed quando desiisset, aut certe levata esset, considerabat;
et ab illo tempore, exspectato die tertio, si non accesserat
febris, statim; si accesserat, ubi ea vel desierat, vel, si assi-
30 due inhaerebat, certe sese inclinaverat, cibum dabat. Nihil
autem horum utique perpetuum est. Nam potest primo die
primus cibus dandus esse, potest secundo, potest tertio,
potest non nisi quarto, aut quinto; potest post unam accessionem, potest post duas, potest post plures. Refert enim
35 qualis morbus sit, quale corpus, quale coelum, quae aetas,
quod tempus anni, minimeque in rebus multum inter se dif-
ferentibus, perpetuum esse praeceptum temporis potest. In
morbo, qui plus virium aufert, celerius cibus dandus est:

itemque eo coelo, quod magis digerit. Ob quam causam in
Africa nullo die aeger abstineri recte videtur. Maturius etiam
puero, quam juveni, aestate, quam hieme, dari debet. Unum
illud est, quod semper, quod ubique servandum est, ut aegri
vires subinde assidens medicus inspiciat, et quamdiu supere- 5
runt, abstinentia pugnet; si imbecillitatem vereri coeperit,
cibo subveniat. Id enim ejus officium est, ut aegrum, neque supervacua materia oneret, neque imbecillitatem fame prodat.
Idque apud Erasistratum quoque invenio: qui quamvis parum
docuit, quando venter, quando corpus ipsum exinaniretur, 10
dicendo tamen haec esse videnda, et tum cibum dandum,
quum corpori deberetur, satis ostendit, dum vires superes-
sent, dari non oportere; ne deficerent, consulendum esse.
Ex his autem intelligi potest, ab uno medico multos non posse
curari: eumque, si artifex est, idoneum esse, qui non multum 15
ab aegro recedit. Sed qui quaestui serviunt, quoniam is major ex populo est, libenter amplectuntur ea praecepta, quae
sedulitatem non exigunt; ut in hac ipsa re. Facile est enim
dies vel accessiones numerare iis quoque, qui aegrum raro
vident: ille assideat necesse est, qui, quod solum opus est, 20
visurus est, quando nimis imbecillus futurus sit, nisi cibum
acceperit. In pluribus tamen ad initium cibi dies quartus
aptissimus esse consuevit.

Est autem alia etiam de diebus ipsis dubitatio; quoniam
antiqui potissimum impares sequebantur, eosque, tamquam 25
tunc de aegris judicaretur, κρισίμους nominabant* [adeo ut
Hippocrates (*Aph.* IV, 61; *Coac.* 142), si alio die febris
desiisset, recidivam timere sit solitus]. Hi erant dies tertius,
quintus, septimus, nonus, undecimus, quartusdecimus, unus
et vicesimus; ita ut summa potentia septimo, deinde quarto- 30
decimo, deinde uni et vicesimo daretur (cf. *Aph.* II, 23:
Epid. I, 12; *Hum.* 4, 5, 6). Igitur sic aegros nutriebant, ut
dierum imparium accessiones exspectarent; deinde postea
cibum, quasi levioribus accessionibus instantibus, darent. Id
Asclepiades jure ut vanum repudiavit; atque in nullo die, 35
quia par imparve esset, iis vel majus vel minus periculum
esse dixit. Interdum enim pejores dies pares fiunt; et oppor-
tunius post eorum accessiones cibus datur. Nonnumquam

etiam in ipso morbo dierum ratio mutatur; fitque gravior, qui
remissior esse consueverat. Atque ipse quartusdecimus par
est, in quo esse magnam vim antiqui fatebantur. Qui quum
octavum primi naturam habere contenderent, ut ab eo se-
5 cundus septenarius inciperet, ipsi sibi repugnabant, non octavum, neque decimum, neque duodecimum diem sumendo,
quasi potentiorem: plus enim tribuebant nono, et undecimo.
Quod quum fecissent sine ulla probabili ratione, ab undecimo,
non ad tertiumdecimum, sed ad quartumdecimum transibant.
10 Est etiam apud Hippocratem, ei, quem septimus dies libera-
turus sit, quartum esse gravissimum (cf. *Aph.* II, 24). Ita,
illo quoque auctore, in die pari et gravior febris esse potest,
et certa futuri nota. Atque idem alio loco (cf. *Progn.* § 20;
Epid. II, 6, 11; *Fract.* § 31; *Art.* § 67) quartum quem-
15 que diem, ut in utrumque efficacissimum apprehendit; id est
quartum, septimum, undecimum, quartumdecimum, decimum-
septimum. In quo et ab imparis ad paris rationem transiit,
et ne hoc quidem propositum conservavit; quum a septimo
die undecimus, non quartus, sed quintus sit. Adeo apparet,
20 quacumque ratione ad numerum respexerimus, nihil rationis,
sub illo quidem auctore, reperiri. Verum in his quidem antiquos tunc celebres admodum pythagorici numeri fefellerunt:
quum hic quoque medicus non numerare dies debeat, sed
ipsas accessiones intueri; et ex his conjectare, quando dan-
25 dus cibus sit. Illud autem magis ad rem pertinet, scire, tum
oporteat dari, quum jam bene venae conquieverunt, an etiamnum manentibus reliquiis febris. Antiqui enim quam integer-
rimis corporibus alimentum offerebant; Asclepiades, inclinata
quidem febre, sed adhuc tamen inhaerente. In quo vanam
30 rationem sequutus est: non quo non sit interdum maturius
cibus dandus, si mature timetur altera accessio; sed quo scilicet quam sanissimo dari debeat: minus enim corrumpitur,
quod integro corpori infertur. Neque tamen verum est, quod
Themisoni videbatur, si duabus horis integer futurus esset
35 aeger, satius esse tunc dari: ut ab integro corpore potissimum diduceretur. Nam si diduci tam celeriter posset, id
esset optimum: sed quum hoc breve tempus non praestet,
satius est principia cibi a decedente febre, quam reliquias

ab incipiente excipi. Ita si longius tempus secundum est, quam integerrimo dandus est; si breve, etiam antequam ex toto integer fiat. Quo loco vero integritas est, eodem est remissio, quae maxima in febre continua potest esse. Atque hoc quoque quaeritur, utrum tot horae exspectandae sint, 5 quot febrem habuerunt; an satis sit primam partem earum praeteriri, ut aegris jucundius insidat, quibus interdum non vacat. Tutissimum est autem, ante totius accessionis tempus praeteriri: quamvis, ubi longa febris fuit, potest indulgeri aegro maturius, dum tamen ante minime pars dimidia prae- 10 tereatur. Idque non in ea sola febre, de qua proxime dictum est, sed in omnibus ita servandum est.

CAPUT V.

De febrium speciebus, et singularum curationibus; et primo quando cibus febricitantibus dandus.   15

Haec magis per omnia genera febrium perpetua sunt: nunc ad singulas earum species descendam. Igitur si semel tantum accessit, deinde desiit, eaque vel ex inguine (cf. *Aph.* IV, 55), vel ex lassitudine, vel ex aestu, aliave simili re fuit, sic, ut interior nulla causa metum fecerit, postero die, 20 quum tempus accessionis ita transiit, ut nihil moverit, cibus dari potest. At si ex alto calor venit, et gravitas vel capitis vel praecordiorum sequuta est, neque apparet quid corpus confuderit; quamvis unam accessionem sequuta integritas est; tamen, quia tertiana timeri potest, exspectandus est dies 25 tertius: et ubi accessionis tempus praeteriit, cibus dandus est, sed exiguus; quia quartana quoque timeri potest: et die quarto demum, si corpus integrum est, eo cum fiducia utendum. Si vero postero, tertiove, aut quarto die sequuta febris est, scire licet morbum esse. Sed tertianarum, quartanarum- 30 que, quarum et certus circumitus est, et finis integer, et liberaliter quieta tempora sunt, expeditior ratio est: de quibus suo loco dicam (cf. capp. 13 sqq.). Nunc vero eas explicabo quae quotidie urgent. Igitur tertio quoque die cibus aegro commodissime datur (cf. III, 13): ut alter febrem minuat, alter viribus 35

subveniat. Sed is dari debet, si quotidíana febris est, quae ex
toto desinat, simulatque corpus integrum factum est: si quamvis non accessiones, febres tamen junguntur, et quotidie quidem increscunt, sed sine integritate tamen remittunt, quum
5 córpus ita se habet, ut major remissio non exspectetur: si
altero die gravior, altero levior accessio est, post graviorem.
Fere vero graviorem accessionem levior nox sequitur: quo
fit, ut graviorem accessionem nox quoque tristior antecedat
(cf. *Aph.* II, 13). At si continuatur febris, neque levior um-
10 quam fit, et dari cibum necesse est, quando dari debeat, magna dissensio est. Quidam, quia fere remissius matutinum
tempus aegris est, tunc putant dandum. Quod si respondet,
non quia mane est, sed quia remissio est, dari debet. Si
vero ne tunc quidem ulla requies aegris est, hoc ipso pejus
15 id tempus est, quod quum sua natura melius esse debeat,
morbi vitio, non est: simulque insequitur tempus meridianum,
a quo quum omnis aeger fere pejor fiat, timeri potest, ne
ille magis etiam, quam ex consuetudine, urgeatur. Igitur
alii vespere tali aegro cibum dant. Sed quum eo tempore
20 fere pessimi sint, qui aegrotant, verendum est, ne, si quid
tunc moverimus, fiat aliquid asperius. Ob haec ad mediam
noctem decurro; id est, finito jam gravissimo tempore, eó-
demque longissime distante: sequuturis vero antelucanis horis, quibus omnes fere maxime dormiunt; deinde matutino
25 tempore, quod natura sua levissimum est. Si vero febres
vagae sunt, quia verendum est, ne cibum statim subsequan-
tur, quandocumque quis ex accessione levatns est, tunc debet assumere. At si plures accessiones eodem die veniunt,
considerare oportet, paresne per omnia sint, quod vix fieri
30 potest, an impares. Si per omnia pares sunt, post eam potius
accessionem cibus dari debet, quae non inter meridiem et
vesperem desinit: si impares sunt, considerandum est, quo
distent. Nam si altera gravior, altera levior est, post graviorem dari debet: si altera longior, altera brevior, post
35 longiorem: si altera gravior, altera longior est, considerandum est utra magis affligat, illa vi, an haec tempore; et post
eam dandus est; sed plane plurimum interest, quantae qua-
lesque inter eas remissiones sint. Nam si post alteram febrem

motio manet, post alteram integrum corpus est, integro corpore cibo tempus aptius est: si semper febricula manet, sed alterum tamen longius tempus remissionis est, id potius eligendum est; adeo ut, ubi accessiones continuantur, protinus, inclinata priore, dandus cibus sit. Etenim perpetuum est, ad 5 quod omne consilium dirigi potest, cibum quam maxime semper ab accessione futura reducere; et, hoc salvo, dare quam integerrimo corpore (*Aph.* I, 11). Quod non inter duas tantum, sed etiam inter plures accessiones servabitur. Sed quum sit aptissimum tertio quoque die cibum dare; tamen, si cor- 10 pus infirmum est, quotidie dandus est; multoque magis, si continentes febres sine remissione sunt, quanto magis corpus affligunt; aut si duae pluresve accessiones eodem die veniunt. Quae res efficit, ut et a primo die protinus cibus dari quotidie debeat, si protinus venae conciderunt; et saepius 15 eodem die, si inter plures accessiones subinde vis corpori deest. Illud tamen in his servandum est, ut post eas febres minus cibi detur, post quas, si per corpus liceret, omnino non daretur. Quum vero febris instet, incipiat, augeatur, consistat, decedat, deinde in decessione consistat, aut finiatur, 20 scire licet, optimum cibo tempus esse febre finita; deinde quum decessio ejus consistit; tertium, si necesse est, quandocumque decedit; cetera omnia periculosa esse; si tamen propter infirmitatem necessitas urget, satius esse, consistente jam incremento febris, aliquid offerre, quam incre- 25 scente; satius esse, instante, quam incipiente: cum eo tamen, ut nullo tempore is, qui deficit, non sit sustinendus. Neque hercule satis est, ipsas tantum febres medicum intueri, sed etiam totius corporis habitum, et ad eum dirigere curationem; seu supersunt vires, seu desunt, seu quidam alii af- 30 fectus interveniunt. Quum vero semper aegros securos agere conveniat, ut corpore tantum, non etiam animo laborent: tum praecipue, ubi cibum sumserunt. Itaque, si qua sunt, quae exasperatura eorum animos sunt, optimum est ea, dum aegrotant, eorum notitiae subtrahere: si id fieri non potest, susti- 35 nere tamen post cibum usque somni tempus (id est, toto somni tempore. cf. VIII, 4), et quum experrecti sunt, tum exponere.

CAPUT VI.

Quando potiones febricitantibus dari expediat.

Sed de cibo quidem facilior cum aegris ratio est, quorum saepe stomachus hunc respuit, etiamsi mens concupiscit:
5 de potione vero ingens pugna est; eoque magis, quo major febris est. Haec enim sitim accendit, et tum maxime aquam exigit, quum illa periculosissima est. Sed docendus aeger est, ubi febris quieverit, protinus sitim quoque quieturam; longioremque accessionem fore, si quod ei datum fuerit ali-
10 mentum: ita celerius eum desinere sitire, qui non bibit. Necesse est tamen, quanto facilius etiam sani famem, quam sitim sustinent, tanto magis aegris in potione, quam in cibo indulgere. Sed primo quidem die nullus humor dari debet, nisi subito sic venae conciderunt, ut cibus quoque dari de-
15 beat: secundo vero, ceterisque etiam, quibus cibus non dabitur, tamen, si magna sitis urgebit, potio dari potest. Ac ne illud quidem ab Heraclide Tarentino dictum ratione caret: ubi aut bilis aegrum, aut cruditas male habet, expedire quoque per modicas potiones misceri novam materiae corruptae
20 (cf. IV, 11). Illud videndum est, ut qualia tempora cibo leguntur, talia potioni quoque, ubi sine illo datur, deligantur; aut quum aegrum dormire cupiemus; quod fere sitis prohibet. Satis autem convenit, quum omnibus febricitantibus nimius humor alienus sit, tum.praecipue esse feminis, quae ex
25 partu in febres inciderunt.

Sed quum tempora cibo potionique febris et remissionis ratio det, non est expeditissimum scire, quando aeger febricitet, quando melior sit, quando deficiat; sine quibus dispensari illa non possunt. Venis (sc. *arteriis*) enim maxime
30 credimus, fallacissimae rei; quia saepe istae leniores celerioresve sunt, et aetate, et sexu, et corporum natura: et plerumque satis sano corpore, si stomachus infirmus est, nonnumquam etiam incipiente febre, subeunt et quiescunt; ut imbecillus is videri possit, cui facile laturo gravis instat acces-
35 sio. Contra saepe eas concitat et sol, et balneum, et exercitatio, et metus, et ira, et quilibet alius animi affectus: adeo

ut, quum primum medicus venit, sollicitudo aegri dubitantis,
quomodo illi se habere videatur, eas moveat. Ob quam causam, periti medici est, non protinus ut venit, apprehendere
manu brachium: sed primum residere hilari vultu, perconta-
rique, quemadmodum se habeat; et si quis ejus metus est, 5
eum probabili sermone lenire; tum deinde ejus corpori manum admovere. Quas venas autem conspectus medici movet,
quam facile mille res.turbant! Altera res est, cui credimus,
calor, aeque fallax: nam hic quoque excitatur aestu, labore, somno, metu, sollicitudine. Igitur intueri quidem etiam 10
ista oportet; sed his non omnia credere. Ac protinus quidem
scire, non febricitare eum, cujus venae naturaliter ordinatae
sunt, teporque talis est, qualis esse sani solet: non protinus
autem, sub calore motuque febrem esse concipere; sed ita,
si summa quoque arida inaequaliter cutis est; si calor et in 15
fronte est, et ex imis praecordiis oritur; si spiritus ex naribus cum fervore prorumpit; si color aut rubore, aut pallore
novo mutatus est; si oculi graves, et aut persicci·, aut subhumidi sunt; si sudor quum fit, inaequalis est; si venae non
aequalibus intervallis moventur. Ob quam causam medicus 20
neque in tenebris, neque a capite aegri debet residere; sed
illustri loco adversus, ut omnes notas ex vultu quoque cubantis percipiat. Ubi vero febris fuit, ac decrevit, spectare
oportet, num tempora, partesve corporis aliae paulum madescant, quae sudorem venturum esse testentur: ac si qua nota 25
est, tunc demum dare potui calidam aquam, cujus salubris
effectus est, si sudorem per omnia membra diffundit. Hujus
autem rei causa, continere aeger sub veste satis multa manus
debet; eademque crura, pedesque contegere: qua plerique
aegros in ipso febris impetu male habent. Si sudare corpus 30
coepit, linteum tepefacere oportet, paulatimque singula membra detergere. At ubi sudor omnis finitus est, aut si is non
venit, ubi quam maxime potuit, idoneus esse cibo aeger videtur, sub veste leniter ungendus est, tum detergendus,
deinde ei cibus dandus. Is autem febricitantibus humidus est 35
aptissimus (*Aph.* I, 16), aut humori certe quam proximus:
utique ex materia quam levissima, maximeque sorbitio, eaque, si magnae febres fuerint, quam tenuissima esse debet.

Mel quoque despumatum huic recte adjicitur, quo corpus
magis nutriatur: sed id, si stomachum offendit, supervacuum
est; sicut ipsa quoque sorbitio. Dari vero in vicem ejus potest, vel intrita ex aqua calida, vel alica elota; si firmus est
5 stomachus, et compressa alvus, ex aqua mulsa; si vel ille
languet, vel haec profluit, ex posca. Et primo quidem cibo
id satis est. Secundo vero aliquid adjici potest, ex eodem
tamen genere materiae, vel olus, vel conchylium, vel pomum. Et dum febres quidem increscunt, hic solus cibus ido-
10 neus est. Ubi vero aut desinunt, aut levantur, semper quidem incipiendum est ab aliquo ex materia levissima, adjiciendum vero aliquid ex media, ratione habita subinde et virium
hominis et morbi. Ponendi vero aegro varii cibi, sicut Asclepiades praecepit, tum demum sunt, ubi fastidio urgetur, ne-
15 que satis vires sufficiunt; ut paulum ex singulis degustando,
famem vitet. At si neque vis, neque cupiditas deest, nulla
varietate sollicitandus aeger est; ne plus assumat, quam concoquat. Neque verum est, quod ab eo dicitur, facilius concoqui cibos varios. Eduntur enim facilius: ad concoctionem
20 autem materiae genus et modus pertinent. Neque inter magnos
dolores, neque increscente morbo, tutum est aegrum cibo impleri; sed ubi inclinata jam in melius valetudo est (*Aph.* I, 7).
Sunt aliae quoque observationes in febribus necessariae.
Atque id quoque videndum est, quod quidam (sc. *Methodici*)
25 solum praecipiunt, adstrictum corpus sit, an profluat; quorum
alterum strangulat, alterum digerit; nam si adstrictum est,
ducenda alvus est, movenda urina, eliciendus omni modo sudor. In hoc genere morborum sanguinem etiam misisse, con-
cussisse vehementibus gestationibus corpus, in lumine habuis-
30 se, imperasse famem, sitim, vigiliam prodest. Utile est etiam
ducere in balneum, prius demittere in solium, tum ungere,
iterum ad solium redire, multaque aqua fovere inguina; interdum etiam oleum in solio cum aqua calida miscere; uti cibo
serius et rarius, tenui, simplici, molli, calido, exiguo;
35 maximeque oleribus, qualia sunt lapathum, urtica, malva;
vel jure etiam concharum, musculorumve, aut locustarum.
neque danda caro, nisi elixa, est. At potio esse debet magis liberalis, et ante cibum, et post hunc, et cum hoc, ultra

quam sitis coget: poteritque a balneo etiam pinguius, aut
dulcius dari vinum; poterit semel, aut bis interponi graecum
salsum (cf. III, 16). Contra vero, si corpus profluet, sudor
coercendus, quies adhibenda erit; tenebris somnoque, quandocumque volet, utendum; non nisi leni gestatione corpus 5
agitandum, et pro genere mali subveniendum. Nam si venter
fluit, aut si stomachus non continet, ubi febris decrevit, liberaliter oportet aquam tepidam potui dare, et vomere cogere; nisi aut fauces, aut praecordia, aut latus dolet, aut vetus morbus est. Si vero sudor exercet, duranda cutis est 10
nitro, vel sale, quae cum oleo miscentur: ac si levius id vitium est, oleo corpus ungendum; si vehementius, rosa, vel
melino, vel myrteo, cui vinum austerum sit adjectum. Quisquis autem fluore aeger est, quum venit in balneum, prius
ungendus, deinde in solium demittendus est. Si in cute vitium 15
est, frigida quoque, quam calida aqua melius utetur. Ubi ad
cibum ventum est, dari debet is valens, frigidus, siccus,
simplex, qui quam minime corrumpi possit, panis tostus,
caro assa, vinum austerum, vel certe subausterum; si venter profluit, calidum; si sudores nocent, vomitusve sunt, 20
frigidum.

CAPUT VII.

Quomodo pestilentes febres curari debeant.

1. Desiderat etiam propriam animadversionem in febribus pestilentiae casus. In hac minime utile est, aut fame, 25
aut medicamentis uti, aut ducere alvum. Si vires sinunt, sanguinem mittere optimum est; praecipueque si cum dolore febris est (cf. II, 10): si id parum tutum est, ubi febris levata
est, vomitu pectus purgare. Sed in hoc maturius, quam in
aliis morbis, ducere in balneum opus est; vinum calidum et 30
meracius dare, et omnia glutinosa; inter quae carnem quoque generis ejusdem. Nam quo celerius ejusmodi tempesta-
tes corripiunt, eo maturius auxilia, etiam cum quadam teme-
ritate, rapienda sunt. Quod si puer est, qui laborat, neque
tantum robur ejus est, ut sanguis mitti possit, cucurbitulis ei 35

utendum est; ducenda alvus vel aqua, vel ptisanae cremore;
tum demum levibus cibis nutriendus. Et ex toto non sic
pueri, ut viri, curari debent. Ergo, ut in alio quoque genere morborum, parcius in his agendum est: non facile sanguinem mittere, non facile ducere alvum, non cruciare vigilia, fameve, aut nimia siti, non vino curare. Vomitus post
febrem eliciendus est; deinde dandus cibus ex levissimis;
tum is dormiat; posteroque die, si febris manet, abstineat;
tertio, ad similem cibum redeat. Dandaque opera est, quantum fieri potest, ut inter opportunam abstinentiam cibo op-
portuno, omissis ceteris, nutriatur.

2. Si vero ardens febris extorret, nulla medicamenti danda potio est; sed in ipsis accessionibus oleo et aqua refrige-
randus est, quae miscenda manu sunt, donec albescant; eo
conclavi tenendus, quo multum et purum aerem trahere possit; neque multis vestimentis strangulandus, sed admodum
levibus tantum velandus est. Possunt etiam super stomachum
imponi folia vite in aqua frigida tincta. Ac ne siti quidem
nimia vexandus est. Alendus maturius est, id est a die tertio; et ante cibum iisdem perungendus. Si pituita in stomacho
coiit, inclinata jam accessione, vomere cogendus est; tum
dandum frigidum olus, aut pomum ex iis quae stomacho conveniunt. Si siccus manet stomachus, protinus vel ptisanae,
vel alicae, vel oryzae cremor dandus est, cum quo recens
adeps cocta sit. Quum vero in summo incremento morbus
est, utique non ante quartum diem, magna siti antecedente,
frigida aqua copiose praestanda est, ut bibat etiam ultra
satietatem; et quum jam venter et praecordia ultra modum
repleta, satisque refrigerata sunt, vomere debet. Quidam ne
vomitum quidem exigunt; sed ipsa aqua frigida tantum, ad
satietatem data, pro medicamento utuntur. Ubi utrumlibet
factum est, multa veste operiendus est, et collocandus ut
dormiat. Fereque post longam sitim et vigiliam, post multam
satietatem, post infractum calorem, plenus somnus venit, per
quem ingens sudor effunditur; idque praesentissimum auxilium est: sed in iis tamen, in quibus praeter ardorem, nulli
dolores, nullus praecordiorum tumor; nihil prohibens vel in
thorace, vel in pulmone, vel in faucibus; non ulcus, non

*dejectio fuit. Si quis autem in ejusmodi febre leviter tussit,
is neque vehementi siti conflictatur (cf. *Aph.* IV, 54.), neque bibere aquam frigidam debet; sed eo modo curandus est,
quo in ceteris febribus praecipitur.

CAPUT VIII.

Curatio semitertianae febris.

At ubi id genus tertianae est, quod ἡμιτριταῖον medici
appellant, magna cura opus est, ne id fallat. Habet enim
plerumque frequentes accessiones decessionesque, porrigi-
turque febris inter horas viginti quatuor, et triginta sex; ut,
quod idem est, non idem esse videatur. Et magnopere necessarium est, neque dari cibum, nisi in ea remissione, quae
vera est; et ubi ea venit, protinus dari: plurimique sub alterutro curantis errore subito moriuntur. Ac, nisi magnopere
aliqua res prohibet, inter initia sanguis mitti debet; tum dari
cibus, qui neque incitet febrem, et tamen longum ejus spatium sustineat.

CAPUT IX.

Curatio lentarum febrium.

Nonnumquam etiam lentae febres sine ulla remissione
corpus tenent; ac neque cibo, neque ulli remedio locus est.
In hoc casu medici cura esse debet, ut morbum mutet: fortasse enim curationi opportunior fiet. Saepe igitur ex aqua
frigida, cui oleum sit adjectum, corpus ejus pertractandum
est, quoniam interdum sic evenit, ut horror oriatur, et fiat
initium quoddam novi motus; exque eo, quum magis· corpus
incaluit, sequatur etiam remissio. In his frictio quoque ex
oleo et sale salubris videtur. At si diu frigus est, et torpor,
et jactatio corporis, non alienum est in ipsa febre dare mulsi
tres aut quatuor cyathos, vel cum cibo vinum bene dilutum.
Intenditur enim saepe ex eo febris; et major ortus calor simul et priora mala tollit, et spem.remissionis, inque ea cu-

rationis ostendit. Neque hercules ista curatio nova est[1]), qua nunc quidam traditos sibi aegros, qui sub cautioribus medicis trahebantur, interdum contrariis remediis sanant. Siquidem apud antiquos quoque ante Herophilum et Erasistratum, ma-
5 ximeque post Hippocratem fuit Petro quidam, qui febricitantem hominem ubi acceperat, multis vestimentis operiebat, ut simul calorem ingentem, sitimque excitaret: deinde, ubi paulum remitti coeperat febris, aquam frigidam potui dabat; ac, si moverat sudorem, explicuisse se aegrum judicabat; si non
10 moverat, plus etiam aquae frigidae ingerebat; et tum vomere cogebat. Si alterutro modo febre liberaverat, protinus suillam assam, et vinum homini dabat: si non liberaverat, decoquebat aquam sale adjecto (cf. III, 24), eamque bibere cogebat, ut movendo ventrem purgaret. Et intra haec omnis
15 ejus medicina erat; eaque non minus grata fuit iis, quos Hippocratis successores non refecerant; quam nunc est iis, quos Herophili vel Erasistrati aemuli diu tractos non expedierunt. Neque ideo tamen non est temeraria ista medicina: quia plures, si protinus a principiis excepit, interimit. Sed quum
20 eadem omnibus convenire non possint, fere quos ratio non restituit, temeritas adjuvat. deoque ejusmodi medici melius alienos aegros, quam suos nutriunt (cf. VI, 6, § 16). Sed est circumspecti quoque hominis, et novare interdum, et augere morbum, et febres accendere; quia curationem, ubi id,
25 quod est, non recipit, potest recipere id quod futurum est.

CAPUT X.

Curatio symptomatum febrium.

Considerandum etiam est, febresne solae sint, an alia quoque his mala accedant; id est num caput doleat, num lin-

---

1) Antonium Musam indicare videtur, qui Augustum *contraria medicina periculo exemit;* ut tradit Plinius lib. XXIX, cap. 1, sect. 5. et Suetonius in Augusto cap. 31: *distillationibus; jocinere vitiato, ad desperationem redactus, contrariam, et ancipitem rationem medendi subiit: quia calida fomenta non proderant, frigidis curari coactus auctore Antonio Musa.*

gua aspera, num praecordia intenta sint. Si capitis dolores
sunt, rosam cum aceto miscere oportet, et in id ingerere:
deinde habere duo pittacia, quae frontis latitudinem longitu-
dinemque aequent; ex his invicem alterum in aceto et rosa
habere, alterum in fronte; aut intinctam iisdem lanam succi- 5
dam imponere. Si acetum offendit, pura rosa utendum est;
si rosa ipsa laedit, oleo acerbo. Si ista parum juvant, teri
potest vel iris arida, vel nuces amarae, vel quaelibet herba
ex refrigerantibus: quorum quidlibet ex aceto impositum, dolorem minuit; sed magis aliud in alio. Juvat etiam panis cum 10
papavere injectus; vel cum rosa cerussa, spumave argenti.
Olfacere quoque vel serpyllum, vel anethum, non alienum
est. At si in praecordiis inflammatio et dolor est, primo superimponenda sunt cataplasmata reprimentia; ne, si cali-
diora fuerint, plus eo materiae concurrat: deinde, ubi prima 15
inflammatio se remisit, tunc demum ad calida et humida veniendum est; ut ea, quae remanserint, discutiant. Notae vero
inflammationis sunt quatuor, rubor et tumor, cum calore et
dolore. Quo magis erravit Erasistratus, qui febrem nullam
sine hac esse dixit. Ergo si sine inflammatióne dolor est, 20
nihil imponendum est: hunc enim statim ipsa febris solvet.
At si neque inflammatio, neque febris, sed tantum praecordiorum dolor est, protinus calidis et siccis fomentis uti licet.
Si vero lingua sicca et scabra est, detergenda primum penicillo est ex aqua calida: deinde ungenda mixtis inter se rosa 25
et melle. Mel purgat, rosa reprimit, simulque siccescere
non sinit. At si scabra non est, sed arida, ubi penicillo de-
tersa est, ungi rosa debet, cui cerae paulum sit adjectum.

CAPUT XI.

Curatio frigoris quod febrem praecedit.   . 30

Solet etiam ante febres esse frigus; idque vel molestissi-
mum morbi genus est. Ubi id exspectatur, omni potione pro-
hibendus aeger est: haec enim paulo ante data multum malo
adjicit. Item maturius veste multa tegendus est; admovenda
partibus iis, pro quibus metuimus, sicca et calida fomenta 35

sic, ne statim vehementissimi calores incipiant, sed paulatim
increscant: perfricandae quoque eae partes manibus unctis
ex vetere oleo sunt, eique adjiciendum aliquid ex calefacientibus; contentique medici quidam una frictione, etiam ex
5 quolibet oleo, sunt. In harum febrium remissionibus nonnulli
tres aut quatuor sorbitionis cyathos, etiamnum manente febre, dant: deinde, ea bene finita, reficiunt stomachum cibo
frigido.et levi. Ego tum hoç puto tentandum, quum parum
cibus, semel et post febrem datus, prodest. Sed curiose
10 prospiciendum est, ne tempus remissionis decipiat: saepe
enim in hoc quoque genere valetudinis jam minui febris videtur, et rursus intenditur. Itaque·ei remissioni credendum
est, ·quae etiam immoratur, et jactationem, foetoremque
quemdam oris, quem ὄζην Graeci vocant, minuit. Illud satis
15 convenit, si quotidie pares accessiones sunt, quotidie cibum
dandum: si impares, post graviorem, cibum; post leviorem,
aquam mulsam. ·

CAPUT XII.

Curatio horroris in febribus.

20 Horror autem eas fere febres antecedit, quae certum habent circumitum, et ex toto remittuntur; ideoque tutissimae
sunt, maximeque curationes admittunt. Nam·ubi incerta tempora sunt, neque alvi ductio, neque balneum, neque vinum,
neque medicamentum aliud recte datur. Incertum est enim
25 quando febris ventura sit: ita fieri potest, ut, si subito ve-
nerit, summa in eo pernicies sit, quod auxilii causa sit in-
ventum. Nihilque aliud fieri potest, quam ut primis diebus
bene abstineatur aeger; deinde sub decessu febris ejus, quae
gravissima est, cibum sumat. At ubi certus circumitus est, fa-
30 cilius omnia illa tentantur; quia magis proponere nobis et ac-
cessionum et decessionum vices possumus. In his autem,
quum inveteraverunt, utilis fames non est: primis tantummodo diebus ea pugnandum est; deinde dividenda curatio est, et
ante horror, tum febris discutienda. Igitur quum primum ali-
35 quis inhorruit, et ex horrore incaluit, dare ei oportet potui

tepidam aquam subsalsam, et vomere eum cogere: nam fere
talis horror ab iis oritur, quae biliosa in stomacho resede-
runt. Idem faciendum est, si próximo quoque circumitu aeque
accessit: saepe enim sic discutitur. Jamque quod genus febris sit, scire licet. Itaque sub exspectatione proximae ac- 5
cessionis, quae instare tertia potest, deducendus in balneum
est; dandaque opera, ut per tempus horroris in solio sit. Si
ibi quoque senserit, nihilominus idem sub exspectatione quar-
tae accessionis faciat: siquidem eo quoque modo saepe is
discutitur. Si ne balneum quidem profuit, ante accessionem 10
allium edat, aut bibat aquam calidam cum pipere: siquidem
ea quoque assumta calorem movent, qui horrorem non admittit. Deinde eodem modo, quo in frigore praeceptum est,
antequam inhorrescere possit, operiatur: fomentisque, sed protinus (cf. III, 11, p. 92, l. 34 sqq.) validioribus, totum corpus 15
circumdare convenit, maximeque involutis exstinctis testis et
titionibus. Si nihilominus horror perruperit, multo oleo cale-
facto inter ipsa vestimenta perfundatur, cui aeque ex calefa-
cientĩbus aliquid sit adjectum; adhibeaturque frictio, quantam
is sustinere poterit, maximeque in manibus et cruribus; et spi- 20
ritum ipse contineat. Neque desistendum est, etiamsi horror
est: saepe enim pertinacia juvantis malum corporis vincit. Si
quid evomuit, danda aqua tepida, iterumque vomere cogendus
est; utendumque eisdem est, donec horror finiatur. Sed praeter haec ducenda alvus est, si tardius horror quiescit: siqui- 25
dem id quoque exonerato corpore prodest. Ultimaque post
haec auxilia sunt gestatio et frictio. Cibus autem in ejusmodi
morbis maxime dandus est, qui mollem alvum praestet; caro
glutinosa; vinum, quum dabitur, austerum.

CAPUT XIII.   30
Curatio quotidianae febris.

Haec ad omnes circumitus febrium pertinent: discernendae
tamen singulae sunt, sicut rationem habent dissimilem. Si
quotidiana est, triduo primo magnopere abstinere oportet
(cf. III, 5); tum cibis altero quoque die uti. Si res invetera- 35

verit, post febrem experiri balneum et vinum; magisque si, horrore sublato, haec superest.

CAPUT XIV.

Curatio tertianae febris.

⁵ Si vero tertiana, quae ex toto intermittit, aut quartana est, mediis diebus et ambulationibus uti oportet, aliisque exercitationibus, et unctionibus. Quidam ex antiquis medicis Cleophantus, in hoc genere morborum, multo ante accessionem, per caput aegrum multa calida aqua perfundebat, dein-¹⁰de vinum dabat. Quod, quamvis pleraque ejus viri praecepta sequutus est Asclepiades, recte tamen praeteriit: est enim anceps. Ipse, si tertiana febris est, tertio die post accessionem dicit alvum duci oportere; quinto, post horrorem vomitum elicere; deinde post febrem, sicut illi mos erat, adhuc ¹⁵calidis dare cibum et vinum; sexto die in lectulo detineri: sic enim fore, ne septimo die febris accedat. Id saepe fieri posse verisimile est. Tutius tamen est, ut hoc ordine utamur; tria remedia: vomitus, alvi ductionis, vini, per triduum, id est tertio die et quinto, et septimo tentare: nec vinum, nisi ²⁰post accessionem diei septimi, bibat. Si vero primis diebus discussus morbus non est, inciditque in vetustatem, quo die febris exspectabitur, in lectulo se contineat; post febrem perfricetur; tum, cibo assumto, bibat aquam; postero die, ab exercitatione unctioneque, aqua tantum contentus, con-²⁵quiescat. Et id quidem optimum est. Si vero imbecillitas urgebit, et post febrem vinum, et medio die paulum cibi debebit assumere.

CAPUT XV.

Curatio quartanae febris.

³⁰ Eadem in quartana facienda sunt. Sed quum haec tarde admodum finiatur, nisi primis diebus discussa est, diligentius ab initio praecipiendum est, quid in ea fieri debeat. Igitur

si cui cum horrore febris accessit, eaque desiit, eodem die et
postero tertioque continere se debet, et aquam tantummodo
calidam primo die post febrem sumere; biduo proximo, quantum fieri potest, ne hanc quidem; si quarto die cum horrore
febris revertitur, vomere, sicut ante praeceptum est; deinde 5
post febrem modicum cibum sumere, vini quadrantem; postero tertioque die abstinere, aqua tantummodo calida, si
sitis est, assumpta; septimo die balneo frigus praevenire; si
febris redierit, ducere alvum; ubi ex eo corpus conquieverit,
in unctione vehementer perfricari; eodem modo sumere cibum 10
et vinum; biduo proximo se abstinere, frictione servata;
decimo die rursus balneum experiri; et, si postea febris accessit, aeque perfricari, vinum copiosius bibere. Ac sic
proximum est, ut quies tot dierum, et abstinentia cum ceteris
ris, quae praecipiuntur, febrem tollant. Si vero nihilominus 15
remaret, aliud ex toto sequendum est curationis genus; idque agendum, ut, quod diu sustinendum est, corpus facile
sustineat. Quo minus etiam curatio probari Heraclidis Tarentini debet, qui primis diebus ducendam alvum, deinde abstinendum in septimum diem dixit. Quod, ut sustinere aliquis 20
possit, tamen, etiam febre liberatus, vix refectioni valebit:
adeo, si febris saepius accesserit, concidet. Igitur si tertio
decimo die morbus manebit, balneum neque ante febrem,
neque post eam tentandum erit; nisi interdum jam horrore
discusso: horror ipse per ea, quae supra scripta sunt (III, 12), 25
expugnandus. Deinde post febrem oportebit ungi, et vehementer perfricari; cibum et validum, et fortiter assumere;
vino uti quanto libebit: postero die, quum satis quieverit,
ambulare, exerceri, ungi, perfricari, cibum capere sine
vino: tertio die abstinere. Quo die vero febrem exspectabit, 30
ante surgere, et exerceri, dareque operam, ut in ipsam
exercitationem febris tempus incurrat: sic enim saepe illa
discutitur. At si in opere occupavit, tum demum se recipere.
In ejusmodi valetudine medicamenta sunt oleum, frictio,
exercitatio, cibus, vinum. Si venter adstrictus est, solven- 35
dus est. Sed haec facile validiores faciunt: si imbecillitas
occupavit, pro exercitatione gestatio est: si ne hanc quidem
sustinet, adhibenda tamen frictio est: si haec quoque vehe-

mens onerat, intra quietem et unctionem et cibum sistendum
est: dandaque opera est, ne qua cruditas in quotidianam id
malum vertat. Nam quartana neminem jugulat: sed si ex ea
facta quotidiana est, in malis aeger est: quod tamen, nisi
5 culpa vel aegri vel curantis, numquam fit.

CAPUT XVI.
Curatio duarum quartanarum.

At si duae quartanae sunt, neque eae, quas proposui,
exercitationes adhiberi possunt; aut ex toto quiescere opus
10 est, aut, si id difficile est, leniter ambulare; considere diligenter involutis pedibus et capite; quoties febris accessit et
desiit, cibum modicum sumere, et vinum; reliquo tempore,
nisi imbecillitas urget, abstinere; at si duae febres paene
junguntur, post utramque cibum sumere: deinde vacuo tem-
15 pore, et moveri aliquid, et post unctionem cibo uti. Quum
vero vetus quartana raro, nisi vere, solvatur; utique eo tempore attendendum est, ne quid fiat, quod valetudinem impediat. Prodestque in vetere quartana mutare subinde victus
genus; a vino ad aquam, ab aqua ad vinum, a lenibus cibis
20 ad acres, ab acribus ad lenes transire; esse radicem (cf. I,
3; II, 18), deinde vomere; jureve pulli gallinacei ventrem
resolvere; oleo ad frictiones adjicere calefacientia; ante accessionem sorbere vel aceti cyathos duos, vel unum sinapis
cum tribus graeci vini salsi (cf. III, 6), vel mixta paribus
25 portionibus, et in aqua diluta, piper, castoreum, laser, myrrham. Per haec enim similiaque corpus agitandum est, ut
moveatur ex eo statu, quo detinetur. Si febris quievit, diu
meminisse ejus diei convenit; eoque vitare frigus, calorem,
cruditatem, lassitudinem. Facile enim revertitur, nisi a sano
30 quoque aliquamdiu timetur.

CAPUT XVII.
Curatio quotidianae febris, quae ex quartana facta sit.

At si ex quartana quotidiana facta est, quum id vitio inciderit, per biduum abstinere oportet, et frictione uti; aquam

tantummodo vespere potui dare. Tertio die saepe fit, ne
febris accedat: sed sive fuit, sive non fuit, cibus post accessionis tempus est dandus; ac si manet, per triduum abstinentia, quanta maxima imperari potest (cf. III, 21), et frictione quotidie utendum est.   5

CAPUT XVIII.

De tribus insaniae generibus.

Et febrium quidem curatio exposita est. Supersunt vero
alii corporis affectus, qui huic superveniunt; ex quibus eos,
qui certis partibus assignari non possunt (cf. IV, 1, *init.*), 10
protinus jungam. Incipiam ab insania, primamque hujus
ipsius partem aggrediar, quae et acuta, et in febre est:
φρενῖτιν Graeci appellant (cf. Hipp.). Illud ante omnia scire
oportet, interdum in accessione aegros desipere, et loqui
aliena. Quod non quidem leve est; neque incidere potest, 15
nisi in febre vehementi: non tamen aeque pestiferum est:
nam plerumque breve esse consuevit, levatoque accessionis
impetu, protinus mens redit. Neque id genus morbi remedium aliud desiderat, quam quod in curanda febre praeceptum
est. Phrenesis vero tum demum est, quum continua demen- 20
tia esse incipit; aut quum aeger, quamvis adhuc sapiat, tamen quasdam vanas imagines accipit: perfecta est, ubi mens
illis imaginibus addicta est. Ejus autem plura genera sunt:
siquidem ex phreneticis alii hilares, alii tristes sunt; alii facilius continentur, et intra verba desipiunt, alii consurgunt, 25
et violenter quaedam manu faciunt; atque ex his ipsis alii
nihil nisi impetu peccant, alii etiam artes adhibent, summam-
que speciem sanitatis in captandis malorum operum occa-
sionibus praebent; sed exitu deprehenduntur. Ex his autem
eos, qui intra verba desipiunt, aut leviter etiam manu pec- 30
cant, onerare asperioribus coercitionibus supervacuum est:
eos vero qui violentius se gerunt, vincire convenit (cf. I.
Digest. de off. praes. tit. 14); ne vel sibi vel alteri noceant.
Neque credendum est, si vinctus aliquis, dum levari vinculis
cupit, quamvis prudenter et miserabiliter loquitur; quoniam 35

is dolus insanientis est. Fere vero antiqui tales aegros in
tenebris habebant; eo quod illis contrarium esset exter-
reri, et ad quietem animi tenebras ipsas conferre aliquid judicabant. At Asclepiades, tamquam tenebris ipsis terren-
5 tibus, in lumine habendos eos dixit. Neutrum autem perpetuum est: alium enim lux, alium tenebrae magis turbant; reperiunturque, in quibus nullum discrimen deprehendi vel hoc, vel illo modo possit. Optimum itaque est
utrumque experiri; et habere eum, qui tenebras horret, in
10 luce; eum, qui lucem, in tenebris. At ubi nullum tale discrimen est, aeger, si vires habet, loco lucido; si non habet,
obscuro continendus est. Remedia vero adhibere, ubi maxime furor urget, supervacuum est: simul enim febris quoque
increscit. Itaque tum nihil nisi continendus aeger est: ubi
15 vero res patitur, festinanter subveniendum est. Asclepiades
perinde esse dixit, his sanguinem mitti, ac si trucidentur:
rationem hanc sequutus, quod neque insania esset, nisi febre
intenta; neque sanguis, nisi in remissione ejus, recte mitte-
retur. Sed ipse in his somnum multa frictione quaesivit;
20 quum et intentio febris somnum impediat, et frictio non nisi
in remissione ejus utilis sit. Itaque hoc quoque auxilium debuit praeterire. Quid igitur est? Multa in praecipiti periculo recte fiunt, alias omittenda. Et continuata quoque febris
habet tempora, quibus, etsi non remittit, non tamen crescit:
25 estque hoc, ut non optimum, sic tamen secundum remediis
tempus. Quod si vires aegri patiuntur, sanguis quoque mitti
debet. Minus deliberari potest, an alvus ducenda sit. Tum,
interposito die, convenit caput ad cutem tondere (cf. I, 4);
deinde aqua fovere, in qua verbenae aliquae decoctae sint ex
30 reprimentibus; aut prius fovere, deinde tondere, et iterum fovere; ac novissime rosa caput naresque implere; offerre etiam
naribus rutam ex aceto contritam; movere sternutamenta medicamentis in id efficacibus. Quae tamen facienda sunt in
iis, quibus vires non desunt. Si vero imbecillitas est, rosa
35 tantum caput, adjecto serpyllo, similive aliquo, madefaciendum est. Utiles etiam in quibuscumque viribus herbae duae
sunt, solanum et muralis, si simul ex utraque succo expresso
caput impletur. Quum febris remisit, frictione utendum est;

7*

parcius tamen in iis, qui nimis hilares, quam in iis, qui nimis
tristes sunt. Adversus omnium autem sic insanientium animos gerere se pro cujusque natura necessarium est. Quorumdam enim vani metus levandi sunt; sicut in homine prae-
divite famem timente incidit, cui subinde falsae hereditates 5
nuntiabantur: quorumdam audacia coercenda est; sicut in iis
fit, in quibus continendis plagae quoque adhibentur: quorumdam etiam intempestivus risus et objurgatione et minis finien-
dus: quorumdam discutiendae tristes cogitationes; ad quod
symphoniae, et cymbala, strepitusque proficiunt. Saepius 10
tamen assentiendum, quam repugnandum est; paulatimque, et
non evidenter, ab iis, quae stulte dicentur, ad meliora mens
adducenda. Interdum etiam elicienda ipsius intentio; ut fit
in hominibus studiosis litterarum, quibus liber legitur, aut
recte, si delectantur, aut perperam, si id ipsum eos offendit: 15
emendando enim convertere animum incipiunt. Quin etiam
recitare, si qua meminerunt, cogendi sunt. Ad cibum quoque
quosdam non desiderantes reduxerunt ii, qui inter epulantes
eos collocarunt. Omnibus vero sic affectis somnus et difficilis, et praecipue necessarius est: sub hoc enim plerique 20
sanescunt. Prodest ad id, atque etiam ad mentem ipsam
componendam, crocinum unguentum cum irino in caput datum. Si nihilominus vigilant, quidam somnum moliuntur potui
dando aquam, in qua papaver, aut hyoscyamum decoctum
sit: alii mandragorae mala pulvino subjiciunt: alii vel amo- 25
mum, vel sycamini lacrimam fronti inducunt. Asclepiades ea
supervacua esse dixit; quoniam in lethargum saepe conver-
terent. Praecepit autem, ut primo die a cibo, potione, somno abstineretur; vespere ei daretur potui aqua; tum frictio
admoveretur lenis, ut ne manum quidem, qui perfricaret, ve- 30
hementer imprimeret; postero deinde die, iisdem omnibus
factis, vespere ei daretur sorbitio et aqua, rursusque frictio
adhiberetur: per hanc enim nos consequuturos, ut somnus
accedat. Id interdum fit, et quidem adeo, ut, illo confitente,
nimia frictio etiam lethargi periculum afferat. Sed si sic som- 35
nus non accessit, tum demum illis medicamentis arcessendus
est: habita scilicet eadem moderatione, quae hic quoque necessaria est, ne quem obdormire volumus, excitare postea

non possimus. Confert etiam aliquid ad somnum silanus (cf.,
Coel. Aurel. *Morb. chr.* I, 5) juxta cadens; vel gestatio
post cibum et noctu; maximeque suspensi lecti motus. Neque
alienum est, si neque sanguis ante missus est, neque mens
5 constat, neque somnus accedit, occipitio inciso cucurbitulam
admovere; quae, quia levat morbum, potest etiam somnum
facere. Moderatio autem in cibo quoque adhibenda est: nam
neque implendus aeger est, ne insaniat; neque jejunio utique
vexandus, ne imbecillitate in cardiacum incidat. Opus est
10 cibo infirmo, maximeque sorbitione, potione aquae mulsae,
cujus ternos cyathos bis hieme, quater aestate dedisse satis est.
   Alterum insaniae genus est, quod spatium longius recipit; quia fere sine febre incipit, leves deinde febriculas excitat. Consistit in tristitia, quam videtur bilis atra contrahere.
15 In hac utilis detractio sanguinis est: si quid hanc prohibet,
prima est abstinentia; secunda per album veratrum vomitumque purgatio. Post utrumlibet adhibenda bis die frictio est:
si magis valet, frequens etiam exercitatio; in jejuno vomitus:
cibus, sine vino, dandus ex media materia est. Quam quoties
20 posuero (cf. III, 21), scire licebit etiam ex infirmissima dari
posse; dum ne ea sola quis utatur: valentissima tantummodo
esse removenda. Praeter haec servanda alvus est quam te-
nerrima; removendi terrores, et potius bona spes afferenda:
quaerenda delectatio ex fabulis, ludisque, quibus maxime capi
25 sanus assueverat; laudanda, si qua sunt, ipsius opera, et ante
oculos ejus ponenda; leviter objurganda vana tristitia; subinde admonendus, in iis ipsis rebus, quae sollicitant, cur potius laetitiae, quam sollicitudinis causa sit. Si febris quoque
accessit, sicut aliae febres, curanda est.
30   Tertium genus insaniae est, ex his longissimum: adeo ut
vitam ipsam non impediat: quod robusti corporis esse consuevit. Hujus autem ipsius species duae sunt. Nam quidam
imaginibus, non mente falluntur, quales insanientem Ajacem
vel Orestem percepisse poetae ferunt; quidam animo desi-
35 piunt. Si imagines fallunt, ante omnia videndum est, tristes,
an hilares sint. In tristitia nigrum veratrum dejectionis causa; in hilaritate, album, ad vomitum excitandum dari debet:
idque, si in potione non accipit, pani adjiciendum est, quo

facilius fallat. Nam si bene se purgaverit, ex magna parte
morbum levabit. Ergo etiam si semel datum veratrum parum
profecerit, interposito tempore iterum dari debet. Neque
ignorare oportet, leviorem esse morbum cum risu, quam serio
insanientium. Illud quóque perpetuum est in omnibus morbis; 5
ubi ab inferiore parte purgandus aliquis est, ventrem ejus
ante solvendum esse; ubi a superiore, comprimendum (*Aph.*
VII, 70). Si vero consilium insanientem fallit, tormentis
quibusdam optime curatur. Ubi perperam aliquid dixit, aut
fecit, fame, vinculis, plagis coercendus est. Cogendus est 10
et attendere, et ediscere aliquid, et meminisse: sic enim fiet,
ut paulatim metu cogatur considerare, quid faciat. Subito
etiam terreri, et expavescere, in hoc morbo prodest; et fere
quidquid animum vehementer perturbat. Potest enim quaedam fieri mutatio, quum ab eo statu mens, in quo fuerat, ab- 15
ducta est. Interest etiam, is ipse sine causa subinde rideat,
an moestus demissusque sit: nam demens hilaritas terroribus
iis, de quibus supra dixi, melius curatur: si nimia tristitia
est, prodest lenis, sed multa bis die frictio; item per caput
aqua frigida infusa, demissumque corpus in aquam et oleum. 20
Illa communia sunt: insanientes vehementer exerceri debere;
multa frictione uti; neque pinguem carnem, neque vinum assumere; cibis uti post purgationem, ex media materia, quam
levissimis: non oportere esse vel solos, vel inter ignotos,
vel inter eos, quos aut contemnant, aut negligant; mutare 25
debere regiones, et, si mens redit, annua peregrinatione esse
jactandos.

Raro, sed aliquando tamen, ex metu delirium nascitur.
Quod genus insanientium specie simili, similique victus genere curandum est: praeterquam quod in hoc insaniae genere 30
solo recte vinum datur.

CAPUT XIX.

De cardiacis.

His morbis praecipue contrarium est id genus, quod
καρδιακόν a Graecis nominatur; quamvis saepe ad eum 35

phrenetici transeunt: siquidem mens in illis labat, in hoc constat. Id autem nihil aliud est, quam nimia imbecillitas corporis, quod stomacho languente, immodico sudore digeritur.
Licetque protinus scire id esse, ubi venarum exigui imbecilli-
5 que pulsus sunt; sudor autem supra consuetudinem, et modo,
et tempore, ex toto thorace et cervicibus, atque etiam capite
prorumpit, pedibus tantummodo et cruribus siccioribus atque
frigentibus. Acutique id morbi genus est. Curatio prima est,
supra praecordia imponere, quae reprimant, cataplasmata:
10 secunda, sudorem prohibere. Id praestat acerbum oleum,
vel rosa, vel melinum, aut myrteum: quorum aliquo corpus
leniter perungendum, ceratumque ex aliquo horum tum imponendum est. Si sudor vincit, delinendus homo est vel
gypso, vel argenti spuma, vel cimolia creta, vel etiam subin-
15 de horum pulvere respergendus. Idem praestat pulvis ex
contritis aridis myrti vel rubi foliis, aut ex austeri et boni
vini arida faece: pluraque similia sunt, quae si desunt, satis
utilis est quilibet ex via pulvis injectus. Super haec vero,
quo minus corpus insudet, levi veste debet esse contectus,
20 loco non calido, fenestris patentibus sic, ut perflatus quoque
aliquis accedat. Tertium auxilium est, imbecillitati jacentis
cibo vinoque succurrere. Cibus non multus quidem, sed saepe
tamen nocte ac die dandus est, ut nutriat, neque oneret. Is
esse debet ex infirmissima materia, et stomacho aptus. Nisi
25 si necesse est, ad vinum festinare non oportet: si verendum
est, ne deficiat, tum et intrita ex hoc, et hoc ipsum austerum
quidem, sed tamen tenue, meraculum, egelidum subinde et
liberaliter dandum est; adjecta polenta, si modo is aeger parum cibi assumit: idque vinum esse debet, neque nullarum
30 virium, neque ingentium; recteque tota die ac nocte, vel tres
heminas aeger bibet; si vastius corpus est, plus etiam. Si
cibum non accipit, perunctum ante perfundere aqua frigida
convenit, et tum dare. Quod si stomachus resolutus parum
continet, et ante cibum, et post eum sponte vomere oportet;
35 rursusque post vomitum cibum sumere; si ne id quidem
manserit, sorbere vini cyathum, interpositaque hora, sumere
alterum. Si id quoque stomachus reddiderit, totum corpus
bulbis contritis superillinendum est; qui, ubi inaruerunt, effi-

ciunt, ut vinum in stomacho contineatur, exque eo toti corpori calor, venisque vis redeat. Ultimum auxilium est, in alvum ptisanae vel alicae cremorem ex inferioribus partibus indere: siquidem id quoque vires tuetur. Neque alienum est, naribus quoque aestuantis admovere, quod reficiat; id est 5 rosam et vinum: et si qua in extremis partibus frigent, unctis et calidis manibus fovere. Per quae si consequi potuimus, ut et sudoris impetus minuatur, et vita prorogetur, incipit jam tempus ipsum esse praesidio. Ubi esse in tuto videtur, verendum tamen est, ne in eamdem imbecillitatem cito reci- 10 dat: itaque, vino tantummodo remoto, quotidie validiorem cibum debet assumere, donec satis virium corpori redeat.

CAPUT XX.

De Lethargicis.

Alter quoque morbus est, aliter phrenetico contrarius. In 15 eo difficilior somnus, promta ad omnem audaciam mens est: in hoc marcor, et inexpugnabilis paene dormiendi necessitas. Λήθαργον Graeci nominarunt. Atque id quoque genus acutum est, et nisi succurritur, celeriter jugulat. Hos aegros quidam subinde excitare nituntur, admotis iis, per quae ster- 20 nutamenta evocantur, et iis quae odore foedo movent; qualis est pix cruda, lana succida, piper, veratrum, castoreum, acetum, allium, cepa. Juxta etiam galbanum incendunt, aut pilos, aut cornu cervinum; si id non est, quodlibet aliud. Tharrias vero quidam, accessionis id malum esse dixit, leva- 25 rique quum ea decessit: itaque eos, qui subinde excitant, sine usu male habere. Interest autem, in decessione expergiscatur aeger, an quum febris non levetur, aut levata quoque ea somnus urgeat. Nam si expergiscitur, adhibere ei, ut sopito, supervacuum est: neque enim vigilando melior fit; 30 sed per se, si melior est, vigilat. Si vero continens ei somnus est, utique excitandus est; sed iis temporibus, quibus febris levissima est, ut et excernat aliquid, et sumat. Excitat autem validissime repente aqua frigida infusa. Post remissionem itaque, perunctum oleo multo corpus, tribus aut qua- 35

tuor amphoris totum per caput perfundendum est. Sed hoc
utemur, si aequalis aegro spiritus erit, si mollia praecordia:
sin aliter haec erunt, ea potiora, quae supra comprehensa
sunt. Et, quod ad somnum quidem pertinet, commodissima
5 haec ratio est. Medendi autem causa, caput radendum;
deinde posca fovendum est, in qua laurus, aut ruta decocta
sit *): altero die imponendum castoreum, aut ruta ex aceto
contrita, aut lauri baccae, aut hedera cum rosa et aceto.
Praecipueque proficit, et ad excitandum hominem, naribus
10 admotum, et ad morbum ipsum depellendum, capiti frontive
impositum sinapi. Gestatio etiam in hoc morbo prodest; maximeque opportune cibus datus, id est in remissione, quanta
maxima inveniri poterit. Aptissima autem sorbitio est, donec
morbus decrescere incipiat: sic, ut si quotidie gravis accessio
15 est, haec quotidie detur; si alternis, post graviorem sorbitio,
post leviorem mulsa aqua. Vinum quoque cum tempestivo
cibo datum non mediocriter adjuvat. Quod si post longas
febres ejusmodi torpor accessit, cetera eadem servanda sunt:
ante accessionem autem, tribus quatuorve horis, castoreum,
20 si venter adstrictus est, mixtum cum scammonia; si non est,
per se ipsum cum aqua dandum est. Si praecordia mollia
sunt, cibis utendum est plenioribus; si dura, in iisdem sorbitionibus subsistendum; imponendumque praecordiis, quod
simul et reprimat, et emolliat.

25 CAPUT XXI.

De hydropicis.

Sed hic quidem acutus est morbus. Longus vero fieri
potest eorum, quos aqua inter cutem male habet; nisi primis
diebus discussus est: ὕδρωπα Graeci vocant. Atque ejus
30 tres species sunt. Nam modo, ventre vehementer intento,
creber intus ex motu spiritus sonus est: modo corpus inae-

---

*) Caelius Aurelianus lib. II. *Morb. Acut.* cap. 9 ita scribit:
Heraclides caput posca fovet, in qua laurus fuerit decocta, et ruta;
rasis quoque capillis ungit castoreo etc.

quale est, tumoribus aliter aliterque per totum id orientibus:
modo intus in uterum aqua contrahitur, et moto corpore ita
movetur, ut impetus ejus conspici possit. Primum τυμπανί-
την, secundum λευκοφλεγματίαν, vel ὑποσάρκα, tertium
ἀσκίτην Graeci nominarunt. Communis tamen omnium est 5
humoris nimia abundantia; ob quam ne ulcera quidem in his
aegris facile sanescunt (*Aph.* VI, 8). Saepe vero hoc malum per se incipit; saepe alteri vetusto morbo, maximeque
quartanae, supervenit. Facilius in servis, quam in liberis tollitur: quia, quum desideret famem, sitim, mille alia taedia, 10
longamque patientiam, promtius iis succurritur, qui facile coguntur, quam quibus inutilis libertas est. Sed ne ii quidem,
qui sub alio sunt, si ex toto sibi temperare non possunt, ad
salutem perducuntur. Ideoque non ignobilis medicus, Chrysippi discipulus, apud Antigonum regem, amicum quemdam 15
ejus, notae intemperantiae, mediocriter eo morbo implicitum,
negavit posse sanari. Quumque alter medicus Epirotes Phi-
lippus se sanaturum polliceretur; respondit, illum ad morbum
aegri respicere; se, ad animum. Neque eum res fefellit. Ille
enim quum summa diligentia non medici tantummodo, sed 20
etiam regis custodiretur, tamen malagmata sua devorando,
bibendoque suam urinam, in exitium se praecipitavit. Inter
initia tamen non difficilis curatio est, si imperata sunt (cf.
III, 17) quies, sitis, inedia; at si malum inveteravit, nonnisi
magna mole discutitur. Mètrodorum tamen, Epicuri discipu- 25
lum, ferunt, quum hoc morbo tentaretur, nec aequo animo
necessariam sitim sustineret, ubi diu abstinuerat, bibere so-
litum, deinde evomere. Quod si redditur quidquid receptum
est, multum taedio demit; si a stomacho retentum est, morbum auget: ideoque in quolibet tentandum non est. Sed si 30
febris quoque est, haec in primis submovenda est per eas
rationes, per quas huic succurri posse propositum est: si
sine febre aeger est, tum demum ad ea veniendum est, quae
ipsi morbo mederi solent. Atque hic quoque quaecumque
species est, si nondum nimis occupavit, iisdem auxiliis opus 35
est: multum ambulandum, currendum aliquid est; superiores
maxime partes sic perfricandae, ut spiritum ipse contineat;
evocandus est sudor, non per exercitationem tantum, sed

etiam in arena calida, vel laconico, vel clibano, similibusque
aliis; maximeque utiles naturales et siccae sudationes sunt'
(cf. II, 17). Balneum, atque omnis humor alienus est. Jejuno recte catapotia dantur, facta ex absinthii duabus, myr-
5 rhae tertia parte. Cibus esse debet ex media quidem materia,
sed tamen generis durioris: potio non ultra danda est, quam
ut vitam sustineat; optimaque est, quae urinam movet. Sed
id ipsum tamen moliri cibo, quam medicamento melius est.
Si tamen res coget, ex iisdem aliquid, quae id praestant,
10 erit decoquendum, eaque aqua potui danda. Videntur autem
hanc facultatem habere iris, nardum, crocum, cinnamum, amomum, casia, myrrha, balsamum, galbanum, ladanum, oenanthe,
panaces, cardamomum, hebenus, cupressi semen, uva taminia,
quam σταφίδα ἀγρίαν Graeci nominant, abrotonum, rosae
15 folia, acorum, amarae nuces, tragoriganum, styrax, costum,
junci quadrati et rotundi semen; illum κύπειρον, hunc σχοῖ-
νον Graeci vocant: quae quoties posuero (cf. III, 18), non
quae hic nascuntur, sed quae inter aromata afferuntur, signi-
ficabo. Primo tamen, quae levissima ex his sunt, id est
20 rosae folia, vel nardi spica, tentanda sunt. Vinum quoque utile est austerum, sed quam tenuissimum. Commodum
est etiam, lino quotidie ventrem metiri, et, qua comprehendit
alvum, notam imponere; posteroque die videre, plenius corpus sit, an extenuetur: id enim, quod extenuatur, medicinam
25 sentit. Neque alienum est metiri et potionem ejus, et urinam:
nam si plus humoris excernitur, quam assumitur, ita demum
secundae valetudinis spes est. Asclepiades in eo, qui ex
quartana in hydropa deciderat, se abstinentia bidui, et frictione usum; tertio die, jam et febre et aqua liberato, cibum
30 et vinum dedisse, memoriae prodidit.

Hactenus communiter de omni specie praecipi potest: si
vehementius malum est, diducenda ratio curandi est. Ergo
si inflatio, et ex ea dolor creber est, utilis quotidianus, aut
altero quoque die post cibum, vomitus est: fomentis siccis
35 calidisque utendum est. Si per haec dolor non finitur, necessariae sunt sine ferro cucurbitulae; si ne per has quidem
tormentum tollitur, incidenda cutis est, et tum his utendum.
Ultimum auxilium est, si cucurbitulae nihil profuerunt, per

alvum infundere copiosam aquam calidam, eamque recipere.
Quin etiam quotidie ter quaterve opus est uti frictione vehementi cum oleo et quibusdam calefacientibus: sed in hac
frictione a ventre abstinendum est. Imponendum vero in eum
crebrius sinapi, donec cutem erodat; ferramentisque candentibus pluribus locis venter exulcerandus est, et servanda ulcera diutius. Utiliter etiam scilla cocta delingitur. Sed diu
post has inflationes abstinendum est ab omnibus inflantibus.

At si id vitium est, cui λευκοφλεγματία nomen est, eas
partes, quae tument, subjicere soli oportet; sed non nimium, 10
ne febriculam accendat: si is vehementior est, caput velandum est: utendumque frictione, madefactis tantum manibus
aqua, cui sal et nitrum et olei paulum sit adjectum: sic, ut
aut pueriles aut muliebres manus adhibeantur, quo mollior
earum tactus sit: idque, si vires patiuntur, ante meridiem 15
tota hora, post meridiem semihora fieri oportet. Utilia etiam
sunt cataplasmata, quae reprimunt; maximeque si corpora
teneriora sunt. Incidendum quoque est super talum, quatuor
fere digitis, ex parte interiore, qua per aliquot dies frequens
humor feratur; atque ipsos tumores incidere altis plagis opor- 20
tet *): concutiendumque multa gestatione corpus est: atque,
ubi inductae vulneribus cicatrices sunt, adjiciendum et exercitationibus est, et cibis, donec corpus ad pristinum habitum
revertatur. Cibus valens esse debet, et glutinosus, maximeque caro: vinum, si per stomachum licet, dulcius; sed ita, 25
ut invicem biduo triduove, modo aqua, modo id bibatur.
Prodest etiam lactucae marinae (cf. II, 12, 1) semen cum
aqua potui datum. Si valens est, qui id accipit, et scilla
cocta, sicut supra dixi, delingitur. Auctoresque multi sunt,
inflatis vesicis pulsandos tumores esse (cf. Aët. X, 9).   30

Si vero id morbi genus est, quo in uterum multa aqua
contrahitur, ambulare, sed magis modice oportet; malagma,
quod digerat, impositum habere; idque ipsum superimposito

---

*) Caelius Aurelianus lib. III. *Morb. Chron.* cap. 8: *Laudat
etiam Asclepiades punctionem, quatuor digitis a talo distantem faciendam superius ab interiore parte, sicut in phlebotomia ut per eandem punctionem humore effuso, corpora extenuentur.*

triplici panno, fascia, non nimium tamen vehementer adstringere: quod a Tharria profectum, servatum esse a pluribus video. Si jecur, aut lienem affectum esse manifestum
est, ficum pinguem contusam, adjecto melle, superponere.
5 Si per talia auxilia venter non siccatur, sed humor nihilo
minus abundat, celeriori via succurrere, ut is per ventrem
ipsum emittatur. Neque ignoro Erasistrato displicuisse hanc
curandi viam: morbum enim hunc jecinoris putavit: ita illud
esse sanandum; frustraque aquam emitti, quae, vitiato illo,
10 subinde nascatur. Sed primum non hujus visceris unius hoc
vitium est: nam et liene affecto, et in totius corporis malo
habitu fit. Deinde, ut inde coeperit, tamen aqua nisi emittitur, quae contra naturam ibi substitit, et jecinori et ceteris
interioribus partibus nocet. Convenitque corpus nihilo minus
15 esse curandum. Neque enim sanat emissus humor, sed medicinae locum facit, quam intus inclusus impedit. Ac ne illud quidem in controversiam venit, quin non omnes in hoc
morbo sic curari possint; sed juvenes robusti, qui vel ex
toto carent febre, vel certe satis liberales intermissiones ha-
20 bent. Nam quorum stomachus corruptus est, quive ex atra bile
huc deciderunt, quive malum corporis habitum habent, idonei
huic curationi non sunt. Cibus autem, quo die primum humor emissus est, supervacuus est, nisi si vires desunt: insequentibus diebus, et is, et vinum meracius quidem, sed
25 non ita multum dari debet, paulatimque evocandus aeger est
ad exercitationes, frictiones, solem, sudationes, navigatio-
nes (cf. I, 2; Cael. Aurel., *Morb. chron.* III, 8), et idoneos
cibos, donec ex toto convalescat. Balneum rarum res amat;
frequentiorem in jejuno vomitum. Si aestas est, in mari na-
30 tare commodum est. Ubi convaluit aliquis, diu tamen alienus ei veneris usus est.

CAPUT XXII.
De tabe, ejusque speciebus.

Diutius saepe et periculosius tabes eos male habet, quos
35 invasit. Atque hujus quoque plures species sunt. Una est,

qua corpus non alitur, et naturaliter semper aliquibus dece-
dentibus, nullis vero in eorum locum subeuntibus, summa
macies oritur; et, nisi occurritur, tollit. *Ἀτροφίαν* hanc
Graeci vocant. Ea duabus fere de causis incidere consuevit.
Aut enim nimio timore aliquis minus, aut aviditate nimia plus, 5
quam debet, assumit: ita vel, quod deest, infirmat; vel, quod
superat, corrumpitur. Altera species est, quam Graeci *κα-*
χεξίαν appellant, ubi malus corporis habitus est; ideoque
omnia alimenta corrumpuntur. Quod fere fit, quum longo
morbo vitiata corpora, etiamsi illo vacant, refectionem ta- 10
men non accipiunt; aut quum malis medicamentis corpus affectum est; aut quum diu necessaria defuerunt; aut quum in-
usitatos et inutiles cibos aliquis assumsit, aliquidve simile incidit. Huic, praeter tabem, illud quoque nonnumquam accedere solet, ut per assiduas pustulas, aut ulcera, summa cu- 15
tis exasperetur, vel aliquae corporis partes intumescant.
Tertia est, longeque periculosissima species, quam Graeci
φθίσιν nominarunt. Oritur fere a capite; inde in pulmonem
destillat; huic exulceratio accedit; ex hac febricula levis fit,
quae etiam quum quievit, tamen repetit; frequens tussis est; 20
pus exscreatur; interdum cruentum aliquid. Quidquid ex-
screatum est, si in ignem impositum est, mali odoris est:
itaque, qui de morbo dubitant, hac nota utuntur (*Aph.* V, 11;
Coac. 426).

Quum haec genera tabis sint, animadvertere primum 25
oportet, quid sit in quo laboretur; deinde, si tantum non ali
corpus apparet, causam ejus attendere; et si cibi minus aliquis, quam debet, assumsit, adjicere, sed paulatim; ne si
corpus insuetum subita multitudine oneraverit, concoctionem
impediat. Si vero plus justo quis assumere solitus est, abs- 30
tinere uno die; deinde ab exiguo cibo incipere; quotidie adjicere, donec ad justum modum perveniat. Praeter haec convenit ambulare locis quam minime frigidis, sole vitato; per
manus quoque exerceri: si infirmior est, gestari, ungi, perfricari, si potest, maxime per se ipsum, saepius eodem die 35
et ante cibum, et post eum, sic ut interdum oleo quaedam
adjiciantur calefacientia, donec insudet. Prodestque jejuno
prehendere per multas partes cutem et attrahere, ut relaxe-

tur; aut, imposita resina et abducta, subinde idem facere.
Utile est etiam interdum balneum, sed post cibum exiguum.
Atque in ipso solio recte cibi aliquid assumitur; aut, si sine
hoc frictio fuit, post cam protinus. Cibi vero esse debent ex
5 iis, qui facile concoquuntur, qui maxime alunt. Ergo vini
quoque, sed austeri, necessarius usus est. Movenda urina.
   At si malus corporis habitus est, primum abstinendum
est; deinde alvus ducenda; tum paulatim cibi dandi, adjectis
exercitationibus, unctionibus, frictionibus. Utilius his fre-
10 quens balneum est, sed jejunis; etiam usque sudorem. Cibis
vero opus est copiosis, variis, boni succi, qique etiam minus facile corrumpantur, vino austero. Si nihil reliqua proficiunt, sanguis mittendus est; sed paulatim, quotidieque pluribus diebus, cum eo, ut ·cetera quoque eodem modo ser-
15 ventur.
   Quod si mali plus est, et vera phthisis est, inter initia
protinus occurrere necessarium est: neque enim facile is
morbus, quum inveteravit, evincitur. Opus est, si vires patiuntur, longa navigatione, coeli mutatione, sic ut densius
20 quam id est, ex quo discedit aeger, petatur: ideoque aptis-
sime Alexandriam ex Italia itur¹). Fereque id posse inter
principia corpus pati debet, quum hic morbus aetate firmissima maxime oriatur, ·id est ab anno duodevicesimo ad annum quintum et tricesimum (cf. *Aph.* V, 9; *Coac.* 431).
25 Si id imbecillitas non sinit, nave tamen non longe gestari
commodissimum est: si navigationem aliqua res prohibet,
lectica, vel alio modo corpus dimovendum est. Tum a negotiis abstinendum est, omnibusque rebus, quae sollicitare animum possunt; somno indulgendum; cavendae destillationes,
30 ne, si quid cura levarit, exasperent; et ob id vitanda cru-

---

1) Plinius lib. XXVIII. cap. 3. sect. 14: *Phthisi navigatio uti-
lissima; longis morbis locorum mutatio;* et lib. XXXI. cap. 6. sect. 33:
*Neque enim Aegyptus propter se petitur, sed propter longinquitatem
navigandi.* At lib. XXIV. cap. 6. sect. 19 ita scribit: *Silvas eas dumtaxat, quae picis resinaeque gratia radantur, phthisicis, aut qui longa
valetudine non recolligant vires; et illum coeli aera, plus, quam navigationem Aegyptiam, proficere, quam lactis herbidos per montium
aestiva succos.*

ditas, simulque et sol, et frigus; os obtegendum, fauces ve-
landae, tussicula suis remediis linienda: et, quamdiu quidem
febricula incursat, huic interdum abstinentia, interdum etiam
tempestivis cibis medendum; eoque tempore bibenda aqua.
Lac quoque, quod in capitis doloribus, et in acutis febribus, 5
et per eas facta nimia siti, ac, sive praecordia tument, sive
biliosa urina est, sive sanguis fluxit, pro veneno est; in
phthisi tamen, sicut in omnibus longis difficilibusque febriculis, recte dari potest (*Aph.* V, 64). Quod si febris aut
nondum incursat, aut jam remisit, decurrendum est ad mo- 10
dicas exercitationes, maximeque ambulationes; item lenes
frictiones. Balneum alienum est.   Cibus esse debet primo
acer, ut allium, porrum, idque ipsum ex aceto, vel ex eodem
intubus, ocimum, lactuca: deinde lenis, ut sorbitio ex ptisana, vel ex alica, vel ex amylo, lacte adjecto. Idem ory- 15
za quoque, et, si nihil aliud est, far praestat.   Tum invicem
modo his cibis, modo illis utendum est; adjiciendaque quaedam ex media materia, praecipueque cerebellum, vel pisciculus, et his similia. Farina etiam cum sevo ovillo capri-
nove mixta, deinde incocta pro medicamento est. Vinum 20
assumi debet leve, austerum (cf. III, 21; IV, 18). Hactenus
non magna mole pugnatur: si vehementior noxa est, ac neque febricula, neque tussis quiescit, tenuarique corpus apparet, validioribus auxiliis opus est. Exulcerandum est ferro
candenti, uno loco sub mento, altero in gutture, duobus ad 25
mammam utramque; item sub imis ossibus scapularum, quas
ὠμοπλάτας Graeci vocant, sic, ne sanescere ulcera sina-
mus, nisi tussi finita: cui per se quoque medendum esse manifestum est.   Tunc ter quaterve die vehementer extremae
partes perfricandae, thorax levi manu pertractandus, post 30
cibum intermittenda hora, et perfricanda crura brachiaque:
interpositis denis diebus, demittendus est aeger in solium,
in quo sit aqua calida et oleum: ceteris diebus bibenda aqua:
tum et vinum, si tussis non est, potui frigidum dandum; si
est, egelidum. Utile est etiam cibos in remissionibus quo- 35
tidie dari: frictiones gestationesque similiter adhiberi: eadem
acria quarto aut quinto die sumere: interdum herbam san-
guinalem ex aceto, vel plantaginem esse. **Medicamentum**

est etiam vel plantaginis succus per se, vel marrubii cum
melle incoctus; ita ut illius cyathus sorbeatur, hujus co-
chleare plenum paulatim delingatur; vel inter se mixta, et
incocta resinae terebinthinae pars dimidia, butyri et mellis
5 pars altera. Alvus cita utique vitanda est (cf. *Aph.* V, 14).
Vomitus in hoc morbo frequens, perniciosus est, maximeque
sanguinis (cf. III, 27, 4). Qui meliusculus esse coepit, adjicere debet exercitationes, frictiones, cibos: deinde ipse
se, suppresso spiritu (cf. Oribas. t. I, p. 656), perfricare;
10 diu abstinere a vino, balneo, venere.

CAPUT XXIII.
De Comitiali morbo.

Inter notissimos morbos est etiam is, qui comitialis, vel
major nominatur. Homo subito concidit; ex ore spumae
15 moventur; deinde interposito tempore ad se redit, et per
se ipse consurgit. Id genus saepius viros, quam feminas
occupat. Ac solet quidem etiam longum esse, usque ad
mortis diem, et vitae non periculosum; interdum tamen,
quum recens est, hominem consumit: et saepe eum, si re-
20 media non sustulerunt, in pueris veneris, in puellis men-
struorum initium tollit (cf. *Aph.* V, 7). Modo cum distentione nervorum prolabitur aliquis, modo sine illa. Quidam
hos quoque iisdem, quibus lethargicos, excitare conantur:
quod admodum supervacuum est; et quia ne lethargicus
25 quidem his sanatur; et quia, quum possit ille numquam ex-
pergisci, atque ita fame interire, hic ad se utique revertitur. Ubi concidit aliquis, si nulla nervorum distentio accessit, utique sanguis mitti debet: si accessit, non utique
mittendus est, nisi alia quoque hortantur. Necessarium autem
30 est ducere alvum, vel nigro veratro purgare, vel utrumque
facere, si vires patiuntur: tunc caput tondere, oleoque et
aceto perungere: cibum post diem tertium, simul transiit
hora qua concidit, dare. Neque sorbitiones autem his, aliique molles et faciles cibi, neque caro, minimeque suilla
35 convenit; sed mediae materiae: nam et viribus opus est,

et cruditates cavendae sunt. Cum quibus fugere oportet solem, balneum, ignem, omniaque calefacientia; item frigus,
vinum, venerem, loci praecipitis conspectum, omniumque
terrentium, vomitum, lassitudinem, sollicitudines, negotia
omnia; ubi tertio die cibus datus est, intermittere quartum, 5
et invicem alterum quemque, eadem hora cibi servata,
donec quatuordecim dies transeant. Quos ubi morbus excessit, acuti vim deposuit: ac, si manet, curandus jam ut
longus est. Quod si, non quo die primum id incidit, medicus
accessit, sed is, qui cadere consuevit, ei traditus est; pro- 10
tinus eo genere victus habito, qui supra comprehensus est,
exspectandus est dies, quo prolabatur; utendumque tum vel
sanguinis missione, vel ductione alvi, vel nigro veratro,
sicut praeceptum est: insequentibus deinde diebus per eos
cibos, quos proposui, vitatis omnibus, quae cavenda dixi, 15
nutriendus. Si per haec morbus finitus non fuerit, confugiendum erit ad album veratrum; ac ter quoque aut quater eo
utendum, non ita multis interpositis diebus; sic tamen, ne
iterum umquam sumat, nisi conciderit. Mediis autem diebus
vires ejus erunt nutriendae; quibusdam, praeter ea, quae 20
supra scripta sunt, adjectis. Ubi mane experrectus est,
corpus ejus leniter ex oleo vetere, cum capite excepto
ventre, permulceatur: tum ambulatione quam maxime longa
et recta utatur: post ambulationem loco tepido vehementer
et diu, ac non minus ducenties, nisi infirmus erit, perfrice- 25
tur: deinde per caput multa aqua frigida perfundatur; paulum cibi assumat; conquiescat; rursus ante noctem ambulatione utatur; iterum vehementer perfricetur, sic ut neque
venter, neque caput contingatur; post haec coenet; interpositisque tribus aut quatuor diebus, uno aut altero acria 30
assumat. Si ne per haec quidem fuerit liberatus, caput radat;
ungatur oleo vetere, adjecto aceto et nitro; perfundatur
aqua salsa; bibat jejunus ex aqua castoreum; nulla aqua,
nisi decocta, potionis causa utatur. Quidam jugulati gladia-
toris calido sanguine epoto tali morbo se liberarunt: apud 35
quos miserum auxilium tolerabile miserius malum fecit
(cf. Plin. XXVIII, 1, 2; Aret. *Cur. chronic.* I, 4; Des Etangs,
in ed. Celsi, p. 281). Quod ad medicum vero pertinet, ulti-

mum est, juxta talum ex utroque crure paulum sanguinis mittere; occipitium incidere, et cucurbitulas admovere; ferro candenti in occipitio, et infra quoque, qua summa vertebra cum capite committitur, adurere duobus locis, ut per ea
5 perniciosus humor evadat. Quibus si finitum malum non fuerit, prope est, ut perpetuum sit. Ad levandum id, tantummodo utendum erit exercitatione multa, frictione, cibisque iis, qui supra comprehensi sunt: praecipueque vitanda omnia, quae, ne fierent, excepimus.

10 CAPUT XXIV.

De Regio morbo.

Aeque notus est morbus, quem interdum arquatum, interdum regium nominant. Quem Hippocrates (*Aph.* IV, 62, 64; *Coac.* 118) ait, si post septimum diem febricitante aegro
15 supervenit, tutum esse, mollibus tantummodo praecordiis substantibus: Diocles ex toto, si post febrem oritur, etiam prodesse; si post hunc febris, occidere. Color autem eum morbum detegit, maxime oculorum, in quibus, quod album esse debet, fit luteum. Soletque accedere et sitis, et dolor
20 capitis, et frequens singultus, et praecordiorum dextra parte durities, et, ubi corporis vehemens motus est, spiritus difficultas, membrorumque resolutio: atque, ubi diutius manet morbus, totum corpus cum pallore quodam inalbescit. Primo die abstinere aegrum oportet; secundo ducere alvum: tum,
25 si febris est, eam victus genere discutere; si non est, scammoniam potui dare, vel cum aqua betam albam contritam, vel cum aqua mulsa nuces amaras, absinthium, anisum, sic ut pars hujus minima sit. Asclepiades aquam quoque salsam, et quidem per biduum, purgationis causa bibere
30 cogebat, iis, quae urinam movent, rejectis. Quidam, superioribus omissis, per haec, et per eos cibos, qui extenuant, idem se consequi dicunt. Ego ubique, si satis virium est, validiora; si parum, imbecilliora auxilia praefero. Si purgatio fuit, post eam triduo primo modice cibum oportet
35 assumere ex media materia, et vinum bibere graecum sal-

8 *

sum, ut resolutio ventris maneat: tum altero triduo validiores cibos, et carnis quoque aliquid esse, intra aquam manere: deinde ad· superius genus victus reverti, cum eo, ut magis satietur; omisso graeco vino (cf. p.115, l. 35; p.118, l. 17), bibere integrum, austerum (cf. Aet. X, 18); atque ita per haec 5 variare, ut interdum acres quoque cibos interponat, interdum ad salsum vinum redeat. Per omne vero tempus utendum est exercitatione, frictione; si hiems est, balneo: si aestas, frigidis natationibus; lecto etiam, et conclavi cultiore, lusu, joco, ludis, lascivia, per quae mens exhilaretur: ob quae 10 regius morbus dictus videtur. Malagma quoque, quod digerat, super praecordia datum prodest; vel arida ibi ficus superimposita, si jecur aut lienis affectus est.

CAPUT XXV.

De Elephantia.   15

Ignotus autem paene in Italia, frequentissimus in quibusdam regionibus is morbus est, quem ἐλεφαντίασιν Graeci vocant: isque longis annumeratur. Totum corpus afficitur ita, ut ossa quoque vitiari dicantur. Summa pars corporis crebras maculas crebrosque tumores habet; rubor earum 20 paulatim in atrum colorem convertitur; summa cutis inaequaliter crassa, tenuis, dura, mollisque, quasi squamis quibusdam exasperatur; corpus emacrescit; os, surae, pedes intumescunt: ubi vetus morbus est, digiti in manibus pedibusque sub tumore conduntur, febricula oritur, quae facile 25 tot malis obrutum hominem consumit. Protinus ergo inter initia sanguis per biduum mitti debet, aut nigro veratro venter solvi: adhibendà tum, quanta sustineri potest, inedia est: paulum deinde vires reficiendae, et ducenda alvus: post haec, ubi corpus levatum est, utendum est exercita- 30 tione, praecipueque cursu: sudor primum labore ipsius corporis, deinde etiam siccis sudationibus evocandus: frictio adhibenda: moderandumque inter haec, ut vires conserventur. Balneum rarum esse debet; cibus sine pinguibus, sine glutinosis, sine inflantibus: vinum, praeterquam primis 35 diebus, recte datur. Corpus contrita plantago et illita optime tueri videtur.

CAPUT XXVI.
De Attonitis.

Attonitos quoque raro videmus, quorum et corpus et
5 mens stupet. Fit interdum ictu fulminis, interdum morbo: ἀποπληξίαν hunc Graeci appellant (cf. Hipp. *Diaeta in acutis*, § 5. *De morbis* II, § 8 et 25). His sanguis mittendus est: veratro quoque albo, vel alvi ductione utendum. Tum adhibendae frictiones, et ex media materia minime pingues
10 cibi; quidam etiam acres; a vino abstinendum.

CAPUT XXVII.
De resolutione nervorum.

1. At resolutio nervorum (sc. *tendinum*) frequens ubique morbus est: sed interdum tota corpora, interdum partes
15 infestat. Veteres auctores illud ἀποπληξίαν, hoc παράλυσιν nominaverunt: nunc utrumque παράλυσιν appellari video. Solent autem, qui per omnia membra vehementer resoluti sunt, celeriter rapi: ac si correpti non sunt, diutius quidem vivunt; sed raro tamen ad sanitatem perveniunt, et plerum-
20 que miserum spiritum trahunt, memoria quoque amissa (cf. *Aph.* II, 42). In partibus vero numquam acutus, saepe longus, fere insanabilis morbus est. Si omnia membra vehementer resoluta sunt, sanguinis detractio vel liberat, vel occidit: aliud curationis genus vix umquam sanitatem resti-
25 tuit, saepe mortem tantum differt, vitam interim infestat. Post sanguinis missionem, si non redit et motus et mens, nihil spei superest; si redit, sanitas quoque prospicitur. At ubi pars resoluta est, pro vi et mali et corporis, vel sanguis mittendus, vel alvus ducenda. Cetera eadem in utroque casu
30 facienda sunt: siquidem vitare praecipue convenit frigus; paulatimque ad exercitationes revertendum est, sic ut ingrediatur ipse protinus, si potest: si id crurum imbecillitas prohibet, vel gestetur, vel motu lecti concutiatur: tum id membrum, quod deficit, si potest, per se; sin minus, per

alium moveatur, et vi quadam ad consuetudinem redeat. Prodest etiam torpentis membri summam cutem exasperasse, vel urticis caesam, vel imposito sinapi, sic ut, ubi rubere coeperit corpus, haec removeantur. Scilla quoque contrita, bulbique contriti cum ture recte imponuntur. Neque alienum 5 est, resina cutem tertio quoque die diutius vellere; pluribus etiam locis; aliquando sine ferro cucurbitulas admovere. Unctioni vero aptissimum est vetus oleum, vel nitrum aceto et oleo mixtum. Quin etiam fovere aqua calida marina, vel, si ea non est, tamen salsa, magnopere necessarium est. Ac 10 si quo loco vel naturales, vel etiam manu factae tales natationes sunt, iis potissimum utendum est; praecipueque in his agitanda membra, quae maxime deficiunt: si id non est, balneum tamen prodest. Cibus esse debet ex media materia, maximeque ex venatione; potio sine vino aquae calidae: si 15 tamen vetus morbus est, interponi quarto vel quinto die purgationis causa vinum graecum salsum potest. Post coenam utilis vomitus est.

2. Interdum vero etiam nervorum (sc. *tendinum*) dolor oriri solet. In hoc casu non vomere, non medicamentis uri- 20 nam movere, non exercitatione sudorem, ut quidam praecipiunt, expedit. Bibenda aqua est: bis die in lectulo leniter satis diu corpus perfricandum est, deinde retento spiritu: ab ipsa exercitatione potius superiores partes movendae: balneo raro utendum: mutandum subinde peregrinationibus 25 coelum. Si dolor est, ea ipsa pars sine oleo, nitro ex aqua perungenda est; deinde involvenda, et subjicienda pruna lenis, et sulphur, atque ita id suffumigandum; idque aliquamdiu faciendum, sed jejuno, quum bene jam concoxerit. Cucurbitulae quoque saepe dolenti parti admovendae sunt, 30 pulsandusque leniter inflatis vesicis bubulis is locus est. Utile est etiam sevum miscere cum hyoscyami et urticae contritis seminibus, sic ut omnium par modus sit, idque imponere (cf. Diosc. IV, 69): fovere aqua, in qua sulphur decoctum sit. Utriculi quoque recte imponuntur aqua calida 35 repleti, aut bitumen cum hordeacea farina mixtum. Atque in ipso potissimum dolore utendum gestatione vehementi est: quod in aliis doloribus pessimum est.

3. Tremor autem nervorum aeque vomitu medicamentisque urinam moventibus intenditur. Inimica etiam habet balnea, assasque sudationes. Bibenda aqua est; acri ambulatione utendum; itemque unctionibus frictionibusque, ma-
5 xime per se ipsum; pila, similibusque superiores partes dimovendae; cibo quolibet utendum, dummodo concoctioni utique studeatur; secundum cibum, curis abstinendum; rarissima Venere utendum est. Si quando quis in eam prolapsus est, tum oleo leniter diuque in lectulo perfricari manibus
10 puerilibus potius, quam virilibus, debet.

4. Suppurationes autem, quae in aliqua interiore parte oriuntur, ubi natae fuerint, primum id agere oportet per ea cataplasmata, quae reprimunt, ne coitus inutilis materiae fiat; deinde, si haec victa sunt, per ea malagmata, quae
15 digerunt, dissipentur. Quod si consequuti non sumus, sequitur ut evocetur: deinde ut maturescat. Omnis tum vomicae finis est, ut rumpatur: indiciumque est pus vel alvo vel ore redditum. Sed nihil facere oportet, quominus quidquid est puris excedat. Utendum maxime sorbitionibus est, et
20 aqua calida. Ubi pus ferri (id est *fluere* — cf. V, 25, 8 et passim) desiit, transeundum ad faciles quidem, sed tamen validiores et frigidos cibos, frigidamque aquam, sic, ut ab egelidis tamen initium fiat. Primoque cum melle quaedam edenda, ut nuclei pinei, vel graecae nuces, vel avellanae:
25 posteâ submovendum id ipsum, quo maturius induci cicatrix possit. Medicamentum eo tempore ulceri est succus assumtus vel porri vel marrubii, et omni cibo porrum ipsum adjectum. Oportebit autem uti in iis partibus, quae non afficientur, frictionibus; item ambulationibus lenibus: vitan-
30 dumque erit, ne vel luctando, vel currendo, vel alia ratione sanescentia ulcera exasperentur. In hoc enim morbo perniciosus, ideoque omni modo cavendus sanguinis vomitus est.

A. CORNELII CELSI
ARTIUM LIBER NONUS

IDEM

MEDICINAE QUARTUS.

CAPUT I.

De humani corporis interioribus partibus.

Hactenus reperiuntur ea genera morborum, quae in totis corporibus ita sunt, ut iis certae sedes assignari non possint: nunc de iis dicam, quae sunt in partibus. Facilius autem omnium interiorum morbi curationesque in notitiam 5 venient, si prius eorum sedes breviter ostendero. Caput igitur, eaque, quae in ore sunt, non lingua tantummodo palatoque terminantur; sed etiam quatenus oculis nostris exposita sunt. In dextra sinistraque circa guttur venae' grandes, quae σφαγίτιδες nominantur; itemque arteriae, quas 10 καρωτίδας vocant, sursum procedentes ultra aures feruntur. At in ipsis cervicibus glandulae positae sunt, quae interdum cum dolore intumescunt. Deinde duo itinera incipiunt: alterum *asperam arteriam* nominant; alterum *stomachum*. Arteria exterior ad pulmonem; stomachus interior ad ven- 15 triculum fertur: illa spiritum; hic cibum recipit. Quibus quum diversae viae sint, qua coeunt, exigua in arteria sub ipsis faucibus lingua est, quae, quum spiramus, attollitur; quum cibum potionemque assumimus, arteriam claudit. Ipsa autem arteria dura et cartilaginosa in gutture assurgit; ceteris par- 20 tibus residit. Constat ex circulis quibusdam compositis ad imaginem earum vertebrarum, quae in spina sunt: ita tamen,

ut ex parte exteriore aspera, ex interiore, stomachi modo
laevis sit: eaque descendens ad praecordia cum pulmone
committitur.   Is spongiosus, ideoque spiritus capax, et a
tergo spinae ipsi junctus, in duas fibras ungulae bubulae
5 modo dividitur. Huic cor annexum est, natura musculosum,
in pectore sub sinisteriore mamma situm; duosque quasi
ventriculos habet. At sub corde atque pulmone transversum
ex valida membrana septum est, quod a praecordiis uterum
(id est *ventrem*) diducit; idque nervosum, multis etiam venis
10 per id discurrentibus, a superiore parte, non solum intestina,
sed jecur quoque lienemque discernit.   Haec viscera proxime, sed infra tamen posita, dextra sinistraque sunt. Jecur
a dextra parte sub praecordiis ab ipso septo orsum, intrin-
secus cavum, extrinsecus gibbum: quod prominens leviter
15 ventriculo insidet, et in quatuor fibras dividitur. Ex inferiore
vero parte ei fel inhaeret.   At lienis sinistra, non eidem
septo, sed intestino innexus est, natura mollis et rarus,
longitudinis crassitudinisque modicae; isque paulum a costa-
rum regione in uterum excedens, ex maxima parte sub his
20 conditur. Atque haec quidem juncta sunt. Renes vero di-
versi; qui lumbis sub imis costis inhaerent, a parte earum
rotundi, ab altera resimi; qui et venosi sunt, et ventriculos
habent, et tunicis supercontteguntur. — Ac viscerum quidem
hae sedes sunt. Stomachus vero, qui intestinorum princi-
25 pium est, nervosus a septima spinae vertebra incipit; circa
praecordia cum ventriculo committitur. Ventriculus autem,
qui receptaculum cibi est, constat ex duobus tergoribus;
isque inter lienem et jecur positus est, utroque ex his paulum super eum ingrediente.   Suntque etiam membranulae
30 tenues, per quas inter se tria ista connectuntur, junguntur-
que ei septo, quod transversum esse supra posui. Inde ima
ventriculi pars paulum in dexteriorem partem conversa, in
summum intestinum (*duodenum*) coartatur. Hanc juncturam
πυλωρόν Graeci vocant, quoniam portae modo in inferiores
35 partes ea, quae excreturi sumus, emittit. Ab ea jejunum
intestinum incipit, non ita implicitum: cui tale vocabulum
est, quia numquam, quod accipit, continet; sed protinus in
inferiores partes transmittit. Inde tenuius intestinum est, in

sinus vehementer implicitum: orbes vero ejus per membranulas singuli cum inferioribus connectuntur; qui in dexteriorem partem conversi, et e regione dexterioris coxae
finiti, superiores tamen partes magis complent. Deinde id
intestinum cum crassiore altero transverso committitur, quod 5
a dextra parte incipiens, in sinisteriorem pervium et longum
est, in dexteriorem non est; ideoque *caecum* nominatur. At
id, quod pervium est, late fusum atque sinuatum, minusque
quam superiora intestina nervosum, ab utraque parte huc
atque illuc volutum, magis tamen sinisteriores inferioresque 10
partes tenens, contingit jecur atque ventriculum: deinde
cum quibusdam membranulis a sinistro rene venientibus jungitur; atque hinc dextra recurvatum in imo dirigitur, qua
excernit; ideoque id ibi *rectum intestinum* nominatur. Contegit vero universa haec omentum, ex inferiore parte laeve 15
et strictum, ex superiore mollius; cui adeps quoque innascitur; quae sensu, sicut cerebrum quoque et medulla, caret.
At a renibus singulae venae, colore albae, ad vesicam feruntur; οὐρητῆρας Graeci vocant, quod per eas inde descen-
dentem urinam in vesicam destillare concipiunt. Vesica autem 20
in ipso sinu nervosa et duplex, cervice plena atque carnosa,
jungitur per venas cum intestino, eoque osse, quod pubi
subest: ipsa soluta atque liberior est: aliter in viris atque
in feminis posita. Nam in viris juxta rectum intestinum est,
potius in sinistram partem inclinata; in feminis super genitale 25
earum sita est, superque elapsa, ab ipsa vulva sustinetur.
Tum in masculis iter urinae spatiosius et compressius a cervice hujus descendit ad colem: in feminis brevius et plenius,
super vulvae cervicem se ostendit. Vulva autem in virgini-
bus quidem admodum exigua est: in mulieribus vero, nisi 30
ubi gravidae sunt, non multo major, quam ut manu comprehendatur. Ea recta tenuataque cervice, quem canalem vocant, contra mediam alvum orsa, inde paulum ad dexteriorem coxam convertitur; deinde super rectum intestinum
progressa, iliis feminae latera sua innectit. Ipsa autem ilia 35
inter coxas et pubem imo ventre posita sunt. A quibus ac
pube abdomen sursum versus ad praecordia pervenit; ab
exteriore parte evidenti cute; ab interiore laevi membrana

inclusum, quae omento jungitur; περιτόναιον autem a Graecis nominatur.

CAPUT II.

De curationibus morborum capitis.

5 His veluti in conspectum quemdam, quatenus scire curanti necessarium est, adductis, remedia singularum laborantium partium exsequar, orsus a capite: sub quo nomine nunc significo eam partem, quae capillo tegitu: nam oculorum, aurium, dentium dolor, et si quis similis est, alias 10 erit explicandus. In capite autem interdum acutus et pestifer morbus est, quam κεφαλαίαν Graeci vocant: cujus notae sunt, horror validus, nervorum resolutio, oculorum caligo, mentis alienatio, vomitus, sic ut vox supprimatur; vel sanguinis ex naribus cursus, sic ut corpus frigescat, anima 15 deficiat: praeter haec, dolor intolerabilis, maxime circa tempora, vel occipitium. Interdum autem in capite longa imbecillitas, sed neque gravis, neque periculosa per hominis aetatem est: interdum gravior dolor, sed brevis, neque tamen mortiferus; qui vel vino, vel cruditate, vel frigore, 20 vel igne, aut sole contrahitur. Hique omnes dolores modo cum febre, modo sine hac sunt; modo in toto capite, modo in parte; interdum sic, ut oris quoque proximam partem excrucient. Praeter haec etiamnum invenitur genus, quod potest longum esse; ubi humor cutem inflat, eaque intu-25 mescit, et prementi digito cedit: ὑδροκέφαλον Graeci appellant. Ex his id, quod secundo loco positum est, dum leve est, qua sit ratione curandum, dixi, quum persequerer ea, quae sani homines in imbecillitate partis alicujus facere deberent. Quae vero auxilia sint capitis, ubi cum febre 30 dolor est, eo loco explicitum est, quo febrium curatio exposita est. Nunc de ceteris dicendum est. Ex quibus id, quod acutum est, et id, quod supra consuetudinem intenditur, idque quod ex subita causa, etsi non pestiferum, tamen vehemens est, primam curationem habet, qua sanguis 35 mittatur. Sed id, nisi intolerabilis dolor est, supervacuum est: satiusque est abstinere a cibo; si fieri potest, etiam a

potione; si non potest, aquam bibere. Si postero die dolor
remanet, alvum ducere, sternutamenta evocare, nihil assumere, nisi aquam. Saepe enim dies unus aut alter totum
dolorem hac ratione discutit; utique si ex vino vel cruditate
origo est. Si vero in his auxilii parum est, tonderi oportet 5
ad cutem: deinde considerandum est, quae causa dolorem
excitarit. Si calor, aqua frigida multa perfundere caput expedit: spongiam concavam imponere subinde in aqua frigida
expressam: ungere rosa et aceto, vel potius his tinctam
lanam succidam imponere, aliave refrigerantia cataplasmata. 10
At si frigus nocuit, caput oportet perfundere aqua calida
marina, vel certe salsa, aut in qua laurus decocta sit; tum
caput vehementer perfricare; deinde calido oleo implere et
veste velare. Quidam etiam id devinciunt; alii cervicalibus
vestimentisque onerant, et sic levantur; alios calida cata- 15
plasmata adjuvant. Ergo etiam ubi causa incognita est, videre oportet, refrigerantia magis, an calefacientia leniant,
et iis uti, quae experimentum approbarit. At si parum causa
discernitur, perfundere caput primum aqua calida, sicut
supra praeceptum est, vel salsa, vel ex lauro decocta; tum 20
frigida posca. Illa in omni vetusto capitis dolore communia
sunt: sternutamenta excitare; inferiores partes vehementer
perfricare; gargarizare iis quae salivam movent; cucurbitulas temporibus et occipitio admovere; sanguinem ex naribus detrahere; resina subinde tempora pervellere, et im- 25
posito sinapi exulcerare ea, quae male habent, ante linteolo
subjecto, ne vehementer arrodat; candentibus ferramentis,
ubi dolor est, ulcera excitare; cibum permodicum cum aqua
sumere: ubi levatus est dolor, in balneum ire, ibi multa
aqua prius calida, deinde frigida per caput perfundi: si dis- 30
cussus ex toto dolor est, etiam ad vinum reverti; sed postea
semper, antequam quidquam aliud, aquam bibere. Dissimile
est id genus, quod humorem in caput contrahit. In hoc tonderi ad cutem necessarium est; deinde imponere sinapi sic,
ut exulceret; si id parum profuit, scalpello utendum est. 35
Illa cum hydropicis communia sunt, ut exerceatur, insudet,
vehementer perfricetur, cibis potionibusque utatur urinam
praecipue moventibus.

CAPUT III [2] ¹).

De morbo qui circa faciem nascitur.

Circa faciem vero morbus innascitur, quem Graeci
κυνικὸν σπασμόν (*caninus raptus:* Coel. Aurel. *chron.*
5 II, 2) nominant. Isque cum acuta fere febre oritur; os cum
motu quodam pervertitur; accedit crebra coloris in facie
totoque corpore mutatio; somnus in promptu est. In hoc
sanguinem mittere optimum est: si finitum eo ,malum non
est, ducere alvum: si ne sic quidem discussum est, albo
10 veratro vomitum movere. Praeter haec necessarium est vitare solem, lassitudinem, vinum. Si discussum his non est,
utendum est cursu; frictione in eo, quod laesum ,est, leni et
multa; in reliquis partibus breviore, sed vehementi. Prodest
etiam movere sternutamenta; caput radere; idque perfundere
15 aqua calida, marina, vel certe salsa, sic ut ei sulphur
quoque adjiciatur; post perfusionem iterum perfricare;
sinapi manducare; eodemque tempore affectis oris partibus
ceratum, integris idem sinapi, donec arrodat, imponere.
Cibus aptissimus ex media materia est.

20 ## CAPUT IV [2].

De resolutione linguae.

At si lingua resoluta est, quod interdum per se, interdum
ex morbo aliquo fit, sic ut sermo hominis non explicetur;
oportet gargarizare ex aqua, in qua vel thymum, vel hys-
25 sopum, vel nepeta decocta sit; aquam bibere; caput, et
os, et ea, quae sub mento sunt, et cervicem vehementer
perfricare; lasere linguam ipsam linere; manducare, quae
sunt acerrima, id est sinapi, allium, cepam; magna vi luctari,
ut verba exprimantur; exerceri retento spiritu (cf. III, 22

---

1) In hoc libro divisiones quas ultima Targae recensio capitibus praefert sequuti sumus; priscas tamen uncis subjungendas
esse censuimus.

in fine); caput saepe aqua frigida perfundere; nonnumquam multam esse radiculam, deinde vomere.

CAPUT V [2].
De destillatione ac gravedine.

Destillat autem humor de capite interdum in nares, 5 quod leve est; interdum in fauces, quod pejus est; interdum etiam in pulmonem, quod pessimum est. Si in nares destillat, tenuis per has pituita profluit, caput leviter dolet, gravitas ejus sentitur, frequentia sternutamenta sunt; si in fauces, has exasperat, tussiculam movet; si in pulmonem, praeter 10 sternutamenta et tussim, est etiam capitis gravitas, lassitudo, sitis, aestus, biliosa urina. Aliud autem, quamvis non multum distans, malum, gravedo est. Haec nares claudit, vocem obtundit, tussim siccam movet: sub eadem salsa est saliva, sonant aures, venae moventur in capite, turbida urina est. 15 Haec omnia κορύζας Hippocrates nominat (*De veteri medicina*, § 18): nunc video apud Graecos in gravedine hoc nomen servari; destillationem κατασταγμόν appellari. Haec autem et brevia, et si neglecta sunt, longa esse consuerunt. Nihil pestiferum est, nisi quod pulmonem exulcerat. Ubi 20 aliquid ejusmodi sentimus, protinus abstinere a sole, balneo, vino, venere debemus: inter quae unctione, et assueto cibo nihilo minus uti licet. Ambulatione tantum acri, sed tecta utendum est, et post eam caput atque os supra quinquagies perfricandum. Raroque fit, ut, si biduo, vel certe triduo 25 nobis temperavimus, id vitium non levetur. Quo levato, si in destillatione crassa facta pituita est, vel in gravedine nares magis patent, balneo utendum est, multaque aqua prius calida, post egelida, fovendum os caputque: deinde cum cibo pleniore viuum bibendum. At si aeque tenuis 30 quarto die pituita est, vel nares aeque clausae videntur, assumendum est vinum amineum (cf. Oribas., T. I, p. 639) austerum; deinde rursus biduo aqua; post quae ad balneum, et ad consuetudinem revertendum est. Neque tamen illis ipsis diebus, quibus aliqua omittenda sunt, ex- 35 pedit tamquam aegros agere: sed cetera omnia quasi sanis

facienda sunt, praeterquam si diutius aliquem et vehementius
ista sollicitare consuerunt: huic enim quaedam curiosior
observatio necessaria est. Igitur huic, si in nares vel in
fauces destillat, praeter ea, quae supra retuli, protinus
5 primis diebus multum ambulandum est; perfricandae vehementer inferiores partes; lenior frictio adhibenda thoraci,
ori, capiti; demenda assueto cibo pars dimidia; sumenda
ova, amylum, similiaque, quae pituitam faciunt crassiorem;
siti contra, quanta maxima sustineri potest, pugnandum.
10 Ubi per haec idoneus aliquis balneo factus, eoque usus est,
adjiciendus est cibo pisciculus, aut caro, sic tamen, ne
protinus justus modus cibi sumatur: vino meraco copiosius
utendum est. At si in pulmonem quoque destillat, multo
magis et ambulatione et frictione opus est; eademque adhi-
15 bita ratione in cibis, si non satis illi proficiunt, acrioribus
utendum est; magis somno indulgendum, abstinendumque a
negotiis omnibus; aliquando, sed serius, balneum tentandum.
In gravedine autem, primo die quiescere, neque esse, neque
bibere, caput velare, fauces lana circumdare: postero die
20 surgere, abstinere a potione, aut, si res coegerit, non ultra
heminam aquae assumere: tertio die panis non ita multum
ex parte interiore cum pisciculo, vel levi carne sumere,
aquam bibere: si quis sibi temperare non potuerit, quominus pleniore victu utatur, vomere: ubi in balneum ventum
25 est, multa calida aqua caput et os fovere usque ad sudorem:
tum ad vinum redire. Post quae vix fieri potest, ut idem incommodum maneat: sed si manserit, utendum erit cibis
frigidis, aridis, levibus, humore quam minimo, servatis
frictionibus exercitationibusque, quae in omni tali genere
30 valetudinis necessariae sunt.

CAPUT VI [3].

De cervicis morbis.

A capite transitus ad cervicem est; quae gravibus
admodum morbis obnoxia est. Neque tamen alius impor-
35 tunior acutiorque morbus est, quam is, qui quedam ri-
gore nervorum (sc. *tendinum.* cf. III, 27), modo caput

scapulis, modo mentum pectori adnectit, modo rectam
et immobilem cervicem intendit. Priorem Graeci ὁπι-
σθότονον, insequentem ἐμπροσθότονον, ultimum τέτα-
νον appellant: quamvis minus subtiliter quidam indiscre-
tis his nominibus utuntur. Ea saepe intra quartum diem 5
tollunt: si hunc evaserunt, sine periculo sunt (*Aph.* V,
6). Eadem omnia ratione curantur; idque convenit. Sed
Asclepiades utique mittendum sanguinem credidit: quod quidam vitandum esse dixerunt, eo quod maxime tum corpus
calore egeret; isque esset in sanguine. Verum hoc quidem 10
falsum est. Neque enim natura sanguinis est, ut utique ca-
leat; sed ex iis quae in homine sunt, hic celerrime vel ca-
lescit, vel refrigescit (cf. Hipp. *De corde*). Mitti vero nec
ne debeat, ex iis intelligi potest, quae de sanguinis missione
praecepta sunt (II, 10, 11). Utique autem recte datur casto- 15
reum, et cum hoc piper, vel laser: deinde opus est fomento
humido et calido: itaque plerique aqua calida multa cervices
subinde perfundunt. Id in praesentia levat; sed opportu-
niores nervos frigori reddit: quod utique vitandum est. Utilius igitur est cerato liquido primum cervicem perungere; 20
deinde admovere vesicas bubulas, vel utriculos oleo calido
repletos, vel ex farina calidum cataplasma, vel piper rotundum cum ficu contusum. Utilissimum tamen est humido sale
fovere: quod quomodo fieret jam ostendi (II, 17, 33). Ubi
eorum aliquid factum est, admovere ad ignem, vel, si aestas 25
est, in sole aegrum oportet; maximeque oleo vetere; si id
non est, syriaco; si ne id quidem est, adipe quam vetustissima cervicem et scapulas et spinam perfricare. Frictio
quum omnibus in homine vertebris utilis sit, tum iis praecipue quae in collo sunt. Ergo die nocteque, interpositis 30
tamen quibusdam temporibus, hoc remedio utendum est;
dum id intermittitur, imponendum malagma aliquod ex calefacientibus. Cavendum vero praecipue frigus; ideoque in eo
conclavi, quo cubabit aeger, ignis continuus esse debebit,
maximeque tempore antelucano, quo praecipue frigus inten- 35
ditur. Neque inutile erit caput attonsum habere, idque irino
vel cyprino calido madefacere, et superimposito pileo velare; nonnumquam etiam in calidum oleum totum descendere,

vel in aquam calidam, in qua foenum graecum decoctum sit,
et adjecta olei pars tertia. Alvus quoque ducta saepe superiores partes resolvit. Si vero etiam vehementius dolor
crevit, admovendae cervicibus cucurbitulae sunt, sic ut cutis
5 incidatur: eadem aut ferramentis, aut sinapi adurenda. Ubi
levatus est dolor, moverique cervix coepit, scire licet
cedere remediis morbum. Sed diu vitandus cibus, quisquis
mandendus est. Sorbitionibus utendum, itemque ovis sorbilibus, aut mollibus; jus aliquod assumendum. Id si bene
10 processerit, jamque ex toto recte se habere cervices vide-
buntur, incipiendum erit a pulticula, vel intrita bene madida.
Celerius tamen etiam panis mandendus, quam vinum gustandum: siquidem hujus usus praecipue periculosus; ideoque
in longius tempus differendus est.

15 ## CAPUT VII [IV, 1].
De faucium morbis: et primum de angina.

Ut hoc autem morbi genus circa totam cervicem, sic
alterum, aeque pestiferum acutumque, in faucibus esse consuevit. Nostri *anginam* vocant: apud Graecos nomen prout
20 species est. Interdum enim neque rubor, neque tumor ullus
apparet; sed corpus aridum est, vix spiritus trahitur, membra solvuntur: id συνάγχην vocant. Interdum lingua faucesque cum rubore intumescunt, vox nihil significat, oculi vertuntur, facies pallet, singultusque est: id κυνάγχην vocant.
25 Illa communia sunt: aeger non cibum devorare, non potionem potest; spiritus ejus intercluditur. Levius est, ubi tumor
tantummodo ruborque est, cetera non sequuntur: id παρα-
συνάγχην appellant. Quidquid est, si vires patiuntur, sanguis mittendus est: secundum est ducere alvum (cf. VIII, 9).
30 Cucurbitula quoque recte sub mento, et circa fauces admovetur, ut id quod strangulat, evocet. Opus est deinde fomentis humidis: nam sicca spiritum elidunt. Ergo admovere
spongias oportet; quae melius in calidum oleum, quam in
calidam aquam subinde demittuntur: efficacissimusque est
35 hic quoque salis calidus succus (cf. Hipp. *Vict. rat. in acut.*

§ 7). Tum commodum est, hyssopum, vel nepetam, vel
thymum, vel absinthium, vel etiam furfures, aut ficus aridas
cum mulsa aqua decoquere, eaque gargarizare: post haec
palatum ungere vel felle taurino, vel eo medicamento, quod
ex moris est. Polline etiam piperis id recte respergitur. Si 5
per haec parum proficitur, ultimum est incidere satis altis
plagis sub ipsis maxillis supra collum, et in palato citra
uvam, vel eas venas, quae sub lingua sunt; ut per ea vulnera morbus erumpat. Quibus si non fuerit aeger adjutus,
scire licet malo victum esse. Si vero his morbus levatus est, 10
jamque fauces et cibum et spiritum capiunt, facilis ad bonam
valetudinem recursus est.   Atque interdum natura quoque
adjuvat, si ex angustiore sede vitium transit in latiorem:
itaque rubore et tumore in praecordiis orto, scire licet fauces liberari (*Aph*. VI, 37; VII, 47). Quidquid autem eas 15
levarit, incipiendum est ab humidis, maximeque aqua mulsa
decocta: deinde assumendi molles et non acres cibi sunt,
donec fauces ad pristinum habitum revertantur. Vulgo audio,
si quis pullum hirundinis ederit (cf. Plin. XXX, 4, 12),
angina toto anno non periclitari; servatumque eum ex sale, 20
quum is morbus urget, comburi, carbonemque ejus contritum in aquam mulsam, quae potui detur, infriari, et prodesse (cf. Plin. *l. l.*). Id quum idoneos auctores ex populo
habeat, neque habere quidquam periculi possit, quamvis in
monumentis medicorum non legerim, tamen inserendum huic 25
operi meo credidi.

CAPUT VIII [IV, 2].

De difficultate spirandi.

Est etiam circa fauces malum, quod apud Graecos aliud
aliudque nomen habet, prout se intendit. Omne in difficultate 30
spirandi consistit: sed haec dum modica est, neque ex toto
strangulat, δύσπνοια appellatur: quum vehementior est, ut
spirare aeger sine sono et anhelatione non possit, ἄσθμα:
quum accessit id quoque, ne nisi recta cervice spiritus trahatur, ὀρθόπνοια. Ex quibus id, quod primum est, potest 35

diu trahi; duo insequentia acuta esse consuerunt. His .communia sunt: quod propter angustias, per quas spiritus evadit, sibilum edit, dolor in pectore praecordiisque est, interdum etiam in scapulis, isque modo decedit, modo revertitur; ad 5 haec tussicula accedit. Auxilium est, nisi aliquid prohibet, in sanguinis detractione. Neque id satis est, sed lacte quoque venter solvendus est: liquanda alvus, interdum etiam ducenda, quibus extenuatum corpus incipit spiritum trahere commodius. Caput autem etiam in lecto sublime habendum 10 est; thorax fomentis, cataplasmatisque calidis, aut siccis, aut etiam humidis adjuvandus est; et postea vel malagma superimponendum, vel certe ceratum ex cyprino, vel irino unguento. Sumenda deinde jejuno potui mulsa aqua, cum qua vel hyssopus cocta, vel contrita capparis radix sit. 15 Delingitur etiam utiliter aut nitrum, aut nasturtium, aut allium frictum, deinde contritum et cum melle mixtum: simulque coquuntur mel, galbanum, resina terebinthina, et ubi coierunt, ex his quod fabae magnitudinem habet, quotidie sub lingua liquatur: aut sulphuris ignem non experti 20 p.)-(. ꞊. abrotoni p.)-(. in vini cyatho teruntur, idque tepefactum sorbetur. Est etiam non vana opinio, vulpinum jecur, ubi siccum et aridum factum est, contundi oportere, polentamque ex eo potioni aspergi: vel ejusdem pulmonem quam recentissimum assum, sed sine ferro coctum, edendum 25 esse. Praeter haec sorbitionibus et lenibus cibis utendum est; interdum vino tenui, austero; nonnumquam vomitu. Prosunt etiam quaecumque urinam movent: sed nihil magis quam ambulatio lenta paene usque ad lassitudinem; frictio multa, praecipue inferiorum partium, vel in sole, vel ad ignem, et 30 per se ipsum, et per alios, usque ad sudorem.

CAPUT IX [IV, 3].

De faucium exulceratione.

In interiore vero faucium parte interdum exulceratio esse consuevit. In hac plerique extrinsecus cataplasmatis calidis, 35 fomentisque humidis utuntur: volunt etiam vaporem calidum

9 *

ore recipi: per quae molliores alii partes eas fieri dicunt,
opportunioresque vitio jam haerenti. Sed; si bene vitari
frigus potest, tuta illa praesidia; si metus ejus est supervacua sunt. Utique autem perfricare fauces periculosum est:
exulcerat enim. Neque utilia sunt, quae urinae movendae 5
sunt; quia possunt, dum transeunt, ibi quoque pituitam extenuare, quam supprimi melius est. Asclepiades multarum
rerum, quas ipsi quoque sequuti sumus, auctor bonus, acetum ait quam acerrimum esse sorbendum: hoc enim sine ulla
noxa comprimi ulcera. Sed id supprimere sanguinem potest, 10
ulcera ipsa sanare non potest. Melius huic rei lycium est;
quod idem quoque aeque probat: vel porri, vel marrubii
succus, vel nuces graecae cum tragacantho contritae et cum
passo mixtae, vel lini semen contritum et cum dulci vino
mixtum. Exercitatio quoque ambulandi currendique neces- 15
saria est: frictio a pectore vehemens toti inferiori parti adhibenda. Cibi vero esse debent neque nimium acres, neque
asperi; mel, lenticula, tragum, lac, ptisana, pinguis caro,
praecipueque porrum, et quidquid cum hoc mixtum est.
Potionis quam minimum esse convenit. Aqua dari potest vel 20
pura, vel in qua malum cotoneum, palmulaeve decoctae sint.
Gargarizationes quoque lenes: sin hae parum proficiunt, re-
primentes utiles sunt. Hoc genus neque acutum est, et
potest esse non longum, curationem tamen maturam, ne
vehementer et diu laedat, desiderat.   25

CAPUT X [IV, 4].

De tussi.

Tussis vero fere propter faucium exulcerationem molesta
est; quae multis modis contrahitur. Itaque illis restitutis ipsa
finitur. Solet tamen interdum per se quoque male habere; 30
et vix, quum vetus facta est, eliditur. Ac modo arida est,
modo pituitam citat. Oportet hyssopum altero quoque die
bibere; spiritu retento currere, sed minime in pulvere; ac
lectione uti vehementi, quae primo impeditur a tussi, post
eam vincit: tum ambulare: deinde per manus quoque exer- 35

ceri, et pectus diu perfricare: post haec quam pinguissimae
ficus uncias tres super prunam incoctas, esse. Praeter haec,
si humida est, prosunt frictiones validae cum quibusdam calefacientibus, sic ut caput quoque simul vehementer perfri-
5 cetur: item cucurbitulae pectori admotae; sinapi ex parte
exteriore faucibus impositum, donec leviter exulceret; potio
ex menta, nucibusque graecis et amylo; primoque assumtus
panis aridus, deinde aliquis cibus lenis. At si sicca tussis
est, quum ea vehementissime urget, adjuvat vini austeri
10 cyathus assumtus, dum ne amplius id, interposito tempore
aliquo, quam ter aut quater fiat: item laseris quam optimi
paulum devorare opus est; porri vel marrubii succum assumere; scillam delingere; acetum ex ea, vel certe acre sorbere, aut cum spica allii contriti duos vini cyathos. Utilis
15 etiam in omni tussi est peregrinatio, navigatio longa (cf. III,
22), loca maritima, natationes: cibus interdum mollis, ut
malva, ut urtica; interdum acer, ut lac cum allio coctum;
sorbitiones quibus laser sit adjectum, aut in quibus porrum
incoctum tabuerit; ovum sorbile sulphure adjecto; potui pri-
20 mum aqua calida, deinde invicem aliis diebus haec, aliis vinum.

CAPUT XI [IV, 5].

De sanguinis sputu.

Magis terreri potest aliquis, quum sanguinem exspuit:
sed id modo minus, modo plus periculi habet. Exit modo
25 ex gingivis, modo ex ore: et quidem ex hoc interdum etiam
copiose, sed sine tussi, sine ulcere, sine gingivarum ullo
vitio; ita ut nihil exscreetur: verum ut ex naribus, sic ex
ore aliquando prorumpit. Atque interdum sanguis profluit,
interdum simile aquae quiddam, in qua caro recens lota est.
30 Nonnumquam autem is a summis faucibus fertur, modo exulcerata ea parte, modo non exulcerata; sed aut ore venae
alicujus adaperto, aut tuberculis quibusdam natis, exque his
sanguine erumpente. Quod ubi incidit, neque laedit potio
aut cibus, neque quidquam ut ex ulcere exscreatur. Ali-
35 quando vero, gutture et arteriis (id est, *aspera arteria*)

exulceratis, frequens tussis sanguinem quoque extundit:
interdum etiam fieri solet, ut aut ex pulmone, aut ex pectore, aut ex latere, aut ex jecinore feratur: saepe feminae,
quibus sanguis per menstrua non respondet, hunc exspuunt.
Auctoresque medici sunt, vel exesa parte aliqua sanguinem 5
exire, vel rupta, vel ore alicuius venae patefacto. Primam
διάβρωσιν, secundam ῥῆξιν, tertiam ἀναστόμωσιν appellant. Ultima minime nocet; prima gravissime. Ac saepe
quidem evenit, ut sanguinem pus sequatur (cf. **Aph.** VII,
15 et 82). Interdum autem, qui sanguinem ipsum suppres- 10
sit, satis ad valetudinem profuit. Sed si sequuta ulcera sunt,
si pus, si tussis est, prout sedes ipsa est, ita varia et periculosa genera morborum sunt. Si vero sanguis tantum fluit,
expeditius et remedium et finis est. Neque ignorari oportet,
iis quibus fluere sanguis solet, aut quibus dolet spina, co- 15
xaeve, aut post cursum vehementem, vel ambulationem;
dum febris absit, non esse inutile sanguinis mediocre profluvium: idque per urinam redditum ipsam quoque lassitudinem solvere: ac ne in eo quidem terribile esse, qui ex
superiore loco decidit, si tamen in ejus urina nihil novavit: 20
neque vomitum hujus afferre periculum, etiam quum repetit,
si ante confirmare et implere corpus licuit: et ex toto nullum nocere qui in corpore robusto, neque nimius est, neque
tussim aut calorem movet. Haec pertinent ad universum:
nunc ad ea loca, ·quae proposui, veniam. Si ex gingivis 25
exit, portulacam manducasse satis est; si ex ore, continuisse
eo merum vinum: si parum id proficit, acetum. Si inter
haec quoque graviter erumpit, quia consumere hominem
potest, commodissimum est, impetum ejus, admota occipitio
cucurbitula, sic ut cutis quoque incidatur, avertere: si id 30
mulieri, cui menstrua non feruntur, evenit, eamdem cucurbitulam incisis inguinibus ejus admovere. At si ex faucibus,
interioribusve partibus processit, et metus major est, et
cura major adhibenda. Sanguis mittendus est; et si nihilo
minus ex ore processit, iterum tertioque, et quotidie pau- 35
lum aliquid: protinus autem debet sorbere vel acetum, vel
cum ture plantaginis aut porri succum; imponendaque extrinsecus supra id quod dolet, lana succida ex aceto est, et

id spongia subinde refrigerandum. Erasistratus horum crura quoque et femora brachiaque pluribus locis deligabat. Id Asclepiades, adeo non prodesse, etiam inimicum esse proposuit (cf. Cael. Aur. *Chron.* II, 13). Sed id saepe com-
5 mode respondere experimenta testantur. Neque tamen pluribus locis deligari necesse est: sed satis est infra inguina, et super talos, summosque humeros, etiam brachia. Tum, si febris urget, danda est sorbitio, et potui aqua, in qua aliquid ex iis, quae alvum adstringunt, decoctum sit: at si abest
10 febris, vel elota alica, vel panis ex aqua frigida, et molle quoque ovum dari potest; potui vel idem quod supra scriptum est, vel vinum dulce, vel aqua frigida. Sed sic bibendum erit, ut sciamus huic morbo sitim prodesse. Praeter haec necessaria sunt quies, securitas, silentium. Caput
15 hujus quoque cubantis sublime esse debet; recteque tondetur. Facies saepe aqua frigida fovenda est. At inimica sunt vinum, balneum, venus, in cibo oleum, acria omnia, item calida fomenta, conclave calidum et inclusum, multa vestimenta corpori injecta, etiam frictiones; ubi bene sanguis con-
20 quievit. Tum vero incipiendum est a brachiis, cruribusque; a thorace abstinendum. In hoc casu per hiemem locis maritimis; per aestatem mediterraneis opus est (cf. cap. 10, fine.)

CAPUT XII [V].
De stomachi morbis.

25 Faucibus subest stomachus; in quo plura longa vitia incidere consuerunt. Nam modo ingens calor, modo inflatio hunc, modo inflammatio, modo exulceratio afficit; interdum pituita, interdum bilis oritur; frequentissimumque ejus malum est, quo resolvitur; neque ulla re magis aut afficitur, aut
30 corpus afficit. Diversa autem, ut vitia ejus, sic etiam remedia sunt. Ubi exaestuat, aceto cum rosa extrinsecus subinde fovendus est; imponendusque pulvis cum oleo, et ea cataplasmata, quae simul et reprimunt, et emolliunt. Potui, nisi quid obstat, gelida aqua praestanda. Si inflatio est, prosunt
35 admotae cucurbitulae; neque incidere cutem necesse est: prosunt sicca et calida fomenta, sed non vehementissima.

Interponenda abstinentia est. Utilis in jejuno potio est absinthii, vel hyssopi, aut rutae. Exercitatio primo lenis,
deinde major adhibenda 'est; maximeque quae superiores
partes moveat: quod genus in omnibus stomachi vitiis aptissimum est. Post exercitationem opus est unctione, frictione; 5
balneo ' quoque nonnumquam, sed rarius; interdum alvi
ductione; cibis deinde calidis, neque inflantibus; eodemque
modo calidis potionibus, primo aquae, post, ubi resedit inflatio, vini austeri. Illud quoque in omnibus stomachi vitiis
praecipiendum est, ut quo modo se quisque aeger refecerit, 10
eo sanus utatur: nam redit huic imbecillitas sua, nisi iisdem
defenditur bona valetudo, quibus reddita est. At si inflammatio aliqua est, quam fere tumor et dolor sequitur, prima
sunt, quies, abstinentia, lana sulphurata circumdata, in jejuno absinthium. Si ardor stomachum urget, aceto cum rosa 15
subinde fovendus est: deinde cibis quidem utendum est
modicis; imponenda vero extrinsecus quae simul et reprimunt, et emolliunt: deinde, his detractis, utendum calidis
ex farina cataplasmatis, quae reliquias digerant: interdum
alvus ducenda: adhibenda exercitatio, et cibus plenior. At 20
si exulceratio stomachum infestat, eadem fere facienda sunt,
quae in faucibus exulceratis praecepta sunt. Exercitatio,
frictio inferiorum partium adhibenda; adhibendi lenes et glu-
tinosi cibi, sed citra satietatem; omnia acria atque acida
removenda; vino, si febris non est, dulci, aut, si id inflat, 25
certe leni utendum; sed neque praefrigido, neque nimis
calido. Si vero pituita stomachus impletur, necessarius modo
in jejuno, modo post cibum vomitus est: utilis exercitatio,
gestatio, navigatio, frictio: nihil edendum bibendumque,
nisi calidum; vitatis tantum iis quae pituitam contrahere con- 30
suerunt. Molestius est, si stomachus bile vitiosus est. Solent
autem ii, qui sic tentantur, interpositis quibusdam diebus,
hanc, et quidem, quod pessimum est, atram vomere. His
recte alvus ducitur; potiones ex absinthio dantur; necessaria
gestatio, navigatio est; si fieri potest, ex nausea vomitus; 35
vitanda cruditas; sumendi cibi faciles et stomacho non alieni,
vinum austerum. Vulgatissimum vero pessimumque stomachi
vitium est resolutio, id est quum cibi non tenax est, soletque

desinere ali corpus, ac sic tabe consumi. Huic generi inutilissimum balneum est; lectiones, exercitationesque superioris partis necessariae; item unctiones frictionesque. His perfundi frigida, atque in eadem natare; canalibus ejusdem
5 subjicere et stomachum ipsum, et magis etiam a scapulis id quod contra stomachum est; consistere in frigidis medicatisque fontibus, quales Cutiliarum Simbruinarumque sunt, salutare est. Cibi quoque assumendi sunt frigidi, qui potius difficulter concoquuntur, quam facile vitiantur. Ergo pleri-
10 que, qui nihil aliud concoquere possunt, bubulam concoquunt. Ex quo colligi potest, neque avem, neque venationem, neque piscem dari debere, nisi generis durioris. Potui quidem aptissimum est vinum frigidum, vel certe bene calidum, meracum, potissimum rheticum, vel allobrogicum,
15 aliudve, quod et austerum et resina conditum sit; si id non est, quam asperrimum, maximeque signinum. Si cibus non continetur, danda aqua, et eliciendus plenior vomitus est, iterumque dandus cibus; et tum admovendae duobus infra stomachum digitis cucurbitulae, ibique duabus aut tribus
20 horis continendae sunt. Si simul et vomitus et dolor est, imponenda supra stomachum est lana succida, vel spongia ex aceto, vel cataplasma, quod refrigeret: perfricanda vero non diu, sed vehementer brachia et crura, et calefacienda. Si plus doloris est, infra praecordia quatuor digitis cucurbi-
25 tula utendum est; et protinus dandus panis ex posca frigida: si non continuit, post vomitum leve aliquid ex iis, quae non aliena stomacho sint: si ne id quidem tenuit, singuli cyathi vini, singulis interpositis horis, donec stomachus consistat. Valens etiam medicamentum est radiculae succus: valentius,
30 acidi punici mali, cum pari modo succi, qui ex dulci punico malo est, adjecto etiam intubi succo, et mentae, sed hujus minima parte; quibus tantumdem, quantum in his omnibus est, aquae frigidae quam optimae miscetur; id enim plus quam vinum ad comprimendum stomachum potest. Suppri-
35 mendus autem vomitus est, qui per se venit, et si nausea est. Sed si coacuit intus cibus, aut computruit, quorum utrumlibet ructus ostendit, ejiciendus est: protinusque, cibis assumtis iisdem, quos proxime posui, stomachus restituendus.

Ubi sublatus est praesens metus, ad ea redeundum est, quae
supra praecepta sunt.

C A P U T   X I I I [VI].

De laterum doloribus.

Stomachus lateribus cingitur; atque in his quoque vehe- 5
mentes dolores esse consuerunt. Initium vel ex frigore, vel
ex ictu, vel ex nimio cursu, vel ex morbo est: sed interdum malum intra dolorem est, isque modo tarde, modo
celeriter solvitur; interdum ad perniciem quoque procedit,
oriturque acutus morbus, qui πλευριτικός a Graecis nomi- 10
natur. Huic dolori lateris febris et tussis accedit: et per
hanc exscreatur, si tolerabilis morbus est, pituita; si gravis,
sanguis. Interdum etiam sicca tussis est, quae nihil emoli-
tur: idque primo vitio gravius, secundo tolerabilius est.
Remedium vero est magni et recentis doloris, sanguis mis- 15
sus. At, sive levior, sive vetustior casus est, vel supervacuum, vel serum id auxilium est; confugiendumque ad cucurbitulas est, ante summa cute incisa. Recte etiam sinapi ex
aceto super pectus imponitur, donec ulcera pustulasque
excitet; et tum medicamentum, quod humorem illuc citet. 20
Praeter haec circumdare primum oportet latus hapso lanae
sulphuratae; deinde, quum paulum inflammatio se remisit,
siccis et calidis fomentis uti. Ab his transitus ad malagmata
est. Si vetustior dolor remanet, novissime resina imposita
discutitur. Utendum cibis potionibusque calidis; vitandum 25
frigus: inter haec tamen non alienum est extremas partes
oleo et sulphure perfricare; si levata tussis est, leni lectione
uti; jamque et acres cibos, et vinum meracius assumere.
Quae ita a medicis praecipiuntur, ut tamen sine his rusticos
nostros epota ex aqua herba trixago satis adjuvet. Haec in 30
omni lateris dolore communia sunt: plus negotii est, si
acutus quoque morbus is factus est. In hoc praeter ea, quae
supra posita sunt, haec animadvertenda sunt: ut cibus sit
quam maxime tenuis et lenis, praecipueque sorbitio, eaque
ex ptisana potissimum, aut jus in quo porrus cum pullo gal- 35

linaceo coctus sit; idque non nisi tertio quoque die detur,
si tamen per vires licebit; potui vero aqua mulsa, in qua
hyssopum, aut ruta decocta sit. Quae quibus temporibus
danda sint, ex ratione levatae febris apparebit; sic, ut in
5 remissione quam maxima dentur: cum eo tamen, ut sciamus
non esse ejus generis tussi aridas fauces committendas:
saepe enim, ubi nihil est quod exscreetur, continuatur, et
strangulat. Ob quam causam dixi etiam pejus id genus esse
tussis, quod nihil, quam quod pituitam moveret. Sed hic
10 vinum sorbere, ut supra praecepimus, morbus ipse non
patitur: in vicem ejus cremor ptisanae sumendus est. Ut
his autem in ipso morbi fervore sustinendus aeger est, sic,
ubi paulum is se remisit, alimenta pleniora, et vini quoque
aliquid dari potest: dum nihil detur, quod aut refrigeret
15 corpus, aut fauces asperet. Si in refectione quoque manserit
tussis, intermittere oportebit uno die; posteroque cum cibo
vini paulo plus assumere. Atque incipiente quoque tussi,
tum non erit alienum, ut supra quoque positum est (cf. cap.
10), vini cyathos sorbere: sed in hoc genere valetudinis
20 dulce, vel certe lene commodius est. Si malum inveteravit,
athletico victu corpus firmandum est.

CAPUT XIV [VII].
De viscerum morbis, et primo de pulmone.

A compagine corporis ad viscera transeundum est; et
25 in primis ad pulmonem veniendum; ex quo vehemens et
acutus morbus oritur, quem περιπνευμονικόν Graeci vocant. Ejus haec conditio est: pulmo totus afficitur: hunc
ejus casum subsequitur tussis, bilem vel pus trahens, praecordiorum totiusque pectoris gravitas, spiritus difficultas,
30 magnae febres, continua vigilia, cibi fastidium, tabes. Id
genus morbi plus periculi, quam doloris habet. Oportet, si
satis validae vires sunt, sanguinem mittere: si minores,
cucurbitulas sine ferro praecordiis admovere; tum, si satis
valet, gestando aegrum digerere: si parum, intra domum
35 tamen dimovere; potionem autem hyssopi dare, cum quo

ticus arida sit incocta; aut aquam mulsam, in qua vel hyssopum, vel ruta decocta sit; frictione uti diutissime in scapulis,
proxime ab his in brachiis et pedibus et cruribus, leniter
contra pulmonem; idque bis quotidie facere. Quod ad cibum
vero pertinet, huic nec salsis opus est, neque acribus, ne- 5
que amaris, neque alvum adstringentibus, sed paulo lenio-
ribus. Ergo primis diebus danda est sorbitio ptisanae, vel
alicae, vel oryzae, cum qua recens adeps cocta sit: cum
hac sorbile ovum, nuclei pinei ex melle, panis vel elota
alica ex aqua mulsa: potui deinde non solum pura aqua, sed 10
etiam mulsa egelida, aut, si aestas est, etiam frigida; nisi
quid obstat. Haec autem altero quoque die, increscente
morbo, dare satis est: ubi in incremento constitit, quantum
res patitur, ab omnibus abstinendum est, praeterquam aqua
egelida. Si vires desunt, adjuvandae sunt aqua mulsa. Pro- 15
suntque adversus dolores imposita calida fomenta, vel ea,
quae simul et reprimunt, et emolliunt: prodest impositus ·
super pectus sal bene contritus, cum cerato mixtus; quia
leviter cutem erodit, eoque impetum materiae, quo pulmo
vexatur, evocat. Utile etiam aliquod malagma est ex iis, 20
quae materiam trahunt (cf. Hippoc. *Vict. rat. in acutis* § 7).
Neque alienum est, dum premit morbus, clausis fenestris
aegrum continere: ubi paulum levatus est, ter aut quater
die, fenestris aliquantum apertis, purum aerem recipere.
Deinde in refectione pluribus diebus a vino abstinere; gesta- 25
tione, frictione uti; sorbitionibus et prioribus cibis adjicere,
ex oleribus porrum, ex carne ungulas, et summa trunculo-
rum atque pisciculos sic, ut diu nihil nisi molle et lene
sumatur.

CAPUT XV [VIII].

De hepaticis.　　　　30

Alterius quoque visceris morbus, id est jecinoris, aeque
modo longus, modo acutus esse consuevit: ἡπατικόν Graeci
vocant. Dextra parte sub praecordiis vehemens dolor est;
idemque ad latus dextrum, et ad jugulum, humerumque
partis ejusdem pervenit; nonnumquam manus quoque dextra 35

torquetur; horror validus est; ubi male est, bilis evomitur;
interdum singultus prope strangulat. Et haec quidem acuti
morbi sunt. Longioris vero, ubi suppuratio in jecinore est;
dolorque modo finitur, modo intenditur; dextra parte prae-
5 cordia dura sunt, et tument; post cibum major spiritus difficultas est; accedit maxillarum quaedam resolutio. Ubi inveteravit malum, venter et crura pedesque intumescunt;
pectus atque humeri, circaque jugulum utrumque extenuatur.
Initio sanguinem mittere optimum est; tum venter solvendus
10 est, si non potest aliter, per nigrum veratrum: imponenda
extrinsecus cataplasmata, primum quae reprimant, deinde
calida, quae diducant; quibus recte iris vel absinthium adjicitur: post haec malagma. Dandae vero sorbitiones sunt,
omnesque cibi et calidi, et qui non multum alunt, et fere
15 qui pulmonis quoque dolori conveniunt; praeterque eos, qui
urinam movent, potionesque ad id efficaces. Utilia in hoc
morbo sunt thymum, satureia, hyssopum, nepeta, anisum,
sesamum, lauri baccae, pini flos *(folia?* cf. Cael. Aurel.
Chronic. III, 4; Diosc. I, 74), herba sanguinalis, menta, ex
20 malo cotoneo medium, columbae jecur recens et crudum:
ex quibus quaedam per se esse, quaedam adjicere vel sor-
bitioni, vel potioni licet; sic tamen, ut parce assumantur.
Neque alienum est, absinthium contritum ex melle et pipere,
ejusque catapotium quotidie devorare. Abstinendum utique
25 est ab omnibus frigidis: neque enim res ulla magis .jecur
laedit. Frictionibus utendum in extremis partibus; vitandus
omnis labor, omnis vehementior motus; ne spiritus quidem
diutius continendus. est. Ira, trepidatio, pondus, jactus,
cursus inimica sunt. Perfusio corporis multa prodest ex aqua,
30 si hiems est, calida; si aestas, tepida: item liberalis unctio,
et in balneo sudor. Si vero jecur vomica laborat, eadem
facienda sunt, quae in ceteris interioribus suppurationibus.
Quidam etiam contra id scalpello aperiunt, et ipsam vomicam adurunt.

CAPUT XVI [IX].

De Lienosis.

At lienis, ubi affectus est, intumescit, simulque cum eo
pars sinistra; eaque dura est, et prementi renititur; venter
intentus est; aliquis etiam in cruribus tumor est; ulcera aut 5
omnino non sanescunt, aut certe cicatricem vix recipiunt
(cf. Hipp. *Intern. affect.* § 31); in intenta ambulatione,
cursuque dolor et quaedam difficultas est.   Hoc vitium quies
auget: itaque exercitatione et labore opus est; habita tamen
ratione, ne febrem ista, si nimium processerint, excitent. 10
Unctiones, frictionesque, et sudores necessarii sunt. Dulcia
omnia inimica sunt; item lac et caseus: acida autem maxime
conveniunt.   Ergo acetum acre per se sorbere, et magis
etiam, quod scilla conditum est, expedit.   Edenda sunt salsamenta, vel oleae ex muria dura; tinctae in aceto lactucae 15
intubique, ex eodem betae, ex sinapi asparagus, armoracia,
pastinaca, ungulae, rostra, aves macrae, ejusdem generis
venatio.   Potui vero jejuno dari debet absinthium incoctum:
at post cibum aqua a ferrario fabro, in qua candens ferrum
subinde tinctum sit: haec enim vel praecipue lienem coercet. 20
Quod animadversum est in iis animalibus, quae apud hos
fabros educata exiguos lienes habent.   Potest etiam dari
vinum tenue, austerum; omniaque in cibis et potionibus,
quae urinae movendae sunt.   Praecipueque ad id valet vel
trifolii semen, vel cuminum, vel apium, vel serpyllum, vel 25
cytisus, vel portulaca, vel nepeta, vel thymum, vel hyssopum, vel satureia: haec enim inde commodissime videntur
humorem educere. Lienis quoque bubulus utiliter esui datur:
praecipueque eruca et nasturtium lienem extenuant.   Impo
nenda quoque extrinsecus sunt, quae levent. Fit ex unguento
et palmulis; fit ex lini et nasturtii semine, quo vinum et
oleum adjicitur: fit ex cupresso viridi et arida ficu: fit ex
sinapi, cui sevi hircini a renibus quarta pars ponderis adji
citur, teriturque in sole, et protinus imponitur. Multiscom-
modis huic rei cappari aptum est: nam et ipsum cum ci····
assumere, et muriam ejus cum aceto sorbere commod····
est. Quin etiam extrinsecus radicem contritam, vel ce····i····

ejus cum furfuribus, aut ipsum cappari cum melle contritum imponere expedit. Malagmata quoque huic rei aptantur.

CAPUT XVII [X].
De Renum morbis.

5   At renes ubi affecti sunt, diu male habent. Pejus est, si frequens biliosus vomitus accedit. Oportet conquiescere; cubare molliter; solvere alvum; si aliter non respondet, etiam ducere; saepe desidere in aqua calida; neque cibum, neque potionem frigidam assumere; abstinere ab omnibus 10 salsis, acribus, acidis, pomis; bibere liberaliter; adjicere modo cibo, modo potioni piper, porrum, ferulam, album papaver, quae maxime inde urinam movere consuerunt. Auxilio quoque his exulceratis sunt, si adhuc ulcera purganda sunt, cucumeris semina detractis corticibus sexaginta, 15 nuclei ex pinu silvestri duodecim, anisi quod tribus digitis sumi possit, croci paulum, contrita et in duas mulsi potiones divisa. Si vero dolor tantum levandus est, ejusdem cucumeris semina triginta, iidem nuclei viginti, nuces graecae quinque, croci paululum, contrita et cum lacte potui data. 20 Ac super quoque recte quaedam malagmata injiciuntur; maximeque ea, quae humori extrahendo sunt.

CAPUT XVIII [XI].
De intestinorum morbis, et primo de cholera.

A visceribus ad intestina veniendum est, quae sunt et 25 acutis et longis morbis obnoxia. Primoque facienda mentio est cholerae (*cholera nostras*); quia commune id stomachi atque intestinorum vitium videri potest; nam simul et dejectio et vomitus est; praeterque haec inflatio est, intestina torquentur, bilis supra infraque erumpit, primum aquae similis, 30 deinde ut in ea recens caro lota esse videatur, interdum alba, nonnumquam nigra, vel varia. Ergo eo nomine morbum hunc χολέραν Graeci nominarunt. Praeter ea vero, quae supra comprehensa sunt, saepe etiam crura manusque contrahuntur, urget sitis, anima deficit: quibus concurrentibus

non mirum est, si subito quis moritur. Neque tamen ulli
morbo minori momento succurritur. Protinus ergo, ubi ista
coeperunt, aquae tepidae quam plurimum bibere. oportet,
et vomere. Vix umquam sic non vomitus sequitur; sed
etiam si non incidit, miscuisse tamen novam materiam cor- 5
ruptae prodest; parsque sanitatis est, vomitum esse sup-
pressum. Si id incidit, protinus ab omni potione abstinendum
est. Si vero tormina sunt, oportet frigidis et humidis fomentis
stomachum fovere; vel si venter dolet, iisdem egelidis sic,
ut venter ipse mediocriter calentibus juvetur. Quod si vehe- 10
menter et vomitus, et dejectio, et sitis vexant, et adhuc
subcruda sunt quae vomuntur, nondum vino maturum tempus
est: aqua, neque ea ipsa frigida, sed potius egelida danda
est: admovendumque naribus est pulegium ex aceto; vel
polenta vino adspersa, vel menta secundum naturam est. At 15
quum discussa cruditas est, tum magis verendum est, ne
anima deficiat. Ergo tum confugiendum est ad vinum. Id
esse oportet tenue, odoratum, cum aqua frigida mixtum;
vel polenta adjecta, vel infracto pane, quem ipsum quoque
assumere expedit; quotiesque aliquid aut stomachus, aut 20
venter effudit, toties per haec vires restituere. Erasistratus
primo tribus vini guttis, aut quinis aspergendam potionem
esse dixit; deinde paulatim merum adjiciendum (cf. Cael.
Aur. *Acut.* III, 21). Is, si et ab initio vinum dedit, et metum cruditatis sequutus est, non sine causa fecit: si vehe- 25
mentem infirmitatem adjuvari posse tribus guttis putavit,
erravit. At si inanis est homo, et crura ejus contrahuntur,
interponenda potio absinthii est. Si extremae partes corporis
frigent, ungendae sunt calido oleo, cui cerae paulum sit
adjectum, calidisque fomentis nutriendae. Si ne sub his qui- 30
dem quies facta est, extrinsecus contra ventriculum ipsum
cucurbitula admovenda est, aut sinapi superimponendum. Ubi
is constitit, dormire oportet: postero die utique a potione
abstinere: die tertio in balneum ire: paulatim se cibo refi-
cere, somno[que] quisquis facile acquiescit; ** itemque las- 35
situdine et frigore. Si post suppressam choleram febricula
manet, alvum duci necessarium est: tum cibis, vinrque
utendum est.

CAPUT XIX [XII].

De coeliaco ventriculi morbo.

Sed hic quidem morbus et acutus est, et inter intestina stomachumque versatur sic, ut, cujus potissimum partis sit, 5 non facile dici possit; in ipsius vero ventriculi porta consistit is, qui longus esse consuevit: κοιλιακός a Graecis nominatur (cf. cap. 21). Sub hoc venter indurescit, dolorque ejus est: alvus nihil reddit, ac ne spiritum quidem transmittit: extremae partes frigescunt, difficulter spiritus 10 redditur. Commodissimum est inter initia calida cataplasmata toto ventri imponere, ut dolorem leniant: post cibum vomere, atque ita ventrem exinanire: proximis deinde diebus cucurbitulas sine ferro ventri et coxis admovere: ventrem ipsum liquare dato lacte, et vino salso, frigido; si tempus 15 anni patitur, etiam viridibus ficis: sic tamen, ne quis aut cibus, aut humor universus detur, sed paulatim. Ergo per intervalla temporis sat est cyathos binos ternosve sumere, et cibum pro portione hujus: commodeque facit cyatho lactis cyathus aquae mixtus, et sic datus: cibíque inflantes et acres 20 utiliores sunt; adeo ut lacti quoque recte contritum allium adjiciatur. Procedente vero tempore, opus est gestari; maximeque navigare; perfricari ter aut quater die sic, ut nitrum oleo adjiciatur; perfundi aqua calida post cibum; deinde sinapi imponere per omnia membra, excepto capite, donec 25 arrodantur et rubeant; maximeque si corpus durum et virile est: paulatim deinde faciendus est transitus ad ea, quae ventrem comprimunt. Assa caro danda, valens et quae non facile corrumpatur: potui vero pluvialis aqua decocta, sed quae per binos ternosve cyathos bibatur. Si vetus vitium est, 30 oportet laser quam optimum ad piperis magnitudinem devorare: altero quoque die vinum bibere: interdum interposito cibo singulos vini cyathos sorbere: ex inferiori parte infundere pluviatilem egelidam aquam, maximeque si dolor in imis partibus remanet.

CAPUT XX [XIII].

De tenuioris intestini morbo.

Intra ipsa vero intestina consistunt duo morbi, quorum alter in tenuiore, alter in pleniore est. Prior acutus est; 5 insequens esse longus potest. Diocles Carystius tenuioris intestini morbum χόρδαψον, plenioris εἰλεόν nominavit. A plerisque video nunc illum priorem εἰλεόν, hunc κολικόν nominari. Sed prior modo supra umbilicum, modo sub umbilico dolorem movet. Fit alterutro loco inflammatio: nec 10 alvus, nec spiritus infra transmittitur: si superior pars affecta est, cibus; si inferior, stercus per os redditur: si utrumlibet vetus est. Adjicit periculo vomitus biliosus, mali odoris, aut varius, aut niger. Remedium est sanguinem mittere; vel cucurbitulas pluribus locis admovere, non ubi- 15 que cute incisa: id enim duobus aut tribus locis satis est: ex ceteris spiritum evocare abunde est. Tum animadvertere oportet, quo loco malum sit: solet enim contra id tumere. Et si supra umbilicum est, alvi ductio utilis non est: si infra est, alvum ducere, ut Erasistrato placuit, optimum est; et 20 saepe id auxilii satis est (cf. Cael. Aur. *Acut.* III, 17). Ducitur autem percolato ptisanae cremore, cum oleo et melle sic, ut praeterea nihil adjiciatur. Si nihil tumet, duas manus imponere oportet supra summum ventrem, paulatimque deducere: invenietur enim mali locus, qui necesse est renita- 25 tur; et ex eo deliberari poterit, ducenda, nec ne alvus sit. Illa communia sunt: calida cataplasmata admovere, eaque imponere a mammis usque ad inguina et spinam, ac saepe mutare: brachia cruraque perfricare: demittere totum hominem in calidum oleum: si dolor non quiescit, etiam in alvum 30 ex parte inferiore tres aut quatuor cyathos calidi olei dare: ubi per haec consequuti sumus, ut jam ex inferiore parte spiritus transmittatur, offerre potui mulsum tepidum non multum: nam ante magna cura vitandum est, ne quid bibat; si id commode cessit, adjicere sorbitionem; ubi dolor et 35 febricula quierunt, tum demum uti cibo pleniore; sed neque inflante, neque duro, neque valido, ne intestina adhuc imbe-

cilla laedantur; potui vero nihil, praeterquam puram aquam;
nam sive quid vinolentum, sive acidum est, id huic morbo
alienum est. Ac postea quoque vitare oportet balneum, ambulationem, gestationem, ceterosque corporis motus. Nam
5 facile id malum redire consuevit; et sive quum frigus subit, sive
aliqua jactatio, nisi bene jam confirmatis intestinis, revertitur.

CAPUT XXI [XIV].
De morbo intestini plenioris.

Is autem morbus, qui in intestino pleniore est, in ea
10 maxime parte est, quam caecam esse proposui. Vehemens
fit inflatio, vehementes dolores, dextra magis parte: intestinum, quod verti videtur, prope spiritum elidit. In plerisque
post frigora cruditatesque oritur, deinde quiescit; et per
aetatem saepe repetens sic cruciat, ut vitae spatio nihil
15 demat. Ubi is dolor coepit, admovere sicca et calida fomenta
oportet; sed primo lenia, deinde validiora; simulque frictione ad extremas partes, id est crura brachiaque materiam
evocare: si discussus non est, qua dolet, cucurbitulas sine
ferro defigere. Est etiam medicamentum ejus rei causa com-
20 paratum. Id se reperisse Cassius gloriabatur. Magis prodest
potui datum: sed impositum quoque extrinsecus, digerendo
spiritum, dolorem levat. Nisi finito vero tormento, recte
neque cibus, neque potio assumitur. Quo victu sit utendum
iis, qui hoc genere tentantur, jam mihi dictum est.

25　　　　　　## CAPUT XXII [XV].
De torminibus.

Proxima his inter intestinorum mala tormina esse consueverunt: δυσεντερία graece vocatur. Intus intestina
exulcerantur: ex his cruor manat; iisque modo cum stercore
30 aliquo semper liquido, modo cum quibusdam quasi mucosis
excernitur: interdum simul quaedam carnosa descendunt
(cf. *Aph.* IV, 26): frequens dejiciendi cupiditas, dolorque

in ano est: cum eodem dolore exiguum aliquid emittitur:
atque eo quoque tormentum intenditur: idque post tempus
aliquod levatur; exiguaque requies est: somnus interpella-
tur: febricula oritur: longoque tempore id malum, quum
inveteraverit, aut tollit hominem, aut, etiamsi finitur, ex- 5
cruciat. Oportet in primis conquiescere; siquidem omnis
agitatio exulcerat: deinde jejunum sorbere vini cyathum,
cui contrita radix quinquefolii sit adjecta: imponere cataplasmata super ventrem, quae reprimant; quod in superioribus ventris morbis non expedit: quotiesque desedit, sub- 10
luere aqua calida in qua decoctae verbenae sint: portulacam
vel coctam, vel ex dura muria edisse. Si vetustior morbus
est, ex inferioribus partibus tepidum infundere vel ptisanae
cremorem, vel lac, vel adipem liquatam, vel medullam cer-
vinam, vel oleum, vel cum rosa butyrum, vel cum eadem 15
album crudum ex ovis, vel aquam in qua lini semen decoctum sit; vel, si somnus non accedit, vitellos cum aqua
in qua rosae floris folia cocta sint. Levant enim dolorem
haec, et mitiora ulcera efficiunt; maximeque utilia sunt, si
cibi quoque sequutum fastidium est. Themison muria dura 20
quam asperrima sic utendum memoriae prodidit. Cibi vero
esse debent, qui leniter ventrem adstringant. At ea, quae
urinam movent, si id consequuta sunt, in aliam partem
humorem avertendo, prosunt; si non sunt consequuta, noxam
augent: itaque nisi in quibus prompte id facere consuerunt, 25
non sunt adhibenda. Potui, si febricula est, aqua pura calida, vel ea quae ipsa quoque adstringat, dari debet: si non
est, vinum leve, austerum. Si pluribus diebus nihil remedia
alia juverunt, vetusque jam vitium est, aquae bene frigidae
potio assumta ulcera adstringit, et initium secundae valetu- 30
dinis facit. Sed ubi venter suppressus est, protinus ad calidam potionem revertendum est. Solet autem interdum etiam
putris sanies, pessimique odoris descendere: solet purus
sanguis profluere. Si superius vitium est, alvus aqua mulsa
duci debet; tum deinde eadem infundi, quae supra compre- 35
hensa sunt. At si sanguis profluit, cibi potionesque esse
debent, quae adstringant.

CAPUT XXIII [XVI].

De laevitate intestinorum.

Ex torminibus interdum intestinorum laevitas oritur; qua continere nihil possunt, et quidquid assumtum est, im-
5 perfectum protinus reddunt. Id interdum aegros trahit, interdum praecipitat. In hoc utique adhibere oportet comprimentia; quo facilius tenendi aliquid intestinis vis sit. Ergo et super pectus ponatur sinapi; exulcerataque cute, malagma quod humorem evocet: et ex verbenis decocta in aqua
10 desideat: et cibos potionesque assumat, quae alvum adstringant: et frigidis utatur perfusionibus. Oportet tamen prospicere, ne, simul his omnibus admotis, vitium contrarium per immodicas inflationes oriatur. Paulatim ergo firmari intestina debebunt, aliquibus quotidie adjectis. Et quum in
15 omni fluore ventris, tum in hoc praecipue necessarium est, non quoties libet desidere, sed quoties necesse est; ut haec ipsa mora in consuetudinem ferendi oneris intestina deducat. Alterum quoque, quod aeque ad omnes similes affectus pertinet, in hoc maxime servandum est; ut, quum pleraque
20 utilia insuavia sint, qualis est plantago et rubi et quidquid malicorio mixtum est, ea potissimum ex his dentur, quae maxime aeger volet: deinde, si omnia ista fastidiet, ad excitandam cibi cupiditatem, interponatur aliquid minus utile, sed magis gratum. Exercitationes et frictiones huic quoque
25 morbo necessariae sunt; et cum his sol, ignis, balneum, vomitus, ut Hippocrati visum est (Hipp. *De affect.* §. 23, 24), etiam albo veratro, si cetera parum proficient, evocatus.

CAPUT XXIV [XVII].

De lumbricis alvum occupantibus.

30   Nonnumquam autem lumbrici quoque occupant alvum; hique modo ex inferioribus partibus, modo foedius ore redduntur: atque interdum latos eos, qui pejores sunt, interdum teretes videmus. Si lati sunt, aqua potui dari debet, in qua lupinum, aut cortex mori decoctus sit; aut cui adjectum

sit contritum vel hyssopum, vel piperis acetabulum, vel
scammoniae paulum; vel etiam pridie, quum multum allium
ederit, vomat: posteroque die mali punici tenues radiculas
colligat, quantum manu comprehendet; eas contusas in
aquae tribus sextariis decoquat, donec tertia pars supersit; 5
huc adjiciat nitri paulum, et jejunus bibat. Interpositis
deinde tribus horis, duas potiones sumat. At aquae, vel
muriae durae sit adjecta: tum desideat subjecta calida aqua
in pelve. Si vero teretes sunt, qui pueros maxime exercent,
et eadem dari possunt, et quaedam leviora; ut contritum 10
semen urticae, aut brassicae, aut cumini cum aqua, vel
menta cum eadem, vel absinthium decoctum, vel hyssopum
ex aqua mulsa, vel nasturtii semen cum aceto contritum.
Edisse etiam et lupinum, et allium prodest; vel in alvum
oleum subter dedisse.   15

CAPUT XXV [XVIII].

De tenesmo.

Est autem aliud levius omnibus proximis, de quibus
supra dictum est, quod τεινεσμόν Graeci vocant. Id neque
acutis, neque longis morbis annumerari debet; quum et 20
facile tollatur, neque umquam per se jugulet. In hoc aeque
atque in torminibus frequens desidendi cupiditas est; aeque
dolor ubi aliquid excernitur. Descendunt autem pituitae
mucisque similia, interdum etiam leviter subcruenta: sed his
interponuntur nonnumquam ex cibo quoque recte coacta. 25
Desidere oportet in aqua calida; saepiusque ipsum anum
nutrire; cui plura medicamenta idonea sunt: butyrum cum
rosa; acacia ex aceto liquata; emplastrum id quod τετραφάρμακον Graeci vocant, rosa liquatum; alumen lana circumdatum, et ita appositum; eademque ex inferiore parte 30
indita, quae torminum auxilia sunt; eaedem verbenae decoctae, ut inferiores partes foveantur. Alternis vero diebus
aqua, alternis leve et austerum vinum bibendum est. Potio
esse debet egelida et frigidae propior; ratio victus talis,
qualem in torminibus supra praecepimus (cf. cap. 22). 35

CAPUT XXVI [XIX]

De ventris fluxu.

Levior etiam, dum recens, dejectio est; ubi et liquida
alvus, et saepius quam ex consuetudine fertur, atque inter-
5 dum tolerabilis dolor est, interdum gravissimus; idque pejus
est. Sed uno die fluere alvum saepe pro valetudine est:
atque etiam pluribus, dum febris absit, et intra septimum
diem id conquiescat. Purgatur enim corpus, et quod intus
laesurum erat, utiliter effunditur. Verum spatium periculo-
10 sum est: interdum enim tormina ac febriculas excitat, vires-
que consumit. Primo die quiescere satis est; neque impetum
ventris prohibere; si per se desiit, balneo uti, paulum cibi
capere: si mansit, abstinere non solum a cibo, sed etiam a
potione; postero die, si nihilominus liquida alvus est, aeque
15 conquiescere; paulum adstringentis cibi sumere; tertio die
in balneum ire; vehementer omnia praeter ventrem perfricare; ad ignem lumbos, scapulasque admovere; cibis uti,
sed ventrem contrahentibus; vino non multo, meraco; si
postero quoque die fluet, plus edisse, sed vomere; et ex
20 toto, donec conquiescat, contra siti, fame, vomitu niti.
Vix enim fieri potest, ut, post hanc animadversionem, alvus
non contrahatur. Alia via est ubi velis supprimere: coenare,
deinde vomere: postero die in lecto conquiescere; vespere
ungi, sed leniter; deinde panis circa selibram ex vino ami-
25 neo mero sumere; tum assum aliquid, maximeque avem; et
postea vinum idem bibere aqua pluviatili mixtum: idque
usque quintum diem facere, iterumque vomere. Frigidam
autem assidue potionem esse debere, contra priores auctores Asclepiades affirmavit, et quidem quam frigidissimam.
30 Ego experimentis quemque in se credere debere existimo,
calida potius, an frigida utatur. Interdum autem evenit, ut
id pluribus diebus neglectum, curari difficilius possit. A vomitu oportet incipere: deinde postero die vespere tepido
loco ungi; cibum modicum assumere, vinum meracum quam
35 asperrimum; impositam super ventrem habere cum cerato
rutam. In hoc autem affectu corporis neque ambulatione,
neque frictione opus est: vehiculo sedisse, vel magis etiam

equo, prodest: neque enim ulla res magis intestina confirmat. Si vero etiam medicamentis utendum est, aptissimum
est id quod ex pomis fit. Vindemiae tempore in grande vas
conjicienda˜sunt pira atque mala silvestria: si ea non sunt,
pira tarentina viridia, vel signina, mala scandiana, vel 5
amerina, [pira?] myrapia (cf. Colum. XII, 10; Plin. XXIII,
1, 21); hisque adjicienda sunt cotonea, et cum ipsis corticibus suis punica, sorba, et quibus magis utimur, et torminalia, sic, ut haec tertiam ollae partem teneant: tum deinde ea musto implenda est; coquendumque id, donec omnia 10
quae indita sunt, liquata, in unitatem quamdam coeant. Id
gustui non insuave est; et, quandocumque opus est, assumtum leniter, sine ulla stomachi noxa, ventrem tenet. Duo
aut tria cochlearia uno die sumsisse, satis est. Alterum
valentius genus: myrti baccas legere, ex his vinum expri- 15
mere, id decoquere, ut decima pars remaneat, ejusque
cyathum sorbere. Tertium, quod quandocumque fieri potest:
malum punicum excavare, exemptisque omnibus seminibus,
membranas quae inter ea fuerunt, iterum conjicere: tum
infundere cruda ova, rudiculaque miscere: deinde malum 20
ipsum super prunam imponere; quod, dum humor intus est,
non aduritur: ubi siccum esse coepit, removere oportet,
extractumque cochleari, quod intus est, edisse. Aliquibus
adjectis, majus momentum habet: itaque etiam in piperatum
conjicitur, misceturque cum sale et pipere, atque ex his 25
edendum est. Pulticula etiam, cum qua paulum ex favo vetere coctum sit, et lenticula cum malicorio cocta, rubique
cacumina in aqua decocta, et ex oleo atque aceto assumta,
efficacia sunt: atque ea aqua in qua vel palmulae, vel
malum cotoneum, vel arida sorba, vel rubi decocti sint; 30
quod genus significo, quoties potionem dandam esse dico,
quae adstringat. Tritici quoque hemina in vino amineo austero decoquitur; idque triticum jejuno ac sitienti datur;
superque id vinum id sorbetur: quod jure valentissimis medicamentis annumerari potest. Atque etiam potui datur 35
vinum signinum, vel resinatum austerum, vel quodlibet
austerum. Contunditurque cum corticibus seminibusque suis
punicum malum, vinoque tali misc̲etur̲· idque ̲·a ̲·a̲erum·

sorbet aliquis, vel bibit mixtum. Sed medicamentis uti, nisi
in vehementibus malis, supervacuum est.

CAPUT XXVII [XX].

De vulvae morbo.

5   1. Ex vulva quoque feminis vehemens malum nascitur:
proximeque ab stomacho vel afficitur haec, vel corpus
afficit. Interdum etiam sic exanimat, ut tamquam comitiali
morbo prosternat. Distat tamen hic casus, eo quod neque
oculi vertuntur, nec spumae profluunt, nec nervi distendun-
10 tur: sopor tantum est. Idque quibusdam feminis crebro revertens perpetuum fit. Ubi incidit, si satis virium est, sanguis
missus adjuvat: si parum, cucurbitulae tamen defigendae
sunt in inguinibus. Si diutius aut jacet, aut alioqui jacere
consuevit, admovere oportet naribus exstinctum ex lucerna
15 linamentum, vel aliud ex iis, quae foedioris esse odoris
retuli, quod mulierem excitet. Idemque aquae quoque frigidae perfusio efficit. Adjuvatque ruta contrita cum melle, vel
ex cyprino ceratum, vel quodlibet calidum et humidum cataplasma naturalibus pube tenus impositum. Inter haec etiam
20 perfricare coxas et poplites oportet. Deinde, ubi ad se re-
diit, circumcidendum vinum est in totum annum, etiamsi
casus idem non revertitur: frictione quotidie utendum totius
quidem corporis, praecipue vero ventris et poplitum: cibus
ex media materia dandus: sinapi super imum ventrem tertio
25 quoque aut quarto die imponendum, donec corpus rubeat [1]).
.... Si durities manet, mollire commode videtur solanum
in lac demissum, deinde contritum; et cera alba atque medulla cervina cum irino, aut sevum taurinum vel caprinum
cum rosa mixtum. Dandum etiam potui vel castoreum est,
30 vel gith, vel anethum. Si parum pura est, purgetur jun-
co quadrato. Si vero vulva exulcerata est, ceratum ex
rosa, et recens suilla adeps, et ex ovis album misceatur,

---

1) Nihil praecedit de duritie, quo haec referantur. Forsan aliqua
desunt:

idque apponatur; vel album ex ovo cum rosa mixtum, adjecto, quo facilius consistat, contritae rosae pulvere. Dolens vero ea sulphure suffumigari debet. At si purgatio nimia mulieri nocet, remedio sunt cucurbitulae, cute incisa, inguinibus vel etiam sub mammis admotae (*Aph*. V, 50). Si 5 maligna purgatio est [1]), subjicienda sunt . . . . . .

. . . .

. . . . . . coeuntia. Id faciunt etiam albae olivae, et nigrum papaver cum melle assumtum, et gummi cum trito semine apii liquatum, et cum cyatho passi datum. Praeter 10 haec in omnibus vesicae doloribus idoneae potiones sunt, quae ex odoribus fiunt, id est spica nardi, croco, cinnamo, casia, similibusque: idemque etiam decocta lentiscus praestat. Si tamen intolerabilis dolor est, et sanguis profluit, etiam sanguinis detractio apta est; aut certe coxis admotae 15 cucurbitulae cute incisa.

2. At quum urina super potionum modum etiam sine dolore profluens maciem et periculum facit, si tenuis est, opus est exercitatione et frictione, maximeque in sole, vel

---

1) Edd. sex primae, et Ruelliana ita habent: *subjicienda sunt coeuntia;* Manutianae: *subjicienda sunt* . . . . *coeuntia;* Caesariana, Pantiniana, et Stephaniana: *subjicienda sunt coercentia;* Gryphiana, et Constantiniana, *subjicienda sunt* . . . . . *coeuntia;* Constantiniana in margine; *menses evocantia;* Lindeniana, *subjicienda sunt * coeuntia.* In Codd. Mss. inter haec verba *subjicienda sunt,* et illa *coeuntia. Id faciunt* etc. quae infra posita sunt, magna lacuna est; et in plerisque margini adscriptum est, *Desunt in vetustissimo exemplari duo folia.* Quae desint, Morgagnus ostendit ex ea parte Indicum, qui huic libro praepositi sunt in Codd. Foroliviensi, et Veneto: quae pars huic lacunae respondet: videlicet:
CII. *Vola* (id est *Volva*) *exulcerata est.*
CIII. *De Vesica.*
CIIII. *De calculis in vesica.*
CV. *In omni dolore vesicae.*
Ejusmodi indices habentur etiam iu Codd. Mediceis II. III. IV. V. et VII. et in multis Vaticanis: in Med. autem I. et Vat. VIII. haec sunt: *De capitis doloribus, de distensione oris; linguae resolutione, destillatione* . . . . *dejectione, vulvae et vesicae vitiis, profusione seminis. coxis, genibus, humeris, pedibus, manibus dolentibus.*

ad ignem: balneum rarum esse debet, neque longa in eo
mora: cibus comprimens: vinum austerum meracum, per
aestatem frigidum, per hiemem egelidum; sed tantum, quantum minimum sit.   Alvus quoque vel ducenda, vel lacte
5 purganda est.   Si crassa urina est, vehementior esse debet
et exercitatio, et frictio: longior in balneo mora: cibis
opus est teneris: vino eodem.   In utroque morbo vitanda
omnia sunt, quae urinam movere consuerunt.

CAPUT XXVIII [XXI].

10   De Seminis nimia ex naturalibus profusione.

Est etiam circa naturalia vitium, nimia profusio seminis,
quod sine venere, sine nocturnis imaginibus sic fertur, ut,
interposito spatio, tabe hominem consumat.   In hoc affectu
salutares sunt vehementes frictiones, perfusiones, natationes-
15 que quam frigidissimae: neque cibi, nec potio, nisi frigida
assumta.   Vitare autem oportet cruditates et omnia inflantia:
nihil ex iis assumere, quae contrahere semen videntur; qualia
sunt siligo, simila, ova, alica, amylum, omnis caro glutinosa, piper, eruca, bulbi, nuclei pinei.   Neque alienum est
20 fovere inferiores partes, aqua decocta ex verbenis reprimentibus: ex iisdem aliqua cataplasmata imo ventri inguini-
busque circumdare; praecipueque ex aceto rutam: vitare
etiam ne supinus obdormiat.

CAPUT XXIX [XXII].

25   De Coxarum morbis.

Superest ut ad extremas partes corporis veniam, quae
articulis inter se conseruntur.   Initium a coxis faciam.   Harum
ingens dolor esse consuevit: isque hominem saepe debilitat:
et quosdam non dimittit.   Eoque id genus difficillime curatur,
30 quod fere post longos morbos vis pestifera huc se inclinat:
quae ut alias partes liberat, sic hanc jam ipsam quoque
affectam prehendit.   Fovendum primum aqua calida est: deinde utendum calidis cataplasmatis.   Maxime prodesse videtur

aut cum hordeacea farina, aut cum ficu ex aqua decocta
mixtus capparis cortex concisus; vel lolii farina ex vino
diluto cocta, et mixta cum arida faece: quae quia refrige-
scunt, imponere noctu malagmata commodius est. Inulae quoque radix contusa, et ex vino austero postea cocta, et late 5
super coxam imposita, inter valentissima auxilia est. Si ista
non solverunt, sale calido et humido utendum est. Si ne sic
quidem finitus dolor est, aut tumor ei accedit, incisa cute
admovendae sunt cucurbitulae; movenda urina; alvus, si
compressa est, ducenda. Ultimum est, et in veteribus quo- 10
que morbis efficacissimum, tribus aut quatuor locis super
coxam, cutem candentibus ferramentis exulcerare. Sed
frictione quoque utendum est, maxime in sole, et eodem die
saepius; quo facilius ea, quae coeundo nocuerunt, digerantur: eaque, si nulla exulceratio est, etiam ipsis coxis; 15
si est, ceteris partibus adhibenda est. Quum vero saepe
aliquid exulcerandum candenti ferramento sit, ut materia
inutilis evocetur, illud perpetuum est, non ut primum fieri
potest, hujus generis ulcera sanare; sed ea trahere, donec
id vitium, cui per haec opitulamur, conquiescat.   20

CAPUT XXX [XXIII].
De Genuum dolore.

Coxis proxima genua sunt, in quibus ipsis nonnumquam
dolor esse consuevit. In iisdem autem cataplasmatis cucur-
bitulisque praesidium est: sicut etiam quum in humeris, 25
aliisve commissuris dolor aliquis exortus est. Equitare ei,
cui genua dolent, inimicissimum omnium est. Omnes autem
ejusmodi dolores, ubi inveteraverunt, vix citra ustionem
finiuntur.

CAPUT XXXI [XXIV].   30
De manuum, pedum, articulorumque vitiis.

In manibus pedibusque articulorum vitia frequentiora
longioraque sunt; quae in podagris chiragrisve esse consuerunt. Ea raro vel castratos, vel pueros ante feminae coitum,

vel mulieres, nisi quibus menstrua suppressa sunt, tentant
(*Aph.* VI, 28, 29 et 30). Ubi sentiri coeperunt, sanguis
mittendus est: id enim inter initia statim factum, saepe
annuam, nonnumquam perpetuam valetudinem bonam prae-
5 stat. Quidam etiam, quum asinino lacte epoto sese eluissent,
in perpetuum hoc malum evaserunt. Quidam quum toto anno
a vino, mulso, venere sibi temperassent, securitatem totius
vitae consequuti sunt. Idque utique post primum dolorem
servandum est, etiamsi quievit. Quod si jam consuetudo
10 ejus facta est, potest quidem aliquis esse securior iis temporibus, quibus dolor se remisit: majorem vero curam adhibere debet iis quibus id revertitur; quod fere vere autum-
nove fieri solet (cf. *Aph.* VI, 55). Quum vero dolor urget,
mane gestari debet; deinde ferri in ambulationem, ibi se
15 dimovere; et si podagra est, interpositis temporibus exiguis,
invicem modo sedere, modo ingredi; tum antequam cibum
capiat, sine balneo loco calido leniter perfricari, sudare,
perfundi aqua egelida; deinde cibum sumere ex media materia, interpositis rebus urinam moventibus; quotiesque ple-
20 nior est, evomere. Ubi dolor vehemens urget, interest sine
tumore is sit, an tumor cum calore, an tumor jam etiam
obcalluerit. Nam si tumor nullus est, calidis fomentis opus
est. Aquam marinam, vel muriam duram fervefacere oportet,
deinde in pelvem conjicere, et quum jam homo pati potest,
25 pedes demittere, superque pallam dare, et vestimento tegere; paulatim deinde juxta labrum ipsum ex eadem aqua
leniter infundere, ne calor intus destituat; ac deinde noctu
cataplasmata calefacientia imponere, maximeque hibisci
radicem ex vino coctam (cf. Plin. XX, 4, 14).
30   Si vero tumor calorque est, utiliora sunt refrigerantia,
recteque in aqua quam frigidissima articuli continentur; sed
neque quotidie, neque diu, ne nervi indurescant. Imponendum vero est cataplasma quod refrigeret; neque tamen in
hoc ipso diu permanendum; sed ad ea transeundum, quae
35 sic reprimunt, ut emolliant. Si major est dolor, papaveris
cortices in vino coquendi, miscendique cum cerato sunt,
quod ex rosa factum sit: vel cerae et adipis suillae tantumdem una liquandum, deinde his vinum miscendum, atque ubi

quod ex eo impositum est, incaluit, detrahendum, et subinde
aliud imponendum est.   Si vero tumores etiam obcalluerunt,
et dolent, levat spongia imposita, quae subinde ex oleo et
aceto, vel aqua frigida exprimitur; aut pari portione inter
se mixta pix, cera, alumen.   Sunt etiam plura idonea mani- 5
bus pedibusque malagmata.   Quod si nihil superimponi dolor
patitur, id, quod sine tumore est, fovere oportet spongia,
quae in aquam calidam demittatur, in qua vel papaveris cortices, vel cucumeris silvestris radix decocta sit: tum inducere articulis crocum cum succo papaveris et ovillo lacte. 10
At si tumor est, foveri quidem debet aqua egelida, in qua
lentiscus, aliave verbena ex reprimentibus decocta sit: induci vero medicamentum ex nucibus amaris cum aceto tritis;
aut ex cerussa, cui contritae herbae muralis succus sit adjectus.   Lapis etiam qui carnem exedit, quem σαρκοφάγον 15
Graeci vocant, excisus, sic, ut pedes capiat, demissos eos,
quum dolent, retentosque ibi levare consuevit.   Ex quo in
Asia lapidi assio gratia est.   Ubi dolor et inflammatio se remiserunt quod intra dies quadraginta fit, nisi vitium hominis
accessit, modicis exercitationibus, abstinentia, unctionibus 20
lenibus utendum est, sic, ut etiam cum acopo, vel liquido
cerato cyprino articuli perfricentur.   Equitare podagricis
quoque alienum est.   Quibus vero, articulorum dolor certis
temporibus revertitur, hos ante et curioso victu cavere oportet, ne inutilis materia corpori supersit, et crebriore vomitu; 25
et, si quis ex corpore metus est, vel alvi ductione uti, vel
lacte purgari.   Quod Erasistratus in podagricis expulit, ne
in inferiores partes factus cursus pedes repleret: quum
evidens sit, omni purgatione non superiora tantummodo, sed
etiam inferiora exinaniri.   30

CAPUT XXXII [XXV].
De refectione convalescentium a morbo.

Ex quocumque autem morbo quis convalescit, si tarde
confirmatur, vigilare prima luce debet; nihilominus in lecto
conquiescere: circa tertiam horam leniter unctis manibus 35

corpus permulcere: deinde delectationis causa, quantum
juvat, ambulare, circumcisa omni negotiosa cogitatione:
tum gestari diu: multa frictione uti: loca, coelum, cibos
saepe mutare: ubi triduo quatriduove vinum bibit, uno aut
₅ etiam altero die interponere aquam. Per haec enim fiet, ne
in vitia tabem inferentia incidat, et ut mature vires suas
recipiat. Quum vero ex toto convaluerit, periculose vitae
genus subito mutabit, et inordinate aget. Paulatim ergo
debebit, omissis his legibus, eo transire, ut arbitrio suo
₁₀ vivat.

A. CORNELII CELSI
ARTIUM LIBER DECIMUS

IDEM

MEDICINAE QUINTUS.

De medicamentorum facultatibus.

Dixi de iis malis corporis, quibus victus ratio maxime
subvenit: nunc transeundum est ad eam medicinae partem,
quae magis medicamentis pugnat. His multum antiqui auctores tribuerunt, et Erasistratus, et ii qui se ἐμπειρικούς 5
nominaverunt; praecipue tamen Herophilus, deductique ab
illo viri; adeo ut nullum morbi genus sine his curarent.
Multaque etiam de facultatibus medicamentorum memoriae
prodiderunt, qualia sunt vel Zenonis, vel Andreae, vel Apollonii qui Mys cognominatus est. Horum autem usum ex 10
magna parte Asclepiades non sine causa sustulit; et, quum
omnia fere medicamenta stomachum laedant, malique succi
sint, ad ipsius victus rationem potius omnem curam suam
transtulit. Verum, ut illud in plerisque morbis utilius est,
sic multa admodum corporibus nostris incidere consuerunt, 15
quae sine medicamentis ad sanitatem pervenire non possunt.
Illud ante omnia scire oportet, quod omnes medicinae partes
ita innexae sunt, ut ex toto separari non possint; sed ab eo
nomen trahant, a quo plurimum petunt. Ergo ut illa, quae
victu curat, aliquando medicamentum adhibet, ita illa, quae 20
praecipue medicamentis pugnat, adhibere etiam rationem
victus debet, quae multum admodum in omnibus malis corporis proficit. Sed quum omnia medicamenta proprias facultates habeant, ac saepe simplicia ɔnitulentur, saepe mixta

non alienum videtur ante proponere et nomina, et vires, et mixturas eorum; quo minor ipsas curationes exsequentibus mora sit.

CAPUT I.
De remediis quae sanguinem supprimunt.

Sanguinem supprimunt atramentum sutorium, quod Graeci χάλκανθον appellant, chalcitis, acacia, et ex aqua lycium, tus, aloe, gummi, plumbum combustum, porrum, herba sanguinalis, creta vel cimolia vel figularis, misy, frigida 10 aqua, vinum, acetum, alumen, melinum, squama et ferri et aeris, atque hujus quoque duae species sunt, alia tantum aeris, alia rubri aeris.

CAPUT II.
Quae vulnus glutinent.

15 Glutinant vulnus myrrha, tus, gummi, praecipueque acanthinum, psyllium, tragacantha, cardamomum, bulbi, lini semen, nasturtium, ovi album, gluten, ichthyocolla, vitis alba, contusae cum testis suis cochleae, mel coctum, spongia vel ex aqua frigida, vel ex vino, vel ex aceto ex-20 pressa; ex iisdem lana succida; si levis plaga est, etiam aranea.

Reprimunt alumen et scissile, quod σχιστόν vocatur, et liquidum, melinum, auripigmentum, aerugo, chalcitis, atramentum sutorium.

CAPUT III.
Quae concoquant et moveant pus.

25

Concoquunt et movent pus nardum, myrrha, costum, balsamum, galbanum, propolis, styrax, turis et fuligo et cortex, bitumen, pix, sulphur, resina, sevum, adeps, 30 oleum.

CAPUT IV.
Quae aperiant ora in corporibus.

Aperiunt tamquam ora (sc. *Venarum*) in corporibus, cinnamomum, balsamum, panaces, juncus quadratus, pu-

legium, flos albae violae, bdellium, galbanum, resina
terebinthina et pinea, propolis, oleum vetus, piper, pyrethrum, chamaepitys, uva taminia, sulphur, alumen, rutae
semen.

CAPUT V.

Quae purgent.

Purgant aerugo, auripigmentum, quod ἀρσενικόν a
Graecis nominatur, squama aeris, pumex, iris, balsamum,
styrax, tus, turis cortex, resina, et pinea, et terebinthina
liquida, oenanthe, lacerti stercus, sanguis columbae, et 10
palumbi, et hirundinis, ammoniacum, bdellium, abrotonum,
ficus arida, coccum gnidium, scobis eboris, omphacium,
radicula, coagulum, sed maxime leporinum, fel, vitellus
crudus, cornu cervinum, gluten taurinum, mel crudum,
misy, chalcitis, crocum, uva taminia, spuma argenti, galla, 15
squama aeris, lapis haematites, minium, costum, sulphur,
pix cruda, sevum, adeps, oleum, ruta, porrum, lenticula,
ervum.

CAPUT VI.

Quae rodant.

Rodunt alumen liquidum, sed magis rotundum, aerugo,
chalcitis, misy, squama aeris, sed magis rubri, aes combustum, sandaracha, minium sinopicum, galla, balsamum,
myrrha, tus, turis cortex, galbanum, resina terebinthina
humida, piper utrumque, sed rotundum magis, cardamomum, 25
auripigmentum, calx, nitrum et spuma ejus, apii semen,
narcissi radix, omphacium, alcyonium, oleum ex amaris
nucibus, allium, mel crudum, vinum, lentiscus, squama
ferri, fel taurinum, scammonia, uva taminia, cinnamomum,
styrax, cicutae semen (cf. II, 33), resina, narcissi semen, 30
fel, nuces amarae, atramentum sutorium, chrysocolla, veratrum, cinis.

CAPUT VII.

Quae exedant corpus.

Exedunt corpus acaciae succus, hebenus, aerugo, squama aeris, chrysocolla, cinis cyprius, nitrum, cadmia, spuma 5 argenti, hypocistis, diphryges, sal, auripigmentum, sulphur, cicuta, sandaracha, salamandra, alcyonium, aeris flos, chalcitis, atramentum sutorium, ochra, calx, galla, alumen, lac caprifici, vel lactucae marinae, quae τιϑύμαλλος a Graecis nominatur, fel, turis fuligo, spodium, lenticula, mel, 10 oleae folia, marrubium, lapis haematites, et phrygius, et assius, et scissilis, misy, vinum, acetum.

CAPUT VIII.

Quae adurant.

Adurunt auripigmentum, atramentum sutorium, chalcitis, 15 misy, aerugo, calx, charta combusta, sal, squama aeris, faex combusta, myrrha, stercus et lacerti, et columbae, et palumbi, et hirundinis, piper, coccum gnidium, allium, diphryges, lac utrumque quod ~~proximo capite~~ supra comprehensum est, veratrum et album et nigrum, cantharides, 20 corallium, pyrethrum, tus, salamandra, eruca, sandaracha, uva taminia, chrysocolla, ochra, alumen scissile, ovillum stercus, oenanthe.

CAPUT IX.

Quae crustas ulceribus inducant.

25 Eadem fere crustas ulceribus tamquam igne adustis inducunt, sed praecipue chalcitis, utique si cocta est, flos aeris, aerugo, auripigmentum, misy, et id quoque magis coctum.

CAPUT X.

Quae crustas ulceribus resolvant.
30

Crustas vero has resolvit farina triticea cum ruta, vel porro, aut lenticula, cui mellis aliquid adjectum sit.

11 *

CAPUT XI.

Quae discutiant ea, quae in aliqua parte corporis coierunt.

Ad discutienda vero ea, quae in corporis parte aliqua
coierunt, maxime possunt abrotonum, helenium, amaracus,
alba viola, mel, lilium, sampsuchus cyprius (cf. Plin. XXI, 5
11, 35; 22, 93), lac, sertula campana, serpyllum, cupressus, cedrus, iris, viola purpurea, narcissus, rosa, crocum,
passum (*prasium.* Lind.), juncus quadratus, nardum, cinnamomum, casia, ammoniacum, cera, resina, uva taminia,
spuma argenti, styrax, ficus arida, tragoriganus, lini et 10
narcissi semen, bitumen, sordes ex gymnasio, pyrites lapis,
aut molaris, crudus vitellus, amarae nuces, sulphur.

CAPUT XII.

Quae evocent et educant.

Evocat et educit ladanum, alumen rotundum, hebenus, 15
lini semen, omphacium, fel, chalcitis, bdellium, resina terebinthina et pinea, propolis, ficus arida decocta, stercus
columbae, pumex, farina lolii, grossi in aqua cocti, elaterium, lauri baccae, nitrum, sal.

CAPUT XIII.   20

Quae exasperata laevent.

Laevat id quod exasperatum est, spodium, hebenus,
gummi, ovi album, lac, tragacanthum.

CAPUT XIV.

Quae carnem nutriant ut ulcus impleant.   ·   25

Carnem alit et ulcus implet resina pinea, ochra attied,
vel, astyrice (*mel erithace?* cf. Varro R. R. III 6),
cera, butyrum.

CAPUT XV.

Quae molliant.

Molliunt aes combustum, terra eretria, nitrum, papaveris lacrima, ammoniacum, bdellium, cera, sevum, adeps,
5 oleum, ficus arida, sesamum, sertula campana, narcissi et
radix et semen, rosae folia, coagulum, vitellus crudus,
amarae nuces, medullae omnis, stibi, pix, cochlea cocta,
cicutae semen, plumbi recrementum; σκωρίαν μολύβδου
Graeci vocant; panaces, cardamomum, galbanum, resina,
10 uva taminia, styrax, iris, balsamum, sordes ex gymnasio,
sulphur, butyrum, ruta.

CAPUT XVI.

Quae cutem purgent.

Cutem purgat mel, sed magis si est cum galla, vel ervo,
15 vel lenticula, vel marrubio, vel iride, vel ruta, vel nitro,
vel aerugine.

CAPUT XVII.

De mixturis simplicium rerum, et de ratione ponderum.

1. Expositis simplicibus facultatibus, dicendum est quem-
20 admodum misceantur, quaeque ex his fiant. Miscentur autem
varie, neque hujus ullus modus est; quum ex simplicibus
alia demantur, alia adjiciantur; iisdemque servatis, ponderum ratio mutetur. Itaque quum facultatum materia non ita
multiplex sit, innumerabilia mixturarum genera sunt: quae
25 comprehendi si possent, tamen esset supervacuum. Nam et
iidem effectus intra paucas compositiones sunt, et mutare
eas cuilibet, cognitis facultatibus, facile est. Itaque contentus iis ero, quas accepi velut nobilissimas. In hoc autem
volumine eas explicabo, quae vel desiderari in prioribus
30 potuerunt, vel ad eas curationes pertinent, quas protinus
hic comprehendam, sic ut tamen, quae magis communia
sunt, simul jungam. Si qua singulis, vel etiam paucis accommodata sunt, in ipsarum locum differam. Sed et ante

sciri volo, in uncia pondus denariorum septem esse: unius
deinde denarii pondus dividi a me in sextantes, ut idem
in sextante denarii habeam, quod Graeci habent in eo quem
ὀβολόν appellant. Id ad nostra pondera relatum paulo plus
dimidio scripulo facit.   5

2. Malagmata vero, atque emplastra, pastillique, quos
τροχίσκους Graeci vocant, quum plurima eadem habeant,
differunt eo, quod malagmata maxime ex odoribus eorumque
etiam surculis, emplastra pastillique magis ex quibusdam
metallicis fiunt. Deinde malagmata contusa abunde molle- 10
scunt: nam super integram cutem injiciuntur: laboriose vero
conteruntur ea, ex quibus emplastra pastillique fiunt, ne
• laedant vulnera, quum imposita sunt. Inter emplastrum autem
et pastillum hoc interest, quod emplastrum utique liquati
aliquid accipit: in pastillo tantum arida medicamenta aliquo 15
humore junguntur. Tum emplastrum hoc modo fit: arida medicamenta per se teruntur; deinde mixtis his instillatur aut
acetum, aut si quis alius non pinguis humor accessurus est,
et ea rursus ex eo teruntur: ea vero, quae liquari possunt,
ad ignem simul liquantur; et si quid olei misceri debet, tum 20
infunditur: interdum etiam aridum aliquod ex oleo prius coquitur. Ubi facta sunt, quae separatim fieri debuerunt, in
unum omnia miscentur. At pastilli haec ratio est: arida medicamenta contrita humore non pingui, ut vino, vel aceto,
coguntur, et rursus coacta, inarescunt; atque, ubi utendum 25
est, ejusdem generis humore diluuntur. Tum emplastrum
imponitur, pastillus illinitur, aut alicui molliori ut cerato,
miscetur.

CAPUT XVIII.

De Malagmatis.   30

His cognitis, primum malagmata subjiciam, quae fere
non sunt refrigerandi, sed calefaciendi causa reperta. Est
tamen, quod refrigerare possit, ad calidas podagras aptum.
Habet gallae et immaturae et alterius, coriandri geminis,
cicutae, lacrimae aridae, gummis, singulorum plenum aceta- 35
bulum, cerati eloti, quod πεπλυμένον Graeci vocant, seli-

bram. Reliqua fere calefaciunt: sed quaedam digerunt
materiam, quaedam extrahunt, quae ἐπισπαστικά vocantur; pleraque certis magis partibus membrorum accommodata sunt.

5 2. Si materia extrahenda est, ut in lateris dolore, in
incipiente abscessu, in suppuratione quoque mediocri, aptum
est id quod habet resinae aridae, nitri, ammoniaci, galbani,
singulorum pondo, cerae pondo. Aut in quo haec sunt:
aeruginis rasae, turis, singulorum p.)-(. II. ammoniaci salis
10 p.)-(. VI. squamae aeris, cerae, singulorum p.)-(. VIII.
resinae aridae p.)-(. XII. aceti cyathus (Galenus, De com-
posit. Medicam. secundum genera VI, 14). Idem praestat
cumini farina cum struthio, et melle.

3. Si jecur dolet, id in quo est balsami lacrimae p.
15)-(. XII. costi, cinnamomi, casiae corticis, myrrhae, croci,
junci rotundi, balsami seminis, iridis illyricae, cardamomi,
amomi, nardi, singulorum p.)-(. XVI. quibus adjicitur nar-
dinum unguentum, donec cerati crassitudo sit. Et hujus
quidem recentis usus est: si vero servandum est, resinae
20 terebinthinae p.)-(. XVI. cerae p.)-(. X. ex vino leni contunduntur, tum eo miscentur.

4. At si lienis torquet, glandis, quam βάλανον μυρε-
ψικήν Graeci vocant, cortex et nitrum paribus portionibus
contunduntur, respergunturque aceto quam acerrimo: ubi
25 cerati crassitudinem habet, linteo ante in aqua frigida madefacto illinitur, et sic imponitur; supraque farina hordeacea
injicitur: sed manere ibi non amplius sex horis debet, ne
lienem consumat; satiusque est id bis, aut ter fieri.

5. Commune autem jocinori, et lieni, Lysias composuit
30 ex his: opopanacis, styracis, galbani, resinae, singulorum
p.)-(. II. ammoniaci, bdellii, cerae, sevi taurini, iridis
aridae p.)-(. IV. cachryos acetabulo, piperis granis quadraginta: quae contrita irino unguento temperantur.

6. Ad laterum autem dolores compositio est Apollo-
35 phanis: in qua sunt resinae terebinthinae, turis fuliginis,
singulorum p.)-(. IV. bdellii, ammoniaci, iridis, sevi vitulini, aut caprini a renibus, visci, singulorum p.)-(. IV. Haec

autem eadem omnem dolorem levant, dura emolliunt, mediocriter calefaciunt (Gal. *S. G.* VII, 7).

7. Ad idem Andreae quoque malagma est; quod etiam resolvit, humorem educit, pus maturat, ubi id maturum est, cutem rumpit, ad cicatricem perducit. Prodest impositum 5 minutis majoribusque abscessibus; item articulis, ideoque et coxis, et pedibus dolentibus; item, si quid in corpore collisum est, reficit; praecordia quoque dura et inflata emollit; ossa extrahit: ad omnia denique valet, quae adjuvare calor potest. Id habet cerae p.)-(- XI. visci, sycamini, quam alias 10 sycomorum vocant (cf. III, 18), lacrimae, singulorum p.)-(. I. piperis et rotundi, et longi, ammoniaci thymiamatis, bdellii, iridis illyricae, cardamomi, amomi, xylobalsami, turis masculi, myrrhae, resinae aridae, singulorum p.)-(. X. pyrethri, cocci gnidii, spumae nitri, salis ammoniaci, aristolo- 15 chiae creticae, radicis ex cucumere agresti, resinae terebinthinae liquidae, singulorum p.)-(. XX. quibus adjicitur unguenti irini, quantum satis est ad ea mollienda atque cogenda (Galenus, *De compositione medicam. secundum locos* X, 2).   20

8. Praecipuum vero est ad resolvenda quae adstricta sunt, mollienda quae dura sunt, dirigenda quae coeunt, id quod ad Polyarchum auctorem refertur. Habet junci quadrati, cardamomi, turis fuliginis, amomi, cerae, resinae liquidae pares portiones.   25

9. Aliud ad eadem Nilei: crocomagmatis (cf. Plin. XXI, 20, 82) p.)-(. IV. ammoniaci thymiamatis, cerae, singulorum p.)-(. XX. ex quibus duo priora ex aceto teruntur, cera cum rosa liquatur, et tum omnia junguntur (Gal. *l. l.* VIII, 5).

10. Proprie etiam dura emollit id, quod Moschi esse 30 dicitur. Habet galbani unciam, turis fuliginis p. z. cerae, ammoniaci thymiamatis trientes, picis aridae p. II. aceti heminas tres (Gal. *S. L.* IV, 8).

11. Fertur etiam ad digerenda quae coeunt, sub auctore Medio, quod habet cerae p. z. panacis p.)-(. s. squamae 35 aeris, aluminis rotundi, item scissilis, singulorum p.)-(. I. plumbi combusti p.)-(. I. s.

12. Ad eadem Panthemus utebatur calcis p. s. sinapis
contriti, item foeni graeci, aluminis, singulorum p. I. sevi
bubuli p. II. s.

13. 14. Ad strumam multa malagmata invenio. Credo
5 autem, quo pejus id malum est, minusque facile discutitur,
eo plura esse tentata; quae in personis varie responderunt.
Andreas auctor est, ut haec misceantur: urticae seminis
p.)-(. I. piperis rotundi, bdellii, galbani, ammoniaci thymiamatis, resinae aridae, singulorum p.)-(. IV. resinae
10 liquidae, cerae, pyrethri, piperis longi, lactucae marinae
seminis, sulphuris ignem non experti, quod ἄπυρον vocatur, faecis aridae aceti, spumae nitri, salis ammoniaci, sinapis, cardamomi, radicis ex cucumere silvestri, resinae,
singulorum p.)-(. VIII. quae ex leni vino contunduntur (Gal.
15 *l. l.* X, 2).

15. Expeditius ad idem fit, quod habet visci * seminis,
stercoris, resinae, sulphuris ignem non experti pares portiones. Et in quo est sulphuris p.)-(. I. lapidis, quem pyriten
vocant, p.)-(. IV. cumini acetabulum. Item in quo est lapi-
20 dis ejusdem pars una, sulphuris duae partes, resinae terebinthinae partes tres.

16. Arabis autem cujusdam est ad strumam, et orientia
tubercula, quod haec digerit. Habet myrrhae, salis ammoniaci, turis, resinae et liquidae et aridae, crocomagmatis,
25 cerae, singulorum p.)-(. I. lapidis ejus, quem pyriten vocant, p.)-(. IV. quibus quidam adjiciunt sulphuris p.)-(. II.

17. Est etiam proficiens in struma, et in iis tuberibus,
quae difficiliter concoquuntur, et in iis, quae καρκινώδη
vocantur, quod ex his constat: sulphuris p.)-(. II. nitri
30 p.)-(. IV. myrrhae p.)-(. VI. fuliginis turis p. s. salis ammoniaci p. z. cerae p. I.

18. Protarchus autem ad παρωτίδας, eaque tubercula,
quae μελικηρίδες nominantur, item mala ulcera, pumicis, ℥ ſ
resinae pineae liquidae, turis fuliginis, spumae nitri, iridis,
35 singulorum p.)-(. VIII. cum cerae p.)-(. IX. miscebat,
hisque olei cyathum et dimidium adjiciebat.

19. At adversus panum tum primum orientem, quod

φύγεθλον Graeci vocant, et omne tuberculum, miscetur ochra, quae Attice nominatur, cum duabus partibus similae, hisque, dum contunduntur, subinde mel instillatur, donec malagmatis crassitudo sit.

20. Discutit etiam omne tuberculum, id quod habet5 calcis, nitri spumae, piperis rotundi, singulorum p.)-(. I. galbani p.)-(. II. salis p.)-(. IV. quae excipiuntur cerato ex rosa facto.

21. Supprimitque omne, quod abscedit, id in quo est galbani, fabae fresae, singulorum p.)-(. I. myrrhae, turis,10 ex radice capparis corticis, singulorum p.)-(. IV. Satisque omnia abscedentia digerit murex combustus, et bene contritus, aceto subinde adjecto.

22. *At si satis sanguis subit, recte imponitur, quod adversus phymata quoque potest. Constat ex his: bdellii, sty-15 racis, ammoniaci, galbani, resinae et aridae et liquidae pineae, item ex lentisco, turis, iridis, singulorum p.)-(. II.

23. Καρκινώδη vero commode his leniuntur: galbani, visci, ammoniaci, resinae terebinthinae, singulorum p.)-(. I. sevi taurini p. s. faecis combustae quam maxima20 portione, dum id siccius non faciat, quam esse malagma oportet.

24. Quod si facie contusa livor subcruentus est, haec compositio nocte et die imposita tollit. Aristolochiae, thapsiae, singulorum p.)-(. II. bdellii, styracis, ammoniaci25 thymiamatis, galbani, resinae aridae, et ex lentisco liquidae, turis masculi, iridis illyricae, cerae, singulorum p.)-(. IV. Idem faba quoque imposita proficit.

25. Sunt etiam quaedam malagmata, quae ἀναστομωτικά Graeci vocant (Gal. Med. simpl. V, 14), quoniam ape-30 riendi vim habent. Quale est, quod ex his constat: piperis longi, spumae nitri, singulorum p.)-(. II. erysimi p.)-(. IV. quae cum melle miscentur. Idoneaque etiam strumae aperiendae sunt. Ejus generis, vehementiusque ex his est id, quod habet calcis p.)-(. IV. piperis grana sex, nitri, cerae,35 singulorum p.)-(. X. mellis p. z. olei heminam.

26. Niconis quoque est quod resolvit, aperit, purgat Habet alcyonium, sulphur, nitrum, pumicem, aribus n-

tionibus; quibus tantum picis, et cerae adjicitur, ut fiat cerati crassitudo.

27. Ad ossa autem Aristogenis fit ex his: sulphuris p.)·(. I. resinae terebinthinae, nitri spumae, et ex scilla 5 partis interioris, plumbi eloti, singulorum p.)-(. II. turis fuliginis p.)-(. VIII. ficus aridae quam. pinguissimae, sevi taurini, singulorum p.)-(. VIII. cerae p.)-(. XII. iridis macedonicae p.)-(. VI. sesami fricti acetabulum.

28. Maximeque nervis et articulis malagma convenit. 10 Igitur Euthyclei est, et ad articulos, et ad omnem dolorem, et ad vesicae, et ad recenti cicatrice contractos articulos, quae *ἀγκύλας* Graeci nominant, conveniens; quod habet fuliginis turis acetabulum, resinae tantumdem, galbani sine surculis sescunciam, ammoniaci, bdellii, singulorum p. z. 15 cerae p. s. Ad eosdem * digitos: iridis, ammoniaci, galbani, nitri, singulorum p.)-(. XIV. resinae liquidae p.)-(. VI. cerae p.)-(. XVI.

29. Ad dolores articulorum, Sosagorae: plumbi combusti, papaveris lacrimae, corticis hyoscyami, styracis, 20 peucedani, sevi, resinae, cerae pares portiones.

30. Chrysippi: resinae liquidae, sandarachae, piperis, singulorum p.)-(. XII. quibus cerae paululum adjicitur.

31. Ctesiphontis: cerae creticae, resinae terebinthinae, nitri quam ruberrimi, singulorum p. s. olei cyathi tres. Sed 25 id nitrum ante per triduum, instillata aqua, teritur, et cum sextario ejus incoquitur, donec omnis humor consumatur. Potest vero ea compositio etiam ad parotidas, phymata, strumam, omnemque coitum humoris emolliendum (Gal. *S. L.* VI, 14).

32. Ad articulos, fici quoque aridae partem nepetae 30 mixtam; vel uvam taminiam sine seminibus cum pulegio recte aliquis imponit.

33. Eadem podagrae praesidio sunt. Sed ad eam fit Aristonis quoque, quod habet nardi, cinnamomi, casiae, chamaeleontis, junci rotundi, singulorum p.)-(. VIII. sevi 35 caprini ex irino liquati p.)-(. XX. iridis p.)-(. I. quae in aceto quam acerrimo jacere per XX. dies debet. Idem autem etiam recentia phymata doloresque omnes discutit.

34. At Theoxenus ad pedum dolores, sevi a renibus

partem tertiam, salis partes duas miscebat, hisque membranulam illitam imponebat; tum superinjiciebat ammoniacum thymiama in aceto liquatum.

35. At Numenius podagram, ceterosque articulos induratos hoc molliebat: abrotoni, rosae aridae, papaveris la- 5 crimae, singulorum p.)-(. III. resinae terebinthinae p.)-(. IV. turis, spumae nitri, singulorum p.)-(. VIII. iridis, aristolochiae, singulorum p.)-(. XII. cerae p. III. quibus adjicitur cedri cyathus unus, olei laurei cyathi tres, olei acerbi sextarius.

36. Si quando autem in articulis callus increvit, Dexius 10 docuit imponere calcis p.)-(. IV. cerussae p.)-(. VIII. resinae pineae p.)-(. XX. piperis grana XXX. cerae p. z. quibus, dum contunduntur, hemina vini lenis instillatur.

CAPUT XIX.

De Emplastris.   15

Ex emplastris autem nulla majorem usum praestant, quam quae cruentis protinus vulneribus injiciuntur: ἔναιμα Graeci vocant. Haec enim reprimunt inflammationem, nisi magna vis eam cogit, atque illius quoque impetum minuunt, tum glutinant vulnera quae id patiuntur, cicatricem iisdem 20 inducunt. Constant autem ex medicamentis non pinguibus; ideoque alipenae nominantur (Gal. *S. G.* I, 15).

1. Optimum ex his est, quod barbarum vocatur. Habet aeruginis rasae p.)-(. XII. spumae argenti p.)-(. XX. aluminis, picis aridae, resinae pineae aridae, singulorum p.)-(. I. 25 quibus adjiciuntur olei et aceti singulae heminae (Gal. *S. G.* II, 22, t. XIII, p. 556).

2. Alterum ad idem, quod κωακόν vocant, habet spumae argenti p.)-(. C. resinae aridae tantumdem: sed spuma prius ex tribus olei heminis coquitur. His duobus emplastris 30 color niger est, qui fere talis fit ex pice atque resina: at ex bitumine nigerrimus; ex aerugine, aut aeris squama, viridis; ex minio ruber; ex cerussa albus.

3. Paucae admodum compositiones sunt, in quibus aliquid mixturae varietas novat. Ergo id quoque nigrum est, 35 quod βασιλικόν nominatur (cf. Gal. *S. L.* VIII, 5). Habet

opopanacis p.)-(. I. galbani p.)-(. II. picis, et resinae, singulorum p.)-(. X. olei dimidium cyathum.

4. At quia perviride est smaragdinum appellatur, in quo sunt resinae pineae p.)-(. III. cerae p.)-(. I. aeruginis p. s. 5 turis fuliginis p. z. olei tantumdem, aceti, quo fuligo et aerugo in unum cogantur (Gal. S. G. II, 2).

5. Est etiam coloris fere rufi, quod celeriter ad cicatricem vulnera perducere videtur. Habet turis p.)-(. I. resinae p.)-(. II. squamae aeris p.)-(. IV. spumae argenti 10 p.)-(. XX. cerae p.)-(. C. olei heminam.

6. Praeterea est, quam ῥάπτουσαν a glutinando vocant (cf. 26, 23). Constat ex his: bituminis, aluminis scissilis, p.)-(. IV. spumae argenti p.)-(. XL. olei veteris hemina.

7. Praeterea sunt quaedam generis ejusdem, quae, quia 15 capitibus fractis maxime conveniunt, κεφαλικά a Graecis nominantur. Philotae (Gal. S. G. IV, 13) compositio habet terrae eretriae, chalcitidis, singulorum p.)-(. IV. myrrhae, aeris combusti, singulorum p.)-(. X. ichthyocollae p.)-(. VI. aeruginis rasae, aluminis rotundi, misy crudi, aristolochiae, 20 singulorum p.)-(. VIII. squamae aeris p.)-(. X. turis masculi p.)-(. II. cerae p. I. rosae, et olei acerbi ternos cyathos, aceti quantum satis est, dum arida ex eo conteruntur.

8. Aliud ad idem viride: aeris combusti, squamae aeris, myrrhae, ichthyocollae, singulorum p.)-(. VI. misy crudi, 25 aeruginis rasae, aristolochiae, aluminis rotundi, singulorum p.)-(. VIII. cerae p.)-(. I. olei hemina, aceti quod satis sit (Gal. S. G. II, 2).

9. Puri autem movendo non aliud melius, quam quod expeditissimum est: τετραφάρμακον a Graecis nominatur 30 (Gal. Med. simpl. XI, 1, §. 2). Habet pares portiones cerae, picis, resinae, sevi taurini; si id non est, vitulini.

10. Alterum ad idem, ἐννεαφάρμακον nominatur; quod magis purgat. Constat ex novem rebus, cera, melle, sevo, resina, myrrha, rosa, medulla vel cervina vel vitulina vel 35 bubula, oesypo, butyro: quorum ipsorum quoque pondera paria miscentur (Gal. S. L. IX, 7).

11. Sunt autem quaedam emplastra, quibus utriusque rei facultas est: quae, si singula habenda sunt, meliora sunt;

sed in copia rejicienda sunt; iis potius adhibitis, quae proprie id quod eo tempore opus est, consequuntur. Exempli causa duo proponam. Est igitur ad vulnera Attalum (Attalicum? — cf. Gal. *S. G.* I, 17); quod habet squamae aeris p.)-(. XVI. turis fuliginis p.)-(. XV. ammoniaci tantumdem, resinae tere- 5 binthinae liquidae p.)-(. XXV. sevi taurini tantumdem, aceti heminas tres, olei sextarium. At inter ea, quae fracto capiti accommodantur, habent quidam id, quod ad auctorem Judaeum refertur (cf. Aëtius, XV, 14). Constat ex his: salis p.)-(. IV. squamae aeris rubri, aeris combusti, singulorum 10 p.)-(. XII. ammoniaci thymiamatis, turis fuliginis, resinae aridae, singulorum p.)-(. XVI. resinae colophoniacae, cerae, sevi vitulini curati, singulorum p.)-(. XX. aceti sesquicyathus, olei minus cyatho. Curata vocant, quum ex sevo, puta, omnes membranulae diligenter exemptae sunt. 15

12. Sunt etiam quaedam emplastra nobilia ad extrahendum, quae ipsa quoque ἐπισπαστικά nominantur (Gal. *S. G.* VI, 13): quale est quod, quia lauri baccas habet, διὰ δαφνίδων appellatur. In eo est, resinae terebinthinae p.)-(. X. nitri, cerae, picis aridae, baccarum lauri, singulorum p. 20)-(. XX. olei paulum. Quoties aut baccam, aut nucem, aut simile aliquid posuero, scire oportebit, antequam expendatur, ei summam pelliculam esse demendam.

13. Aliud eodem nomine, quod puri quoque movendo est. Sevi vitulini, ammoniaci thymiamatis, picis, cerae, 25 nitri, baccarum lauri, resinae aridae, aristolochiae, pyrethri pares portiones.

14. Praeter haec est Philocratis; quod habet salis ammoniaci p.)-(. VII. aristolochiae p.)-(. VIII. cerae, resinae terebinthinae, fuliginis turis, singulorum p.)-(. XV. spumae 30 argenti p.)-(. XXXII. Quibus, ut pus quoque moveant, iridis p.)-(. IV. et galbani p.)-(. VI. adjiciuntur.

15. Optimum tamen ad extrahendum est id, quod a similitudine sordium ῥυπῶδες Graeci appellant (Gal. *S. G.* II, 1). Habet myrrhae, croci, iridis, propolis, bdellii, capi- 35 tulorum punici mali, aluminis et scissilis et rotundi, misy, chalcitidis, atramenti sutorii cocti, opopanacis, salis ammoniaci, visci, singulorum p.)-(. IV. aristolochiae p.)-(.

VIII. squamae aeris p.)-(. XVI. resinae terebinthinae p.
)-(. LXXV. cerae, et sevi vel taurini vel hircini, singulorum
p.)-(. C.

16. Hecataeo quoque auctore emplastrum generis ejus-
5 dem fit ex his: galbani p.)-(. II. fuliginis turis p.)-(. IV.
picis p.)-(. VI. cerae, et resinae terebinthinae, singulorum
p.)-(. VIII. quibus paulum irini unguenti miscetur.

17. Valensque ad idem emplastrum viride alexandrinum
est. Habet aluminis scissilis p.)-(. VIII. salis ammoniaci
10 p.)-(. VIII. z. squamae aeris p.)-(. XVI. myrrhae, turis,
singulorum p.)-(. XVIII. cerae p.)-(. CL. resinae colophoniacae aut pineae p.)-(. CC. olei heminam, aceti sextarium.

18. Quaedam autem sunt emplastra exedentia, quae
σηπτά Graeci vocant: quale est id, quod habet resinae
15 terebinthinae, fuliginis turis, singulorum p. z. squamae aeris
p.)-(. I. ladani p.)-(. II. aluminis tantumdem, spumae
argenti p.)-(. IV.

19. Exest etiam vehementer corpus, atque ossa quoque
resolvit, et supercrescentem carnem coercet id, quod habet
20 spumae argenti, squamae aeris uncias singulas, nitri ignem
non experti, lapidis assii, aristolochiae p. sextantes, cerae,
resinae terebinthinae, turis, olei veteris, atramenti sutorii,
salis ammoniaci p. s. aeruginis rasae p. bessem, aceti scil-
litici heminam, vini aminei tantumdem.

25 20. Sunt etiam adversus morsus quaedam accommodata:
quale est Diogenis nigrum, quod habet bituminis, cerae,
resinae pineae aridae, singulorum p.)-(. XX. spumae argenti
p.)-(. C. olei sextarium. Aut in quo sunt squamae aeris
p.)-(. IV. cerussae, et aeruginis rasae, singulorum p.)-(.
30 VIII. ammoniaci p.)-(. XII. cerae, resinae pineae, singulorum p.)-(. XXV. spumae argenti p.)-(. C. olei sextarium.
Aut in quo sunt squamae aeris p.)-(. XIV. galbani p.)-(. VI.
cerussae, et aeruginis rasae, singulorum p.)-(. VIII. ammoniaci p.)-(. XII. cerae, resinae pineae, singulorum p.
35)-(. XXXV. Spuma argenti concoquitur.

21. Rubrum quoque emplastrum, quod Ephesium vocatur, huc aptum est. Habet resinae terebinthinae p.)-(. II.
galbani p.)-(. IV. minii sinopici p.)-(. VI. turis fuliginis

p.)-(. VI. cerae p.)-(. VIII. spumae argenti p.)-(. XXXVI. olei veteris heminam.

22. Item id, quod ex his constat: squamae aeris, turis fuliginis, singulorum p.)-(. IV. galbani p.)-(. VI. salis ammoniaci p.)-(. XII. z. cerae p.)-(. XXV. olei tribus 5 heminis. Haec autem aliis quoque recentioribus vulneribus recte imponuntur.

23. Sunt etiam alba lenia (Gal. *S. G.* I, 18); fere non gravibus vulneribus accommodata, praecipueque senilibus: quale est quod habet cerussae p.)-(. XXXII. sevi vi- 10 tulini curati, et cerae, singulorum p.)-(. XLVIII. olei heminas tres, ex quibus cerussa coquitur.

24. Aliud, quod habet cerussae p.)-(. XX. cerae p.)-(. XXXV. olei heminam, aquae sextarium. Quae quoties adjiciuntur cerussae vel spumae argenti, scire licet illa ex his 15 coquenda esse. Est autem ea percandida compositio, ideoque elephantine nominatur.

25. Lenia quoque quaedam emplastra sunt, quas λιπα- ράς fere Graeci nominant; ut id quod habet-minii p.)-(. IV. spumae argenti p.)-(. XXV. cerae, et adipis suillae, singu- 20 lorum p.)-(. XXXVII. vitellos quatuor.

26. Alia compositio generis ejusdem: cerae, resinae terebinthinae, singulorum p.)-(. VI. cerussae p.)-(. VIII. spumae argenti, plumbi recrementi, singulorum p.)-(. XX. cicini olei et murtei singulae heminae.   25

27. Tertia, quae ad auctorem Archagathum refertur: misy cocti, aeris combusti, singulorum p.)-(. IV. cerussae coctae p.)-(. VIII. resinae terebinthinae p.)-(. X. spumae argenti p.)-(. VI.

28. Etiamnum generis ejusdem: spumae argenti, cerae, 30 adipis suillae, singulorum p.)-(. XXVII. vitelli cocti quatuor, rosae hemina. Aut cerati ex oleo murteo facti partes tres, adipis suillae pars quarta, paulum ex plumbi recremento. Aut, spumae argenti selibra, ex olei hemina, et aquae marinae altera, cocta, donec bullire desierit, cui paulum cerae 35 sit adjectum. Aut, pares portiones cerae, sevi, stibis, spumae argenti, cerussae.

CAPUT XX.

De pastillis.

1. Pastilli quoque facultates diversas habent. Sunt enim
ad recentia vulnera glutinanda sanandaque apti: qualis est,
5 qui habet chalcitidis, misy, spumae nitri, floris aeris, gallae,
aluminis scissilis modice cocti, singulorum p.)-(. I. aeris
combusti, capitulorum mali punici, singulorum p.)-(. III.
Hunc oportet diluere aceto, ac sic, ubi vulnus glutinandum
est, illinire. At, si nervosus aut musculosus is locus est,
10 commodius est, cerato miscere, sic, ut illius octo partes,
nona hujus sit.

Alius ad idem constat ex his: bituminis, aluminis scissilis, singulorum p.)-(. I. aeris combusti p.)-(. IV. spumae
argenti p.)-(. XI. olei sextario.

15 2. Sed longe Polyidae celeberrimus est, σφραγίς autem
nominatur: qui habet aluminis scissilis p.)-(. I. s. atramenti
sutorii p.)-(. II. myrrhae p.)-(. V. aloes tantumdem, capitulorum punici mali, fellis taurini, singulorum p.)-(. VI.
quae contrita vino austero excipiuntur (Gal. *S. G.* V, 12).

20 3. Ad ulcera sordida, et nigritiem in auribus, naribus,
obscenis partibus, inflammationesque eorum: chrysocollae
p.)-(. I. atramenti sutorii, aluminis scissilis, singulorum p.
)-(. II. halicaccabi corticis p.)-(. IV. minii p.)-(. VI. spumae
argenti p.)-(. XII. cerussae p.)-(. XVI. quae ex aceto et
25 coguntur, et, ubi utendum est, diluuntur.

4. Andronis vero est ad uvam inflammatam, ad naturalia
sordida, etiam cancro laborantia: gallae, atramenti sutorii,
myrrhae, singulorum p.)-(. I. aristolochiae, aluminis scissilis, singulorum p.)-(. II. capitulorum punici mali p.
30)-(. XXV. ex passo coacta, et, quum usus exigit, aceto vel
vino diluta, prout valentius aut levius vitium est, cui medendum est (*Ibid.*).

5. Proprie autem ad ani fissa, vel ora venarum fundentia
sanguinem, aeruginis p.)-(. II. myrrhae p.)-(. XII. stibis,
35 lacrimae papaveris, acaciae, singulorum p.)-(. XVI. quae
ex vino et teruntur, et in ipso usu deliquantur (cf. *Ibid.*:
Pastillus Darii).

6. Expellere autem ex vesica cum urina calculum videtur haec compositio: casiae, croci, myrrhae, costi, nardi,
cinnamomi, dulcis radicis, balsami, hyperici pares portiones
conteruntur; deinde vinum lene instillatur, et pastilli fiunt,
qui singuli habeant p.)-(. z. hique singuli quotidie mane 5
jejuno dantur.

CAPUT XXI.
De pessis.

Haec tria compositionum genera, maximum praecipueque varium usum praestant. Sed alia quoque utilia sunt; 10
ut ea quae feminis subjiciuntur: πεσσούς Graeci vocant.
Eorum haec proprietas est: medicamenta composita molli
lana excipiuntur, eaque lana naturalibus conditur.

1. Ad sanguinem autem evocandum, cauneis duabus
adjicitur nitri p.)-(. I. aut allii semen conteritur, adjicitur 15
myrrhae paululum, et unguento susino miscetur: aut cucumeris silvestris pars interior ex lacte muliebri diluitur.

2. Ad vulvam molliendam ovi vitellus, et foenum graecum, et rosa, et crocum temperantur. Aut elaterii p.)-(. z.
salis tantumdem, uvae taminiae p.)-(. VI. melle excipiuntur. 20

3. Aut Boetho auctore: croci, resinae terebinthinae,
singulorum p.)-(. IV. myrrhae p.)-(. zz. rosae p.)-(. I.
sevi vitulini p.)-(. I. z. cerae p.)-(. II. miscentur.

4. Optima autem adversus inflammationes vulvae Nume-
nii compositio est, quae habet croci p.)-(. z. cerae p.)-(. 25
I. butyri p.)-(. VIII. adipis anserinae p.)-(. XII. vitellos
coctos duos, rosae minus cyatho.

5. Si vero infans iutus decessit, quo facilius ejiciatur,
malicorium ex aqua terendum, eoque utendum est.

6. Si concidere vitio locorum mulier solet, cochleae 30
cum testis suis comburendae contereudaeque, deinde his
mel adjiciendum est.

7. Si non comprehendit, adeps leonina ex rosa mollienda est.

CAPUT XXII.

De medicamentis quibus aridis utimur.

1. Quaedam autem mixturae medicamentorum sunt, quibus aridis neque coactis utimur sic, ut inspergamus, aut cum
5 aliquo liquido mixta illinamus (Cf. Gal. *S. G.* V, 13 et 14):
quale est ad carnem supercrescentem exedendam, quod
habet squamae aeris, fuliginis turis, singulorum p.)-(. I.
aeruginis p.)-(. II. Haec autem eadem cum melle purgant
ulcera; cum cera, implent. Misy quoque et galla, si pari-
10 bus portionibus misceantur, corpus consumunt: eaque vel
arida inspergere licet, vel excepta cadmia illinere.

2. Putrem vero carnem continet, neque ultra serpere
patitur, et leniter exest, mel vel cum lenticula, vel cum
marrubio, vel cum oleae foliis, ante ex vino decoctis: item
15 sertula campana in mulso cocta, deinde contrita: aut calx
cum cerato: aut amarae nuces cum allio sic, ut hujus pars
tertia sit, paulumque his croci adjiciatur: aut quod habet
spumae argenti p.)-(. VI. cornu bubuli combusti p.)-(. XII.
olei murtei, et vini cyathos ternos: aut quod ex his constat:
20 floris punici mali, atramenti sutorii, aloes, singulorum
p.)-(. II. aluminis scissilis, turis, singulorum p.)-(. IV.
gallae p.)-(. VIII. aristolochiae p.)-(. X. Vehementius
idem facit, etiam adurendo, auripigmentum cum chalcitide,
et aut nitro, aut calce, aut charta combusta: item sal cum
25 aceto; vel ea compositio, quae habet chalcitidis, capitulorum punici mali, aloes, singulorum p.)-(. II. aluminis scissilis, turis, singulorum p.)-(. IV. gallae p.)-(. VIII. aristolochiae p.)-(. X. mellis quantum satis sit ad ea cogenda:
vel cantharides p.)-(. I. sulphuris p.)-(. I. lolii p.)-(. III.
30 quibus adjicitur picis liquidae quantum satis est ad jungen-
dum: vel chalcitis quoque cum resina et ruta mixta; aut cum
eadem resina diphryges: aut uva taminia cum pice liquida,
Idem vero possunt faecis vini combustae et calcis, et nitri
pares portiones: vel aluminis scissilis p.)-(. zz. turis
35 sandarachae, nitri, singulorum p.)-(. I. gallae p.)-(. VIII.
aristolochiae p.)-(. X. mellis quantum satis est.

3. Est etiam Herae compositio, quae habet myrrhae,

12 *

chalcitidis, singulorum p.)-(. II. aloes, turis, aluminis scissilis, singulorum p.)-(. IV. aristolochiae, gallae immaturae,
singulorum p.)-(. VIII. malicorii contriti p.)-(. X.

4. Est Judaei, in qua sunt calcis partes duae, nitri quam
ruberrimi pars tertia: quae urina impuberis pueri coguntur, 5
donec strigmenti crassitudo sit. Sed subinde is locus, cui
id illinitur, madefaciendus est.

5. At Jollas, chartae combustae, sandarachae, singulorum
p.)-(. I. calcis p.)-(. II. auripigmenti tantumdem miscebat.

6. Si vero ex membrana, quae super cerebrum est, 10
profluit sanguis, vitellus combustus et contritus inspergi debet: si alio loco sanguinis profluvium est, auripigmenti,
squamae aeris, singulorum p.)-(. I. sandarachae p.)-(. II.
marmoris cocti p.)-(. IV. Eadem cancro quoque obsistunt.
Ad inducendam cicatricem, squamae aeris, turis fuliginis, 15
singulorum p.)-(. II. calcis p.)-(. IV. Eadem increscentem
quoque carnem coercent.

7. Timaeus autem ad ignem sacrum et his utebatur:
myrrhae p.)-(. II. turis, atramenti sutorii, singulorum
p.)-(. III. sandarachae, auripigmenti, squamae aeris, sin- 20
gulorum p.)-(. IV. gallae p.)-(. VI. cerussae combustae
p.)-(.VIII. Ea vel arida inspersa, vel melle excepta idem
praestant.

8. Sternutamenta vero vel albo veratro, vel struthio
conjecto in nares excitantur, vel his mixtis: piperis, veratri 25
albi, singulorum p.)-(. z. castorei p.)-(. I. spumae nitri p.
)-(. I. struthii p.)-(. IV.

9. Gargarizationes autem aut laevandi causa fiunt, aut
reprimendi, aut evocandi. Laevant lac, cremor vel ptisanae,
vel furfurum: reprimit aqua, in qua vel lenticula, vel rosa, 30
vel rubus, vel cotoneum malum, vel palmulae decoctae sint:
evocant sinapi, piper.

CAPUT XXIII.

De antidotis, et quibus malis opitulentur.

Antidota raro, sed praecipue interdum necessaria sunt, 35
quia gravissimis casibus opitulantur. Ea recte quidem dan-

tur collisis corporibus vel per ictus, vel ubi ex alto deciderunt, vel in viscerum, laterum, faucium, interiorumque partium doloribus: maxime autem desideranda sunt adversus
venena, vel per morsus, vel per cibos, aut potiones nostris
5 corporibus inserta.

1. Unum est, quod habet lacrimae papaveris p.)-(. zz.
acori, malabathri p.)-(. v. iridis illyricae, gummi, singulorum p.)-(. ii. anisi p.)-(. iii. nardi gallici, foliorum
rosae aridorum, cardamomi, singulorum p.)-(. iv. petrose-
10 lini p.)-(. iv. zz. ~~trifolii p.)-(. v.~~ casiae nigrae, silis,
bdellii, balsami seminis, piperis albi, singulorum p.)-(. v.
zz. styracis p.)-(. v. zz. myrrhae, opopanacis, nardi
syri, turis masculi, hypocistidis succi, singulorum p.)-(. vi.
castorei p.)-(. vi. costi, piperis albi, galbani, resinae te-
15 rebinthinae, croci, floris junci rotundi, singulorum p.)-(.
vi. zz. dulcis radicis p.)-(. viii. zz. quae vel melle vel
passo excipiuntur.

2. Alterum quod Zopyrus regi Ptolemaeo dicitur com-
posuisse, atque AMBROSIAM nominasse, ex his constat:
20 costi, turis masculi, singulorum p.)-(. v. piperis albi p.)-(.
z. floris junci rotundi p.)-(. ii. cinnamomi p.)-(. iii. casiae
nigrae p.)-(. iv. croci cilicii p.)-(. iv. z. myrrhae, quam
σταχτήν nominant, p.)-(. v. nardi indici p.)-(. v. z. quae
singula contrita melle cocto excipiuntur; deinde, ubi uten-
25 dum est, id quod aegyptiae fabae magnitudinem impleat, in
potione vini diluitur (Gal. *Antid.* II, 1, 8, 17).

3. Nobilissimum autem est Mithridatis (*Ibid.* II, 1, 2),
quod quotidie sumendo rex ille dicitur adversus venenorum
pericula tutum corpus suum reddidisse: in quo haec sunt: costi
30 p.)-(. z. acori p.)-(. v. hyperici, gummis, sagapeni, acaciae
succi, iridis illyricae, cardamomi, singulorum p.)-(. ii. anisi p.
)-(. iii. nardi gallici, gentianae radicis, aridorum rosae
foliorum, singulorum p.)-(. iv. papaveris lacrimae, petroselini, singulorum p.)-(. iv. z. casiae, silis, polii, pi-
35 peris longi, singulorum p.)-(. vi. styracis p.)-(. v. z.
castorei, turis, hypocistidis succi, myrrhae, opopanacis,
singulorum p.)-(. vi. malabathri folii p.)-(. vi. floris junci
rotundi, resinae terebinthinae, galbani, dauci cretici seminis,

singulorum p.)-(. VI. z. nardi, opobalsami, singulorum
p.)-(. VI. z. thlaspis p.)-(. V. zz. radicis ponticae p.)-(. VII.
croci, zingiberis, cinnamomi, singulorum p.)-(. VIII. Haec
contrita melle excipiuntur, et adversus venenum, quod
magnitudinem nucis graecae impleat, ex vino datur: in ce- 5
teris autem affectibus corporis pro modo eorum, vel quod
aegyptiae fabae, vel quod ervi magnitudinem impleat, satis est.

CAPUT XXIV.

De acopis.

1. Acopa quoque utilia nervis sunt: quale est quod ha- 10
bet floris junci rotundi p.)-(. II. zz. costi, junci quadrati,
lauri baccarum, ammoniaci, cardamomi, singulorum p.)-(.
IIII. z. myrrhae, aeris combusti, singulorum p.)-(. VII.
iridis illyricae, cerae, singulorum p.)-(. XIII. alexandrini
calami, junci rotundi, aspalathi, xylobalsami, singulorum 15
p.)-(. XXVIII. sevi p. I. unguenti irini cyathum.
2. Alterum quod εὐῶδες vocant, hoc modo fit: cerae
p. z. olei tantumdem, resinae terebinthinae ad nucis juglan-
dis magnitudinem, simul incoquuntur; deinde in mortario
teruntur, instillaturque subinde quam optimi mellis acetabu- 20
lum, tum irini unguenti, et rosae terni cyathi.
3. Ἔγχριστα autem Graeci vocant liquida, quae illinuntur: quale est quod fit ad ulcera purganda et implenda,
maxime inter nervos, paribus portionibus inter se mixtis,
butyri, medullae vitulinae, sevi vitulini, adipis anserinae, 25
cerae, mellis, resinae terebinthinae, rosae, olei cicini: quae
separatim omnia liquantur, deinde liquida miscentur, et tum
simul teruntur. Et hoc quidem magis purgat: magis vero
emollit, si pro rosa cyprus infunditur.
4. Ad sacrum ignem: spumae argenti p.)-(. VI. cornu 30
bubuli combusti p.)-(. XII. conteruntur, adjiciturque invicem vinum, et murteum, donec utriusque terni cyathi con-
jiciantur.

CAPUT XXV.

De Catapotiis.

1. Catapotia quoque multa sunt, variisque de causis fiunt.
Ἀνώδυνα vocant, quae somno dolorem levant: quibus uti,
5 nisi nimia necessitas urget, alienum est. Sunt enim ex vehementibus medicamentis, et stomacho alienis. Potest tamen etiam ad concoquendum, quod habet papaveris lacrimae,
galbani, singulorum p.)-(. I. myrrhae, castorei, piperis,
singulorum p.)-(. II. ex quibus, quod ervi magnitudinem
10 habet, satis est devorasse.

2. Alterum stomacho pejus, ad somnum valentius, ex
his fit: mandragorae p.)-(. z. apii seminis, item hyoscyami
seminis, singulorum p.)-(. IV. quae ex vino teruntur.
Unum autem ejusdem magnitudinis, quae supra posita est,
15 abunde est sumsisse.

3. Sive autem capitis dolores, sive ulcera, sive. lippitudo, sive spiritus difficultas, sive intestinorum tormenta,
sive inflammatio vulvae est, sive coxa, sive jecur, aut
lienis, aut latus torquet, sive vitio locorum aliquo prolabitur
20 et obmutescit, occurrit dolori per quietem ejusmodi catapotium. Silis, acori, rutae silvestris seminis, singulorum
p.)-(. I. castorei, cinnamomi, singulorum p.)-(. II. papaveris lacrimae, panacis radicis, mandragorae, malorum
aridorum, junci rotundi floris, singulorum p.)-(. III. piperis
25 grana LVI. Haec per se contrita, rursus instillato subinde
passo simul omnia teruntur, donec crassitudo sordium fiat.
Ex eo paulum aut devoratur, aut aqua diluitur, et potui
datur.

4. Quin etiam silvestris papaveris, quum jam ad excipi-
30 endam lacrimam maturum est, manipulus in vas demittitur,
et superinfunditur aqua, quae id contegat, atque ita coquitur. Ubi jam bene manipulus is coctus est, ibidem expressus
projicitur, et cum eo humore passum pari mensura miscetur,
infervetque, donec crassitudinem sordium habeat. Quum
35 infrixit, catapotia ex eo fiunt ad nostrae fabae magnitudinem, habentque usum multiplicem. Nam et somnum faciunt,
vel per se assumta, vel ex aqua data: et aurium dolores

levant, adjectis exiguo modo rutae succi, ac passo: et tormina supprimunt ex vino liquata: et inflammationem vulvae
coercent, mixta cerato ex rosa facto, cum paulum his croci
quoque accessit: et ex aqua fronti inducta, pituitam in oculos decurrentem tenent.   5

5. Item, si vulva dolens somnum prohibet: croci p.)-(.
zz. anisi, myrrhae, singulorum p.)-(. I. papaveris lacrimae
p.)-(. III. cicutae seminis p.)-(. VIII. miscentur, excipiun-
turque vino vetere, et quod lupini magnitudinem habet, in
tribus cyathis aquae diluitur. Id tamen in febre periculose 10
datur.

6. Ad sanandum jecur: nitri p.)-(. z. croci, myrrhae,
nardi gallici, singulorum p.)-(. I. melle excipiuntur, datur-
que, quod aegyptiae fabae magnitudinem habeat.

7. Ad lateris dolores finiendos, piperis, aristolochiae, 15
nardi, myrrhae pares portiones.

8. Ad thoracis: nardi p.)-(. I. turis, casiae, singulorum
p.)-(. III. myrrhae, cinnamomi, singulorum p.)-(. VI.
croci p.)-(. VIII. resinae terebinthinae quadrans, mellis
heminae tres.   20

9. Ad tussim Athenionis: myrrhae, piperis, singulorum
p.)-(. I. castorei, papaveris lacrimae, singulorum p.)-(. I.
quae separatim contusa postea junguntur, et ad magnitudinem fabae nostrae, bina catapotia mane, bina noctu dormi-
turo dantur.   25

10. Si tussis somnum prohibet, ad utrumque Heraclidis
Tarentini: croci p.)-(. z. myrrhae, piperis longi, costi,
galbani, singulorum p.)-(. z. cinnamomi, castorei, papaveris lacrimae, singulorum p.)-(. I.

11. Quod si purganda ulcera in faucibus tussientibus 30
sunt, panacis, myrrhae, resinae terebinthinae, singulorum
p. uncia, galbani p.)-(. z. hyssopi p.)-(. ᛜ. conterenda
sunt, hisque hemina mellis adjicienda, et quod digito excipi
potest, devorandum est.

12. Colice vero Cassii ex his constat (Gal. S. L. IX, 4): 35
croci, anisi, castorei, singulorum p.)-(. III. petroselini
p.)-(. IV. piperis et longi et rotundi, singulorum p.)-(. V.
papaveris lacrimae, junci rotundi, myrrhae, nardi, singulo-

rum p.)-(. VI. quae melle excipiuntur. Id autem et devorari
potest, et ex aqua calida sumi.

13. Infantem vero mortuum, aut secundas expellit aquae
potio, cui salis ammoniaci p.)-(. I. aut cui dictami cretici
5 p.)-(. I. adjectum est.

14. Ex partu laboranti erysimum ex vino tepido jejunae
dari debet.

15. Vocem adjuvat turis p.)-(. I. in duobus cyathis vini
datum.

10 16. Adversus urinae difficultatem: piperis longi, castorei, myrrhae, galbani, papaveris lacrimae, croci, costi,
unciae singulae, styracis, resinae terebinthinae, pondo sex-
tautes, melampsithii cyathus: ex quibus ad magnitudinem
fabae aegyptiae et mane et coenato dari debet.

15 17. Arteriace vero hoc modo fit: casiae, iridis, cinnamomi, nardi, myrrhae, turis, singulorum p.)-(. I. croci
p.)-(. I. z, piperis grana XXX ex passi tribus sextariis decoquuntur, donec mellis crassitudo his fiat; aut croci, myrrhae, turis, singulorum p.)-(. I. conjiciuntur in passi eum-
20 dem modum, eodemque modo decoquuntur: aut ejusdem
passi heminae tres usque eo coquuntur, donec extracta inde
gutta indurescat; eo adjicitur tritae casiae p.)-(. I. .

CAPUT XXVI.

De quinque generibus noxarum corporis et primo de vulneribus.

25* Quum facultates medicamentorum proposuerim, genera
in quibus noxa corpori est, proponam. Ea quinque sunt:
quum quid extrinsecus laesit, ut in vulneribus; quum quid
intra seipsum corruptum est, ut in cancro; quum quid inna-
tum est, ut in vesica calculus; quum quid increvit, ut vena,
30 quae intumescens in varicem convertitur; quum quid deest,
ut quum curta pars aliqua est. Ex his alia sunt in quibus
medicamenta, alia in quibus plus manus proficit. Ego, dilatis
iis quae praecipue scalpellum et manum postulant, nunc de
iis dicam quae maxime medicamentis egent. - Dividam autem
35 hanc quoque curandi partem, sicut priorem; et ante dicam

de iis quae in quamlibet partem corporis incidunt; tum de
iis quae certas partes infestant. Incipiam a vulneribus.

1. In his autem ante omnia scire medicus debet, quae
insanabilia sint, quae difficilem curationem habeant, quae
promtiorem. Est enim prudentis hominis, primum eum, qui 5
servari non potest, non attingere, nec subire speciem ejus
ut occisi, quem sors ipsius interemit (Hipp. *De arte* 13):
deinde, ubi gravis metus sine certa tamen desperatione est,
indicare necessariis periclitantis in difficili spem esse; ne, si
victa ars malo fuerit, vel ignorasse, vel fefellisse videatur. 10
Sed ut haec prudenti viro conveniunt, sic rursus histrionis
est, parvam rem attollere, quo plus praestitisse videatur.
Obligarique aequum est confessione promtae rei, quo curiosius etiam circumspiciat, ne, quod per se exiguum est,
majus curantis negligentia fiat.   15

2. Servari non potest, cui basis cerebri, cui cor, cui
stomachus, cui jecinoris portae, cui in spina medulla percussa est; cuive aut pulmo medius, aut jejunum, aut tenuius
intestinum, aut ventriculus, aut renes vulnerati sunt; cuive
circa fauces grandes venae, vel arteriae praecisae sunt 20
(cf. *Aph.* VI, 18 et 23; *Coac.* 499).

3. Vix autem ad sanitatem perveniunt, quibus ulla parte
aut pulmo, aut jecinoris crassum, aut membrana, quae continet cerebrum, aut lienis, aut vulva, aut vesica, aut ullum
intestinum, aut septum transversum vulneratum est. Ii quo- 25
que in praecipiti sunt, in quibus usque ad grandes intusque
conditas venas in alis, vel poplitibus mucro desedit. Periculosa etiam vulnera sunt, ubicumque venae majores sunt,
quoniam exhaurire hominem profusione sanguinis possunt:
idque evenit non in alis tantum atque poplitibus, sed etiam 30
in iis venis quae ad anum testiculosque perveniunt. Praeter
haec malum vulnus est, quodcumque in alis, vel feminibus,
vel inanibus locis, vel in articulis, vel inter digitos est:
item quodcumque musculum, aut nervum, aut arteriam, aut
membranam, aut os, aut cartilaginem laesit (*Aph.* VI, 19; 35
Coac. 494). Tutissimum omnium, quod in carne est.

4. Et haec quidem loco vel pejora, vel meliora sunt.
Modo vero periculum facit quodcumque magnum est.

5. Aliquid etiam in vulneris genere figuraque est. Nam pejus est, quod etiam collisum, quam quod tantum discissum est: adeo ut acuto quoque, quam retuso telo, vulnerari commodius sit. Pejus etiam vulnus est, ex quo aliquid ex-
5 cisum est; ex quove caro alia parte abscissa, alia dependet. Pessimaque plaga in orbem est; tutissima, quae lineae modo recta est. Quo deinde propius huic illive figurae vulnus est, eo vel deterius vel tolerabilius est.

6. Quin etiam confert aliquid et aetas, et corpus, et
10 vitae propositum, et anni tempus: quia facilius sanescit puer vel adolescens, quam senior; valens, quam infirmus; neque nimis tenuis, neque nimis plenus, quam si alterum ex his est; integri habitus, quam corrupti; exercitatus, quam iners; sobrius et temperans, quam vino venerique deditus. Oppor-
15 tunissimumque curationi tempus vernum est, aut certe neque fervens, neque frigidum: siquidem vulnera et nimius calor et nimium frigus infestant; maxime tamen horum varietas: ideoque perniciosissimus autumnus est.

7. Sed pleraque ex vulneribus oculis subjecta sunt: quo-
20 rumdam ipsae sedes indices sunt; quas alio loco demon-stravimus, quum positus interiorum partium ostendimus. Verumtamen, quia quaedam vicina sunt, interestque, vulnus in summa parte sit, an penitus penetraverit, necessarium est notas subjicere, per quas quid intus ictum sit, scire
25 possimus; et ex quibus vel spes, vel desperatio oriatur.

8. Igitur, corde percusso, sanguis multus fertur, venae elanguescunt, color pallidissimus, sudores frigidi, malique odoris, tamquam irrorato corpore oriuntur: extremisque partibus frigidis matura mors sequitur.

30 9. Pulmone vero icto, spirandi difficultas est; sanguis ex ore spumans, ex plaga ruber, simulque etiam spiritus cum sono fertur; in vulnus inclinari juvat: quidam sine ratione consurgunt: multi si in ipsum vulnus inclinati sunt, loquuntur; si in aliam partem, obmutescunt.

35 10. Jecinoris autem vulnerati notae sunt: multus sub dextra parte praecordiorum profusus sanguis; ad spinam reducta praecordia; in ventrem cubandi dulcedo; punctio-nes, doloresque usque ad jugulum, junctumque ei latum

scapularum os, intenti: quibus nonnumquam etiam bilis vomitus accedit.

11. Renibus vero percussis, dolor ad inguina testiculosque descendit; difficulter urina redditur; eaque aut est
cruenta, aut cruor fertur.   5

12. At liene icto, sanguis niger a sinistra parte prorumpit; praecordia cum ventriculo ab eadem parte indurescunt; sitis ingens oritur; dolor ad jugulum, sicut jecinore
vulnerato, venit.

13. At quum vulva percussa est, dolor in inguinibus, 10
et coxis, et feminibus est; sanguinis pars per vulnus, pars
per naturale descendit; vomitus bilis insequitur; quaedam
obmutescunt; quaedam mente labuntur; quaedam, sui compotes, nervorum oculorumque dolore urgeri se confitentur;
morientesque eadem, quae corde vulnerato patiuntur.   15

14. Sin cerebrum membranave ejus vulnus accepit, sanguis per nares, quibusdam etiam per aures exit; fereque
bilis vomitus insequitur (cf. *Aph.* VI, 50; *Coac.* 490); quorumdam sensus obtunduntur, appellatique ignorant; quorumdam trux vultus est; quorumdam oculi, quasi resoluti, 20
huc atque illuc moventur; fereque tertio, vel quinto die
delirium accedit; multorum etiam nervi distenduntur: ante
mortem autem plerique fascias, quibus caput deligatum est,
lacerant, ac nudum vulnus frigori objiciunt.

15. Ubi stomachus autem percussus est, singultus, et 25
bilis vomitus insequitur; si quid cibi vel potionis assumtum
est, id redditur cito; venarum motus elanguescunt; sudores
tenues oriuntur, per quos extremae partes frigescunt.

16. Communes vero jejuni intestini et ventriculi vulnerati notae sunt: nam cibus et potio per vulnus exeunt; prae- 30
cordia indurescunt; nonnumquam bilis per os redditur: intestino tantum sedes inferior est. Cetera intestina icta vel
stercus, vel odorem ejus exhibent.

17. Medulla vero, quae in spina est, discissa, nervi
resolvuntur, aut distenduntur; sensus intercidit; interposito 35
tempore aliquo sine voluntate inferiores partes vel semen,
vel urinam, vel etiam stercus excernunt.

18. At si septum transversum percussum est, praecordia

sursum contrahuntur; spina dolet; spiritus rarus est; sanguis spumans fertur.

19. Vesica vero vulnerata, dolent inguina; quod super
pubem est, intenditur; pro urina, sanguis; at ex ipso vul-
5 nere urina descendit; stomachus afficitur; itaque aut bilem
vomunt, aut singultiunt; frigus, et ex eo mors sequitur.

20. His cognitis, etiamnum quaedam alia noscenda sunt,
ad omnia vulnera ulceraque, de quibus dicturi sumus, pertinentia. Ex his autem exit sanguis, sanies, pus. Sanguis
10 omnibus notus est; sanies est tenuior hoc, varie crassa et
glutinosa et colorata; pus crassissimum albidissimumque,
glutinosius et sanguine et sanie. Exit autem sanguis ex vulnere recenti, aut jam sanescente; sanies inter utrumque
tempus; pus ex ulcere jam ad sanitatem spectante. Rursus
15 et sanies et pus quasdam species graecis nominibus distinctas
habent. Est enim quaedam sanies, quae vel ἰχώρ, vel με-
λίκηρα nominatur: est pus, quod ἐλαιῶδες appellatur. ∠ Τ ἡ
Ἰχώρ tenuis, subalbidus, ex malo ulcere exit, maximeque   𝓧
ubi nervo laeso, inflammatio sequuta est. Melikera crassior
20 est, glutinosior, subalbida, mellique albo subsimilis. Fertur
haec quoque ex malis ulceribus, ubi nervi circa articulos
laesi sunt; et inter haec loca, maxime ex genibus. Ἐλαιῶδες
tenue, subalbidum, quasi unctum, colore atque pinguitudine
oleo albo non dissimile apparet in magnis ulceribus sane-
25 scentibus. Malus autem est sanguis nimium aut tenuis, aut
crassus, colore vel lividus, vel niger, aut pituita mixtus,
aut varius: optimus calidus, ruber, modice crassus, non
glutinosus. Itaque protinus ejus vulneris expedita magis
curatio est, ex quo sanguis bonus fluxit: itemque postea
30 spes in iis major est, ex quibus melioris generis quaeque
proveniunt. Sanies igitur mala est multa, nimis tenuis, livida,
aut pallida, aut nigra, aut glutinosa, aut mali odoris, aut
quae et ipsum ulcus, et junctam ei cutem erodit: melior est
non multa, modice crassa, subrubicunda, aut subalbida.
35 Ἰχώρ autem pejor est multus, crassus, sublividus aut subpallidus, glutinosus, acer, calidus, mali odoris: tolerabilior
est subalbidus, qui cetera omnia contraria prioribus habet.
Melicera autem mala est multa et percrassa: melior quae et

tenuior et minus copiosa est. Pus inter haec optimum est.
Sed id quoque pejus est multum, tenue, dilutum; magisque.
si ab initio tale est: itemque si colore sero simile, si pallidum, si lividum, si faeculentum est: praeter haec si male
olet; nisi tamen locus hunc odorem excitat. Melius est, quo 5
minus est, quo crassius, quo albidius: itemque si laeve est,
si nihil olet, si aequale est. Modo tamen convenire et magni-
tudini vulneris, et tempori debet: nam plus ex majore, plus
nondum solutis inflammationibus naturaliter fertur. Ἐλαιῶδες
quoque pejus est multum, et parum pingue: quo minus ejus, 10
quoque id ipsum pinguius, eo melius est.

21. Quibus exploratis, ubi aliquis ictus est, qui servari
potest, protinus prospicienda duo sunt: ne sanguinis profusio, neve inflammatio interimat. Si profusionem timemus
(quod ex sede vulneris, et ex magnitudine ejus, et ex im- 15
petu ruentis sanguinis intelligi potest); siccis linamentis vulnus implendum est, supraque imponenda spongia ex aqua
frigida expressa, ac manu super comprimenda. Si parum
sic sanguis conquiescit, saepius linamenta mutanda sunt;
et, si sicca parum valent, aceto madefacienda sunt. Id ve- 20
hemens ad sanguinem supprimendum est; ideoque quidam
id vulneri infundunt. Sed alius rursus metus subest; ne,
nimis valenter ibi retenta materia, magnam inflammationem
postea moveat. Quae res efficit, ut neque rodentibus medicamentis, neque adurentibus, et ob id ipsum inducentibus 25
crustam, sit utendum; quamvis pleraque ex his sanguinem
supprimunt: sed, si semel ad ea decurritur, iis potius, quae
mitius idem efficiunt. Quod si illa quoque profluvio vincuntur, venae quae sanguinem fundunt, apprehendendae, circaque id quod ictum est, duobus locis deligandae, interci- 30
dendaeque sunt (cf. Aët. XIV, 51; Paul. Aegin. IV, 53),
ut et in se ipsae coeant, et nihilominus ora praeclusa habeant. Ubi ne id quidem res patitur, possunt ferro candenti
aduri. Sed etiam satis multo sanguine effuso ex eo loco
quo neque nervus, neque musculus est, ut, puta, in fronte, 35
vel superiore capitis parte, commodissimum tamen est cucurbitulam admovere a diversa parte, ut illuc sanguinis cursus revocetur.

22. Et adversus profusionem quidem in his auxilium est: adversus inflammationem autem in ipso sanguinis cursu. Ea timeri potest, ubi laesum est vel os, vel nervus, vel cartilago, vel musculus; aut ubi parum sanguinis pro modo 5 vulneris fluxit. Ergo quoties quid tale erit, sanguinem mature supprimere non oportebit; sed pati fluere, dum tutum erit, adeo ut si parum fluxisse videbitur, mitti quoque ex brachio debeat; utique si corpus juvenile et robustum et exercitatum est: multoque magis, si id vulnus ebrietas prae-10 cessit. Quod si musculus laesus videbitur, praecidendus erit: nam percussus, mortiferus est; praecisus, sanitatem recipit.

23. Sanguine autem vel suppresso, si nimius erumpit; vel exhausto, si per se parum fluxit; longe optimum est vulnus glutinari. Potest autem id quod vel in cute, vel 15 etiam in carne est, si nihil ei praeterea mali accedit: potest caro alia parte dependens, alia inhaerens; si tamen etiamnum integra est, et conjunctione corporis fovetur. In iis vero quae glutinantur, duplex curatio est. Nam si plaga in molli parte est, sui debet; maximeque, si discissa auris 20 ima est, vel imus nasus, vel frons, vel bucca, vel palpebra, vel labrum, vel circa guttur cutis, vel venter. Si vero in carne vulnus est, hiatque, neque in unum orae facile attrahuntur, sutura quidem aliena est; imponendae vero fibulae sunt; ἀγκτῆρας Graeci nominant; quae oras, paulum tamen 25 contrahant, quo minus lata postea cicatrix sit. Ex his autem colligi potest, id quoque quod alia parte dependens, alia inhaerebit, si alienatum adhuc non est, suturam, an fibulam postulet. Ex quibus neutra ante debet imponi, quam intus vulnus purgatum est; ne quid ibi concreti sanguinis relin-30 quatur. Id enim et in pus vertitur, et inflammationem movet, et glutinari vulnus prohibet. Ne linamentum quidem, quod supprimendi sanguinis causa inditum est, ibi relinquendum est: nam id quoque inflammat. Comprehendi vero sutura, vel fibula, non cutem tantum, sed aliquid etiam ex carne, 35 ubi suberit haec, oportebit; quo valentius haereat, neque cutem abrumpat. Utraque optima est ex acia molli, non nimis torta, quo mitius corpori insidat. Utraque neque nimis rara, neque nimis crebra injicienda. Si nimis rara est, non

continet: si nimis crebra est, vehementer afficit: quia, quo
saepius acus corpus transsuit, quoque plura loca injectum
vinculum mordet, eo majores inflammationes oriuntur; magisque aestate. Neutra etiam vim ullam desiderat; sed eatenus utilis est, qua cutis ducentem quasi sua sponte subse- 5
quitur. Fere tamen fibulae latius vulnus esse patiuntur: sutura oras jungit, quae ne ipsae quidem inter se contingere
ex toto debent; ut si quid intus humoris concreverit, sit
qua emanet. Si quod vulnus neutrum horum recipit, id tamen
purgari debet. Deinde omni vulneri primo imponenda est 10
spongia ex ·aceto expressa: si sustinere aliquis aceti vim
non potest, vino utendum est. Levius plaga juvatur etiam,
si ex aqua frigida expressa spongia imponitur. Sed ea,
quocumque modo imposita est, dum madet, prodest: itaque,
ut inarescat, non est committendum. Licetque sine peregri- 15
nis, et conquisitis, et compositis medicamentis vulnus curare. Sed si quis huic parum confidit, imponere medicamentum debet, quod sine sevo compositum sit ex iis, quae cruentis vulneribus apta esse proposui; maximeque si caro est,
barbarum; si nervi, vel cartilago, vel aliquid ex eminenti- 20
bus, quales aures, vel labra sunt, Polyidae sphragidem
(cf. 20, 2). Alexandrinum quoque viride (19, 17) nervis
idoneum est: eminentibusque partibus ea quam Graeci ῥάπτουσαν vocant (cf. 19, 6). Solet etiam, colliso corpore,
exigua parte findi cutis. Quod ubi incidit, non alienum est 25
scalpello latius aperire; nisi musculi, nervique juxta sunt,
quos incidi non expedit: ubi satis diductum est, medicamentum imponendum est. At si id quod collisum est, quamvis
parum diductum est, latius tamen aperiri propter nervos aut
musculos non licet, adhibenda sunt ea quae humorem leniter 30
extrahant; praecipueque ex his id, quod ῥυπῶδες vocari proposui (19, 15). Non alienum est etiam, ubicumque vulnus
grave est, imposito quo id juvetur, insuper circumdare
lanam succidam ex aceto et oleo: vel cataplasma, si mollis
is locus est, quod leniter reprimat; si nervosus, aut muscu- 35
losus, quod emolliat.

24. Fascia vero ad vulnus deligandum lintea aptissima
est; eaque lata esse debet, ut semel injecta non vulnus tan-

tum, sed paulum utrimque etiam oras ejus comprehendat.
Si ab altera parte caro magis recessit, ab ea melius attrahitur: si aeque ab utraque, transversa comprehendere oras
debet; aut si id vulneris ratio non patitur, media primum
5 injicienda est; ut tum in utramque partem ducatur. Sic autem
deliganda est, ut et contineat, neque adstringat: quod non
continetur, elabitur; quod nimis adstrictum est, cancro periclitatur. Hieme saepius fascia circumire debet: aestate
quoties necesse est. Tum extrema pars ejus inferioribus acu
10 assuenda est: nam nodus vulnus laedit, nisi tamen longe
est. Illo neminem decipi decet, ut propriam viscera curationem requirant, de quibus supra posui. Nam plaga ipsa
curanda extrinsecus vel sutura, vel alio medicinae genere
est. In visceribus nihil movendum est; nisi, ut si quid aut
15 ex jecinore, aut liene, aut pulmone dumtaxat extremo dependet, praecidatur. Alioquin vulnus interius ea victus ratio,
eaque medicamenta sanabunt, quae cuique visceri convenire
superiore libro proposui.

25. His ita primo die ordinatis, homo in lecto collocan-
20 dus est; isque, si grave vulnus est, abstinere, quantum
vires patiuntur, ante inflammationem, cibo debet; bibere,
donec sitim finiat, aquam calidam, vel, si aestas est, ac
neque febris, neque dolor est, etiam frigidam. Adeo tamen
nihil perpetuum est, sed semper pro vi corporis aestiman-
25 dum, ut imbecillitas etiam cibum protinus facere necessarium possit; tenuem scilicet, et exiguum, qui tantum sustineat. Multique etiam ex profluvio sanguinis intermorientes
ante ullam curationem vino reficiendi sunt: quod alioqui
inimicissimum vulneri est.

30 26. Nimis vero intumescere vulnus, periculosum; nihil
intumescere, periculosissimum est (cf. *Aph.* V, 66): illud
indicium est magnae inflammationis; hoc emortui corporis.
Protinusque, si mens homini consistit, si nulla febris accessit, scire licet mature vulnus sanum fore. Ac ne febris qui-
35 dem terrere debet, si in magno vulnere, dum inflammatio
est, permanet. Illa perniciosa est, quae vel levi vulneri
supervenit, vel ultra tempus inflammationis durat, vel delirium movet: vel si nervorum rigor, aut distentio, quae ex

vulnere orta est, ea non finitur (cf. *Aph.* II, 26; *Coac.* 350).
Vomitus quoque biliosus non voluntarius, vel protinus ut
percussus est aliquis, vel dum inflammatio manet, malum
signum est in iis dumtaxat, quorum vel nervi, vel etiam
nervosi loci vulnerati sunt. Sponte tamen vomere, non alie- 5
num est; praecipue iis, quibus in consuetudine fuit: sed
neque protinus post cibum, neque jam inflammatione orta,
neque quum in superioribus partibus plaga est.

27. Biduo sic vulnere habito, tertio die id aperiendum,
tergendaque sanies ex aqua frigida est, eademque rursus 10
injicienda sunt. Quinto jam die, quanta inflammatio futura
est, se ostendit. Quo die, rursus detecto vulnere, conside-
randus color est: qui si lividus, aut pallidus, aut varius,
aut niger est, scire licet malum vulnus esse; idque quandocumque animadversum est, terrere nos potest. Album, aut 15
rubicundum esse, commodissimum est. Item cutis dura, crassa,
dolens, periculum ostendit: bona signa sunt, ubi haec sine
dolore, tenuis et mollis est. Sed si glutinatur vulnus, aut
leviter intumuit, eadem sunt imponenda quae primo fuerunt:
si gravis inflammatio est, neque glutinandi spes est, ea 20
quae pus moveant. Jamque aquae quoque calidae necessarius usus est, ut et materiam digerat, et duritiam emolliat,
et pus citet. Ea sic temperanda est, ut manu contingenti ju-
cunda sit; et usque eo adhibenda, donec aliquid ex tumore
minuisse, coloremque ulceri magis naturalem reddidisse videa- 25
tur. Post id fomentum, si late plaga non patet, imponi protinus emplastrum debet: maximeque, si grande vulnus est,
tetrapharmacum (19, 9); si in articulis, digitis, locis car-
tilaginosis, rhypodes (19, 15): at si latius hiat, idem illud
emplastrum liquari ex irino unguento oportet, eoque illita 30
linamenta disponi per plagam; deinde emplastrum supra
dari, et super id succidam lanam: minusque etiam quam
primo, fasciae adstringendae sunt.

28. Proprie quaedam in articulis visenda sunt. In quibus
si praecisi nervi sunt, qui continebant, debilitas ejus partis 35
sequitur. Si id dubium est, et ex acuto telo plaga est, ea
transversa commodior est: si ex retuso et gravi, nullum in
figura discrimen est; sed videndum est, pus supra articu-

lum, an infra nascatur. Si sub eo nascitur, albumque et
crassum diu fertur, nervum praecisum esse credibile est;
magisque, quo majores dolores inflammationesque, et quo
maturius excitatae sunt. Quamvis autem non abscissus ner-
5 vus est; tamen, si circa tumor durus diu permanet, necesse
est et diuturnum ulcus esse, et, sano quoque eo, tumorem
permanere: futurumque est, ut tarde membrum id vel extendatur, vel contrahatur. Major tamen in extendendo mora
est, ubi recurvato articulo curatio adhibita est; quam in
10 recurvando eo quod rectum continuerimus. Collocari quoque membrum quod ictum est, ratione certa debet: si glutinandum est, ut superius sit; si in inflammatione est, ut in
neutram partem inclinatum sit; si jam pus profluit, ut de-
vexum sit. Optimum etiam medicamentum quies est: moveri,
15 ambulare, nisi sanis, alienum est. Minus tamen iis periculosum, qui in capite vel brachiis, quam qui in inferioribus
partibus vulnerati sunt. Minimeque ambulatio convenit, fe-
mine, aut crure, aut pede laborante. Locus in quo cubabit,
tepidus esse debebit. Balneum quoque, dum parum vulnus
20 purum est, inter res infestissimas est: nam id et tumidum et
sordidum reddit: ex quibus ad cancrum transitus esse consuevit. Lenis frictio recte adhibetur; sed iis partibus quae
longius absunt a vulnere.

29. Inflammatione finita, vulnus purgandum est. Id
25 optime faciunt tincta in melle linamenta; supraque idem
emplastrum, vel enneapharmacum (19, 10) dandum est. Tum
demum vero purum est, quum rubet, ac nimium neque siccum,
neque humidum est. At quodcumque sensu caret, quod non
naturaliter sentit, quod nimium aut aridum, aut humidum est,
30 quod aut albidum, aut pallidum, aut lividum, aut nigrum
est, id purum non est.

30. Purgato, sequitur ut impleatur. Jamque calida aqua
eatenus necessaria est, ut sanies removeatur. Lanae suc-
cidae supervacuus usus est: lota melius circumdatur. Ad
35 implendum autem vulnus proficiunt quidem etiam medicamenta aliqua: itaque ea adhiberi non alienum est; ut butyrum cum rosa, et exigua mellis parte; aut cum eadem rosa
tetrapharmacum; aut ex rosa linamenta. Plus tamen proficit

13*

balneum rarum, cibi boni succi, vitatis omnibus acribus;
sed jam pleniores. Nam et avis, et venatio, et suilla elixa
dari potest. Vinum omnibus, dum febris, dum inflammatio
est, alienum est: itemque usque ad cicatricem, si nervi,
musculive vulnerati sunt; etiam si alte caro. At si plaga in 5
summa cute generis tutioris est, potest non pervetus, modice tamen datum, ad implendum quoque proficere. Si quid
molliendum est, quod in nervosis locis, musculosisque necessarium est, cerato quoque super vulnus utendum est. At si caro
supercrevit, modice reprimit siccum linamentum; vehementius 10
squama aeris. Si plus est, quod tolli opus est, adhibenda sunt
etiamnum vehementiora, quae corpus exedant. Cicatricem
post omnia haec commode inducit lycium ex passo aut lacte
dilutum; vel etiam per se impositum siccum linamentum.

    31. Hic ordo felicis curationis est: sed quaedam tamen 15
periculosa incidere consuerunt. Interdum enim vetustas ulcus
occupat, induciturque ei callus, et circum orae crassae
livent· post quae, quidquid medicamentorum ingeritur, parum proficit: quod fere negligenter curato ulceri supervenit.
Interdum vel ex nimia inflammatione, vel ob aestus immo- 20
dicos, vel ob nimia frigora, vel quia nimis vulnus adstrictum est, vel quia corpus aut senile, aut mali habitus est,
cancer occupat. Id genus a Graecis diductum in species
est; nostris vocabulis non est. Omnis autem cancer non
solum id corrumpit, quod occupavit, sed etiam serpit: 25
deinde aliis aliisque signis discernitur. Nam modo super
inflammationem rubor ulcus ambit, isque cum dolore procedit; ἐρυσίπελας Graeci nominant. Modo ulcus nigrum
est, quia curo ejus corrupta est: idque vehementius etiam
putrescendo intenditur, ubi vulnus humidum est, et ex nigro 30
ulcere humor pallidus fertur, malique odoris est; caruncu-
laeque corruptae, interdum etiam nervi ac membranae resolvuntur; specillumque demissum descendit aut in latus,
aut deorsum: eoque vitio nonnumquam os quoque afficitur.
Modo oritur ea quam Graeci γάγγραιναν appellant. Priora 35
in qualibet parte corporis fiunt, hoc in prominentibus membris, id est inter ungues, et alas, vel inguina; ereque in
senibus, vel in iis quorum corpus mali habitus est. Caro in

ulcere vel nigra, vel livida est, sed sicca et arida; proxi-
maque cutis plerumque subnigris pusulis impletur: deinde
ei proxima vel pallida, vel livida, fereque rugosa et sine
sensu est; ulterior in inflammatione est; omniaque ea simul
5 serpunt, ulcus in locum pusulosum; pusulae in. eum qui
pallet aut livet; pallor aut livor in id quod inflammatum est;
inflammatio in id quod integrum est, transit. Inter haec
deinde febris acuta oritur, ingensque sitis : quibusdam etiam
delirium accedit: alii, quamvis mentis suae compotes sunt,
10 balbutiendo tamen vix sensus suos explicant: incipit affici
stomachus: fit foedi spiritus ipse odoris. Atque initium quidem ejus mali recipit curationem: ubi vero penitus insedit,
insanabile est; plurimique sub frigido sudore moriuntur.
32. Ac pericula quidem vulnerum haec sunt. Vetus
15 autem ulcus scalpello concidendum est, excidendaeque ejus
orae, et quidquid super eas livet aeque incidendum. Si va-
ricula intus est, quae id sanari prohibet, ea quoque excidenda. Deinde ubi sanguis emissus, novatumque vulnus est,
eadem curatio adhibenda, quae in recentibus vulneribus ex-
20 posita est. Si scalpello aliquis uti non vult, potest sanare
id emplastrum, quod ex ladano fit: et quum ulcus sub eo
exesum est, id quo cicatrix inducitur (cf. cap. 19, § 18).
33. Id autem, quod ἐρυσίπελας vocari dixi, non solum
vulneri supervenire, sed sine hoc quoque oriri consuevit:
25 atque interdum periculum majus affert; utique si circa
cervices aut caput constitit. Oportet, si vires patiuntur,
sanguinem mittere: deinde imponere simul reprimentia et
refrigerantia; maximeque cerussam solani succo, aut cimo-
liam cretam aqua pluviali exceptam, aut ex eadem aqua
30 subactam farinam, cupresso adjecta, aut, si tenerius corpus
est, lenticulam. Quidquid impositum est, betae folio contegendum est, et super linteolum frigida aqua madens imponendum. Si per se refrigerantia parum proderunt, miscenda
erunt hoc modo: sulphuris p.)-(. I. cerussae et croci, sin-·
35 gulorum p.)-(. XII. s. eaque cum vino conterenda sunt, et
id his illinendum. At si durior locus est, solani folia contrita suillae adipi miscenda sunt, et illita linteolo superinjicienda.

At si nigrities est, nequedum serpit, imponenda sunt, quae carnem putrem lenius exedant: repurgatumque ulcus sic ut cetera, nutriendum est. Si magis putre est, jamque procedit ac serpit, opus est vehementius erodentibus. Si ne haec quidem evincunt, aduri locus debet, donec ex eo nul-5 lus humor feratur: nam quod sanum est, siccum est quum aduritur. Post ustionem putris ulceris, superponenda sunt quae crustas a vivo resolvant. Ubi eae exciderunt, purgandum ulcus maxime melle et resina est: sed aliis quoque purgari potest, quibus purulenta curantur; eodemque modo 10 ad sanitatem perducendum est.

34. Gangraenam vero, si nondum plane tenet, sed adhuc incipit, curare non difficillimum est; utique in corpore juvenili: et magis etiam si musculi integri sunt; si nervi vel laesi non sunt, vel leviter affecti sunt; neque ullus magnus 15 articulus nudatus est; aut carnis in eo loco paulum est, ideoque non multum, quod putresceret, fuit; consistitque eo loco vitium, quod maxime fieri in digito potest. In ejusmodi casu primum est, si vires patiuntur, sanguinem mittere: deinde quidquid aridum est, et intentione quadam proximum quoque 20 locum male habet, usque sanum corpus concidere. Medicamenta vero, dum malum serpit, adhibenda nulla sunt, quae pus movere consuerunt; ideoque ne aqua quidem calida. Gravia quoque, quamvis reprimentia, aliena sunt; sed his quam levissimis opus est: superque ea, quae inflammata 25 sunt, utendum est refrigerantibus. Si nihilo magis malum constitit, uri id quod est inter integrum ac vitiatum locum debet. Praecipueque in hoc casu petendum, non a medicamentis solum, sed etiam a victus ratione praesidium est: neque enim id malum, nisi corrupti vitiosique corporis est. 30 Ergo primo, nisi imbecillitas prohibet, abstinentia utendum; deinde danda, quae per cibum potionemque alvum, ideoque etiam corpus, adstringant; sed ea levia. Postea, si vitium constitit, imponi super vulnus eadem debent, quae in putri ulcere praescripta sunt. Ac tum quoque plenioribus cibis uti 35 licebit ex media materia; sed tamen non nisi alvum, corpusque siccantibus; aqua vero pluviali frigida. Balneum, nisi jam certa fiducia redditae sanitatis est, alienum est: siqui-

dem emollitum in eo vulnus cito rursus eodem malo afficitur.
Solent vero nonnumquam nihil omnia auxilia proficere, ac
nihilo minus serpere is cancer: inter quae miserum, sed unicum auxilium est, ut,cetera pars corporis tuta sit, membrum,
5 quod paulatim emoritur, abscindere.

. 35. Hae gravissimorum vulnerum curationes sunt. Sed
ne illa quidem negligenda, ubi integra cute interior pars collisa est; aut ubi derasum, attritumve aliquid est; aut ubi surculus corpori infixus est; aut ubi tenue, sed altum vulnus
10 insedit. In primo casu commodissimum est malicorium ex
vino coquere, interioremque ejus partem conterere, et cerato
miscere ex rosa facto, idque superponere: deinde, ubi cutis
ipsa exasperata est, inducere lene medicamentum, quale lipara est. Deraso vero, detritoque imponendum est empla-
15 strum tetrapharmacum (19, 9), minuendusque cibus, et vinum subtrahendum. Neque id, quia non habebit▲ltiores ictus,
contemnendum erit: siquidem ex ejusmodi casibus saepe cancri fiunt. Quod si levius id erit, et in parte exigua, contenti
esse poterimus eodem leni medicamento. Surculum vero, si
20 fieri potest, oportet vel manu, vel etiam ferramento ejicere.
Si vel praefractus est, vel altius descendit quam ut id ita
fieri possit, medicamento evocandus est. Optime autem
educit superimposita arundinis radix, si tenera est, protinus
contrita; si jam durior, ante in mulso decocta; cui semper
25 mel adjiciendum est: aut aristolochia cum eodem melle.
Pessima ex surculis arundo est, quia aspera est: eademque
offensa etiam in filice .est. Sed usu cognitum est, utramque
adversus álteram medicamentum esse, si contrita ac superimposita est. Facit autem idem in omnibus surculis, quod-
30 cumque medicamentum extrahendi vim habet. Idem altis tenuibusque vulneribus aptissimum est. Priori rei Philocratis (19,
14); huic Hecataei (19, 16) emplastrum maxime convenit.

36. Ubi vero in quolibet vulnere ventum ad inducendam
cicatricem est, quod perpurgatis jam, repletisque ulceri-
35 bus necessarium est, primum ex aqua frigida linamentum,
dum caro alitur; deinde quum jam continenda est, siccum
imponendum est, donec cicatrix inducatur: tum deligari
super album plumbum oportet, quo et reprimitur cicatrix, et

colorem maxime sano corpori similem accipit. **Idem radix silvestris cucumeris praestat**: idem compositio, quae habet elaterii p.)-(. I. spumae argenti p.)-(. II. unguenti p.)-(. VII. quae excipiuntur resina terebinthina, donec emplastri crassitudo ex omnibus fiat. Ac nigras quoque cicatrices le- 5 niter purgant paribus portionibus mixta aerugo et plumbum elotum, eademque resina coacta; sive ungitur cicatrix, quod in facie fieri potest; sive id ut emplastrum imponitur, quod in aliis partibus commodius est. At si vel excrevit cicatrix, vel concava est, stultum est decoris causa rursus et dolorem 10 et medicinam sustinere: alioquin res utrique succurri patitur. Siquidem utraque cicatrix exulcerari scalpello potest: si medicamentum aliquis mavult, idem efficiunt compositiones eae, quae corpus exedunt. Cute exulcerata, super eminentem carnem exedentia medicamenta conjicienda sunt; super con- 15 cavam, implentia; donec utrumque ulcus sanae cuti aequatur: et tum cicatrix inducatur.

CAPUT XXVII.

De curatione vulnerum, quae per morsus inferuntur.

1. Dixi de iis vulneribus, quae maxime per tela inferuntur: 20 sequitur, ut de iis dicam, quae morsu fiunt, interdum hominis (cf. Plin. XVIII, 4, 8), interdum simiae, saepe canis, nonnumquam ferorum animalium, aut serpentium. Omnis autem fere morsus habet quoddam virus. Itaque si vehemens vulnus est, cucurbitula admovenda est: si levius, protinus 25 emplastrum injiciendum, praecipueque Diogenis (19, 20); si id non est, quodlibet ex iis, quae adversus morsus proposui; si ea non sunt, viride alexandrinum (19, 17); si ne id quidem est, quodlibet non pingue ex iis, quae recentibus vulneribus accommodantur. Sal quoque his, praeci- 30 pueque ei, quod canis fecit, medicamentum est, si vulneri imponitur, superque id duobus digitis verberatur: exsaniat enim. Ac salsamentum quoque recte super id vulnus deligatur.

2. Utique autem si rabiosus ..... fuit cucurbitula 35

virus ejus extrahendum est. Deinde, si locus neque nervosus, neque musculosus est, vulnus id adurendum est: si uri
non potest, sanguinem homini mitti non alienum est. Tum
usto quidem vulneri superimponenda quae ceteris ustis sunt:
5 ei vero quod expertum ignem non est, ea medicamenta, quae
vehementer exedunt. Post quae nullo novo magisterio, sed
jam supra posito vulnus erit implendum, et ad sanitatem perducendum. Quidam post rabiosi canis morsum protinus in
balneum mittunt, ibique patiuntur desudare, dum vires cor-
10 poris sinunt, vulnere adaperto, quo magis ex eo quoque virus destillet: deinde multo meracoque vino excipiunt, quod
omnibus venenis contrarium est. Idque quum ita per triduum
factum est, tutus esse homo a periculo videtur.

Solet autem ex eo vulnere, ubi parum occursum est,
15 aquae timor nasci: ὑδροφόβους (ὑδροφοβίαν? vel potius
glossema) Graeci appellant. Miserrimum genus morbi, in quo
simul aeger et siti et aquae metu cruciatur: quo oppressis in
angusto spes est. Sed unicum tamen remedium est, nec opi-
nantem in piscinam non ante ei provisam projicere, et, si
20 natandi scientiam non habet, modo mersum bibere pati, modo
attollere; si habet, interdum deprimere, ut invitus quoque
aqua satietur: sic enim simul et sitis et aquae metus tollitur.
Sed aliud periculum excipit, ne infirmum corpus in aqua frigida vexatum nervorum distentio absumat. Id ne incidat, a
25 piscina protinus in oleum calidum demittendus est. Antidotum
autem, praecipue id, quod primo loco posui (23, 1); ubi id
non est, aliud, si nondum aeger aquam horret, potui ex
aqua dandum est; et si amaritudine offendit, mel adjiciendum
est: si jam is morbus occupavit, per catapotia sumi potest.

30 3. Serpentium quoque morsus non nimium distantem curationem desiderant: quamvis in ea multum antiqui variarunt;
ut in singula genera anguium singula medendi genera prae-
ciperent; aliique alia. Sed in omnibus eadem maxime proficiunt. Igitur in primis super vulnus id membrum deligan-
35 dum est; non tamen nimium vehementer, ne torpeat: dein
venenum extrahendum est. Id cucurbitula optime facit: neque alienum est, ante scalpello circa vulnus incidere, quo
plus vitiati jam sanguinis extrahatur. Si cucurbitula non est,

quod tamen vix incidere potest, tum quodlibet simile vas,
quod idem possit: si ne id quidem est, homo adhibendus est,
qui id vulnus exsugat. Neque hercules scientiam praecipuam
habent ii. qui Psylli nominantur (cf. Des Etangs, p. 2S2);
sed audaciam usu ipso confirmatam. Nam venenum serpentis, 5
ut quaedam etiam venatoria venena, quibus Galli praecipue
utuntur, non gustu, sed in vulnere nocent. Ideoque colubra
ipsa tuto estur; ictus ejus occidit. Et si stupente ea, quod per
quaedam medicamenta circulatores faciunt, in os digitum
quis indidit, neque percussus est, nulla in ea saliva noxa est. 10
Ergo quisquis. exemplum Psylli sequutus, id vulnus exsuxerit,
et ipse tutus erit, et tutum hominem praestabit. Illud, ne inter-
eat, ante debebit attendere, ne quod in gingivis, palatove,
aliave parte oris ulcus habeat. Post haec is homo loco calido
collocandus est sic, ut id, quod percussum erit, in inferiorem 15
partem inclinetur. Si neque qui exsugat, neque cucurbitula
est, sorbere oportet jus anserinum, vel ovillum, vel vitulinum, et vomere: vivum autem gallinaceum pullum per medium dividere, et protinus calidum super vulnus imponere
sic, ut pars interior corpori jungatur. Facit id etiam hoedus 20
agnusve discissus, et calida ejus caro statim super vulnus
imposita: emplastra quoque, quae supra comprehensa sunt;
aptissimumque est vel Ephesium (19, 21), vel id quod ei
subjectum est. Praesensque in aliquo antidoto praesidium
est. Si id non est, necessarium est exsorbere potionem 25
meri vini cum pipere, vel quidlibet aliud, quod calori movendo est, nec humorem intus coire patitur: nam maxima
pars venenorum frigore interimit. Omnia etiam urinam moventia, quia materiam extenuant, utilia sunt.

4. Haec adversus omnes ictus communia sunt: usus ta- 30
men ipse docuit, eum, quem aspis percussit, acetum potius
bibere debere. Quod demonstrasse dicitur casus cujusdam
pueri, qui quum ab hac ictus esset, et partim ob ipsum vulnus, partim ob immodicos aestus siti premeretur, ac locis
siccis alium humorem non reperiret, acetum, quod forte se- 35
cum habebat, ebibit, et liberatus est. Credo quoniam id,
quamvis refrigerandi vim habet, tamen habet etiam dissi-
pandi. Quo fit ut tes a respersa eo animat eadem ergo vi

verisimile est spissescentem quoque intus humorem hominis
ab eo discuti, et sic dari sanitatem.

5. In quibusdam etiam aliis serpentibus certa quaedam
auxilia satis nota sunt. Nam scorpio sibi ipse pulcherrimum
5 medicamentum est. Quidam contritum cum vino bibunt: quidam eodem modo contritum super vulnus imponunt: quidam
super prunam eo imposito vulnus suffumigant, undique veste
circumdata, ne is fumus dilabatur : tum carbonem ejus super
vulnus deligant. Bibere autem oportet herbae solaris, quam
10 ἡλιοτρόπιον Graeci vocant, semen, vel certe folia ex vino.
Super vulnus vero etiam furfures ex aceto, vel ruta silva-
tica recte imponitur, vel cum melle sal tostus. Cognovi tamen medicos, qui ab scorpione ictis nihil aliud, quam ex
brachio sanguinem miserunt.

15   6. Et ad scorpionis autem et aranei ictum, allium cum
ruta recte miscetur, ex oleoque contritum superimponitur.

7. At si cerastes, aut dipsas, aut haemorrhois (cf. Des
Etangs, p. 283) percussit, polii, quod aegyptiae fabae magnitudinem aequet, arefactum, in duas potiones dividendum est
20 sic, ut ei rutae paulum adjiciatur. Trifolium quoque et mentastrum, et cum aceto panaces aeque proficiunt. Costumque,
et casia, et cinnamomum recte per potionem assumuntur.

8. Adversus chelydri vero ictum, panaces, aut laser
vel porri succus cum hemina vini sumendus est, et edenda
25 multa satureia. Imponendum autem super vulnus stercus
caprinum ex aceto coactum; aut ex eodem hordeacea farina;
aut ruta, vel nepeta cum sale contrita, melle adjecto. Quod
in eo quoque vulnere, quod cerastes fecit, aeque valet.

9. Ubi vero phalangium nocuit, praeter eam curationem,
30 quae manu redditur, saepe homo demittendus in solium est,
dandusque ei myrrhae et uvae taminiae par modus ex passi
hemina; vel radiculae semen, aut polii radix ex vino; et
super vulnus furfures ex aceto cocti, imperandumque, ut
is conquiescat.

35   10. Verum haec genera serpentium et peregrina, et aliquanto magis pestifera sunt; maximeque aestuosis locis gi-
gnuntur. Italia frigidioresque regiones hac quoque parte sa-

lubritatem habent, quod minus terribiles angues edunt. Adversus quos satis proficit herba vettonica, vel cantabrica, vel centaurion, vel argemonia, vel trixago, vel personata, vel marina pastinaca, singulae binaeve tritae, et cum vino potui datae, et super vulnus impositae. Illud ignorari non 5 oportet, omnis serpentis ictum et jejuni et jejuno magis nocere: ideoque perniciosissimi sunt quum incubant; utilissimumque est, ubi ex anguibus metus est, non ante progredi, quam quis aliquid assumsit.

11. Non tam facile iis opitulari est, qui venenum vel in 10 cibo, vel in potione sumserunt: primum, quia non protinus sentiunt, ut ab angue icti; ita ne succurrere quidem statim sibi possunt: deinde quia noxa non a cute, sed ab interioribus partibus incipit. Commodissimum est tamen, ubi primum sensit aliquis, protinus oleo multo epoto vomere: deinde, 15 ubi praecordia exhausit, bibere antidotum; si id non est, vel merum vinum.

12. Sunt tamen quaedam remedia propria adversus quaedam venena, maximeque leviora. Nam si cantharidas aliquis ebibit, panaces cum lacte contusa, vel galbanum vino ad-20 jecto dari, vel lac per se debet. Si cicutam, vinum merum calidum cum ruta quamplurimum ingerendum est; deinde is vomere cogendus; posteaque laser ex vino dandum: isque, si febre vacat, in calidum balneum mittendus; si non vacat, ungendus ex calefacientibus est: post quae quies ei necessaria 25 est. Si hyoscyamum, fervens mulsum bibendum est, aut quodlibet lac, maxime tamen asininum. Si cerussam, jus malvae, vel juglandes ex vino contritae, maxime prosunt. Si sanguisuga epota est, acetum cum sale bibendum est. Si lac intus coiit, aut passum, aut coagulum, aut cum aceto la-30 ser. Si fungos inutiles quis assumsit, radicula aut e posca, aut cum sale et aceto edenda est. Ipsi vero hi et specie quidem discerni possunt ab utilibus, et cocturae genere idonei fieri. Nam sive ex oleo inferbuerunt, sive piri surculus cum his inferbuit, omni noxa vacant.   35

13. Adustis quoque locis extrinsecus vis infertur: itaque sequi videtur, ut de his dicam. Haec autem optime curantur foliis aut lilii, aut linguae cervinae, aut betae 'n cetero vino

oleoque decoctis: quorum quidlibet protinus impositum ad
sanitatem perducit. Sed dividi quoque curatio potest in ea,
quae mediocriter exedentia reprimentiaque, primo et pusulas prohibeant, et summam pelliculam exasperent: deinde ea
5 quae lenia ad sanitatem perducant. Ex prioribus est lenticulae cum melle farina, vel myrrha cum vino, vel creta cimolia cum turis cortice contrita et aqua coacta, atque ubi
usus necessitas incidit, aceto diluta: ex insequentibus, quaelibet lipara; sed idonea maxime est, quae vel plumbi recre-
10 mentum, vel vitellos habet. Est etiam illa adustorum curatio, dum inflammatio est, impositam habere cum melle lenticulam: ubi ea declinavit, farinam cum ruta, vel porro, vel
marrubio, donec crustae cadant: tum ervum cum melle, aut
irim, aut resinam terebinthinam, donec ulcus purum sit: no-
15 vissime siccum linamentum.

CAPUT XXVIII.

De interioribus ulceribus, quae aliqua corporum parte corrupta
nascuntur.

1. Ab his quae extrinsecus incidunt, ad ea veniendum
20 est, quae interius, corrupta aliqua corporum parte, nascuntur. Ex quibus non aliud carbunculo pejus est. Ejus hae
notae sunt: rubor est, superque eum non nimium pusulae
eminent, maxime nigrae, interdum sublividae, aut pallidae;
in his sanies esse videtur; infra color niger est; ipsum cor-
25 pus aridum et durius, quam naturaliter oportet; circaque
quasi crusta est; eaque inflammatione cingitur; neque in eo
loco levari cutis potest, sed inferiori carni quasi affixa est;
somnus urget; nonnumquam horror, aut febris oritur, aut
utrumque. Idque vitium subteractis quasi quibusdam radici-
30 bus serpit, interdum celerius, interdum tardius: supra quoque procedens inalbescit; dein lividum fit, circumque exiguae
pusulae oriuntur: et si circa stomachum faucesve incidit, subito spiritum saepe elidit. Nihil melius est, quam protinus
adurere. Neque id grave est: nam non sentit; quoniam ea

caro mortua est. Finisque adurendi est, dum ex omni parte
sensus doloris est. Tum deinde vulnus, sicut cetera adusta,
curandum est. Sequitur enim sub medicamentis erodentibus
crusta, undique a viva carne diducta, quae trahit secum
quidquid corruptum erat; purusque jam sinus curari potest 5
implentibus. At si in summa cute vitium est, possunt suc-
cnrrere quaedam vel exedentia tantum, vel etiam adurentia:
vis pro magnitudine adhibenda est. Quodcumque vero medicamentum impositum est, si satis proficiet, protinus a viva
corruptam partem resolvit; certaque esse fiducia potest fere, 10
ut undique vitiosa caro excidat. Si id non fit, medicamen-
tumque malo vincitur, utique ad ustionem properandum est.
Sed in ejusmodi casu abstinendum a cibo, a vino est: aquam
liberaliter bibere expedit: magisque ea servanda sunt, si
febricula quoque accessit.   15
    2. Non idem periculum carcinoma affert, nisi imprudentia
curantis agitatum est. Id vitium fit maxime in superioribus partibus, circa faciem, nares, aures, labra, mammas feminarum.
Circa locum aliqua quasi puncta sentiuntur; isque immobilis,
inaequalis tumet; interdum etiam torpet. Circa eum inflatae 20
venae quasi recurvantur, haeque pallent, aut livent; nonnumquam etiam in quibusdam delitescunt: tactusque is locus
aliis dolorem affert, in aliis eum non habet: et nonnumquam
sine ulcere durior aut mollior est, quam esse naturaliter debet; nonnumquam iisdem omnibus ulcus accedit: interdum- 25
que nullam habet proprietatem; interdum simile iis est, quae
Graeci vocant χονδυλώματα, aspredine quadam et magnitudine sua: colorque ejus ruber est, aut lenticulae similis;
neque tuto aufertur: nam protinus aut resolutio nervorum,
aut distentio insequitur. Saepe homo ictus obmutescit, at- 30
que ejus anima deficit. Quibusdam etiam, si id ipsnm pressum est, quae circa sunt intenduntur et intumescunt. Ob
quae pessimum id genus est. Fereque primum id fit, quod
κακόηθες a Graecis nominatur; deinde ex eo id carcinoma
quod sine ulcere est: deinde ulcus; ex eo thymium. Tolli 35
nihil, nisi cacoethes potest: reliqua curationibus irritantur;
et quo major vis adhibita est, eo magis. Quidam usi sunt
medicamentis adurentibus; quidam ferro adusserunt; quidam

scalpello exciderunt: neque ulli umquam medicina profecit:
sed adusta protinus concitata sunt, et increverunt, donec
occiderent; excisa etiam post inductam cicatricem, tamen
reverterunt, et causam mortis attulerunt: quum interim pleri-
5 que nullam vim adhibendo, qua tollere id malum tentent, sed
imponendo tantum lenia medicamenta, quae quasi blandian-
tur, quominus ad ultimam senectutem perveniant, non pro-
hibeantur. Discernere autem cacoethes, quod curationem
recipit, a carcinomate, quod non recipit, nemo * scite potest,
10 sed tempore et experimento. Ergo ubi primum id vitium
notatum est, imponi debent medicamenta adurentia. Si levatur malum, minuunturque ejus indicia, procedere curatio
potest et ad scalpellum, et ad ustionem: si protinus irritatum
est, scire licet jam carcinoma esse; removendaque sunt
15 omnia acria, omnia vehementia. Sed si sine ulcere is locus
durus est, imponi ficum quam pinguissimam, aut rhypodes
emplastrum (19, 15) satis est. Si ulcus aequale est, ceratum ex rosa injiciendum est, adjiciendusque et pulvis ex
contrita testa, ex qua faber ferrarius tingere candens ferrum
20 solitus est. Si id nimium supercrevit, tentanda squama aeris
est, quae lenissima ex adurentibus est, eatenus, ne quid
eminere patiatur: sed ita, si nihil exacerbabit: sin minus,
eodem cerato contenti esse debebimus.

3. Est etiam ulcus, quod ϑηρίωμα Graeci vocant. Id et
25 per se nascitur, et interdum ulceri ex alia causa facto supervenit. Color est vel lividus, vel niger; odor foedus; multus,
et muco similis humor: ipsum ulcus neque tactum, neque
medicamentum sentit; prurigine tantum movetur: at circa
dolor est, et inflammatio; interdum etiam febris oritur; non-
30 numquam ex ulcere sanguis erumpit: atque id quoque malum
serpit. Quae omnia saepe intenduntur; fitque ex his ulcus,
quod φαγέδαιναν Graeci vocant, quia celeriter serpendo,
penetrandoque usque ossa, corpus vorat. Id ulcus inaequale
est, coeno simile; inestque multus humor glutinosus, odor
35 intolerabilis, majorque quam pro modo ulceris inflammatio.
Utrumque, sicut omnis cancer, fit maxime in senibus, vel
iis quorum corpora mali habitus sunt. Curatio utriusque eadem est; sed in majore malo major vis necessaria. Ac pri-

mum a victus ratione ordiendum est: ut quiescat in lectulo:
ut primis diebus a cibo abstineat, aquam quam plurimam assumat: alvus quoque ei ducatur: dein post inflammationem
cibum boni succi capiat, vitatis omnibus acribus; potionis
quantum volet sic, ut interdiu quidem aqua contentus sit; in 5
coena vero etiam vini austeri aliquid bibat. Non aeque tamen fame in iis, quos φαγέδαινα urgebit, atque in iis, qui
θηρίωμα adhuc habebunt, utendum erit. Et victus quidem
talis necessarius est. Super ulcus vero inspergenda arida
oenanthe est, et, si parum proficiet, chalcitis. Ac si quis 10
nervus exesa carne nudatus est, contegendus ante linteolo
est, ne sub eo medicamento aduratur. Si validioribus etiamnum remediis opus est, ad eas compositiones veniendum est,
quae vehementius adurunt. Quidquid autem inspergitur,
averso specillo infundi debet. Superdanda cum melle sunt 15
vel linamenta, vel oleae folia ex vino decocta, vel marrubium: eaque linteolo contegenda in aqua frigida madefacto,
dein bene expresso: circaque, qua tumor ex inflammatione
est, imponenda, quae reprimant, cataplasmata. Si sub his
nihil proficitur, ferro locus aduri debet; diligenter nervis, si 20
qui apparent, ante contectis. Adustum vel medicamentis,
vel ferro corpus, primum purgandum, deinde implendum
esse, apparere cuilibet ex prioribus potest.

4. Sacer quoque ignis (zona; *psoriasis*, seu *herpes*
circinatus) malis ulceribus annumerari debet. Ejus duae 25
species sunt. Alterum est subrubicundum, aut mixtum
rubore atque pallore, exasperatumque per pusulas continuas, quarum nulla altera major est, sed plurimae per-
exiguae. In his semper fere pus, et saepe rubor cum calore
est: serpitque id nonnumquam sanescente eo, quod primum 30
vitiatum est: nonnumquam etiam exulcerato, ubi ruptis pusulis ulcus continuatur, humorque exit, qui esse inter saniem et pus videri potest. Fit maxime in pectore, aut lateribus, aut eminentibus partibus, praecipueque in plantis. Alterum autem est in summae cutis exulceratione, sed sine alti- 35
tudine, latum, sublividum, inaequaliter tamen; mediumque
sanescit, extremis procedentibus: ac saepe id, quod jam sanum videbatur, iterum exulceratur: at circa proxima cutis.

quae vitium receptura est, tumidior et durior est, coloremque habet ex rubro subnigrum. Atque hoc quoque malo fere corpora seniora tentantur, aut quae mali habitus sunt; sed in cruribus maxime. Omnis autem sacer ignis, ut minimum pe-
5 riculum habet ex iis, quae serpunt; sic prope difficillime tollitur. Medicamentum ejus fortuitum est, uno die febris, quae humorem noxium absumat. Pus, quo crassius et albidius est, eo periculi minus est. Prodest etiam infra os ulcerum laedi, quo plus puris exeat; et id, quo ibi corruptum cor-
10 pus est, extrahatur. Sed tamen, si febricula accessit, abstinentia, lectulo, alvi ductione opus est. In omni vero sacro igni, neque lenibus et glutinosis cibis, neque salsis et acribus utendum est; sed iis, qui inter utrumque sunt: qualis est panis sine fermento, piscis, hoedus, avis, exceptoque
15 apro, omnis fere venatio. Si non est febricula, et gestatio utilis est et ambulatio et vinum austerum et balneum. Atque in hoc quoque genere potio magis liberalis esse, quam cibus, debet. Ipsa autem ulcera, si mediocriter serpunt, aqua calida; si vehementius, vino calido fovenda sunt: deinde acu
20 pusulae, quaecumque sunt, aperiendae: tum imponenda ea, quae putrem carnem exedunt. Ubi inflammatio sublata, ulcusque purgatum est, imponi lene medicamentum debet. In altero autem genere possunt proficere mala cotonea in vino cocta atque contrita: potest emplastrum vel Herae (cf. 22, 3),
25 vel tetrapharmacum (19, 9), cui quinta pars turis adjecta sit: potest nigra hedera ex vino austero cocta; ac, si celeriter malum serpit, non aliud magis proficit. Purgato ulcere, quod in summa cute esse proposui, satis ad sanitatem eadem lenia medicamenta proficient.
30 5. Chironium autem ulcus appellatur, quod et magnum est, et habet oras duras, callosas, tumentes. Exit sanies non multa, sed tenuis; odor malus neque in ulcere, neque in ejus humore est; nulla inflammatio, dolor modicus est: nihil serpit: ideoque nullum periculum adfert; sed non facile sa-
35 nescit. Interdum tenuis cicatrix inducitur, deinde iterum rumpitur, ulcusque renovatur. Fit maxime in pedibus et cruribus. Super id imponi debet, quod et lene aliquid, et vehemens, et reprimens habeat; quale ejus rei causa fit ex

his: squamae aeris, plumbi eloti combusti, singulorum p.
)-(. IV. cadmiae, cerae, singulorum p.)-(. VIII. rosae quantum satis sit ad ceram simul cum eis molliendam.

6. Fiunt etiam ex frigore hiberno ulcera, maxime in
pueris, et praecipue in pedibus digitisque eorum, nonnum- 5
quam etiam in manibus. Rubor cum inflammatione mediocri
est: interdum pusulae oriuntur, deinde exulceratio: dolor
autem modicus; prurigo major est: nonnumquam humor exit,
sed non multus, qui referre vel pus, vel saniem videtur. In
primis multa calida aqua fovendum est, in qua rapa decocta 10
sint; aut si ea non sunt, aliquae verbenae ex reprimentibus.
Si nondum adapertum ulcus est, aes, quam maxime calidum
quis pati potest, admovendum est. Si jam exulceratio est,
imponi debet alumen aequa portione cum ture contritum,
vino adjecto, aut malicorium in aqua coctum, deinde con- 15
tritum. Si summa detracta pellicula est, hic quoque melius
lenia medicamenta proficiunt.

7. Struma quoque est tumor, in quo subter concreta
quaedam ex pure et sanguine quasi glandulae oriuntur: quae
vel praecipue fatigare medicos solent; quoniam et febres 20
movent, nec umquam facile maturescunt; et sive ferro, sive
medicamentis curantur, plerumque iterum juxta cicatrices
ipsas resurgunt; multoque post medicamenta saepius: quibus
id quoque accedit, quod longo spatio detinent. Nascuntur
maxime in cervice; sed etiam in alis et inguinibus. In mam- 25
mis quoque feminarum se reperisse, Meges auctor est.
Propter haec et album veratrum recte datur, atque etiam
saepius, donec ea digerantur: et medicamenta imponuntur,
quae humorem vel educant, vel dissipent; quorum supra
mentio facta est. Adurentibus quoque quidam utuntur, quae 30
exedant, crustaque eum locum adstringant: tum vero ut ulcus
curant. Quaecumque autem ratio curandi est, corpus, puro
ulcere, exercendum atque alendum est, donec ad cicatricem
perveniat. Quae quum medici doceant, quorumdam rustico-
rum experimento cognitum, quem struma male habet, eum, 35
si anguem edit, liberari.

8. Furunculus vero est tuberculum acutum cum inflammatione et dolore; maximeque ubi jam in pus vertitur. Qui

ubi adapertus est, et exiit pus, apparet pars carnis in pus
versa, pars corrupta, subalbida, subrubra; quem ventriculum quidam furunculi nominant. In eo nullum periculum
est, etiamsi nulla curatio adhibeatur: maturescit enim per se,
5 atque erumpit. Sed dolor efficit, ut potior medicina sit, quae
maturius liberet. Proprium ejus medicamentum galbanum
est: sed alia quoque supra comprehensa sunt. Si cetera desunt, imponi debet primum non pingue emplastrum, ut id
reprimat: deinde, si non repressit, quodlibet puri movendo
10 accommodatum: si ne id quidem est, vel resina, vel fermentum. Expresso pure, nulla ultra curatio necessaria est.

9. Phyma vero nominatur tuberculum furunculo simile,
sed rotundius et planius, saepe etiam majus. Nam furunculus
ovi dimidii magnitudinem raro explet, numquam excedit:
15 phyma etiam latius patere consuevit; sed inflammatio dolorque sub eo minores sunt. Ubi divisum est, pus eodem modo
apparet: ventriculus, ut in furunculo, non invenitur: verum
omnis corrupta caro in pus vertitur. Id autem in pueris et
saepius nascitur et facilius tollitur: in juvenibus rarius oritur,
20 et difficilius curatur: ubi aetas induravit, ne nascitur quidem.
Quibus vero medicamentis discuteretur, supra propositum est.

10. Φύγεϑλον autem est tumor, non altus, latus, in
quo quiddam pusulae simile est. Dolor distentioque vehemens est, et major quam pro magnitudine tumoris; interdum
25 etiam febricula: idque tarde maturescit, neque magnopere
in pus convertitur. Fit maxime aut in cervice, aut in alis,
aut in inguinibus. Panum a similitudine figurae nostri vocant.
Atque id ipsum quo medicamento tolleretur, supra demon-
stravi (18, 19; VII, 2).

30 11. Sed quum omnes hi nihil nisi minuti abscessus sint, generale nomen trahit latius vitium ad suppurationem spectans. Idque fere fit aut post febres, aut post dolores partis alicujus, maximeque eos, qui ventrem infestarunt. Saepiusque oculis expositum est; siquidem latius aliquid intumescit ad similitudi-
35 nem ejus, quod phyma vocari proposui, rubetque cum calore, et paulo post etiam cum duritia, magisque nocenter
indolescit, et sitim vigiliamque exprimit. Interdum tamen nihil horum in cute deprehendi potest; maximeque ubi altius

14 *

pus movetur: sed cum siti vigiliaque sentiuntur intus aliquae
punctiones. Et quod de subito durius non est, melius est;
et quamvis non rubet, coloris tamen aliter mutati est. Quae
signa jam pure oriente nascuntur: tumor ruborque multo ante
incipiunt. Sed si locus mollis est, avertendus materiae adi- 5
tus est per cataplasmata, quae simul et reprimunt, et refrigerant: qualia et alias et paulo ante in erysipelate proposui.
Si jam durior est, ad ea veniendum est, quae digerant et
resolvant: qualis est ficus arida contusa; aut faex mixta cum
cerato, quod ex adipe suilla coactum sit; aut cucumeris ra- 10
dix (cf. 18, 7 et 13), cui ex farina duae partes adjectae
sint, ante ex mulso decoctae. Licet etiam miscere aequis portionibus ammoniacum, galbanum, propolim, viscum; pondus-
que adjicere myrrhae dimidio minus, quam in prioribus singulis
erit. Atque emplastra quoque et malagmata idem efficiunt, quae 15
supra explicui (cap. 18 et 19). Quod per haec discussum non
est necesse est maturescat. Idque quo celerius fiat, imponenda est farina hordeacea ex aqua cocta *** recte miscetur[1]).
Eadem autem haec in minoribus quoque abscessibus, quorum
nomina proprietatesque supra reddidi, recte fiunt. Eademque 20
omnium curatio: tantum modo distat. Crudum est autem, in
quo major quasi venarum motus est et gravitas et ardor et
distentio et dolor et rubor et durities; et, si major abscessus
est, horror, aut etiam febricula permanet: penitusque condita suppuratione, si pro his, quae alibi cutis ostendit, pun- 25
ctiones sunt. Ubi ista se remiserunt, jamque is locus prurit,
et aut sublividus, aut subalbidus est, matura suppuratio est:
eaque, ubi vel per ipsa medicamenta, vel etiam ferro aperta
est, pus debet emitti (cf. II, 7). Tum si qua in alis, vel
inguinibus sunt, sine linamento nutrienda sunt. In ceteris 30
quoque partibus, si plaga exigua est, si mediocris suppuratio fuit, si non alte penetravit, si febris non est, si valet
corpus, aeque linamenta supervacua sunt: in reliquis parce

---

1) Desunt aliqua. Lacunam ita ex Cod. Med. I. restituit Mil-
ligan: *imponenda est farina hordeacea, quae ex aqua cocta recte miscetur.* Miscere enim pro eo quod praeparare est, veteres dixisse
quis nescit?

tamen, nec, nisi magna plaga est, imponi debent. Commode vero vel super linamenta, vel sine his imponitur lenticula ex melle, aut malicorium ex vino coctum: quae· et per
se et mixta idonea sunt. Si qua circa duriora. sunt, ad ea
5 mollienda vel malva contrita, vel foeni graeci linive semen
ex passo coctum superdandum est. Quidquid deinde impositum est, non adstringi, sed modice deligari debet. Illo neminem decipi decet, ut in hoc genere cerato utatur. Cetera,
quae pertinent ad purgandum ulcus, ad implendum, ad cica-
10 tricem inducendam, conveniunt quae in vulneribus exposita
sunt (cap. 26 et 27).

12. Nonnumquam autem ex ejusmodi abscessibus, et ex
aliis ulcerum generibus fistulae oriuntur. Id nomen est ulceri
alto, angusto, calloso. Fit in omni fere parte corporis; ha-
15 betque quaedam in singulis locis propria. Prius de communibus dicam. Genera igitur fistularum plura sunt: siquidem
aliae breves sunt, aliae altius penetrant; aliae recte intus
feruntur, aliae multoque plures transversae; aliae simplices
sunt, aliae duplices triplicesve, ab uno ore orsae, aut etiam
20 in plures sinus dividuntur: aliae rectae, aliae flexae, et tortuosae sunt; aliae intra carnem desinunt, aliae ad ossa aut
cartilaginem penetrant, aut, ubi neutrum horum subest, ad
interiora perveniunt; aliae deinde facile, aliae cum difficultate curantur, atque etiam quaedam insanabiles reperiuntur.
25 Expedita curatio est in fistula simplici recenti, intra carnem: ·
adjuvatque ipsam corpus, si juvenile, si firmum est. Inimica
contraria his sunt: itemque, si fistula os, vel cartilaginem,
vel nervum, vel musculum laesit; si articulum occupavit; si
vel ad vesicam, vel ad pulmonem, vel ad vulvam, vel ad
30 grandes venas arteriasve, vel ad inania, ut guttur, stomachum, thoracem penetravit. Ad intestina quoque eam tendere, semper periculosum, saepe pestiferum est. Quibus
multum mali accedit, si corpus vel aegrum, vel senile, vel
mali habitus est. Ante omnia autem demitti specillum in fi-
35 stulam convenit, ut quo tendat, et quam alte perveniat, scire
possimus; simul etiam protinus humida, an siccior sit: quod
extracto specillo patet. Si vero os in vicino est, id quoque
disci potest si jam nec ne eo fistula penetraverit, et quatenus

nocuerit; nam si molle est quod ultimo specillo contingitur,
intra carnem adhuc vitium est: si magis id renititur, ad os
ventum est. Ibi deinde si labitur specillum, nondum caries
est: si non labitur, sed aequali innititur, caries quidem, verum adhuc levis est: si inaequale quoque·et asperum subest, 5
vehementius os exesum est. At cartilago ubi subsit, ipsa
sedes docet; perventumque esse ad eam ex renisu patet. Et ex
his quidem colliguntur fistularum sedes, spatia, noxae. Simplices vero eae sint, an in plures partes diducantur, cognosci
potest ex modo puris; cujus si plus fertur, quam quod sim- 10
plici spatio convenit, plures sinus esse manifestum est.
Quumque fere juxta sint caro, et nervus, et aliqua nervosa,
quales fere tunicae membranaeque sunt, genus quoque puris
docebit, num plures sinus intus diversa corporis genera per-
roserint. Siquidem ex carne pus laeve, album, copiosius 15
fertur: at ex nervoso loco, coloris quidem ejusdem, sed
tenuius: ex nervo, pingue et oleo non dissimile. Denique
etiam corporis inclinatio docet, num in plures partes fistulae
penetrarint; quia saepe, quum quis aliter decubuit, aliterque
membrum collocavit, pus ferri, quod jam desierat, iterum 20
incipit; testaturque, non solum alium sinum esse, ex quo descendat, sed etiam in aliam corporis partem eum tendere.
Sed si et in carne et recens et simplex est, ac neque rugosa
neque cava sede, neque in articulo, sed in eo membro,
quod per se immobile, non nisi cum toto corpore movetur; 25
satis proficiet emplastrum, quod recentibus vulneribus imponitur, dum habeat vel salem, vel alumen, vel squamam
aeris, vel aeruginem, vel ex metallicis aliquid: exque eo
collyrium fieri debet altera parte tenuius, altera paulo plenius, idque ea parte, qua tenuius est, antecedente demitti 30
oportet in fistulam, donec purus sanguis se ostendat: quae
in omnibus fistularum collyriis perpetua sunt. Idem deinde
emplastrum in linteolo superimponendum, supraque injicienda spongia est in acetum ante demissa: solvique quinto die
satis est. Genusque victus adhibendum est, quo carnem ali 35
docui. Ac si longius a praecordiis fistula est, ex intervallo
jejunum radiculas esse, deinde vomere, necessarium est.
Vetustate callosa fit fistula. Callus autem neminem fallit,

quia durus est, et aut albus, aut pallidus. Sed tum validioribus medicamentis opus est: quale est, quod habet papaveris lacrimae p.)-(. I. gummis p.)-(. III. z. cadmiae p.)-(.
IV. atramenti sutorii p.)-(. VIII. ex quibus aqua coactis
5 collyrium fit: aut in quo sunt gallae p.)-(. z. aeruginis, sandarachae, aluminis aegyptii, singulorum p.)-(. I. atramenti
sutorii combusti p.)-(. II. aut quod constat ex chalcitide, et
saxo calcis; quibus auripigmenti dimidio minus, quam in singulis prioribus est, adjicitur, eaque melle cocto excipiuntur.
10 Expeditissimum autem est ex praecepto Megetis, aeruginis
rasae p.)-(. II. conterere, deinde ammoniaci thymiamatis
p.)-(. II. aceto liquare, eoque infuso aeruginem cogere: idque ex primis medicamentis est. Sed ut haec maximi effectus sunt, si cui ista non adsunt, facile tamen est callum
15 quibuslibet adurentibus medicamentis erodere: satisque est
vel papyrum intortum, vel aliquid ex penicillo in modum
collyrii adstrictum eo illinere. Scilla quoque cocta et mixta
cum calce, callum exest. Si quando vero longior et transversa fistula est, demisso specillo, contra principium hujus
20 incidi commodissimum est, et collyrium utrimque demitti. At
si duplicem esse fistulam aut multiplicem existimamus, sic
tamen, ut brevis, intraque carnem sit, collyrio uti non debemus quod unam partem curet, reliquas omittat; sed eadem medicamenta arida in calamum scriptorium conjicienda
25 sunt, isque ori fistulae aptandus, inspirandumque, ut ea medicamenta intus compellantur: aut eadem ex vino liquanda;
vel si sordidior fistula est, ex mulso; si callosior, ex aceto
sunt; idque intus infundendum. Quidquid inditum est, superponenda sunt, quae refrigerent et reprimant: nam fere, quae
30 circa fistulam sunt, habent aliquid inflammationis. Neque
alienum est, ubi quis resolverit, antequam rursus alia medicamenta conjiciat, per oricularium clysterem fistulam eluere,
si plus puris fertur, vino; si callus durior est, aceto; si jam
purgatus, mulso, vel aqua, in qua ervum coctum sit, sic, ut
35 huic mellis quoque paulum adjiciatur. Fere vero fit, ut ea
tunica, quae inter foramen et integram carnem est, victa medicamentis tota exeat, infraque ulcus purum sit. Quod ubi
contigit, imponenda glutinantia sunt; praecipueque spongia

melle cocto illita. Neque ignoro multis placuisse, linamentum in modum collyrii compositum tinctum melle demitti: sed
celerius id glutinatur, quam impletur. Neque verendum est,
ne purum corpus puro corpori junctum non coeat; adjectis
quoque medicamentis ad id efficacibus; quum saepe exulce- 5
ratio digitorum, nisi magna cura prospeximus, sanescendo
in unum eos jungat.

13. Est etiam ulceris genus, quod a favi similitudine
χηρίον a Graecis nominatur: idque duas species habet.
Alterum est subalbidum, furunculo simile; sed majus, et 10
cum dolore majore: quod ubi maturescit, habet foramina,
per quae fertur humor glutinosus et purulentus; neque tamen
ad justam maturitatem pervenit. Si divisum est, multo plus
intus corrupti, quam in furunculo, apparet, altiusque descendit. Raro fit in capillis. Alterum est minus, super corpus 15
eminens, durum, latum, subviride, subpallidum, magis exulceratum: siquidem ad singulorum pilorum radices foramina
sunt, per quae fertur humor glutinosus, subpallidus, crassitudinem mellis, aut visci referens, interdum olei: si inciditur, viridis intus caro apparet. Dolor autem et inflammatio 20
ingens est, adeo ut acutam quoque febrem movere con-
suerint. Super id, quod minus crebris foraminibus exasperatum est, recte imponitur et ficus arida, et lini semen in
mulso coctum, et emplastra ac malagmata materiam edu-
centia, aut quae proprie huc pertinentia supra posui. Super 25
alterum et eadem medicamenta, et farina ex mulso cocta,
sic, ut ei dimidium resinae terebinthinae misceatur; et ficus
in mulso decocta, cui paulum hyssopi contriti sit adjectum;
et uvae taminiae pars quarta. Quod si parum in utrolibet
genere medicamenta proficiunt, totum ulcus usque ad sanam 30
carnem excidi oportebit. Ulcere ablato, super plagam medicamenta danda sunt, primum, quae pus citent; deinde, quae
purgent; tum, quae impleant.

14. Sunt vero quaedam verrucis similia; quorum diversa
nomina, ut vitia sunt. Ἀκροχορδόνα Graeci vocant, ubi sub 35
cute coit aliquid durius, et interdum paulo asperius, coloris
ejusdem; supra latius, ad cutem tenue: idque modicum est,

quia raro fabae magnitudinem excedit. Vix unum tantum
eodem tempore nascitur; sed fere plura, maximeque in
pueris: eaque nonnumquam subito desinunt, nonnumquam
mediocrem inflammationem excitant; sub qua etiam in pus
5 convertuntur. — At ϑύμιον nominatur, quod super corpus
quasi verrucula eminet, ad cutem latius, supra tenue, sub-
durum, et in summo perasperum: idque summum colorem
floris thymi repraesentat, unde ei nomen est; ibique facile
finditur, et cruentatur; nonnumquam aliquantum sanguinis
10 fundit: fereque citra magnitudinem fabae aegyptiae est,
raro majus, interdum perexiguum. Modo autem unum, modo
plura nascuntur vel in palmis, vel in inferioribus pedum partibus: pessima tamen in obscoenis sunt; maximeque ibi sanguinem fundunt. — Μυρμήκια autem vocantur humiliora thy-
15 mio durioraque: quae radices altius exigunt, majoremque
dolorem movent; infra lata, supra autem tenuia; minus sanguinis mittunt; magnitudine vix umquam lupini modum excedunt. Nascuntur ea quoque aut in palmis, aut in inferioribus partibus pedum. — Clavus autem nonnumquam quidem
20 etiam alibi, sed in pedibus tamen maxime nascitur, praecipue ex contuso; quamvis interdum aliter: doloremque,
etiamsi non alias, tamen ingredienti movet. Ex his acrochordon et thymium saepe etiam per se finiuntur; et quo minora
sunt, eo magis: myrmecia et clavi sine curatione vix um-
25 quam desinunt. Acrochordon, si excisa est, nullam radiculam relinquit, ideoque ne renascitur quidem; thymio clavo-
que excisis, subter rotunda radicula nascitur, quae penitus
descendit ad carnem; eaque relicta idem rursus exigit: myrmecia latissimis radicibus inhaerent; ideoque ne excidi qui-
30 dem sine magna exulceratione possunt. Clavum subinde radere commodissimum est: nam sine ulla vi sic mollescit;
ac, si sanguinis quoque aliquid emissum est, saepe emoritur.
Tollitur etiam, si quis eum circumpurgat, deinde imponit
resinam, cui miscuit pulveris paulum, quem ex lapide mo-
35 lari contrito fecit. Cetera vero genera medicamentis adurenda sunt: aliisque id, quod ex faece vini; myrmeciis id,
quod ex alumine et sandaracha fit, aptissimum est. Sed ea,
quae circa sunt, foliis contegi debent, ne ipsa quoque exul-

cerentur: deinde postea lenticula imponi. Tollit thymium
etiam ficus in aqua cocta.

15. At pusulae maxime vernis temporibus oriuntur.
Earum plura genera sunt. Nam modo circa totum corpus
partemve aspritudo quaedam fit, similis iis pusulis, quae 5
ex urtica, vel ex sudore nascuntur: ἐξανθήματα Graeci
vocant. Eaeque modo rubent, modo colorem cutis non excedunt. Nonnumquam plures, similes varis oriuntur; nonnumquam majores, lividae, aut pallidae, aut nigrae, aut aliter
naturali colore mutato: subestque iis humor; ubi eae ru- 10
ptae sunt, infra quasi exulcerata caro apparet; φλύ-
κταιναι graece nominantur. Fiunt vel ex frigore, vel ex
igni, vel ex medicamentis. — Φλυξάκιον autem paulo durior pusula est, subalbida, acuta; ex qua ipsa quod exprimitur humidum est. Ex pusulis vero nonnumquam etiam 15
ulcuscula fiunt aut aridiora, aut humidiora; et modo tantum
cum prurigine, modo etiam cum inflammatione ac dolore;
exitque aut pus, aut sanies, aut utrumque. Maximeque id
evenit in aetate puerili; raro in medio corpore; saepe in
eminentibus partibus. Pessima pusula est, quae ἐπινυκτίς 20
vocatur (cf. Hipp. De aëre, aq. et loc. 3, et in mea edit.
p. 372). Ea colore vel sublivida, vel nigra, vel alba
esse consuevit: circa hanc autem vehemens inflammatio est;
et quum adaperta est, reperitur intus exulceratio mucosa,
colore humori suo similis. Dolor ex ea supra magnitudinem 25
ejus est: neque enim ea faba major est. Atque haec quoque oritur in eminentibus partibus, et fere noctu; unde
nomen quoque a Graecis ei impositum est. In omnium vero
pusularum curatione primum est, multum ambulare atque
exerceri; si quid ista prohibet, gestari: secundum est, 30
cibum minuere; abstinere ab omnibus acribus et extenuantibus: eademque nutrices facere oportet, si lactens puer ita
affectus est. Praeter haec is qui jam robustus est, si pusulae minutae sunt, desudare in balneo debet; simulque
super eas nitrum inspergere, oleoque vinum miscere, et sic 35
ungi; tum descendere in solium. Si nihil sic proficitur, aut
si majus pusularum genus occupavit, imponenda lenticula
est; detractaque summa pellicula, ad medicamenta lenia

transeundum. Epinyctis post lenticulam recte herba quoque
sanguinali, vel viridi coriandro curatur. Ulcera ex pusulis
facta tollit spuma argenti cum semine foeni graeci mixta,
sic, ut his invicem rosa atque intubi succus adjiciatur, dum
5 mellis crassitudo ei fiat. Proprie ad eas pusulas, quae infantes
male habent, lapidis, quem pyriten vocant, p.)-(.VIII. cum quin-
quaginta amaris nucibus miscetur, adjiciunturque olei cyathi
tres. Sed prius ungi ex cerussa pusulae debent, tum hoc illini.
   16. Scabies vero est durior cutis (cf. Paul. Aeg. IV, 2),
10 rubicunda; ex qua pusulae oriuntur, quaedam humidiores,
quaedam sicciores. Exit ex quibusdam sanies, fitque ex his
continuata exulceratio pruriens, serpitque in quibusdam cito.
Atque in aliis quidem ex toto desinit, in aliis vero certo
tempore anni revertitur. Quo asperior est, quoque prurit
15 magis, eo difficilius tollitur. Itaque eam, quae talis est, ἀγρίαν
Graeci appellant. In hac quoque victus ratio eadem, quae
supra, necessaria est. Medicamentum autem ad incipientem
hanc idoneum est quod fit ex spodii, croci, aeruginis, singulorum p.)-(. z. piperis albi, omphacii, singulorum p.)-(. I.
20 cadmiae p.)-(. VIII. At ubi jam exulceratio est, id, quod
fit ex sulphuris p.)-(. I. cerae p.)-(. IV. picis liquidae
hemina, olei sextariis duobus: quae simul incoquuntur, dum
crassitudo mellis fiat. Est etiam, quod ad Protarchum auctorem refertur (18, 18). Habet farinae lupinorum sextarium,
25 nitri cyathos quatuor, picis liquidae heminam, resinae humi-
dae selibram, aceti cyathos tres. Crocum quoque, lycium,
aerugo, myrrha, cinis, aequis portionibus recte miscentur,
et ex passo coguntur: idque omnem pituitam utique sustinet
(id est reprimit). Ac si nihil aliud est, amurca ad tertiam
30 partem decocta, vel sulphur pici liquidae mixtum, sicut in
pecoribus proposui (videl. in libris De agricultura), hominibus quoque scabie laborantibus opitulantur.
   17. Impetiginis vero species sunt quatuor. Minime mala
est quae similitudine scabiem repraesentat: nam et rubet,
35 et durior est, et exulcerata est, et rodit. Distat autem ab
ea, quod magis exulcerata est, et varis similes pusulas
habet; videnturque esse in ea quasi bullulae quaedam, ex
quibus interposito tempore squamulae resolvuntur; certiori-

busque haec temporibus revertitur. Alterum genus pejus
est, simile papulae fere, sed asperius rubicundiusque, figu-
ras varias habens: squamulae ex summa cute discedunt, rosio
major est, celerius et latius procedit, certioribusque etiamnum, quam prior, temporibus et fit, et desinit. Rubra co- 5
gnominatur. Tertia etiamnum deterior est: nam et crassior
est, et durior, et magis tumet; in summa cute finditur, et
vehementius rodit; ipsa quoque squamosa, sed nigra; proceditque et late, nec tarde; et minus errat in temporibus,
quibus aut oritur, aut desinit; neque ex toto tollitur. Nigrae 10
cognomen est. Quartum genus est, quod curationem omnino
non recipit, distans colore: nam subalbidum est, et recenti
cicatrici simile; squamulasque habet pallidas, quasdam sub-
albidas, quasdam lenticulae similes; quibus demtis nonnumquam profluit sanguis. Alioquin vero humor ejus albidus 15
est, cutis dura atque fissa est; proceditque latius. Haec
vero omnia genera maxime oriuntur in pedibus et manibus;
atque ungues quoque infestant. Medicamentum non aliud
valentius est, quam quod ad scabiem quoque pertinere sub
auctore Protarcho retuli (18, 18). Serapion autem, nitri 20
p.)-(. II. sulphuris p.)-(. IV. excipiebat resina copiosa,
eoque utebatur.

    18. Papularum vero duo genera sunt. Alterum, in quo
per minimas pusulas cutis exasperatur, et rubet, leviterque
roditur; medium habet pauxillo laevius; tarde serpit: idque 25
vitium maxime rotundum incipit, eademque ratione in orbem
procedit. Altera autem est, quam ἀγρίαν Graeci appellant:
in qua similiter quidem, sed magis cutis exasperatur exul-
ceraturque, ac vehementius et roditur, et rubet, et interdum
etiam pilos remittit. Quae minus rotunda est, difficilius 30
sanescit: nisi sublata est, in impetiginem vertitur. Sed levis
papula etiam, si jejuna saliva quotidie defricatur, sanescit:
major, commodissime murali herba tollitur, si super eadem
trita est. Ut vero ad composita medicamenta veniamus,
idem illud Protarchi (18, 19) tanto valentius in his est, 35
quanto minus in his vitii est. Alterum ad idem Myronis (cf.
§ 19): nitri rubri, turis, singulorum p.)-(. I. cantharidum
purgatarum p.)-(. II. sulphuris ignem non experti tantum-

dem, resinae terebinthinae liquidae p.)-(. xx. farinae lolii
sext. I. gith cyathos tres, picis crudae sext. I.

19. Vitiligo quoque, quamvis per se nullum periculum
adfert, tamen et foeda est, et ex malo corporis habitu fit.
5 Ejus tres species sunt. — Ἀλφός vocatur, ubi color albus
est, fere subasper et non continuus, ut quaedam quasi guttae
dispersae esse videantur: interdum etiam latius, et cum
quibusdam intermissionibus serpit. — Μέλας colore ab hoc
differt, quia niger est, et umbrae similis: cetera eadem sunt.
10 — Λεύκη habet quiddam simile alpho, sed magis albida
est, et altius descendit; in eaque albi pili sunt, et lanugini
similes. Omnia haec serpunt: sed in aliis celerius, in aliis
tardius alphos et melas in quibusdam variis temporibus et
oriuntur et desinunt: leuce, quem occupavit, non facile
15 dimittit. Priora curatiônem non difficillimam recipiunt: ultimum vix umquam sanescit; ac, si quid ei vitio demtum est,
tamen non ex toto sanus color redditur. Utrum autem aliquod horum sanabile sit, an non sit, experimento facile colligitur. Incidi enim cutis debet, aut acu pungi: si sanguis
20 exit, quod fere fit in duobus prioribus, remedio locus est;
si humor albidus, sanari non potest. Itaque ab hoc quidem
abstinendum est. Super id vero quod curationem recipit,
imponenda lenticula mixta cum sulphure et ture, sic, ut ea
contrita ex aceto sint. Aliud ad idem, quod ad Irenaeum
25 auctorem refertur. Alcyonium, nitrum, cuminum, fici folia
arida paribus portionibus contunduntur, adjecto aceto. His in
sole vitiligo perungitur; deinde non ita multo post, ne nimis
erodatur, eluitur. Proprie quidam, Myrone auctore (cf. § 18),
eos, quos alphos vocari dixi, hoc medicamento perungunt:
30 sulphuris p.)-(. z. aluminis scissilis p.)-(. z. nitri p.)-(.
z z. myrti aridae contritae acetabulum miscent; deinde in
balneo super vitiliginem inspergunt farinam ex faba, tum
haec inducunt. Ii vero, quos melanas vocari dixi, curantur,
quum simul contrita sunt alcyonium, tus, hordeum, faba,
35 eaque sine oleo in balneo ante sudorem insperguntur; tum
genus id vitiliginis defricatur.

A. CORNELII CELSI
ARTIUM LIBER UNDECIMUS
IDEM
MEDICINAE SEXTUS.

CAPUT I..

De vitiis singularum corporis partium.

Dixi de iis vitiis, quae, per totum corpus orientia, medicamentorum auxilia desiderant : nunc ad ea veniam, quae
nou nisi in singulis partibus incidere consuerunt, orsus a 5
capite. In hoc igitur capillis fluentibus maxime quidem saepe
radendo succurritur. Adjicit autem vim quamdam ad continendum ladanum cum oleo mixtum. Nunc de iis capillis
loquor, qui post morbum fere fluunt. Nam, quo minus caput
quibusdam aetate nudetur, succurri nullo modo potest.   10

CAPUT II.

De porrigine.

Porrigo autem est, ubi inter pilos quaedam quasi squamulae surgunt, eaeque a cute resolvuntur; et interdum madent, multo saepius siccae sunt. Idque evenit modo sine 15
ulcere, modo exulcerato loco: huic quoque modo malo
odore, modo nullo accedente. Fereque id in capillo fit,
rarius in barba, aliquando etiam in supercilio: ac neque
sine aliquo vitio corporis nascitur, neque ex toto inutile est.
Nam bene integro capite non exit: ubi aliquod in eo vitium 20
est, non incommodum est summam cutem potius subinde

corrumpi, quam id, quod nocet, in aliam partem magis ñe-
cessariam verti. Commodius est ergo subinde pectendo re-
purgare, quam id ex toto prohibere. Si tamen ea res nimium
offendit, quod humore sequente fieri potest, magisque si is
5 etiam mali odoris est, caput saepe radendum est; dein id
superadjuvandum aliquibus ex leniter reprimentibus; quale
est nitrum cum aceto, vel ladanum cum murteo et vino, vel
myrobalanum cum vino. Si parum per haec proficitur, vehementioribus uti licet; cum eo, ut sciamus, utique in
10 recenti vitio id inutile esse.

CAPUT III.
De Sycosi.

Est etiam ulcus, quod a fici similitudine σύκωσις a Graecis nominatur. Caro excrescit: et id quidem generale est.
15 Sub eo vero duae species sunt. Alterum ulcus durum et rotundum est: alterum humidum et inaequale. Ex duro exiguum
quiddam et glutinosum exit: ex humido plus, et mali odoris.
Fit utrumque in iis partibus, quae pilis conteguntur: sed id
quidem, quod callosum et rotundum est, maxime in barba;
20 id vero, quod humidum, praecipue in capillo. Super utrumque oportet imponere elaterium, aut lini semen contritum
et aqua coactum, aut ficum in aqua decoctam, aut emplastrum tetrapharmacum ex aceto subactum. Terra quoque
eretria ex aceto liquata recte illinitur.

25   CAPUT IV.
De Areis.

Arearum quoque duo genera sunt. Commune utrique est,
quod emortua summa pellicula pili primum extenuantur, deinde excidunt: ac, si ictus is locus est, sanguis exit liqui-
30 dus, et mali odoris: increscitque utrumque in aliis celeriter,
in aliis tarde. Pejus est, quod densam cutem, et subpinguem,
et ex toto glabram fecit. — Sed ea, quae ἀλωπεκία homina-

tur, sub qualibet figura dilatatur. Fit et jn capillo, et in
barba. — Id vero, quod a serpentis similitudine ὄφίασις appellatur, incipit ab occipitio; duorum digitorum latitudinem
non excedit; ad aures duobus capitibus serpit; quibusdam
etiam ad frontem, donec se duo capita in priore parte com- 5
mittant. Illud vitium in qualibet aetate fit; hoc fere in infantibus: illud vix umquam sine curatione, hoc per se saepe
finitur. Quidam haec genera arearum scalpello exasperant:
quidam illinunt adurentia ex oleo; maximeque chartam com-
bustam: quidam resinam terebinthinam cum thapsia inducunt. 10
Sed nihil melius est, quam novacula quotidie radere: quia,
quum paulatim summa pellicula excisa est, adaperiuntur
pilorum radiculae. Neque ante oportet desistere, quam fre-
quentem pilum nasci apparuerit. Id autem, quod subinde
raditur, illini atramento scriptorio satis est.   15

CAPUT V.
De varis, lenticulis et ephelidis.

Paene ineptiae sunt curare varos, et lenticulas, et
ephelidas: sed eripi tamen feminis cura cultus sui non
potest. Ex his autem, vari lenticulaeque vulgo notae 20
sunt; quamvis rarior ea species est, quam semion Graeci
vocant; quum sit ea lenticula rubicundior et inaequalior.
Ephelis vero a plerisque ignoratur: quae nihil est, nisi
asperitas quaedam et durities mali coloris. Cetera non
nisi in facie: lenticula etiam in alia parte nonnumquam 25
nasci solet; de qua per se scribere alio loco visum operae
pretium non est. Sed vari commodissime tolluntur imposita
resina, cui non minus quam ipsa est, aluminis scissilis, et
paulum mellis adjectum sit. Lenticulam tollunt galbanum et
nitrum, quum pares portiones habent, contritaque ex aceto 30
sunt, donec ad mellis crassitudinem venerint. His corpus
illinendum, et, interpositis pluribus horis, mane eluendum
est, oleoque leniter ungendum. Ephelidem tollit resina,
cui tertia pars salis fossilis et paulum mellis adjectum sit.
Ad omnia vero ista, atque etiam ad colorandas cicatrices 35

potest ea compositio, quae ad Tryphonem patrem auctorem refertur. In ea pares portiones sunt myrobalani magmatis, cretae cimoliae subcaeruleae, nucum amararum, farinae hordei atque ervi, struthii albi, sertulae campanae seminis : quae
5 omnia contrita, melle quam amarissimo coguntur, illitumque vespere, mane eluitur.

CAPUT VI.
De oculorum morbis.

1. Sed haec quidem mediocria sunt. Ingentibus vero et
10 variis casibus oculi nostri patent : qui quum magnam partem ad vitae simul et usum et dulcedinem conferant, summa cura tuendi sunt. Protinus autem orta lippitudine, quaedam notae sunt, ex quibus, quid eventurum sit, colligere possimus. Nam si simul et lacrima et tumor et crassa pituita coeperint ;
15 si ea pituita lacrimae mixta est ; neque lacrima calida est, pituita vero alba et mollis, tumor non durus, longae valetudinis metus non est. At si lacrima multa et calida, pituitae paulum, tumor modicus est, idque in uno oculo est ; longum id, sed sine periculo, futurum est. Idque lippitudinis genus
20 minime cum dolore est ; sed vix ante vicesimum diem tollitur (*Prorrh.* II. 18) : nonnumquam per duos menses durat. Quandocumque finitur, pituita alba et mollis esse incipit, lacrimaeque miscetur. At si simul ea utrumque oculum invaserunt, potest esse brevior, sed periculum ulcerum est. Pituita
25 autem sicca et arida dolorem quidem movet, sed maturius desinit ; nisi quid exulceravit. Tumor magnus, si sine dolore est, et siccus, sine ullo periculo est : si siccus quidem, sed cum dolore est, fere exulcerat ; et nonnumquam ex eo casu fit, ut palpebra cum oculo glutinetur. Ejusdem exulcera-
30 tionis timor in palpebris pupillisve est, ubi super magnum dolorem lacrimae salsae calidaeque eunt ; aut etiam si, tumore jam finito, diu lacrima cum pituita profluit. Pejus etiamnum est, ubi pituita pallida aut livida est, lacrima calida et multa profluit, caput calet, a temporibus ad oculos
35 dolor pervenit, nocturna vigilia urget : siquidem sub his

oculus plerumque rumpitur; votumque est, ut tantum exul-
ceretur. Intus ruptum oculum febricula juvat: si foras jam
ruptus procidit, sine auxilio est. Si de nigro aliquid albidum factum est, diu manet. At si asperum et crassum est,
etiam post curationem vestigium aliquod relinquit. Curari 5
vero oculos sanguinis detractione, medicamento (sc. *pur-*
gante), balneo, vino, vetustissimus auctor Hippocrates
(*Aph.* VI, 31) memoriae prodidit. Sed eorum tempora et
causas parum explicuit: in quibus medicinae summa est.
Neque minus in abstinentia et alvi ductione saepe auxilii est. 10
Hos igitur interdum inflammatio occupat: ubi cum tumore in
his dolor est; sequiturque pituitae cursus, nonnumquam co-
piosior vel acrior, nonnumquam utraque parte moderatior.
In ejusmodi casu prima omnium sunt quies et abstinentia.
Ergo primo die, loco obscuro cubare debet sic, ut a ser- 15
mone quoque abstineat; nullum cibum assumere; si fieri
potest, ne aquam quidem; sin minus, certe quam minimum
ejus. Quod si graves dolores sunt, commodius secundo die;
si tamen res urget, etiam primo sanguis mittendus est; utique si in fronte venae tument, si firmo corpore materia 20
superest. Si vero minor impetus minus acrem curationem
requirit, alvum, sed nonnisi secundo tertiove die, duci
oportet. At modica inflammatio neutrum ex his auxilium desiderat; satisque est uti quiete et abstinentia. Neque tamen
in lippientibus longum jejunium necessarium est, ne pituita 25
tenuior atque acrior fiat: sed secundo die dari debet id,
quod levissimum videri potest ex iis, quae pituitam faciunt
crassiorem; qualia sunt ova sorbilia: si minor vis urget,
pulticula quoque, aut panis ex lacte. Insequentibusque diebus, quantum inflammationi detrahetur, tantum adjici cibis 30
poterit; sed generis ejusdem: utique ut nihil salsum, nihil
acre, nihil ex iis, quae extenuant, sumatur; nihil potui
praeter aquam. Et victus quidem ratio talis maxime necessaria est. Protinus autem primo die croci p.)-(. I. et farinae candidae quam tenuissimae p.)-(. II. excipere oportet 35
ovi albo, donec mellis crassitudinem habeat: idque in linteolum illinere, et fronti agglutinare, ut, compressis venis,
pituitae impetum cohibeat. Si crocum non est, tus idem

facit. Linteolo an lana excipiatur, nihil interest. Superinungi
vero oculi debent sic, ut croci quantum tribus digitis comprehendi potest, sumatur, myrrhae ad fabae, papaveris lacrimae ad lenticulae magnitudinem, eaque cum passo conte-
5 rantur, et specillo super oculum inducantur. Aliud ad idem:
myrrhae p.)-(. z. mandragorae succi p.)-(. I. papaveris
lacrimae p.)-(. II. foliorum rosae, cicutae seminis, singulorum p.)-(. III. acaciae p.)-(. IV. gummis p.)-(. VIII. Et
haec quidem interdiu: noctu vero, quo commodior quies
10 veniat, non alienum est, superimponere candidi panis interiorem partem ex vino subactam: nam et pituitam reprimit,
et, si quid lacrimae processit, absorbet, et oculum glutinari
non patitur. Si grave id et durum, propter magnum oculorum
dolorem, videtur, ovi et album et vitellus in vas defunden-
15 dum est; adjiciendumque eo mulsi paulum, idque digito per-
miscendum: ubi facta unitas est, demitti debet lana mollis
bene carpta, quae id excipiat, superque oculos imponi. Ea
res et levis est, et refrigerando pituitam coercet, et non
exarescit, et glutinari oculum non patitur. Farina quoque
20 hordeacea cocta, et cum malo cotoneo cocto mixta, commode imponitur. Neque ab ratione abhorret, etiam penicillo
potissimum uti expresso, si levior impetus est, ex aqua; si
major, ex posca. Priora fascia deliganda sunt, ne per somnum cadant: at hoc superimponi satis est, quia et reponi ab
25 ipso commode potest; et quum inaruit, iterum madefaciendum est. Si tantum mali est, ut somnum diu prohibeat, eorum
aliquid dandum est, quae ἀνώδυνα Graeci appellant: satisque est puero, quod ervi; viro, quod fabae magnitudinem
impleat. In ipsum vero oculum primo die, nisi modica in-
30 flammatio est, nihil recte conjicitur; saepe enim potius
concitatur eo pituita, quam minuitur. A secundo die, gravi
quoque lippitudini per indita medicamenta recte succurritur,
ubi vel jam sanguis missus, vel alvus ducta est, aut neutrum
necessarium esse manifestum est.

35 2. Multa autem multorumque auctorum collyria ad id
apta sunt; novisque etiamnum mixturis temperari possunt;
quum lenia medicamenta, et modice reprimentia, facile et
varie misceantur. Ego nobilissima exsequar.

3. Est igitur Philonis, quod habet cerussae elotae, spodii, gummis, singulorum p.)-(. I. papaveris lacrimae combustae p.)-(. II. Illud scire oportet hic quoque omnia medicamenta, singula primum per se teri, deinde mixta iterum,
adjecta paulatim vel aqua, vel alio humore: gummi, quum 5
quasdam alias facultates habeat, hoc maxime praestare, ut,
ubi collyria facta inaruerunt, glutinata sint, neque frientur.

4. Dionysii vero collyrium est: papaveris lacrimae combustae, donec tenerescat, p.)-(. I. aeris combusti, gummi,
singulorum p.)-(. II. spodii p.)-(. IV.   10

5. Cleonis nobile admodum: papaveris lacrimae frictae
p.)-(. I. croci p.)-(. z. gummis p.)-(. I. quibus, dum teruntur, adjicitur rosae succus. Aliud ejusdem valentius: squamae aeris, quod στόμωμα appellant, p.)-(. I. croci p.)-(.
II. spodii p.)-(. IV. plumbi eloti et combusti p.)-(. VI. 15
gummis tantumdem. Attalium (*Attalicum?*) quoque ad idem
est, maxime ubi multa pituita profluit: castorei p.)-(. z.
aloes p.)-(. z. croci p.)-(. I. myrrhae p.)-(. II. lycii p.)-(.
III. cadmiae curatae p.)-(. VIII. stibis tantumdem, acaciae
succi p.)-(. XII. Quod gummi hoc non habet, liquidum in 20
pyxidicula servatur. Theodotus vero huic compositioni adjecit papaveris lacrimae combustae p.)-(. z. aeris combusti
et eloti p.)-(. II. nucleos palmarum combustos numero XX.
gummis p.)-(. XII.

6. At ipsius Theodoti, quod a quibusdam ἀχάριστον 25
nominatur, ejusmodi est: castorei, nardi indici, singulorum
p.)-(. I. lycii p.)-(. z. papaveris lacrimae tantumdem,
myrrhae p.)-(. II. croci, cerussae elotae, aloes, singulorum p.)-(. III. cadmiae botryitidis elotae, aeris combusti,
singulorum p.)-(. VIII. gummis p.)-(. XVIII. acaciae succi 30
p.)-(. XX. stibis tantumdem; quibus aqua pluviatilis adjicitur.

7. Praeter haec, ex frequentissimis collyriis est, id quod
quidam *cythion*, quidam a cinereo colore τέφριον appellant:
Amyli, tragacanthae, acaciae succi, gummis, singulorum 35
p.)-(. I. papaveris lacrimae p.)-(. II. cerussae elotae p.
)-(. IV. spumae argenti elotae p.)-(. VIII. quae aeque ex
aqua pluviatili conteruntur.

8. Euelpides autem, qui aetate nostra maximus fuit ocularius medicus, utebatur eo, quod ipse composuerat: trygodes nominabat: Castorei p.)-(. z z. lycii, nardi, papaveris lacrimae, singulorum p.)-(. I. croci, myrrhae, aloes, sin-
5 gulorum p.)-(. IV. aeris combusti p.)-(. VIII. cadmiae et stibis, singulorum p.)-(. XII. acaciae succi p.)-(. XXVI. gummi tantumdem.

Quo gravior vero quaeque inflammatio est, eo magis leniri medicamentum debet, adjecto vel albo ovi, vel mulie-
10 bri lacte. Ac si neque medicus, neque medicamentum praesto est, saepius utrumlibet horum in oculos penicillo ad id ipsum facto infusum, id malum lenit. Ubi vero aliquis relevatus est, jamque cursus pituitae constitit, reliquias fortasse leviores futuras discutiunt balneum et vinum. Igitur lavari
15 debet, leviter ante ex oleo perfricatus, diutiusque in cruribus et feminibus; multaque calida aqua fovere oculos; deinde per caput prius calida, tum egelida perfundi: a balneo cavere ne quo frigore afflatuve laedatur: post haec cibo paulo pleniore, quam ex eorum dierum consuetudine, uti,
20 vitatis tamen omnibus pituitam extenuantibus; vinum bibere leve, subausterum, modice vetus, neque effuse, neque timide; ut neque cruditas ex eo, et tamen somnus fiat, lenianturque intus latentia acria. Sed si quis in balneo sensit majorem oculorum perturbationem, quam attulerat; quod
25 incidere iis solet, qui manente adhuc pituitae cursu festinarunt; quamprimum discedere debet; nihil eo die vini assumere, cibi minus etiam, quam pridie: deinde quum primum satis pituita substitit, iterum ad usum balnei redire. Solet tamen evenire nonnumquam, sive tempestatum vitio, sive
30 corporis, ut pluribus diebus neque dolor, neque inflammatio, et minime pituitae cursus finiatur. Quod ubi incidit, jamque ipsa vetustate res matura est, ab iisdem auxilium petendum est, id est balneo ac vino. Haec enim ut in recentibus malis aliena sunt, quia concitare ea possunt et accendere; sic in
35 veteribus, quae nullis auxiliis cesserunt, admodum efficacia esse consuerunt: videlicet hic quoque, ut alibi, quum secunda vana fuerint, contrariis adjuvantibus. Sed ante tonderi ad cutem convenit: deinde in balneo aqua calida quamplurima

caput atque oculos fovere: tum utrumque penicillo detergere, et ungere caput irino; continereque in lectulo se,
donec omnis calor, qui conceptus est, finiatur, desinatque
sudor, qui necessario in capite collectus est: tum ad idem
cibi vinique genus veniendum, sic, ut potiones meracae sint; 5
obtegendumque caput, et quiescendum. Saepe enim post
haec gravis somnus, saepe sudor, saepe alvi dejectio pituitae cursum finit. Si levatum malum est; quod aliquanto
saepius fit; per plures dies idem fieri oportet, donec ex toto
sanitas restituatur. Si diebus iisdem alvus nihil reddit, du- 10
cenda est, quo magis superiores partes leventur.

Nonnumquam autem ingens inflammatio tanto impetu
erumpit, ut oculos sua sede propellat: προπτωσιν id, quoniam oculi procidunt, Graeci appellant. His utique, si vires
patiuntur, sanguinem mitti; si id fieri non potest, alvum 15
duci, longioremque inediam indici, necessarium est. Opus
autem lenissimis medicamentis est: ideoque Cleonis collyrio
quidam, quod ex duobus ante positum est, utuntur. Sed
optimum est Nilei; neque de ullo magis inter omnes auctores
convenit.   20

9. Id habet nardi indici, papaveris lacrimae, singulorum
p.)-(. —. gummis p.)-(. I. croci p.)-(. II. foliorum rosae
recentium p.)-(. IV. quae vel aqua pluviatili, vel vino levi,
subaustero coguntur. Neque alienum est malicorium, vel
sertulam campanam ex vino coquere, deinde conterere; aut 25
murtam nigram cum rosae foliis miscere; aut hyoscyami
folia cum ovi cocti vitello; aut farinam cum acaciae succo,
vel passo, aut mulso: quibus si folia quoque papaveris adjiciuntur, aliquanto valentiora sunt. Horum aliquo praeparato,
penicillo fovere oculos oportet ex aqua calida expresso, in 30
qua ante vel murti vel rosae folia decocta sint: deinde ex
illis aliquid imponi. Praeter haec ab occipitio, incisa cute,
cucurbitula adhibenda est. Quod si per haec restitutus oculus
lus in sedem suam non est, eodemque modo prolapsus permanet, scire oportet lumen esse amissum; deinde futurum, 35
ut aut indurescat is, aut in pus vertatur. Si suppuratio se
ostendit, ab eo angulo, qui tempori propior ~st, incidi oculus debet; ut, effuso pure. et inflammati⌐ ᵃᵗ Jolor finiatur,

et intus tunicae residant, quo minus foeda postea facies sit:
utendum deinde vel iisdem collyriis est ex lacte aut ovo;
vel croco, cui album ovi misceatur. At si induruit, et sic
emortuus est, ne in pus verteretur, quatenus foede promi-
5 nebit, excidendum erit sic, ut hamo summa tunica appre-
hendatur, infra id deinde scalpellus incidat: tum eadem medicamenta erunt conjicienda, donec omnis dolor finiatur.
Iisdem medicamentis in eo quoque oculo utendum est, qui
primum procidit, deinde per plura loca fissus est.

10 10. Solent etiam carbunculi ex inflammatione nasci, nonnumquam in ipsis oculis, nonnumquam in palpebris: et in
his ipsis, modo ab interiore, modo ab exteriore parte. In
hoc casu alvus ducenda est; cibus minuendus; lac potui dandum, ut acria, quae laeserunt, leniantur. Quod ad cataplas-
15 mata et medicamenta pertinet, iis utendum quae adversus
inflammationes proposita sunt: atque hic quoque Nilei collyrium optimum est. Si tamen carbunculus in exteriore palpebrae parte est, ad cataplasmata aptissimum est lini semen
ex mulso coctum; aut, si id non est, tritici farina eodem
20 modo cocta.

11. Pusulae quoque ex inflammatione interdum oriuntur.
Quod si inter initia protinus incidit, magis etiam servanda
sunt, quae de sanguine et quiete supra proposui: sin serius
quam ut sanguis mitti possit, alvus tamen ducenda est: si
25 id quoque aliqua res inhibet, utique victus ratio servanda
est. Medicamentis autem hic quoque lenibus opus est, quale
Nilei, quale Cléonis est.

12. Id quoque, quod Philalethes vocatur, huc aptum
est. Myrrhae, papaveris lacrimae, singulorum p.)-(. I.
30 plumbi eloti, terrae samiae, quae ἀστήρ vocatur, tragacanthae, singulorum p.)-(. IV. stibis cocti, amyli, singulorum p.)-(. VI. spodii eloti, cerussae elotae, singulorum
p.)-(. VIII. quae aqua pluviatili excipiuntur. Usus collyrii
vel ex ovo, vel ex lacte est.

35 13. Ex pusulis ulcera interdum fiunt; eaque recentia
aeque lenibus medicamentis nutrienda sunt, et iisdem fere,
quae supra (V, 28, 15) in pusulis posui. Fit quoque proprie ad haec, quod διὰ λιβάνου vocatur. Habet aeris com-

busti et eloti, papaveris lacrimae frictae, singulorum p.)-(. I.
spodii eloti, turis, stibis combusti et eloti, myrrhae, gummis,
singulorum p.)-(. II.

14. Evenit etiam, ut oculi, vel ambo, vel singuli, minores fiant, quam esse naturaliter debeant: idque et acer pi- 5
tuitae cursus in lippitudine efficit, et continuati fletus, et
ictus parum bene curati. In his quoque iisdem lenibus medicamentis ex muliebri lacte utendum est: cibis vero iis, qui
maxime corpus alere et implere consuerunt: vitandaque omni
modo causa, quae lacrimas excitet, curaque domesticorum: 10
quorum etiam si quid tale incidit, ejus notitiae subtrahendum. Atque acria quoque medicamenta, et acres cibi non
alio magis nomine his nocent, quam quod lacrimas movent.

15. Genus quoque vitii est, quo inter pilos palpebrarum
pediculi nascuntur : φθειρίασιν Graeci nominant. Quod 15
quum ex malo corporis habitu fiat, raro non ultra procedit:
sed fere tempore interposito pituitae cursus acerrimus sequitur; exulceratisque vehementer oculis, aciem quoque
ipsam corrumpit. His alvus ducenda est; caput ad cutem
tondendum, diuque quotidie jejunis perfricandum; his ambu- 20
lationibus aliisque exercitationibus diligenter utendum; gargarizandumque ex mulso, in quo nepeta et pinguis ficus decocta sit; saepe in balneo multa calida aqua fovendum
caput; vitandi acres cibi; lacte vinoque pingui utendum;
bibendumque liberalius, quam edendum est. Medicamenta 25
vero intus quidem lenia danda sunt, ne quid acrioris pituitae
concitent; super ipsos vero pediculos alia, quae necare eos,
et prohibere, ne similes nascantur, possint. Ad id ipsum
spumae nitri p.)-(. I. sandarachae p.)-(. I. uvae taminiae
p.)-(. I. simul teruntur, adjiciturque vetus oleum pari por- 30
tione, atque acetum, donec ei mellis crassitudo sit.

16. Hactenus oculorum morbi lenibus medicamentis nutriuntur. Genera deinde alia sunt, quae diversam curationem
desiderant; fereque ex inflammationibus nata, sed finitis
quoque his manentia. Atque in primis in quibusdam perse- 35
verat tenuis pituitae cursus. Quibus alvus inferiore parte
evocanda est, demendumque aliquid ex cibo. Neque alienum
est illini frontem compositione Andreae: quae habet gummis

p.) (. I. cerussae, stibis, singulorum p.)-(. II. spumae
argenti coctae et elotae p.)-(. IV. Sed ea spuma ex
aqua pluviatili coquitur, et arida haec medicamenta ex succo
myrti conteruntur. His illita fronte, cataplasma quoque su-
5 perinjiciendum est ex farina, quae frigida aqua coacta sit,
cuique aut acaciae succus, aut cupressus adjecta sit. Cucurbitula quoque, inciso vertice, recte accommodatur; aut ex
temporibus sanguis mittitur. Inungi vero eo debet, quod
habet squamae aeris, papaveris lacrimae, singulorum p.)-(. I.
10 cervini cornus combusti et eloti, plumbi eloti, gummis, singulorum p.)-(. IV. turis p.)-(. XII. Hoc collyrium, quia cornus
habet, διὰ κέρατος nominatur. Quotiescumque non adjicio,
quod genus humoris adjiciendum sit, aquam intelligi volo.

17. Ad idem Euelpidis, quod μεμιγμένον nominabat.
15 In eo papaveris lacrimae, et albi piperis, singulae unciae
sunt, gummi libra, aeris combusti p.)-(. I. s. Inter has
autem curationes, post intermissionem aliquam, prosunt balneum et vinum. Quumque omnibus lippientibus vitandi cibi
sint, qui extenuant; tum praecipue, quibus tenuis humor diu
20 fertur. Quod si jam fastidium est eorum, quae pituitam crassiorem reddunt, sicut in hoc genere materiae maxime promtum est; confugiendum est ad ea, quae, quia ventrem,
corpus quoque adstringunt.

18. At ulcera, si cum inflammatione finita non sunt, aut
25 supercrescentia, aut sordida, aut cava, aut certe vetera esse
consuerunt. Ex his supercrescentia collyrio, quod μεμιγμένον vocatur, optime reprimuntur. Sordida purgantur et
eodem, et eo, quod σμιλίον nominatur.

19. Habet aeruginis p.)-(. IV. gummis tantumdem, am-
30 moniaci, minii sinopici, singulorum p.)-(. XVI. quae quidam
ex aqua, quidam, quo vehementiora sint, ex aceto terunt.

20. Id quoque Euelpidis, quod χείρωνα appellabat, huc
utile est: Croci p.)-(. I. papaveris lacrimae, gummis, singulorum p.)-(. II. aeris combusti et eloti, myrrhae, singulorum
35 p.)-(. IV. piperis albi p.)-(. VI. Sed ante leni, tum hoc
inungendum est.

21. Id quoque ejusdem, quod σφαιρίον nominabat, eodem valet: Lapidis haematitis eloti p.)-(. I. z, piperis gra-

sex, cadmiae elotae, myrrhae, papaveris lacrimae, singulorum p.)-(. II. croci p.)-(. IV. gummi p.)-(. VIII. quae
cum vino amineo conteruntur.

22. Liquidum quoque medicamentum ad idem componebat, in quo erant haec: aeruginis p.)-(. z. misy combusti, 5
atramenti sutorii, cinnamomi, singulorum p.)-(. I. croci,
nardi, papaveris lacrimae, singulorum p.)-(. I. z. myrrhae
p.)-(. II. aeris combusti p.)-(. III. cineris ex odoribus p.
)-(. IV. piperis grana XV. Haec ex vino austero teruntur;
deinde cum passi tribus heminis decoquuntur, donec corpus 10
unum sit: idque medicamentum vetustate efficacius fit.

23. Cava vero ulcera commodissime implent ex iis, quae
supra posita sunt, σφαιρίον, et id, quod φιλαλήϑους
(φιλάληϑες?) vocatur. Idem σφαιρίον vetustis ulceribus, et
vix ad cicatricem venientibus optime succurrit.   15

24. Est etiam collyrium, quod quum ad plura valeat,
plurimum tamen proficere in his ulceribus videtur: refertur
ad Hermonem auctorem. Habet piperis longi p.)-(. I. z.
albi p.)-(. —. cinnamomi, costi, singulorum p.)-(. I. atramenti sutorii, nardi, casiae, castorei, singulorum p.)-(. II. 20
gallae p.)-(. V. myrrhae, croci, turis, lycii, cerussae, singulorum p.)-(. VIII. papaveris lacrimae p.)-(. XII. aloes,
aeris combusti, cadmiae, singulorum p.)-(. XVI. acaciae,
stibis, gummis, singulorum p.)-(. XXV.

25. Factae vero ex ulceribus cicatrices duobus vitiis 25
periclitantur; ne aut cavae, aut crassae sint. Si cavae sunt,
potest eas implere id, quod σφαιρίον vocari dixi; vel id,
quod Ἀσκληπιός nominatur. Habet papaveris lacrimae p.)-(.
II. sagapeni, opopanacis, singulorum p.)-(. III. aeruginis p.
)-(. IV. gummis p.)-(. VIII. piperis p.)-(. XII. cadmiae elo- 30
tae, cerussae, singulorum p.)-(. XVI. At si crassae cicatrices sunt, extenuat vel σμιλίον, vel Canopitae collyrium:
quod habet cinnamomi, acaciae, singulorum p.)-(. I. cadmiae elotae, croci, myrrhae, papaveris lacrimae, gummis,
singulorum p.)-(. II. piperis albi, turis, singulorum p.)-(. 35
III. aeris combusti p)-(. VIII. Vel Euelpidis pyxinum,
quod ex his constat: salis fossilis p.)-(. IV. ammoniaci
thymiamatis p.)-(. VIII. papaveris lacrimae p.)-(. XII. ce-

russae p.)-(. XV. piperis albi, croci siculi, singulorum p.)-(.
XXXII. gummis p.)-(. XIII. cadmiae elotae p.)-(. VIII. Maxime tamen tollere cicatricem videtur id, quod habet gummis
p.)-(. z. aeruginis p.)-(. I. crocomagmatis p.)-(IV.

5 26. 27. Est etiam genus inflammationis, in qua, si cui
tument ac distenduntur cum dolore oculi, sanguinem ex fronte
mitti necessarium est; multaque aqua calida caput atque oculos fovere; gargarizare ex lenticula, vel ex fici cremore;
inungi acribus medicamentis, quae supra comprehensa sunt;
10 maximeque eo, quod σφαιρίον nominatur, quod lapidem
haematiten habet. Atque alia quoque utilia sunt, quae ad ex-
tenuandam aspritudinem fiunt; de qua protinus dicam.

Haec autem inflammationem oculorum fere sequitur; interdum major, interdum levior. Nonnumquam etiam ex aspri-
15 tudine lippitudo fit; ipsa deinde aspritudinem auget, fitque
ea in aliis brevis, in aliis longa, et quae vix umquam finiatur.
In hoc genere valetudinis quidam crassas durasque palpebras,
et ficulneo folio, et asperato specillo, et interdum scalpello
eradunt; versasque quotidie medicamentis suffricant. Quae
20 neque nisi in magna vetustaque aspritudine, neque saepe
facienda sunt: nam melius eodem ratione victus et idoneis
medicamentis pervenitur. Ergo exercitationibus utemur, et
balneo frequentiore; multaque oculos aqua calida fovebimus:
cibos autem sumemus acres et extenuantes; medicamentum
25 id, quod caesarianum vocatur. Habet atramenti sutorii p.)-(.
I. misy p.)-(. L. z. piperis albi p.)-(. z z. papaveris lacrimae, gummis, singulorum p.)-(. II. cadmiae elotae p.)-(. III.
stibis p.)-(. VI. Satisque constat hoc collyrium adversus
omne genus oculorum valetudinis idoneum esse; exceptis
30 iis, quae lenibus nutriuntur.

28. Id quoque, quod Hieracis nominatur, ad aspritudinem potest. Habet myrrhae p.)-(. I. ammoniaci thymiamatis p.)-(. I. aeruginis rasae p.)-(. IV. Ad idem idoneum
est etiam id, quod Canopitae est, et id quod σμιλίον vocatur,
35 et id quod pyxinum, et id quod σφαιρίον. Si composita
medicamenta non adsunt, felle caprino, vel quam optimo
melle satis commode aspritudo curatur.

29. Est etiam genus aridae lippitudinis: ξηροφθαλμίαν

Graeci appellant. Neque tument, neque fluunt oculi, sed
rubent tantum, et cum dolore quodam graves sunt, et noctu
prae gravi pituita inhaerescunt: quantoque minor generis
hujus impetus, tanto finis minus expeditus est. In hoc vitio
multum ambulare, multum exerceri, lavari saepe, ibique de- 5
sudare, multaque frictione uti necessarium est. Cibi neque ii
qui implent, neque nimium acres, apti sunt, sed inter hos
medii. Mane, ubi concoxisse manifestum est, non est alienum ex sinapi gargarizare; tum deinde caput atque os diutius
defricare.   10

30. Collyrium vero aptissimum est, quod ῥινίον vocatur.
Habet myrrhae p.)-(. z. papaveris lacrimae, acaciae succi,
piperis, gummi, singulorum p.)-(. I. lapidis haematitis, lapidis phrygii, lycii, lapidis scissilis, singulorum p.)-(. II. aeris
combusti p.)-(. IV. Ac pyxinum quoque eodem accommoda- 15
tum est.

31. Si vero scabri oculi sunt, quod maxime in angulis
esse consuevit, potest prodesse ῥινίον; potest similiter
id, quod habet aeruginis rasae, piperis longi, papaveris
lacrimae, singulorum p.)-(. II. piperis albi, gummi, 20
singulorum p.)-(. IV. cadmiae elotae, cerussae, singulorum p.)-(. VI. Nullum tamen melius est quam Euelpidis, quod βασιλικόν nominabat. Habet papaveris lacrimae, cerussae, lapidis assii, singulorum p.)-(. II. gummis
p.)-(. III. piperis albi p.)-(. IV. croci p.)-(. VI. pso- 25
rici p.)-(. XIII. Nulla autem per se materia est, quae
psoricum nominetur; sed chalcitidis aliquid, et cadmiae dimidio plus ex aceto simul conteruntur, idque in vas fictile
additum, et contectum ficulneis foliis, sub terra reponitur,
sublatumque post dies viginti rursus teritur, et sic appella- 30
tur. Verum de basilico quoque collyrio convenit, ad omnes
affectus oculorum id esse idoneum, qui non lenibus medicamentis curantur. Ubi non sunt autem medicamenta compo
sita, scabros angulos laevant et mel et vinum: succurritque
et his et aridae lippitudini, si quis panem ex vino subactum su- 35
per oculum imponit. Nam quum fere sit humor aliquis, qui modo
ipsum oculum, modo angulos, aut palpebras exasperat, sic, et si
quid prodit humoris, extrahitur, et si quid juxta est, repellitur.

32. Caligare vero oculi nonnumquam ex lippitudine, nonnumquam etiam sine hac, propter senectutem imbecillitatemve
aliam, consuerunt. Si ex reliquiis lippitudinis id vitium est,
adjuvat collyrium, quod Ἀσκληπιός nominatur; adjuvat id,
5 quod ex crocomagmate fit.
33. Proprie etiam ad id componitur, quod διὰ κρόκου
vocant. Habet piperis p.)-(. I. croci cilicii, papaveris lacrimae, cerussae, singulorum p.)-(. II. psorici,gummis, singulorum p.)-(. IV.
10 34. At si ex senectute aliave imbecillitate id est, recte
inungi potest et melle quam optimo, et cyprino, et oleo vetere. Commodissimum tamen est balsami partem unam, et
olei veteris, aut cyprini partes duas, mellis quam acerrimi
partes tres miscere. Utilia huc quoque medicamenta sunt,
15 quae ad caliginem proxime, quaeque ad extenuandas cicatrices supra comprehensa sunt. Cuicumque vero oculi caliga-
bunt, huic opus erit multa ambulatione atque exercitatione;
frequenti balneo; ubi totum quidem corpus perfricandum est,
praecipue tamen caput, et quidem irino, donec insudet; ve-
20 landumque postea, nec detegendum, antequam sudor et calor
domi conquierint. Tum cibis utendum acribus et extenuantibus; interpositisque aliquibus diebus, ex sinapi gargarizandum.
35. Suffusio quoque, quam Graeci ὑπόχυσιν nominant,
interdum oculi potentiae, qua cernit, se opponit. Quod si
25 inveteravit, manu curandum est: inter initia nonnumquam
certis observationibus discutitur. Sanguinem ex fronte vel
naribus mittere; in temporibus venas adurere; gargarizando
pituitam evocare; suffumigare; oculos acribus medicamentis
inungere, expedit. Victus optimus est, qui pituitam extenuat.
30 36. Ac ne resolutio quidem oculorum, quam παράλυσιν
Graeci nominant, alio victus modo, vel aliis medicamentis
curanda est. Exposuisse tantum genus vitii satis est. Igitur
interdum evenit, modo in altero oculo, modo in utroque, aut
ex ictu aliquo, aut ex morbo comitiali, aut ex distentione
35 nervorum, qua vehementer ipse oculus concussus est, ut is
neque quoquam intendi possit, neque omnino consistat; sed
huc illucve sine ratione moveatur, ideoque ne conspectum
quidem rerum praestet.

37. Non multum ab hoc malo distat id, quod μυδρίασιν
Graeci vocant. Pupilla funditur et dilatatur, aciesque ejus
hebetescit,   ac   paene   *. Difficillime genus id imbecil-
litatis eliditur. In utraque vero pugnandum est per eadem
omnia, quae in caligine oculorum praecepta sunt (§ 32—34), 5
paucis tantum mutatis : siquidem ad caput irino interdum acetum, interdum nitrum adjiciendum est; melle inungi satis est.
Quidam in posteriore vitio calidis aquis usi relevatique :
quidam sine ulla manifesta causa subito obcaecati sunt. Ex
quibus nonnulli, quum aliquamdiu nihil vidissent, repentina 10
profusione alvi lumen receperunt. Quo minus alienum videtur, et recenti re, et interposito tempore, medicamentis
quoque moliri dejectiones, quae omnem noxiam materiam in
inferiora depellant.

38. Praeter haec imbecillitas oculorum est, ex qua qui- 15
dam interdiu satis, noctu nihil cernunt: quod in feminam
bene respondentibus menstruis non cadit. Sed sic laborantes
inungi oportet sanie jecinoris, maxime hircini, sin minus
caprini, ubi id assum coquitur, excepta : atque edi quoque
ipsum jecur debet. Licet tamen etiam iisdem medicamentis 20
non inutiliter uti, quae vel cicatrices, vel aspritudinem extenuant. Quidam contrito semini portulacae mel adjiciunt
eatenus, ne id ex specillo destillet, eoque inungunt. Exercitationibus, balneo, frictionibus, gargarizationibus iisdem
his quoque utendum est.   25

39. Et haec quidem in ipsis corporibus oriuntur. Extrinsecus vero interdum sic ictus oculum laedit, ut sanguis
in eo suffundatur. Nihil commodius est, quam sanguine vel
columbae, vel palumbi, vel hirundinis inungere. Neque id
sine causa fit; quum horum acies extrinsecus laesa inter- 30
posito tempore in antiquum statum redeat, celerrimeque
hirundinis. Unde etiam locus fabulae factus est, per paren-
tes id herba restitui (cf. Plin. XXV·, 8, 50), quod per se
sanescit. Eorum ergo sanguis nostros quoque oculos ab
externo casu commodissime tuetur, hoc ordine, ut sit hirun- 35
dinis optimus, deinde palumbi, minime efficax columbae, et
illi ipsi, et nobis. Supra percussum vero oculum, ad inflammationem leniendam, non est alienum imponere etiam

cataplasma. Sal ammoniacus, vel quilibet alius quam optimus teri debet, sic, ut ei paulatim oleum adjiciatur, donec crassitudo strigmenti fiat; id deinde miscendum est cum hordeacea farina, quae ex mulso decocta sit. Facile autem,
5 recognitis omnibus, quae medici prodiderunt, apparere cuilibet potest vix ullum ex iis, quae supra comprehensa sunt, oculi vitium esse, quod non simplicibus quoque, et promtis remediis submoveri possit.

CAPUT VII.

10 De aurium morbis.

1. Hactenus in oculis ea reperiuntur, in quibus medicamenta plurimum possunt: ideoque ad aures transeundum est, quarum usum proximum a luminibus natura nobis dedit. Sed in his aliquanto majus periculum est: nam vitia oculorum
15 intra ipsos nocent; aurium inflammationes doloresque (cf. *Aph.* V, 40; Cels. II, 7) interdum etiam ad dementiam mortemque praecipitant. Quo magis inter initia protinus succurrendum est, ne majori periculo locus sit. Ergo ubi primum dolorem aliquis sensit, abstinere et continere se
20 debet. Postero die, si vehementius malum est, caput tondere, idque irino unguento calido perungere et operire. At magnus cum febre vigiliaque dolor exigit, ut sanguis quoque mittatur. Si id aliquae causae prohibent, alvus solvenda est. Cataplasmata quoque calida, subinde mutata, proficiunt;
25 sive foeni graeci, sive lini, sive alia farina ex mulso decocta est. Recte etiam subinde admoventur spongiae ex aqua calida expressae. Tum, levato dolore, ceratum circumdari debet ex irino, aut cyprino factum: in quibusdam tamen melius, quod ex rosa est, proficit. Si vehemens in-
30 flammatio somnum ex toto prohibet, adjici cataplasmati debent papaveris cortices fricti atque contriti, sic, ut ex his pars dimidia sit; eaque tum simul ex passo mixto decoquuntur. In aurem vero infundere aliquod medicamentum oportet; quod semper ante tepefieri convenit: commodissimeque
35 per strigilem instillatur. Ubi auris repleta est, super lana

·mollis addenda est, quae humorem intus contineat. Et haec
quidem communia sunt. Medicamentum vero est et rosae,
et radicum arundinis succus, et oleum, in quo lumbrici cocti
sint, et humor ex amaris nucibus, aut ex nucleo mali per-
sici expressus. Composita vero ad inflammationem dolorem- 5
que leniendum haec fere sunt: castorei, papaveris lacrimae
pares portiones conteruntur, deinde adjicitur his passum:
vel papaveris lacrimae, croci, myrrhae par modus sic teritur, ut invicem modo rosa, modo passum instilletur: vel id,
quod amarum in aegyptia faba est, conteritur, rosa adjecta; 10
quibus myrrhae quoque paulum a quibusdam miscetur: vel
papaveris lacrima, aut tus cum muliebri lacte: vel amararum
nucum cum rosa succus: vel castorei, myrrhae, papaveris
lacrimae pares portiones cum passo: vel croci p.)-(. ꓵ.
myrrhae, aluminis scissilis, singulorum p.)-(. ꓫ. quibus, 15
dum teruntur, paulatim miscentur passi cyathi tres, mellis
minus cyatho; idque ex primis medicamentis est: vel papaveris lacrima ex aceto. Licet etiam compositione uti
Themisonis; quae habet castorei, opopanacis, papaveris
lacrimae, singulorum p.)-(. II. spumae lycii p.)-(. IV. 20
quae contrita passo excipiuntur, donec cerati crassitudinem habeant, atque ita reponuntur. Ubi usus requirit,
rursus id medicamentum, adjecto passo, teritur. Illud perpetuum est, quotiescumque crassius medicamentum est,
quam ut in aurem instillari possit, adjiciendum eum esse 25
humorem, ex quo id componi debet, donec. satis liquidum sit.
    2. Si vero pus quoque aures habent, recte lycium per
se infunditur, aut irinum unguentum; aut porri succus cum
melle; aut centaurii succus cum passo; aut dulcis mali pu- 30
nici succus in ipsius cortice tepefactus, adjecta myrrhae
exigua parte. Recte etiam miscentur myrrhae, quam σταϰτήν
cognominant, p.)-(. I. croci tantumdem, nuces amarae XXV.
mellis sesquicyathus: quae contrita, quum utendum est, in
cortice mali punici tepefiunt. Ea quoque medicamenta, quae 35
oris exulcerati causa componuntur, aeque ulcera aurium
sanant. Quae si vetustiora sunt, et multa sanies fluit, apta
compositio est, quae ad auctorem Erasistratum refertur:

piperis p.)-(. z. croci p.)-(. ☰. myrrhae, misy cocti,
singulorum p.)-(. I. aeris combusti p.)-(. II. Haec ex vino
teruntur: deinde ubi inaruerunt, adjiciuntur passi heminae
tres, et simul incoquuntur: quum utendum est, adjicitur
5 his mel et vinum. Est etiam Ptolemaei medicamentum,
quod habet lentisci p.)-(. z. gallae p.)-(. z. omphacii p.
)-(. I. succum punici mali. Est Menophili validum admodum, quod ex his constat: piperis longi p.)-(. I. castorei
p.)-(. II. myrrhae, croci, papaveris lacrimae, nardi syriaci,
10 turis, malicorii, ex aegyptia faba partis interioris, nucum
amararum, mellis quam optimî, singulorum p.)-(. IV. quibus, dum teruntur, adjicitur acetum quam acerrimum, donec
crassitudo in his passi fiat. Est Cratonis: cinnamomi, casiae,
singulorum p.)-(. z. lycii, nardi, myrrhae, singulorum
15 p.)-(. I. aloes p.)-(. II. mellis cyathi tres, vini sextarius:
ex quibus lycium cum vino decoquitur, deinde his alia miscentur. At si multum puris, malusque odor est, aeruginis
rasae, turis, singulorum p.)-(. II. mellis cyathi duo, aceti
quatuor simul incoquuntur: ubi utendum est, dulce vinum
20 miscetur. Aut aluminis scissilis, papaveris lacrimae, acaciae
succi par pondus miscetur, hisque adjicitur hyoscyami succi
dimidio minor, quam unius ex superioribus, portio; eaque
trita ex vino diluuntur. Per se quoque hyoscyami succus
satis proficit.

25   3. Commune vero auxilium adversus omnes aurium casus, jamque usu comprobatum Asclepiades composuit. In
eo sunt cinnamomi, casiae, singulorum p.)-(. I. floris junci
rotundi, castorei, albi piperis, longi, amomi, myrobalani,
singulorum p.)-(. II. turis masculi, nardi syriaci, myrrhae
30 pinguis, croci, spumae nitri, singulorum p.)-(. III. quae
separatim contrita, rursus mixta, ex aceto conteruntur;
atque ita condita, ubi utendum est, aceto diluuntur. Quod
si et sanies profluit, et tumor est, non alienum est, mixto
vino per oricularium clysterem eluere; et tum infundere
35 vinum austerum cum rosa mixtum, cui spodii paulum sit
adjectum, aut ıycium cum lacte, aut herbae sanguinalis succum cum rosa, aut mali punici succum cum exigua myrrhae
parte.

4. Si sordida quoque ulcera sunt, melius mulso eluun-
tur; et tum aliquod ex iis, quaê supra scripta sunt, quod
mel habeat, infunditur. Si magis pus profluit, et caput utique tondendum est, et multa calida aqua perfundendum, et
gargarizandum, et usque ad lassitudinem ambulandum, et 5
cibo modico utendum est. Si cruor quoque ex ulceribus apparuit, lycium cum lacte debet infundi; vel aqua, in qua
rosa decocta sit, succo aut herbae sanguinalis, aut acaciae
adjecto. Quod si super ulcera caro increvit, eaque mali
odoris saniem fundit, aqua tepida elui debet; tum infundi 10
id, quod ex ture et aerugine et aceto et melle fit; aut mel
cum aerugine incoctum. Squama quoque aeris cum sandaracha contrita per fistulam recte instillatur.

5. Ubi vero vermes orti sunt, si juxta sunt, protrahendi
oriculario specillo sunt: si longius, medicamentis enecandi; 15
cavendumque ne postea nascantur. Ad utrumque proficit
alburi veratrum cum aceto contritum. Elui quoque aurem
oportet vino, in quo marrubium decoctum sit. Sub his
emortui vermes in primam auris partem prolabuntur, unde
facillime educi possunt.   20

6. Siu foramen auris compressum est, et intus crassa
sanies subest, mel quam optimum addendum est. Si id
parum proficit, mellis cyatho et dimidio, aeruginis rasae
p.)-(. II. adjiciendum est, incoquendumque, et eo utendum.
Iris quoque cum melle idem proficit. Item galbani p. 25
)-(. II. myrrhae et fellis taurini, singulorum p.)-(. z z. vini
quantum satis est ad myrrham diluendam.

7. Ubi vero gravius aliquis audire coepit, quod maxime
post longos capitis dolores evenire consuevit, in primis
aurem ipsam considerare oportet: apparebit enim aut cru- 30
sta, qualis super ulcera innascitur, aut sordium coitus. Si
crusta est, infundendum est aut oleum calidum, aut cum
melle aerugo, vel porri succus, aut cum mulso nitri paulum: atque ubi crusta a corpore jam recedit, eluenda auris
aqua tepida est; quo facilius ea per se diducta oriculario 35
specillo protrahatur. Si sordes, eaeque molles sunt, eodem
specillo eximendae sunt: at si durae sunt, acetum et cum
eo nitri paulum conjiciendum est; quumque emollitae sunt,

eodem modo elui aurem purgarique oportet. Quod si capitis
gravitas manet, attondendum idem, et leniter, sed diu perfricandum est, adjecto vel irino vel laureo oleo, sic, ut
utrilibet paulum aceti misceatur; tum diu ambulandum, leni-
5 terque post unctionem aqua calida caput fovendum; cibisque utendum ex imbecillissima et media materia; magisque
assumendae dilutae potiones; nonnumquam gargarizandum
est. Infundendum autem in aurem castoreum cum aceto et
laureo oleo et succo radiculae corticis; aut cucumeris agre-
10 stis succus, adjectis contritis rosae foliis. Immaturae quoque uvae succus cum rosa instillatus adversus surditatem
satis proficit.
   8. Aliud vitii genus est, ubi aures intra se ipsas sonant:
atque hoc quoque fit, ne externum sonum accipiant. Levis-
15 simum est, ubi id ex gravedine est: pejus, ubi ex morbo,
capitisve longis doloribus incidit; pessimum ubi, magnis
morbis venientibus, maximeque comitiali, provenit. Si ex
gravedine est, purgare aurem oportet, et spiritum continere,
donec inde humor aliquis exspumet. Si ex morbo vel capitis
20 dolore, quod ad exercitationem, frictionem, perfusionem,
gargarizationemque pertinet, eadem facienda sunt: cibis
non utendum nisi extenuantibus; in aurem dandus radiculae
succus cum rosa, vel cum succo radicis ex cucumere agresti: vel castoreum cum aceto et laureo oleo. Veratrum quo-
25 que ex aceto conteritur, deinde melle cocto excipitur, et
inde collyrium factum in aurem demittitur. Si sine his coepit,
ideoque novo metu terret, in aurem dari debet castoreum
cum aceto, vel irino, aut laureo oleo; aut huic mixtum
castoreum cum succo nucum amararum; aut myrrha et nitrum
30 cum rosa et aceto. Plus tamen in hoc quoque proficit victus
ratio: eademque facienda sunt, quae supra comprehendi,
cum majore quoque diligentia; et praeterea, donec is sonus
finiatur, a vino abstinendum. Quod si simul et sonus est,
et inflammatio, laureum oleum conjecisse abunde est, aut
35 id, quod ex amaris nucibus exprimitur; quibus quidam vel
castoreum, vel myrrham miscent.
   9. Solet etiam interdum in aurem aliquid incidere, ut
calculus, aliquodve animal. Si pulex intus est, compellen-

16 *

dum eo lanae paulum est; quo ipse is subit, et simul extrahitur. Si non est sequutus, aliudve animal est, specillum
lana involutum in resinam quam glutinosissimam, maximeque
terebinthinam demittendum, idque in aurem conjiciendum,
ibique vertendum est: utique enim comprehendet et eximet. 5
Sin aliquid exanime est, specillo oriculario protrahendum
est, aut hamulo retuso paulum recurvato: si ista nihil proficiunt, potest eodem modo resina protrahi. Sternutamenta
quoque admota id commode elidunt, aut oriculario clystere
aqua vehementer intus compulsa. Tabula quoque collocatur, 10
media inhaerens, capitibus utrimque pendentibus, superque
eam homo deligatur in id latus versus, cujus auris eo modo
laborat, sic, ut extra tabulam non emineat: tum malleo
caput tabulae, quod a pedibus est, feritur; atque ita con-
cussa aure, id quod inest, excidit.   15

CAPUT VIII.
De narium morbis.

1. Nares vero exulceratas fovere oportet vapore
aquae calidae. Id et spongia expressa atque admota fit, et
subjecto vase oris angusti, calida aqua repleto. Post id 20
fomentum illinenda ulcera sunt aut plumbi recremento, aut
cerussa, aut argenti spuma; quum quodlibet horum aliquis
conterit, eique, dum teritur, invicem vinum et oleum murteum adjicit, donec mellis crassitudinem fecerit. Sin autem
ea ulcera circa os sunt, pluresque crustas et odorem foe- 25
dum habent; quod genus Graeci ὄζαιναν appellant; sciri
quidem debet vix ei malo posse succurri: nihilo minus tamen
haec tentari possunt, ut caput ad cutem tondeatur, assidue-
que vehementer perfricetur; multa calida aqua perfundatur;
multa item ambulatio sit; cibus modicus, neque acer, neque 30
valentissimus ; tum in narem ipsam mel cum exiguo modo
resinae terebinthinae conjiciatur, quod specillo quoque involuto lana fit; attrahaturque spiritu is succus, donec in
ore gustus ejus sentiatur; sub his enim crustae resolvuntur,
quae tum per sternutamenta elidi debent. Puris ulceribus 35

vapor aquae calidae subjiciendus est: deinde adhibendum
aut lycium ex vino dilutum, aut amurca, aut omphacium,
aut mentae, aut marrubii succus; aut atramentum sutorium,
quod candens factum, deinde contritum sit; aut interior
5 scillae pars contrita, sic, ut horum cuilibet mel adjiciatur:
cujus in ceteris admodum exigua pars esse debet; in atramento sutorio tanta, ut ea mixtura liquida fiat; cum scilla
utique pars major. Involvendumque lana specillum est, et
in eo medicamento tingendum, eoque ulcera implenda sunt:
10 rursusque linamentum involutum et oblongum eodem medicamento illinendum, demittendumque in narem, et ab inferiore parte leniter deligandum. Idque per hiemem et ver
bis die; per aestatem et autumnum ter die fieri debet.

2. Interdum vero in naribus etiam carunculae quaedam
15 similes muliebribus mammis nascuntur; eaeque imis partibus, quae carnosissimae sunt, inhaerent. Has curare oportet
medicamentis adurentibus, sub quibus ex toto consumuntur.
Polypus vero est caruncula modo alba, modo subrubra,
quae narium ossibus inhaeret; ac modo ad labra tendens
20 narem implet, modo retro per id foramen, quo spiritus a
naribus ad fauces descendit, adeo increscit, uti post uvam
conspici possit; strangulatque hominem, maxime austro aut
euro flante: fereque mollis est, raro dura; eaque magis
spiritum impedit, et nares dilatat; quae fere καρκινώδης
25 est; itaque attingi non debet. Illud aliud genus fere quidem
ferro curatur; interdum tamen inarescit, si addita in narem
per linamentum aut penicillum ea compositio est, quae habet
minii sinopici, chalcitidis, calcis, sandarachae, singulorum
p.)-(. I. atramenti sutorii p.)-(. II.

30   C A P U T   I X.
                      De dentium dolore.

    In dentium autem dolore, qui ipse quoque maximis tor-
mentis annumerari potest, vinum ex toto circumcidendum
est; a cibo quoque primo abstinendum, deinde eo modico
35 mollique utendum, ne mandentis dentes irritet: tum extrin-

secus admovendus per spongiam vapor aquae calidae, imponendumque ceratum ex cyprino aut irino factum, lanaque id comprehendendum, çaputque velandum est. Quod si gravior is dolor est, utiliter. et alvus ducitur, et calida cataplasmata super maxillas imponuntur, et ore humor calidus 5 cum medicamentis aliquibus continetur, saepiusque mutatur. Cujus rei causa et quinquefolii radix in vino mixto coquitur; et hyoscyami radix vel in posca, vel in vino mixto sic, ut paulum his salis adjiciatur; et papaveris non nimium aridi cortices, et mandragorae radix eodem modo. Sed in his 10 tribus utique vitandum est, ne, quod haustum erit, devoretur. Ex populo quoque alba cortex radicis in hunc usum in vino mixto recte coquitur; et in aceto cornus cervini ramentum; et nepeta cum teda pingui, ac ficus item pinguis vel in mulso, vel in aceto et melle, ex quibus quum ficus de- 15 cocta est, is humor percolatur. Specillum quoque lana involutum in calidum oleum demittitur, eoque ipse dens fovetur. Quin etiam quaedam quasi cataplasmata in dentem ipsum illinuntur: ad quem usum ex malo punico acido atque arido malicorii pars interior cum pari portione et gallae et pīnei 20 corticis conteritur, misceturque his minium; eaque contrita aqua pluviatili coguntur: aut panacis, papaveris lacrimae, peucedani, uvae taminiae sine seminibus pares portiones conteruntur: aut galbani partes tres, papaveris lacrimae pars quarta. Quidquid dentibus admotum est, nihilominus 25 supra maxillas ceratum, quale supra posui, esse debet, lana obtectum. Quidam etiam myrrhae, cardamomi, singulorum p.)-(. I. croci, pyrethri,*ficorum partes, singulorum p.)-(. IV. sinapis p.)-(. VIII. contrita linteolo illinunt, imponuntque in humero partis ejus, qua dens dolet; si is superior 30 est, a scapulis; si inferior, a pectore: idque dolorem levat; et, quum levavit,˙protinus submovendum est. Si vero exesus est dens, festinare ad eximendum eum, nisi res cogit, non est necesse: sed tum omnibus fomentis, quae supra posita sunt, adjiciendae quaedam valentiores compositiones sunt, 35 quae dolorem levant; qualis Herae est. Habet autem papaveris lacrimae p.˙)-(. I. piperis p.)-(. II. soreos p.)-(. X. quae contrita galbano excipiuntur, idque circumdatur. Aut

Menemachi, maxime ad maxillares dentes; in qua sunt croci
p.)-(. I. cardamomi, turis fuliginis, *ficorum partes, pyrethri, singulorqm p.)-(. IV. sinapis p.)-(. VIII. Quidam
autem miscent pyrethri, piperis, elaterii, singulorum p.)-(. I.
5 aluminis scissilis, papaveris lacrimae, uvae taminiae, sulphuris ignem non experti, bituminis, lauri baccarum, sinapis, singulorum p.)-(. II. Quod si dolor eximi eum cogit,
et piperis semen cortice liberatum, et eodem.modo bacca
hederae conjecta in id foramen dentem findit, isque per
10 testas excidit: et plani piscis, quam pastinacam nostri,
τϱυγόνα Graeci vocant, aculeus torretur, deinde conteritur, resinaque excipitur, quae denti circumdata hunc solvit;
et alumen scissile in id foramen conjectum dentem citat. Sed
id tamen involutum lanula demitti commodius est, quia sic,
15 dente servato, dolorem levat. Haec a medicis accepta sunt.
Sed agrestium experimento cognitum est, quum dens dolet,
herbam mentastrum cum suis radicibus evelli debere, et in
pelvem conjici, supraque aquam infundi, collocarique juxta
sedentem hominem undique veste contectum; tum in pelvem
20 candentes silices demitti sic, ut aqua tegantur, hominemque
eum hiante ore vaporem excipere, ut supra dictum est, undique inclusum. Nam et sudor plurimus sequitur, et per os
continens pituita defluit (cf. IV, 4, 1); idque saepe longiorem, semper annuam valetudinem bonam praestat.

25   CAPUT X.
                   De tonsillarum inflammatione.

Si vero tonsillae sine exulceratione per inflammationem
intumuerunt, caput velandum est; extrinsecus is locus vapore calido fovendus; multa ambulatione utendum; caput
30 in lecto sublime habendum; gargarizandumque reprimentibus.
Radix quoque ea, quam dulcem appellant, contusa et in
passo mulsove decocta idem praestat. Leniterque quibusdam
medicamentis eas illini non alienum est; quae hoc modo
fiunt. Ex malo punico dulci succus exprimitur, et ejus sex-
35 tarius leni igne coquitur, donec ei mellis crassitudo sit; tum

croci, myrrhae, aluminis scissilis, singulorum p.)-(. II. per
se conteruntur, paulatimque his adjiciuntur vini lenis cyathi
duo, mellis unus; deinde priori succo ista.miscentur, et
rursus leniter incoquuntur : aut ejusdem succi sextarius
eodem modo coquitur, atque eadem ratione trita haec adji- ⁵
ciuntur; nardi p.)-(. —. omphacii p.)-(. I. cinnamomi,
myrrhae, casiae, singulorum p.)-(. I. Eadem autem haec
et auribus et naribus purulentis accommodata sunt. Cibus in
hac quoque valetudine lenis esse debet, ne exasperet. Quod
si tanta inflammatio est, ut spiritum impediat, in lecto con- 10
quiescendum; a cibo abstinendum, neque assumendum quidquam praeter aquam calidam est; alvus quoque ducenda est;
gargarizandum ex fico et mulso; illinendum mel cum omphacio; extrinsecus admovendus, sed aliquanto diutius, vapor calidus, donec ea suppurent, et per se aperiantur. Si 15
pure substante non rumpuntur hi tumores, incidendi sunt:
deinde ex mulso calido gargarizandum. At si modicus quidem tumor, sed exulceratio est, furfurum cremori ad gargarizandum paulum mellis adjiciendum est, illinendaque ulcera hoc medicamento: passi quam dulcissimi tres heminae 20
ad unam coquuntur; tum adjicitur turis p.)-(. I. croci,
myrrhae, singulorum p.)-(. — leniterque omnia rursus fer-
vescunt. Ubi pura ulcera sunt, eodem furfurum cremore,
vel lacte gargarizandum est. Atque hic quoque cibis lenibus
opus est, quibus adjici dulce vinum potest.   25

CAPUT XI.

De oris ulceribus.

Ulcera autem oris, si cum inflammatione sunt, et parum
pura ac rubicunda sunt, optime iis medicamentis curantur,
quae supra posita ex malis punicis (cf. p. 246, l. 19) fiunt: 30
continendusque saepe ore reprimens cremor est, cui paulum
mellis sit adjectum. Utendum ambulationibus, et non acri cibo.
Simul atque vero pura ulcera esse coeperunt, lenis humor, interdum etiam quam optima aqua ore continenda est: prodestque assumtum purum vinum, pleniorque cibus, dum acribus 35

vacet: inspergique ulcera debent alumine scissili, cui dimidio plus gallae immaturae sit adjectum. Si jam crustas habent, quales in adustis esse consuerunt, adhibendae sunt
eae compositiones, quas Graeci ἀνϑηράς nominant. Junci
5 quadrati, myrrhae, sandarachae, aluminis, pares portiones:
aut croci, myrrhae, singulorum p.)-(. II. iridis p.)-(. I.
aluminis scissilis, sandarachae, singulorum p.)-(. IV. junci
quadrati p.)-(. VIII. aut gallae, myrrhae, singulorum p.)-(. I.
aluminis scissilis p.)-(. II. rosae foliorum p.)-(. IV. Qui-
10 dam autem croci p.)-(. z. aluminis scissilis, myrrhae, singulorum p.)-(. I. sandarachae p.)-(. II. junci quadrati p.
)-(. IV. miscent. Priora arida insperguntur; hoc cum melle
illinitur; neque ulceribus tantum, sed etiam tonsillis.

Verum ea longe periculosissima ulcera sunt, quas ἄφϑας
15 Graeci appellant; sed in pueris: hos enim saepe consumunt.
In viris et mulieribus idem periculum non est. Haec ulcera
a gingivis incipiunt: deinde palatum, totumque os occupant: tum ad uvam faucesque descendunt; quibus obsessis,
non facile fit ut puer convalescat. Ac miserius etiam est, si
20 lactans adhuc infans est; quo minus imperari remedium
aliquod potest. Sed in primis nutrix cogenda est exerceri et
ambulationibus, et iis operibus, quae superiores partes
movent: mittenda in balneum, jubendaque ibi calida aqua
mammas perfundere: tum alenda cibis lenibus, et iis qui
25 non facile corrumpuntur; potione, si febricitat puer, aquae;
si sine febre est, vini diluti. Ac si alvus nutrici substitit,
ducenda est: si pituita in os ejus coiit, vomere debet. Tum
ipsa ulcera perungenda sunt melle, cui rhus, quem syriacum vocant, aut amarae nuces adjectae sint: vel mixtis inter
30 se rosae foliis aridis, pineis nucleis, mentae coliculo, melle:
vel eo medicamento, quod ex moris fit; quorum succus
eodem modo quo punici mali, ad mellis crassitudinem coquitur, eademque ratione ei crocum, myrrha, alumen, vinum, mel miscetur. Neque quidquam dandum, a quo humor
35 evocari possit. Si vero jam firmior puer est, gargarizare
debet iis fere, quae supra comprehensa sunt: ac si lenia
medicamenta in eo parum proficiunt, adhibenda sunt ea,
quae adurendo crustas ulceribus inducant, quale est scissile

alumen, vel chalcitis, vel atramentum sutorium. Prodest
etiam fames et abstinentia quanta maxima imperari potest.
Cibus esse debet lenis: ad purganda tamen ulcera interdum
caseus ex melle recte datur.

CAPUT XII.   5
De linguae ulceribus.

Linguae quoque ulcera non aliis medicamentis egent,
quam quae prima parte superioris capitis exposita sunt. Sed
quae in latere ejus nascuntur, diutissime durant. Videndum-
que est num contra dens aliquis acutior sit, qui sanescere 10
saepe ulcus eo loco non sinit; ideoque limandus est.

CAPUT XIII.
De parulidibus et ulceribus gingivarum.

Solent etiam interdum juxta dentes in gingivis tubercula
quaedam oriri dolentia: παρουλίδας Graeci appellant. Haec 15
initio leniter sale contrito perfricare oportet; aut inter se
mixtis sale fossili combusto, cupresso, nepeta; deinde
eluere os cremore lenticulae, et inter haec hiare, donec
pituitae satis profluat. In majore vero inflammatione iisdem
medicamentis utendum est, quae ad ulcera oris supra posita 20
sunt (cap. XI): et mollis linamenti paulum involvendum aliqua compositione ex iis quas ἄνθηράς vocari dixi (p. 249,
l. 4): demittendumque id inter dentem et gingivam. Quod si
tumor id prohibebit, extrinsecus admovendus erit spongia vapor calidus, imponendumque ceratum. Si suppuratio se osten- 25
det, diutius eo vapore utendum erit; et continendum ore calidum mulsum in quo ficus decocta sit: idque subcrudum incidendum, ne, si diutius ibi pus permanserit, os laedat. Quod
si major is tumor est, commodius totus exciditur sic, ut ex
utraque parte dens liberetur. Pure exemto, si levis plaga est, 30
satis est ore calidam aquam continere, et extrinsecus fovere
eodem vapore: si major est, lenticulae cremore uti, iisdem-

que medicamentis, quibus cetera ulcera oris curantur. Alia
quoque ulcera in gingivis plerumque oriuntur; quibus eadem,
quae in reliquo ore, succurrunt: maxime tamen mandere
ligustrum oportet, succumque eum ore continere. Fit etiam
5 interdum, ut ex⁻ gingivae ulcere, sive παρουλίς fuit, sive
non fuit, diutius pus feratur: quod aut corrupto dente, aut
fracto, vel aliter vitiato osse: maximeque id per fistulam
venire consuevit. Ubi incidit, locus aperiendus; dens eximendus; testa ossis, si qua abscessit, recipienda est; si
10 quid vitiosi est, radendum. Post quae, quid fieri debeat,
supra in aliorum ulcerum curatione comprehensum est. Si
vero a dentibus gingivae recedunt, eaedem antherae succurrunt. Utile est etiam pira aut mala non permatura mandere,
et ore eum humorem continere. Idemque praestare non acre
15 acetum in ore retentum potest.

CAPUT XIV.
De uvae morbo.

Uvae vehemens inflammatio terrere quoque debet. Itaque in hac et abstinentia necessaria est; et sanguis recte
20 mittitur; et, si id aliqua res prohibet, alvus utiliter ducitur:
caputque super haec velandum, et sublimius habendum est:
tum aqua gargarizandum, in qua simul rubus et lenticula
decocta sit. Illinenda quoque ipsa uva vel omphacio, vel
galla, vel alumine scissili sic, ut cuilibet eorum mel adjicia-
25 tur. Est etiam medicamentum huic aptum, quod Andronium
appellatur. Constat ex his: alumine scissili, squama aeris
rubri, atramento sutorio, galla, myrrha, misy: quae per
se contrita mixtaque, rursus paulatim adjecto vino austero
teruntur, donec his mellis crassitudo sit. Ubi horum aliquo
30 illita uva est, fere multa pituita decurrit: quumque ea quievit, ex vino calido gargarizandum est. Quod si minor ea inflammatio est, laser terere, eique adjicere frigidam aquam
satis est, eamque aquam cochleari exceptam ipsi uvae subjicere. Ac mediocriter eam tumentem aqua quoque frigida
35 eodem modo subjecta reprimit. Ex eadem autem aqua gargarizandum quoque est.

CAPUT XV.
De cancro oris.

Si quando autem ulcera oris cancer invasit, primum considerandum est, num malus corporis habitus sit, eique occurrendum; deinde ipsa ulcera curanda. Quod si in summa 5 parte id vitium est, satis proficit ἀνθηρά, humido ulceri arida inspersa; sicciori, cum exigua parte mellis illita: si paulo altius, chartae combustae partes duae, auripigmenti pars una: si penitus malum descendit, chartae combustae partes tres, auripigmenti pars quarta; aut pares portiones salis 10 fricti, et iridis frictae; aut item pares portiones chalcitidis, calcis, auripigmenti. Necessarium autem est linamentum in rosa tingere, et super adurentia medicamenta imponere; ne vicinum et sanum locum laedant. Quidam etiam in acris aceti heminam frictum salem conjiciunt, donec tabescere desinat; 15 deinde id acetum coquunt, donec exsiccetur; eumque salem contritum inspergunt. Quoties autem medicamentum injicitur, et ante et post os eluendum est vel cremore lenticulae, vel aqua, in qua aut ervum, aut oleae, aut verbenae decoctae sint, sic, ut cuilibet eorum paulum mellis misceatur. Acetum 20 quoque ex scilla retentum ore satis adversus haec ulcera proficit: et ex aceto cocto sali, sicut supra demonstratum est, rursus mixtum acetum. Sed et diu continere utrumlibet, et id bis aut ter die facere, prout vehemens malum est, necessarium est. Quod si puer est, cui id incidit, specillum 25 lana involutum in medicamentum demittendum est, et super ulcus tenendum; ne per imprudentiam adurentia devoret. Si dolor in gingivis est, moventurque aliqui dentes, refigi eos oportet: nam curationem vehementer impediunt. Si nihil medicamenta proficient, ulcera erunt adurenda. Quod tamen 30 in labris ideo non est necessarium, quoniam excidere commodius est. Et id quidem aeque adustum atque excisum sine ea curatione, quae manu adhibetur, impleri non potest. Gingivarum vero ossa, quae hebetia sunt, in perpetuum ustione nudantur· neque enim postea caro increscit. Imponenda ta- 35 men adustis lenticula est, donec sanitatem, qualis esse potest, recipiant.

CAPUT XVI.
De parotidibus.

Haec in capite fere medicamentis egent. Sub ipsis vero auribus oriri parotides solent; modo in secunda valetudine, 5 ibi inflammatione orta; modo post longas febres, illuc impetu morbi converso. Id abscessus genus est: itaque nullam novam curationem desiderat. Animadversionem tantummodo hanc habet necessariam; quia si sine morbo id intumuit, primum reprimentium experimentum est; si ex adversa vale-10 tudine, illud inimicum est, maturarique et quam primum aperiri commodius est.

CAPUT XVII.
De umbilico prominente.

Ad umbilicos vero prominentes, ne manu ferroque utendum sit, ante tentandum est ut abstineant; alvus his ducatur; 15 imponatur super umbilicum id, quod ex his constat: cicutae et fuliginis, singulorum p.)-(. I. cerussae elotae p.)-(. VI. plumbi eloti p.)-(. VIII. ovis duobus; quibus etiam solani succus adjicitur. Hoc diutius impositum esse oportet: et interim conquiescere hominem; cibo modico uti sic, ut vi-20 tentur omnia inflantia.

CAPUT XVIII.
De obscoenarum partium vitiis.

1. Proxima sunt ea, quae ad partes obscoenas perti-25 nent: quarum apud Graecos vocabula et tolerabilius se habent, et accepta jam usu sunt; quum in omni fere medicorum volumine atque sermone jactentur: apud nos foediora verba, ne consuetudine quidem aliqua verecundius loquentium commendata sunt: ut difficilior haec explanatio sit 30 simul et pudorem et artis praecepta servantibus. Neque tamen ea res a scribendo deterrere me debuit: primum, ut omnia, quae salutaria accepi, comprehenderem: dein, quia in vulgus eorum curatio etiam praecipue cognoscenda est, quae invitissimus quisque alteri ostendit.

2. Igitur si ex inflammatione coles intumuit, reducique summa cutis, aut rursus induci non potest, multa calida aqua fovendus locus est. Ubi vero glans contecta est, oriculario quoque clystere inter eam cutemque aqua calida inserenda est. Si mollita sic et extenuata cutis ducenti paruit, expe- 5 ditior reliqua curatio est:· si tumor vicit, imponenda est vel lenticula, vel marrubium, vel oleae folia ex vino cocta, sic, ut cuilibet eorum, dum teritur, mellis paulum adjiciatur: sursumque coles ad ventrem deligandus est, quod in omni curatione ejus necessarium est. Isque homo continere se, 10 et abstinere a cibo debet, et potione aquae tantum a siti vindicari. Postero die rursus abhibendum iisdem rationibus aquae fomentum est, et cum vi quoque experiendum, an cutis sequatur: eaque, si non parebit, leviter summa scalpello concidenda erit: nam quum sanies profluxerit, exte- 15 nuabitur is locus, et facilius cutis ducetur. Sive autem hoc modo victa erit, sive numquam repugnaverit, ulcera vel in cutis ulteriore parte, vel in glande, ultrave eam in cole reperientur: quae necesse est aut pura siccaque sint, aut humida et purulenta. Si sicca sunt, primum aqua calida 20 fovenda sunt: deinde imponendum lycium ex vino est, aut amurca cocta cum eodem, aut cum rosa butyrum. Si levis iis humor inest, vino eluenda sunt: tum butyro et rosae mellis paulum, et resinae terebinthinae pars quarta adjicienda est, eoque utendum. At si pus ex iis profluit, ante 25 omnia elui mulso calido debent: tum imponi piperis p.)-(. I. myrrhae p.)-(. I. croci, misy cocti, singulorum p.)-(. II. quae ex vino austero coquuntur, donec mellis crassitudinem habeant. Eadem autem compositio tonsillis, uvae madenti, oris nariumque ulceribus accommodata est. Aliud ad eadem: 30 piperis p.)-(. z. myrrhae p.)-(. z. croci p.)-(. z z. misy cocti p.)-(. I. aeris combusti p.)-(. II. quae primum ex vino austero conteruntur; deinde, ubi inaruerunt, iterum teruntur ex passi tribus cyathis, et incoquuntur, donec visci crassitudinem habeant. Aerugo quoque cum cocto melle, et ea, quae ad oris 35 ulcera supra comprehensa sunt; aut Erasistrati compositio, aut Cratonis recte super purulenta naturalia imponitur. Folia quoque oleae ex novem cyathis vini coquuntur; his

adjicitur aluminis scissilis p.)-(. IV. lycii p.)-(. VIII. mellis
sesquicyathus: ac, si plus puris est, id medicamentum ex
melle; si minus, ex vino diluitur. Illud perpetuum est, post
curationem, dum inflammatio manet, quale supra positum
5 est, cataplasma superdare, et quotidie ulcera eadem ratione
curare. Quod si pus et multum, et cum malo odore coepit
profluere, elui cremore lenticulae debet sic, ut ei mellis
paulum adjiciatur: aut oleae, vel lentisci folia, vel marrubium decoquendum est, eoque humore eodem modo cum
10 melle utendum: imponendaque eadem; aut etiam omphacium
cum melle; aut id, quod ex aerugine et melle ad aures fit;
aut compositio Andronis; aut ἀνϑηρά sic, ut ei paulum mellis
adjiciatur. Quidam ulcera omnia, de quibus adhuc dictum
est, lycio ex vino curant. Si vero ulcus latius atque altius
15 serpit, eodem modo elui debet: imponi vero aut aerugo aut
omphacium cum melle; aut Andronis compositio; aut marrubii, myrrhae, croci, aluminis scissilis cocti, rosae foliorum aridorum, gallae, singulorum p.)-(. I. minii sinopici
p.)-(. II. quae per se singula primum teruntur, deinde
20 juncta iterum melle adjecto, donec liquidi cerati crassitudinem habeant; tum in aeneo vase leniter coquuntur, ne su-
perfluant; quum jam guttae indurescunt, vas ab igne removetur: idque medicamentum, prout opus est, aut ex melle
aut ex vino liquatur. Idem autem per se etiam ad fistulas
25 utile est[1]). Solet etiam interdum ad nervos ulcus descendere;
profluitque pituita multa, sanies tenuis malique odoris, non
coacta, at aquae similis, in qua caro recens lota est; doloresque is locus, et punctiones habet. Id genus quamvis
inter purulenta est, tamen lenibus medicamentis curandum
30 est; quale est emplastrum τετραφάρμακον ex rosa liquatum sic, ut turis quoque paulum ei misceatur; aut id, quod
ex butyro, rosa, resina, melle fit; supra vero a me positum
est (cf. p. 254, l. 23—25). Praecipueque id ulcus multa
calida aqua fovendum est, velandumque, neque frigori com-
35 mittendum. Interdum autem per ipsa ulcera coles sub cute

<hr>

• 1) Haec verba mihi valde suspecta. Nonne ex margine ad tex-
tum fluxerunt?

exesus est sic, ut glans excidat. Sub quo casu cutis ipsa circumcidenda est. Perpetuumque est, quoties glans, aut ex cole aliquid vel excidit, vel abscinditur, hanc non esse servandam, ne considat, ulcerique agglutinetur, ac neque reduci possit postea, et fortasse fistulam quoque urinae claudat. 5

Tubercula etiam, quae φύματα Graeci vocant, circa glandem oriuntur: quae vel medicamentis, vel ferro aduruntur; et quum crustae exciderunt, squama aeris inspergitur, ne quid ibi rursus increscat.

3. Haec citra cancrum sunt; qui quum in reliquis par- 10 tibus, tum in his quoque vel praecipue ulcera infestat. Incipit a nigritie: quae si cutem occupavit, protinus specillum subjiciendum, eaque incidenda est; deinde orae vulsella prehendendae; tum, quidquid corruptum est, excidendum sic, ut ex integro quoque paulum dematur, idque ad- 15 urendum. Quoties quid ustum est, id quoque sequitur, ut imponenda lenticula sit; deinde, ubi crustae exciderunt, ulcera sicut alia curentur. At si cancer ipsum colem occupavit, inspergenda aliqua sunt ex adurentibus, maximeque id quod ex calce, chalcitide, auripigmento componitur. Si 20 medicamenta vincuntur, hic quoque scalpello, quidquid corruptum est, sic, ut aliquid etiam integri trahat, praecidi debet. Illud quoque aeque perpetuum est, exciso cancro vulnus esse adurendum. Sed sive ex medicamentis, sive ex ferro crustae occalluerunt, magnum periculum est, ne his 25 decidentibus, ex cole profusio sanguinis insequatur. Ergo longa quiete, et immobili paene corpore opus est, donec ex ipso crustae leniter resolvantur. At si vel volens aliquis, vel imprudens, dum ingreditur, immature crustas diduxit, et fluit sanguis, frigida aqua adhibenda est: si haec parum 30 valet, decurrendum est ad medicamenta, quae sanguinem supprimunt (cf. V, 18, 22; 22, 6): si ne haec quidem succurrunt, aduri diligenter et timide debet: neque ullo postea motu dandus eidem periculo locus est.

4. Nonnumquam etiam id genus ibi cancri, quod φαγέ- 35 δαινα a Graecis nominatur, oriri solet. In quo minime differendum, sed protinus iisdem medicamentis, et, si parum valent, ferro adurendum. Quaedam etiam nigrities est,

quae non sentitur, sed serpit, ac, si sustinuimus, usque ad
vesicam tendit; neque succurri postea potest. Si id in summa
glande circa fistulam urinae est, prius in eam tenue specillum demittendum est, ne claudatur; deinde id ferro aduren-
5 dum: si vero alte penetravit, quidquid occupatum est, praecidendum est. Cetera eadem, quae in aliis cancris, facienda
sunt.

5. Occallescit etiam in cole interdum aliquid; idque
omni paene sensu caret: quod ipsum quoque excidi debet.
10 Carbunculus autem ibi natus, ut primum apparet, per oricularium clysterem eluendus est: deinde ipse quoque medicamentis urendus, maximeque chalcitide cum melle, aut aerugine cum cocto melle, aut ovillo stercore fricto et contrito
cum eodem melle. Ubi is excidit, liquidis medicamentis uten-
15 dum est, quae ad oris ulcera componuntur.

6. In testiculis vero, si qua inflammatio sine ictu orta
est, sanguis ex talo mittendus est: a cibo abstinendum; imponenda ex faba farina ex mulso cocta cum cumino contrito
et ex melle coacto; aut contritum cuminum cum cerato ex
20 rosa facto; aut lini semen frictum, contritum, et in mulso
coctum; aut tritici farina ex mulso cocta cum cupresso; aut
lilii radix contrita. At si iidem induruerunt, imponi debet lini
vel foeni graeci semen ex mulso coctum; aut ex cyprino ceratum; aut simila ex vino contrita, cui paulum croci sit ad-
25 jectum. Si vetustior jam durities est, maxime proficit cucumeris agrestis radix ex mulso cocta, deinde contrita. Si ex
ictu tument, sanguinem mitti necessarium est; magisque, si
etiam livent: imponendum vero utrumlibet ex iis, quae cum
cumino componuntur, supraque-posita sunt; aut ea compo-
30 sitio, quae habet nitri cocti p.)-(. I. resinae pineae, cumini,
singulorum p.)-(. II. uvae taminiae sine seminibus p.)-(. IV.
mellis quantum satis sit ad ea cogenda. Quod si ex ictu testiculis aliquid haesit, fere pus quoque increscit; neque aliter succurri potest, quam si, inciso scroto, et pus emissum,
35 et ipse testiculus excisus est.

7. Anus quoque multa taediique plena mala recipit, neque inter se multum abhorrentes curationes habet. Ac primum
in eo saepe, et quidem pluribus locis, cutis scinditur: ῥα-

γάδια Graeci vocant. Id si recens est, quiescere homo debet,
et in aqua calida desidere. Columbina quoque ova coquenda
sunt, et, ubi induruerunt, purganda: deinde alterum jacere
in aqua bene calida debet, altero calido foveri locus sic, ut
invicem utroque aliquis utatur. Tum tetrapharmacum, aut 5
rhypodes rosa diluendum est; aut oesypum recens miscendum cum cerato liquido ex rosa facto; aut eidem cerato
plumbum elotum adjiciendum; aut resinae terebinthinae myrrha; aut spumae argenti vetus oleum; et quolibet ex his id
perungendum. Si quidquid laesum est, extra est, neque intus 10
reconditum, eodem medicamento tinctum linamentum superdandum est, et quidquid ante adhibuimus, cerato contegendum. In hoc autem casu neque acribus cibis utendum, neque
asperis, nec alvum comprimentibus: ne aridum quidem quidquam satis utile est, nisi admodum paulum. Liquida, lenia, 15
pinguia, glutinosa meliora sunt. Vino leni uti nihil prohibet.

8. Condyloma autem est tuberculum, quod ex quadam
inflammatione nasci solet. Id ubi ortum est, quod ad quietem
cibos potionesque pertinet, eadem servari debent, quae pro- 20
xime scripta sunt. Iisdem etiam ovis recte tuberculum id fovetur: sed desidere ante homo in aqua debet, in qua verbenae decoctae sint ex reprimentibus. Tum recte imponitur et
lenticula cum exigua mellis parte; et sertula campana ex
vino cocta; et rubi folia contrita cum cerato ex rosa facto; 25
et cum eodem cerato contritum vel cotoneum malum, vel
malicorii ex vino çocti pars interior; et chalcitis cocta atque
contrita, deinde oesypo ac rosa excepta; et ex ea compositione, quae habet turis p.)-(. I. aluminis scissilis p.)-(.
II. cerussae p.)-(. III. spumae argenti p.)-(. v. quibus, dum 30
teruntur, invicem rosa et vinum instillatur. Vinculum autem
ei loco linteolum aut panniculus quadratus est, qui ad duo
capita duas ansas, ad altera duo totidem fascias habet; quumque subjectus est, ansis ad ventrem datis, a posteriore parte
in eas adductae fasciae conjiciuntur, atque, ubi arctatae sunt, 35
dexterior sinistra, sinisterior dextra procedit, circumdatae-
que circa alvum inter se novissime deligantur. Sed si vetus
condyloma jam induruit, neque sub his curationibus desidit,

aduri medicamento·potest, quod ex his constat: aeruginis
p.)-(. II. myrrhae p.)-(. IV. gummi p.)-(. VIII. turis p.)-(.
XII. stibis, papaveris lacrimae, acaciae, singulorum p.)-(.
XVI. Quo medicamento quidam etiam ulcera, de quibus
5 proxime dixi (§ 2), renovant. Si hoc parum in condylomate
proficit, adhiberi possunt etiam vehementius adurentia. Ubi
consumtus est tumor, ad medicamenta lenia transeundum
est.

9. Tertium vitium est, ora venarum tamquam capitulis
10 quibusdam surgentia, quae saepe sanguinem fundunt: αἱμορ-
ῥοΐδας Graeci vocant. Idque etiam in ore vulvae feminarum
incidere consuevit. Atque in quibusdam parum tuto supprimitur, qui sanguinis profluvio imbecilliores non fiunt: habent enim purgationem hanc, non morbum. Ideoque curati
15 quidam, quum sanguis exitum non haberet, inclinata in praecordia ac viscera materia, subitis et gravissimis morbis correpti sunt. Si cui vero id nocet, is desidere in aqua ex verbenis debet: imponere maxime malicorium cum aridis rosae
foliis contritum; aut ex iis aliqua, quae sanguinem supprimunt
20 (cf. § 3; fine). Solet autem oriri inflammatio, maxime ubi dura
alvus eum locum laesit. Tum in aqua dulci desidendum est, et
id fovendum ovis: imponendi vitelli cum rosae foliis ex passo
subactis: idque, si intus est, digito illinendum; si extra, su-
perillitum panniculo imponendum est. Ea quoque medica-
25 menta, quae in recentibus scissuris posita sunt, hic idonea
sunt. Cibis vero in hoc casu iisdem, quibus in prioribus,
utendum est. Si ista parum juvant, solent imposita medicamenta adurentia ea capitula absumere. Ac si jam vetustiora
sunt, sub auctore Dionysio inspergenda sandaracha est:
30 deinde imponendum id, quod ex his constat: squamae aeris,
auripigmenti, singulorum p.)-(. V. saxi calcis p.)-(. VIII.
postero die acu compungendum. Adustis (*adsutis?*) capitulis fit cicatrix, quae sanguinem fundi prohibet. Sed quoties
is suppressus est, ne quid periculi afferat, multa exercita-
35 tione digerenda materia est; praetereaque et viris, et feminis, quibus menstrua non proveniunt, interdum ex brachio
sanguis mittendus est.

10. At si anus ipse, vel os vulvae procidit, nam id quo-

17*

que interdum fit, considerari debet, purum ne id sit, quod provolutum est, an humore mucoso circumdatum. Si purum est, in aqua desidere homo debet, aut salsa, aut cum verbenis vel malicorio incocta: si humidum, vino austero subluendum est, illinendumque faece vini combusta. Ubi utro- 5 libet modo curatum est, intus·reponendum est; imponendaque plantago contrita, vel folia salicis in aceto cocta; tum linteolum et super lana: eaque deliganda sunt, cruribus inter se devinctis.

11. Fungo quoque simile ulcus in eadem sede nasci so- 10 let. Id, si hiems est, egelida; si aliud tempus, frigida aqua fovendum est: dein squama aeris inspergenda, supr**â**que ceratum ex murteo factum, cui paulum squamae, fuliginis, calcis sit adjectum. Si hac ratione non tollitur, vel medicamentis vehementioribus, vel ferro adurendum est. 15

CAPUT XIX.
De digitorum ulceribus.

Digitorum autem vetera ulcera commodissime curantur aut lycio, aut amurca cocta, quum utrilibet vinum adjectum est. In iisdem recedere ab ungue caruncula cum magno do- 20 lore consuevit: πτερύγιον Graeci appellant. Oportet alumen melinum rotundum in aqua liquare, donec mellis crassitudinem habeat: tum, quantum ejus aridi fuit, tantumdem mellis infundere, et rudicula miscere, donec similis croco colore fiat, eoque illinere. Quidam ad eumdem usum decoquere si- 25 mul malunt, quum paria pondera aluminis aridi et mellis miscuerunt. Si hac ratione ea non exciderunt, excidenda sunt: deinde digiti fovendi aqua ex verbenis, imponendumque super medicamentum ita factum: chalcitis, malicorium, squama aeris excipiuntur fico pingui leniter cocta ex melle; aut char- 30 tae combustae, auripigmenti, sulphuris ignem non experti par modus cerato miscetur ex murteo facto: aut aeruginis rasae p.)-(. I. squamae aeris p.)-(. XII. mellis cyatho coguntur: aut pares portiones miscentur saxi calcis, chalcitidis, auripigmenti. Quidquid horum impositum est, tegendum 35

linteolo aqua madefacto est. Tertio die digitus resolvendus,
et, si quid aridi est, iterum excidendum, similisque adhibenda
curatio est. Si non vincitur, purgandum est scalpello; tenuibusque ferramentis adurendum, et, sicut reliqua usta, curan-
5 dum est. At, ubi scabri ungues sunt, circumaperiri debent,
qua corpus contingunt: tum super eos ex hac compositione
aliquid imponi: sandarachae, sulphuris, singulorum p.)-(.
II. nitri, auripigmenti, singulorum p.)-(. IV. resinae liquidae
p.)-(. VIII. tertioque id die resolvendum est. Sub quo medi-
10 camento vitiosi ungues cadunt, et in eorum locum meliores
renascuntur.

A. CORNELII CELSI
ARTIUM LIBER DUODECIMUS

IDEM

MEDICINAE SEPTIMUS.

PRAEFATIO.

De chirurgia, ejusque historia, et de optimi Chirurgi qualitatibus.

Tertiam esse medicinae partem, quae manu curet, et vulgo notum, et a me propositum est. Ea non quidem medicamenta atque victus rationem omittit; sed manu tamen 5 plurimum praestat: estque ejus effectus inter omnes medicinae partes evidentissimus. Siquidem in morbis quum multum fortuna conferat, eademque saepe salutaria, saepe vana sint; potest dubitari secunda valetudo medicinae, an corporis beneficio contigerit. In iis quoque, in quibus medicamentis 10 maxime nitimur, quamvis profectus evidentior est, tamen sanitatem et per haec frustra quaeri, et sine his reddi saepe, manifestum est: sicut in oculis quoque deprehendi potest; qui a medicis diu vexati, sine his interdum sanescunt. At in ea parte, quae manu curat, evidens est, omnem profe- 15 ctum, ut aliquid ab· aliis adjuvetur, hinc tamen plurimum trahere.

Haec autem pars, quum sit vetustissima, magis tamen ab illo parente omnis medicinae Hippocrate, quam a prioribus exculta est: deinde, posteaquam diducta ab aliis habere pro- 20 fessores suos coepit, in Aegypto quoque increvit, Philoxeno maxime auctore, qui pluribus voluminibus hanc partem diligentissime comprehendit. Gorgias quoque et Sostratus et Heron et Apollonii duo et Ammonius Alexandrinus, multique alii celebres viri, singuli quaedam repererunt. Ac Romae quoque non mediocres professores, maximeque nuper Tryphon pater, et Euelpistus, et, ut ex scriptis ejus intelligi potest, horum eruditissimus Meges, quibusdam in melius 5 mutatis, aliquantum ei disciplinae adjecerunt.

Esse autem chirurgus debet adolescens, aut certe adolescentiae propior; manu strenua, stabili, nec umquam intremiscente, eaque non minus sinistra, quam dextra promtus; acie oculorum acri claraque; animo intrepidus, misericors 10 sic, ut sanari velit eum, quem accepit, non ut clamore ejus motus vel magis, quam res desiderat, properet, vel minus, quam necesse est, secet; sed perinde faciat omnia, ac si nullus ex vagitibus alterius affectus oriatur. Potest autem requiri, quid huic parti proprie vindicandum sit: quia vulne-15 rum quoque ulcerumque multorum curationes, quas alibi exsecutus sum, chirurgi sibi vindicant. Ego eumdem quidem hominem posse omnia ista praestare concipio: atque ubi se diviserunt, eum laudo, qui quamplurimum percipit. Ipse autem huic parti ea reliqui, in quibus vulnus facit medicus, 20 non accipit; et in quibus vulneribus ulceribusque plus profici manu, quam medicamento, credo: tum quidquid ad ossa pertinet. Quae deinceps exsequi aggrediar; dilatisque in aliud volumen ossibus, in hoc cetera explicabo; praepositisque iis, quae in qualibet parte corporis fiunt, ad ea, quae pro-25 prias sedes habent, transibo (cf. P. Aeg. VI, 1).

CAPUT I.
De luxatis.

Luxata (Gallice: *distorsions, distensions, entorses*) igitur in quacumque parte corporis sunt, quamprimum sic curari de-30 bent, ut, qua dolor est, ea scalpello cutis crebro incidatur, detergeaturque eodem averso profluens sanguis. Quod si paulo tardius subvenitur, jamque etiam rubor est, qua rubet corpus; si tumor quoque accessit, quacumque is est, id optimum auxilium est. Tum superdanda reprimentia sunt; maximeque 35 lana succida ex aceto et oleo. Quod si levior is casus est, possunt etiam sine scalpello, imposita eadem mederi: et, si

nihil aliud est, cinis quoque, maxime ex sarmentis; si is
non est, quilibet alius ex aceto, vel etiam ex aqua coactus.

CAPUT II.

De his, quae per se intumescunt, quomodo incidenda, et curanda sint.

Verum hoc quidem promtum est. In iis autem negotium 5
majus est, quae per se, vitio intus orto, intumescunt, et ad
suppurationem spectant. Ea omnia genera abscessuum esse
alias proposui, medicamentaque his idonea exsequutus sum
(cf. V, 28): nunc superest, ut dicam, in iisdem quae manu
fieri debeant. Ergo, priusquam indurescant, cutem incidere, 10
et cucurbitulam accommodare oportet, quae quidquid illuc
malae corruptaeque materiae coiit, extrahat: idque iterum,
tertioque recte fit, donec omne indicium inflammationis excedat. Neque tamen fas non est, nihil cucurbitulam agere.
Interdum enim fit, sed raro, ut quidquid abscedit, velamento 15
suo includatur. Id antiqui tunicam nominabant. Meges, quia
tunica omnis nervosa est, dixit non nasci sub eo vitio nervum,
quo caro consumeretur, sed, subjecto jam vetustiore pure,
callum circumdari. Quod ad curationis rationem nullo loco
pertinet; quia quidquid, si tunica est, idem, si callus est, 20
fieri debet. Neque ulla res prohibet, etiamsi callus est,
tamen, quia cingit, tunicam nominari. Tum pure quoque
maturior haec interdum esse consuevit: ideoque, quod sub
ea est, extrahi per cucurbitulam non potest. Sed facile id
intelligitur, ubi nihil admota illa mutavit. Ergo, sive id in- 25
cidit, sive jam durities est, in hac auxilii nihil est; et, ut
alias scripsi (II, 23; V, 3, 11, 12—16), vel avertenda
concurrens eo materia, vel digerenda, vel ad maturitatem
perducenda est. Si priora contigerunt, nihil praeterea necessarium est. Si pus maturuit, in alis quidem et inguinibus 30
raro secandum est; item ubicumque mediocris abscessus est;
item quoties in summa cute, vel etiam carne vitium est: nisi
festinare cubantis imbecillitas cogit: satisque est cataplasmatis efficere, ut per se pus aperiatur. Nam fere sine cicatrice
potest esse is locus, qui expertus ferrum non est. Si autem 35

altius malum est, considerari debet, nervosusne is locus sit
an non sit. Nam si sine nervis est, candenti ferramento
aperiri debet: cujus haec gratia est, quod exigua plaga diutius ad pus evocandum patet, parvaque postea cicatrix fit.
5 At si nervi juxta sunt, ignis alienus est, ne vel distendantur
hi, vel membrum debilitent: necessaria vero opera scalpelli
est. Sed cetera etiam subcruda aperiri possunt: inter nervos
ultima exspectanda maturitas est, quae cutem extenuet, eique
pus jungat, quo propius reperiatur. Itemque alia rectam
10 plagam desiderant: in pano, quia fere vehementer cutem
extenuat, tota ea super pus excidenda est. Semper autem,
ubi scalpellus admovetur, id agendum est, ut et quam mini-
mae et quam paucissimae plagae sint: cum eo tamen, ut
necessitati succurramus et in modo, et in numero (P. Aeg.
15 VI, 34). Nam majores sinus latius; interdum etiam duabus,
aut tribus lineis incidendi sunt. Dandaque opera, ut imus
sinus exitum habeat; ne quis humor intus subsidat, qui proxima et adhuc sana rodendo sinuet. Est etiam in rerum natura,
ut cutis latius excidenda sit. Nam, ubi post longos morbos
20 totus corporis habitus vitiatus est, lateque se sinus suffudit,
et in eo jam cutis pallet; scire licet eam jam emortuam esse,
et inutilem futuram: ideoque excidere commodius est; maxime, si circa articulos majores id evenit, cubantemque
aegrum fluens alvus exhaurit, neque per alimenta quidquam
25 corpori accedit. Sed excidi ita debet, ut plaga ad similitudinem myrtei folii fiat, quo facilius sanescat (P. Aeg. VI, 34):
idque perpetuum est, ubicumque medicus et quacumque de
. causa cutem excidit. Pure effuso, in alis vel inguinibus linamento opus non est; spongia ex vino imponenda est. In
30 ceteris partibus, si aeque linamenta supervacua sunt, purgationis causa paulum mellis infundendum; dein glutinantia
superdanda: si illa necessaria sunt, super ea quoque similiter
dari spongia eodem modo ex vino expressa debet. Quando
autem linamentis opus sit, quando non sit, alias dictum est.
35 Cetera eadem, incisa suppuratione, facienda sunt, quae,
ubi per medicamenta rupta est, facienda esse proposui (cf.
V, 26, 23 sqq.).

CAPUT III.

De bonis, malisve signis suppurationum.

Protinus autem quantum curatio efficiat, quantumque aut
sperari aut timeri debeat, ex quibusdam signis intelligi potest,
fereque iisdem, quae in vulneribus exposita sunt (cf. V, 26, 5
2 sqq.). Nam bona signa sunt somnum capere; facile spirare;
siti non confici; cibum non fastidire, si febricula fuit, ea va-
care; itemque habere pus album, laeve, non foedi odoris (*Aph.*
VII, 44). Mala sunt vigilia, spiritus gravitas, sitis, cibi fastidium, febris, pus nigrum, aut foeculentum, et foedi odoris; 10
item procedente curatione eruptio sanguinis; aut, si antequam
sinus carne impleatur, orae carnosae fiunt, illa quoque ipsa
carne hebete, nec firma. Deficere tamen animam, vel in
ipsa curatione, vel postea pessimum omnium est. Quin etiam
morbus ipse, sive subito solutus est, dein suppuratio exorta 15
est; sive effuso pure permanet, non injuste terret. Estque
inter causas timoris, si sensus in vulnere rodentium non est.
Sed ut haec ipsa fortuna huc illucve discernit, sic medici
partium est eniti ad reperiendam sanitatem (cf. V, 26, 26).
Ergo quoties ulcus resolverit, eluere id, si reprimendus humor 20
videbitur, vino ex aqua pluviatili mixto, vel aqua, in qua lenticula cocta sit, debebit; si purgandum erit, mulso; rursusque
imponere eadem. Ubi jam repressus videbitur humor, ulcusque
purum erit, produci carnem conveniet, et foveri pari portione
vini ac mellis, superque imponi spongiam ex vino et rosa 25
tinctam. Per quae quum caro producatur, plus tamen, ut alias
quoque dixi (cf. V, 26, 34), victus ratio eo confert; id est,
solutis jam febribus et cibi cupiditate reddita, balneum rarum;
quotidiana, sed lenis gestatio; cibi potionesque corpori faciendo
aptae. Quae omnia, per medicamenta quoque suppuratione 30
rupta, sequuntur: sed, quia magno malo vix sine ferro mederi licet, in hunc locum reservata sunt.

CAPUT IV.

De fistulis.

1. Adversus fistulas quoque, si altius penetrant, ut ad ulti- 25
mas demitti collyrium non possit, si tortuosae sunt, si mul-

tiplices, majus in manu quam in medicamentis praesidium
est: minusque operae est, si sub cute transversae feruntur,
quam si rectae intus tendunt. Igitur, si sub cute transversa
fistula est, demitti specillum debet, supraque id ea incidi
5 (P. Aeg. VI, 77). Si flexus reperiuntur, hi quoque simul
specillo et ferro persequendi sunt: idemque faciendum, si
plures se quasi ramuli ostendunt. Ubi ad fines fistulae ventum est, excidendus ex ea totus callus est, superque fibulae
dandae, et medicamentum, quo glutinetur. At si recta subter
10 tendit, ubi, quomaxime ferat, specillo exploratum est, excidi is sinus debet: dein fibula oris cutis injicienda est, et
aeque glutinantia medicamenta superdanda sunt; aut, si corruptum ulcus est, quod interdum osse vitiato fit, ubi id quoque curatum est, pus moventia.
15   2. Solent autem inter costas fistulae subter ire. Quod ubi
incidit, eo loco costa ab utraque parte praecidenda et eximenda est, ne quid intus corruptum relinquatur. Solent, ubi
costas transierunt, septum id, quod transversum a superioribus visceribus intestina discernit, violare. Quod intelligi et
20 ex loco, et ex magnitudine doloris potest; et quia nonnumquam spiritus ea cum humore quasi bullante prorumpit; maximeque, si hunc ore ille continuit. In eo medicinae locus
nullus est. In ceteris vero, quae circa costas sanabilia sunt,
pinguia medicamenta inimica sunt; ceteris, quae ad vulnera
25 accommodantur, uti licet; optime tamen sicca linamenta, vel,
si purgandum aliquid videtur, in melle tincta imponuntur.
    3. Ventri nullum os subest; sed ibi perniciosae admodum
fistulae fiunt; adeo ut Sostratus insanabiles esse crediderit.
Id non ex toto ita se habere usus ostendit. Et quidem, quod
30 maxime mirum videri potest, tutior fistula est contra jecur
et lienem et ventriculum, quam contra intestina: non quo
perniciosior ibi sit, sed quo alteri periculo locum faciat.
Cujus experimento moti quidam auctores parum modum rei
cognoverunt. Nam venter saepe etiam telo perforatur, pro-
35 lapsaque intestina conduntur, et oras vulneris suturae comprehendunt: quod, quemadmodum fiat, mox indicabo. Itaque
etiam ubi tenuis fistula abdomen perrupit, excidere eam licet,
suturaque oras conjungere. Si vero ea fistula latius patuit,

excisa necesse est latius foramen relinquat: quod nisi magna
vi, utique ab interiore parte, sui non potest. Ergo, ubi aliquis ingredi ac moveri coepit, rumpitur illa sutura, atque intestina evolvuntur: quo fit, ut pereundum homini sit. Sed
non omni modo res ea desperationem habet: ideoque tenuiori- 5
bus fistulis adhibenda curatio est.

4. Propriam etiamnum animadversionem desiderant eae,
quae in ano sunt (P. Aeg. VI, 78). In has demisso specillo,
ad ultimum ejus caput incidi cutis debet: dein novo foramine
specillum educi lino sequente, quod in aliam ejus partem, 10
ob id ipsum perforatam, conjectum sit. Ibi linum prehenden-
dum vinciendumque cum altero capite est, ut laxe cutem,
quae super fistulam est, teneat: idque linum esse debet
crudum, et duplex triplexve, sic tortum, ut unitas facta
sit. Interim autem licet negotia gerere, ambulare, la- 15
vari, cibum capere perinde atque sanissimo. Tantummodo id linum bis die, salvo nodo, ducendum est sic, ut
subeat fistulam pars quae superior fuit. Neque committendum est, ut id linum putrescat: sed tertio quoque die nodus resolvendus est, et ad caput alterum recens linum alli- 20
gandum, eductoque vetere, id in fistula cum simili nodo relinquendum. Sic enim id paulatim cutem, quae supra fistulam
est, incidit: simulque et id sanescit, quod a lino relictum
est; et id, quod ab eo mordetur, inciditur. Haec ratio curationis longa, sed sine dolore est (Hipp. *De fistul.* § 4). Qui 25
festinant, adstringere cutem lino debent, quo celerius se-
cent; noctuque ex penicillo tenuia quaedam intus demittere,
ut cutis hoc ipso extenuetur, quo extenditur. Sed haec dolorem movent. Adjicitur celeritati, sicut tormento quoque,
si et linum, et id quod ex penicillo est, aliquo medicamento 30
illinitur ex iis, quibus callum exedi posui (V, 28, 12). Potest
tamen fieri, ut ad scalpelli curationem etiam illo loco veniendum sit, si intus fistula fert, si multiplex est. Igitur in
haec genera demisso specillo, duabus lineis incidenda cutis
est, ut media inter eas habenula tenuis admodum ejiciatur, 35
ne protinus orae coeant, sitque locus aliquis linamentis, quae
quam paucissima superinjicienda sunt: omniaque eodem modo
facienda, quae in abscessibus posita sunt (V, 28, 11—12).

Si vero ab uno ore plures sinus erunt, recta fistula scalpello erit incidenda: ab eo ceterae, quae jam patebunt, lino excipiendae. Si intus aliqua procedet, quo ferrum tuto pervenire non poterit, collyrium demittendum erit. Cibus autem in omni-
5 bus ejusmodi casibus, sive manu, sive medicamentis agitur, dari debet humidus; potio liberalis, diuque aqua. Ubi jam caro increscit, tum demum et balneis raris utendum erit, et cibis corpus implentibus.

CAPUT V.

10   De telis e corpore extrahendis.

1. Tela quoque, quae illata corporibus intus haeserunt, magno negotio saepe ejiciuntur (P. Aeg. VI, 88). Suntque quaedam difficultates ex generibus eorum; quaedam ex iis sedibus, in quas illa penetrarunt. Omne autem telum extra-
15 hitur, aut ab ea parte, qua venit, aut ab ea, in quam tetendit: illic viam, qua redeat, ipsum sibi fecit; hic a scalpello accipit; nam contra mucronem caro inciditur. Sed si non alte telum insedit, et in summa carne est, aut certe magnas venas et loca nervosa non transiit; nihil melius est, quam,
20 qua venit, id evellere. Si vero plus est per quod telo revertendum, quam quod perrumpendum est, jamque venas nervosque id transiit, commodius est aperire quod superest, eaque extrahere. Nam et propius petitur, et tutius evellitur: et in majore membro, si medium mucro transiit, facilius
25 sanescit, quod pervium est; quia utrimque medicamento fovetur. Sed, si retro telum recipiendum est, amplianda scalpello plaga est; quo facilius id sequatur, quoque minor oriatur inflammatio: quae major fit, si ab illo ipso telo, dum redit, corpus laniatur. Item, si ex alia parte vulnus aperitur,
30 laxius esse debet, quam ut telo postea transeunte amplietur. Summa autem utraque parte habenda cura est, ne nervus, ne vena major, ne arteria incidatur. Quorum ubi aliquid detectum est, excipiendum hamo retuso est, abducendumque a scalpello. Ubi autem satis incisum est, telum eximendum est:
35 tunc quoque eodem modo, et eadem cura habita, ne sub eo, quod eximitur, aliquid eorum laedatur, quae tuenda esse proposui.

2. Haec communia sunt. Propria quaedam in singulis telorum generibus sunt, quae protinus subjiciam. Nihil tam
facile in corpus quam sagitta conditur, eademque altissime
insidit. Haec autem eveniunt, et quia magna vi fertur illa,
et quia ipsa in angusto est. Saepius itaque ab altera parte, 5
quam ex qua venit, recipienda est; praecipueque, quia fere
spiculis cingitur; quae magis laniant, si retrorsus, quam si contra eximatur. Sed inde aperta via, caro diduci debet ferramento
facto ad similitudinem graecae litterae (Υ): deinde, ubi apparuit mucro, si arundo inhaeret, propellenda est, donec ab 10
altera parte apprehendi et extrahi possit: si jam illa decidit,
solumque intus ferrum est, mucro vel digitis apprehendi, vel
forcipe, atque ita educi debet. Neque alia ratio extrahendi
est, ubi ab ea parte, qua venit, evelli magis placuit. Nam,
ampliato vulnere, aut arundo, si inest, evellenda est; aut, si 15
ea non inest, ferrum ipsum. Quod si spicula apparuerunt,
eaque brevia et tenuia sunt, forcipe ibi comminui debent,
vacuumque ab his telum educi: si ea majora valentioraque
sunt, fissis scriptoriis calamis contegenda, ac, ne quid la-
cerent, sic evellenda sunt (P. Aeg. VI, 88, p. 354 ed. Briau). 20
Et in sagittis quidem haec observatio est.

3. Latum vero telum, si conditum est, ab altera parte
educi non expedit; ne ingenti vulneri ipsi quoque ingens
vulnus adjiciamus. Evellendum est ergo genere quodam ferramenti, quod *Διοκλεῖον κυαθίσκον* Graeci vocant; quo- 25
niam auctorem Dioclem habet: quem inter priscos maximos-
que medicos fuisse jam posui (I, prooem.). Lamina vel ferrea,
vel etiam aenea, ab altero capite duos utrimque deorsum
conversos uncos habet; ab altero duplicata lateribus, leviterque extrema in eam partem inclinata, quae sinuata est, 30
insuper ibi etiam perforata est. Haec juxta telum transversa
demittitur: deinde, ubi ad imum mucronem ventum est, paulum torquetur, ut telum foramine suo excipiat: quum in cavo
mucro est, duo digiti, subjecti partis alterius uncis, simul et
ferramentum id extrahunt et telum. 35

4. Tertium genus telorum est, quod interdum evelli debet, plumbea glans, aut lapis, aut simile aliquid, quod, per-
rupta cute, integrum intus insedit. In omnibus his latins

vulnus aperiendum, idque, quod inest, ea qua venit forcipe
extrahendum est. Accedit vero aliquid difficultatis sub omni
ictu, si telum vel ossi inhaesit, vel in articulo se inter duo
ossa demersit. In osse usque eo movendum est, donec laxe-
5 tur is locus, qui mucronem momordit; et tunc vel manu vel
forcipe telum extrahendum est: quae ratio in dentibus quoque ejiciendis est. Vix umquam ita telum non sequitur: sed,
si morabitur, excuti quoque ictum aliquo ferramento poterit.
Ultimum est, ubi non evellitur, terebra juxta forare, ab eo-
10 que foramine, ad speciem litterae V, contra telum os excidere sic, ut lineae, quae diducuntur, ad telum spectent: eo
facto, id necesse est labet, et facile auferatur. Inter duo
vero ossa si per ipsum articulum perruperit, circa vulnus duo
membra fasciis habenisve deliganda, et per has in diversas
15 partes diducenda sunt, ut nervos distendant: quibus extentis, laxius inter ossa spatium est, ut sine difficultate telum
recipiatur. Illud videndum est, sicut in aliis locis posui, ne
quis nervus, aut vena, aut arteria a telo laedatur, dum id
extrahitur: eadem scilicet ratione, quae supra (cap. 2) po-
20 sita est.

5. At si venenato quoque telo quis ictus est, iisdem
omnibus, si fieri potest, etiam festinantius actis, adjicienda
curatio est, quae vel epoto veneno, vel a serpente ictis adhibetur. Vulneris autem ipsius, extracto telo, medicina non
25 alia est, quam quae esset, si corpore icto nihil inhaesisset:
de qua satis alio loco dictum est (V, 26, 27).

CAPUT VI.

De gangliis, de meliceride, et atheromate, et steatomate, capitis
tuberculis.

30   Haec evenire in qualibet parte corporis possunt: reliqua
certas sedes habent. De quibus dicam, orsus a capite. In
hoc multa variaque tubercula oriuntur; γάγγλια, μελικηρί-
δας, ἀθερώματα nominant; aliisque etiamnum vocabulis
quaedam alii discernunt: quibus ego στεατώματα quoque
35 adjiciam. Quae quamvis et in cervice, et in alis, et in la-

teribus oriri solent; per se tamen non posui; **quum omnia
ista** mediocres differentias habeant, ac neque periculo ter-
reant, neque diverso genere curentur. Omnia vero ista et
ex parvulo incipiunt, et diu paulatimque increscunt, et tunica
sua includuntur. Quaedam ex his dura ac renitentia, quae- 5
dam mollia cedentiaque sunt: quaedam spatio nudantur, quaedam tecta capillo suo permanent: fereque sine dolore sunt.
Quid intus habeant, ut conjectura praesagiri potest, sic ex
toto cognosci, nisi quum ejecta sunt, non potest. **Maxime**
tamen in iis, quae renituntur, aut lapillis quaedam similia, 10
aut concreti confertique pili reperiuntur: in iis vero, quae
cedunt, aut melli simile aliquid, aut tenui pulticulae, aut
quasi rasae cartilagini, aut carni hebeti et cruentae; quibus
alii aliique colores esse consuerunt. Fereque **ganglia reni-**
tuntur: atheromati subest quasi tenuis pulticula: **meliceridi** 15
liquidior humor; ideoque pressus circumfluit: **steatomati**
pingue quiddam; idque latissime patere consuevit, **resolvit-**
que totam cutem superpositam sic, ut ea labet; quum in ceteris sit adstrictior. Omnia, derasa ante, si capillis **conte-**
guntur, per medium oportet incidere. Sed steatomatis **tunica** 20
quoque secanda est, ut effundatur quidquid intus coiit; quia
non facile a cute et subjecta carne ea separatur: **in ceteris**
ipsa tunica inviolata servanda est. Protinus autem **alba et**
intenta se ostendit. Tum scalpelli manubriolo **diducenda a**
cute et carne est, ejiciendaque cum eo, quod intus tenet. 25
Si quando tamen ab inferiore parte tunicae musculus inhaesit, ne is laedatur, superior pars illius decidenda, alia inibi
relinquenda est. Ubi tota exemta est, committendae **orae,**
fibulaque his injicienda, et super medicamentum **glutinans**
dandum est. Ubi vel tota tunica, vel aliquid ex ea relictum 30
est, pus moventia adhibenda sunt.

CAPUT VII.

De oculorum vitiis, quae scalpello et manu curantur.

1. Sed ut haec neque genere vitii, neque ratione **cura-**
tionis inter se multum distant; sic in oculis, **quae manum**

postulant, et ipsa diversa sunt, et aliter aliterque curantur. Igitur in superioribus palpebris vesicae nasci solent pingues gravesque, quae vix attollere oculos sinunt, levesque pituitae cursus, sed assiduos, in oculis movent. Fere vero in
5 pueris nascuntur. Oportet, compresso digitis duobus oculo, atque ita cute intenta, scalpello transversam lineam incidere, suspensa leviter manu, ne vesica ipsa vulneretur: et, ut locus ei patefactus est, ipsa prorumpat; tum digitis eam apprehendere, et evellere (P. Aeg. VI, 14). Facile autem se-
10 quitur. Dein superinungi collyrio debet ex iis aliquo, quo lippientes oculi superinunguntur (cf. VI, 6): paucissimisque diebus cicatricula inducitur. Molestius est ubi incisa vesica est: effundit enim humorem; neque postea, quia tenuis admodum est, potest colligi. Si forte id incidit, eorum aliquid imponen-
15 dum est, quae puri movendo sunt (cf. V, 3 et 9, 10 sqq.).

2. In eadem palpebra supra pilorum locum tuberculum parvulum nascitur, quod a similitudine hordei, a Graecis κριθή nominatur. Tunica quiddam, quod difficulter maturescit, comprehensum est. Id vel calido pane, vel cera subinde
20 calefacta foveri oportet sic, ne nimius is calor sit, sed facile ea parte sustineatur: hac enim ratione saepe discutitur, interdum concoquitur. Si pus se ostendit, scalpello dividi debet, et, quidquid intus humoris est, exprimi: eodem deinde vapore postea quoque foveri et superinungi, donec ad sani-
25 tatem perveniat.

3. Alia quoque quaedam in palpebris huic non dissimilia nascuntur; sed neque utique figurae ejusdem et mobilia, simul atque digito vel huc vel illuc impelluntur: ideoque ea χαλάζια Graeci vocant (P. Aeg. VI, 16). Haec incidi debent,
30 si sub cute sunt, ab exteriore parte; si sub cartilagine, ab interiore: dein scalpelli manubriolo diducenda ab integris partibus sunt. Ac, si intus plaga est, inungendum primo lenibus, deinde acrioribus: si extra, superdandum emplastrum, quo id glutinetur.

35 4. Unguis vero, quod πτερύγιον Graeci vocant (P. Aeg. VI, 18), est membranula nervosa oriens ab angulo, quae nonnumquam ad pupillam quoque pervenit, eique officit. Saepius a narium, interdum etiam a temporum parte nascitur.

CELSUS. 18

Hunc recentem non difficile est discutere medicamentis, quibus cicatrices in oculis extenuantur: si inveteravit, jamque
ei crassitudo quoque accessit, excidi debet. Post abstinentiam vero unius diei, vel adversus in sedili contra medicum
is homo collocandus est, vel sic aversus, ut in gremium ejus 5
caput resupinus effundat. Quidam, si in sinistro oculo vitium
est, adversum: si in dextro, resupinum collocari volunt.
Alteram autem palpebram a ministro diduci oportet, alteram
a medico: sed ab hoc, si ille adversus est, inferiorem; si
supinus, superiorem. Tum idem medicus hamulum acutum, 10
paulum mucrone intus recurvato, subjicere extremo ungui
debet, eumque infigere; atque eam quoque palpebram tra-
dere alteri: ipse, hamulo apprehenso, levare unguem, eumque acu trajicere linum trahente: deinde acum ponere, lini
duo capita apprehendere, et per ea erecto ungue, si qua 15
parte oculo inhaeret, manubriolo scalpelli diducere, donec
ad angulum veniat: deinde invicem modo remittere, modo
attrahere, ut sic et initium ejus, et finis anguli reperiatur.
Duplex enim periculum est; ne vel ex ungue aliquid relinquatur, quod exulceratum vix ullam recipiat curationem; vel 20
ex angulo caruncula quoque abscindatur, quae, si vehementius unguis ducitur, sequitur; ideoque decipit. Abscissa, pa-
tefit foramen, per quod postea semper humor descendit:
ῥυάδα Graeci vocant. Verus ergo anguli finis utique no-
scendus est, qui ubi satis constitit, non nimium adducto un- 25
gue, scalpellus adhibendus est; deinde sic excidenda ea
membranula, ne quid ex angulo laedatur. Eo deinde ex
melle linamentum superdandum est, supraque linteolum, et
aut spongia aut lana succida: proximisque diebus didacendus
quotidie oculus est, ne cicatrice inter se palpebrae gluti- 30
nentur; siquidem id quoque tertium periculum accedit, eodemque modo linamentum imponendum, ac novissime inungendum collyrio, quo ulcera ad cicatricem perducantur. Sed
ea curatio vere esse debet, aut certe ante hiemem: de qua
re ad plura loca pertinente, semel dixisse satis erit. Nam 35
duo genera curationum sunt: alia in quibus eligere tempus
non licet, sed utendum est eo, quod incidit; sicut in vulneribus: alia, in quibus nullus dies urget, et exspectare tutissi-

mum et facile est; sicut evenit in iis, quae et tarde increscunt, et dolore non cruciant. In his ver exspectandum est:
aut, si quid magis pressit, melior tamen autumnus est quam
aestas, vel hiems; atque is ipse medius, jam fractis aesti-
5 bus, nondum ortis frigoribus. Quo magis autem necessaria
pars erit quae tractabitur, hoc quoque majori periculo subjecta est: et saepe, quo major plaga facienda, eo magis haec
temporis ratio servabitur.

5. Ex curatione vero unguis, ut dixi, vitia nascuntur,
10 quae ipsa aliis quoque de causis oriri solent. Interdum enim
fit in angulo, parum ungue exciso, vel aliter, tuberculum,
quod palpebras parum diduci patitur: ἐγκανθίς graece nominatur (P. Aeg. VI, 17). Excipi hamulo, et circumcidi
debet; hic quoque diligenter temperata manu, ne quid ex
15 ipso angulo abscindat. Tum exiguum linamentum respergendum est vel cadmia, vel atramento sutorio; inque eum
angulum, diductis palpebris, inserendum, supraque eodem
modo deligandum: proximisque diebus similiter nutriendum;
tantum ut primis aqua egelida, vel etiam frigida foveatur.

20 6. Interdum inter se palpebrae coalescunt, aperirique
non potest oculus. Cui malo solet etiam illud accedere, ut
palpebra cum albo oculi cohaerescat; scilicet quum in utroque fuit ulcus negligenter curatum. Sanescendo enim, quod
diduci potuit et debuit, glutinavit. Ἀγκυλοβλεφάρους sub
25 utroque vitio Graeci vocant (P. Aeg. VI, 15). Palpebrae
tantum inter se cohaerentes non difficulter diducuntur; sed
interdum frustra: nam rursus glutinantur. Experiri tamen
oportet; quia bene res saepius cedit. Igitur aversum specillum inserendum, diducendaeque eo palpebrae sunt: deinde
30 exigua penicilla interponenda, donec exulceratio ejus loci
finiatur. At ubi albo ipsius oculi palpebra inhaesit, Heraclides Tarentinus auctor est, adverso scalpello subsecare,
magna cum moderatione, ut neque ex oculo, neque ex palpebra quidquam abscindatur; ac, si necesse est, ex pal-
35 pebra potius. Post haec inungatur oculus medicamentis, quibus aspritudo curatur: quotidieque palpebra vertatur, non
solum ut ulceri medicamentum inducatur, sed etiam ne rursus inhaereat: ipsique etiam praecipiatur, ut saepe eam

duobus digitis attollat. Ego sic restitutum esse neminem
memini. Meges se quoque multa tentasse, neque umquam
profuisse, quia semper iterum oculo palpebra inhaeserit,
memoriae prodidit.

7. Etiamnum in angulo qui naribus proprior est, ex ali- 5
quo vitio quasi parva fistula aperitur, per quam pituita assidue destillat: αἰγίλωπα Graeci vocant (P. Aeg. VI, 22).
Idque assidue male habet oculum: nonnumquam etiam, exeso
osse, usque ad nares penetrat. Atque interdum naturam car-
cinomatis habet; ubi intentae venae et recurvatae sunt, color 10
pallet., cutis dura est, et levi tactu irritatur, inflammationemque in eas partes, quae conjunctae sunt, evocat. Ex his
eos, qui quasi carcinoma habent, curare periculosum est:
nam mortem quoque ea res maturat; eos vero, quibus ad
nares tendit, supervacuum: neque enim sanescunt. At, qui- 15
bus id in angulo est, potest adhiberi curatio; cum eo, ne
ignotum sit esse difficilem: quantoque angulo propius id foramen est, tanto difficilior est; quoniam perangustum est,
in quo versari manus possit. Recenti tamen re mederi· facilius est. Ergo hamulo summum ejus foraminis excipiendum; 20
deinde totum id cavum, sicut in fistulis dixi (cap. 4), usque
ad os excidendum; oculoque et ceteris junctis partibus bene
obtectis, os ferramento adurendum est; vehementiusque, si
jam carie vexatum est, quo crassior squama abscedat.
Quidam adurentia imponunt, ut atramentum sutorium, vel 25
chalcitidem, vel aeruginem rasam: quod et tardius et non
idem facit. Osse adusto, curatio sequitur eadem, quae in
ceteris ustis.

8. Pili vero, qui in palpebris sunt, duabus de causis
oculum irritare consuerunt (P. Aeg. VI, 13). Nam modo 30
palpebrae superioris summa cutis relaxatur, et procidit; quo
fit, ut ejus pili ad ipsum oculum convertantur, quia non simul cartilago quoque se remisit: modo sub ordine naturali
pilorum alius ordo subcrescit, qui protinus intus ad oculum
tendit. Curationes hae sunt. Si pili nati sunt, qui non de- 35
buerunt, tenuis acus ferrea ad similitudinem spathae lata, in
ignem conjicienda est: deinde candens, sublata palpebra sic,
ut ejus perniciosi pili in conspectum curantis veniant, sub

ipsis pilorum radicibus ab angulo immittenda est, ut ea tertiam partem palpebrae transsuat; deinde iterum, tertioque
usque ad alterum angulum: quo fit, ut omnes pilorum radices
adustae emoriantur. Tum superimponendum medicamentum
5 est, quod inflammationem prohibeat: atque ubi crustae exciderunt, ad cicatricem perducendum. Facillime autem id genus sanescit. Quidam (ef. P. Aeg. *l. l.*) aiunt acu transsui
juxta pilos exteriorem partem palpebrae oportere, eamque
transmitti duplicem capillum muliebrem ducentem; atque ubi
10 acus transiit, in ipsius capilli sinum, qua duplicatur, pilum
esse conjiciendum, et per eum in superiorem palpebrae partem attrahendum, ibique corpori agglutinandum, et imponendum medicamentum, quo foramen glutinetur: sic enim
fore, ut is pilus in exteriorem partem postea spectet. Id
15 primum fieri non potest, nisi in pilo longiore; quum fere
breves eo loco nascantur. Deinde, si plures pili sunt, necesse est longum tormentum, toties acu trajecta, magnam inflammationem moveat. Novissime quum humor aliquis ibi
subsit, oculo et ante per pilos et tum per palpebrae fora-
20 mina affecto, vix fieri potest, ut gluten, quo vinctus est pilus, non resolvatur: eoque fit, ut is eo, unde vi abductus
est, redeat. Ea vero curatio quae palpebrae laxioris ab
omnibus frequentatur, nihil habet dubii. Siquidem oportet
contecto oculo mediam palpebrae cutem, sive ea superior,
25 sive inferior est, apprehendere digitis, ac sic levare: tum
considerare quantulo detracto futurum sit, ut naturaliter se
habeat. Siquidem hic quoque duo pericula circumstant: si
nimium fuerit excisum, ne contegi oculus non possit; si parum, ne nihil actum sit, et frustra sectus aliquis sit. Qua
30 deinde incidendum videbitur, per duas lineas atramento no-
tandum est sic, ut inter oram, quae pilos continet, et propiorem ei lineam, aliquid relinquatur, quod apprehendere
acus postea possit. His constitutis, scalpellus adhibendus
est: et si superior palpebra est, ante; si inferior, postea
35 propius ipsis pilis incidendum: initiumque faciendum in sinistro oculo, ab eo angulo, qui tempori; in dextro, ab eo qui
naribus propior est: idque, quod inter duas lineas est, excidendum. Deinde orae vulneris inter se simplici sutura com-

mittendae, operiendusque oculus est. Si parum palpebra descendet, laxanda sutura; si nimium, aut adstringenda, aut etiam rursus tenuis habenula ab ulteriore ora excidenda: ubi secta est, aliae suturae adjiciendae, quae supra tres esse non debent. Praeter haec in superiore palpebra sub pilis ipsis 5 incidenda linea est, ut ab inferiore parte diducti pili sursum spectent: idque, si levis inclinatio est, etiam solum satis tuetur. Inferior palpebra eo non eget. His factis, spongia ex aqua frigida expressa superdeliganda est: postero die glutinans emplastrum injiciendum.: quarto suturae tollendae, 10 et collyrio, quod inflammationes reprimat, superinungendum.

9. Nonnumquam autem, nimium sub hac curatione excisa cute, evenit, ut oculus non contegatur: idque interdum etiam alia de causa fit. Λαγωφϑάλμους Graeci appellant (P. Aeg. VI, 10). In quo si nimium palpebrae deest, nulla id resti- 15 tuere curatio potest: si exiguum, mederi licet. Paulum infra supercilium cutis incidenda est lunata figura, cornibus ejus deorsum spectantibus. Altitudo esse plagae usque ad cartilaginem debet, ipsa illa nihil laesa: nam, si ea incisa est, palpebra concidit, neque attolli postea potest. Cute igitur 20 tantum diducta fit, ut paulum ima ora descendat; hiante scilicet super plaga; in quam linamentum conjiciendum est, quod et conjungi diductam cutem prohibeat, et in medio carunculam citet: quae ubi eum locum implevit, postea recte oculus operitur.   25

10. Ut superioris autem palpebrae vitium est, quo parum descendit, ideoque oculum non contegit; sic inferioris, quo parum sursum attollitur, sed pendet et hiat, neque potest cum superiore committi. Atque id quoque evenit interdum ex simili vitio curationis, interdum etiam senectute. Ἐκτρό- 30 πιον Graeci nominant (P. Aeg. VI, 12). Si ex mala curatione est, eadem ratio medicinae est, quae supra posita est (§ 9): plagae tantum cornua ad maxillas, non ad oculum convertenda sunt. Si ex senectute est, tenui ferramento id totum extrinsecus adurendum est, deinde melle inungendum: a quarto 35 die vapore aquae calidae fovendum, inungendumque medicamentis ad cicatricem perducentibus (cf. V, 14 et 26, 36).

11. Haec fere circa oculum in angulis palpebrisque in-

cidere consuerunt. In ipso autem oculo nonnumquam summa attollitur tunica, sive ruptis intus membranis aliquibus, sive laxatis; et similis figura acino fit: unde id σταφύλωμα Graeci vocant (P. Aeg. VI, 19). Curatio duplex est: altera, ad 5 ipsas radices per medium transsuere acu duo lina ducente; deinde alterius lini duo capita ex superiore parte, alterius ex inferiore adstringere inter se; quae paulatim secando id excidunt: altera in summa parte ejus ad lenticulae magnitudinem excidere: deinde spodium aut cadmiam infriare. Utro- 10 libet autem facto, album ovi lana excipiendum et imponendum; posteaque vapore aquae calidae fovendus oculus, et lenibus medicamentis inungendus est.

12. Clavi autem vocantur callosa in albo oculi tubercula; quibus nomen a figurae similitudine est. Hos ad imam 15 radicem perforare acu commodissimum est, infraque eam excidere, deinde lenibus medicamentis inungere.

13. Suffusionis jam alias (VI, 6, 35) feci mentionem; quia, quum recens incidit, medicamentis quoque saepe discutitur: sed, ubi vetustior facta est, manus curationem de- 20 siderat: quae inter subtilissimas haberi potest. De qua antequam dico, paucis ipsius oculi natura indicanda est: cujus cognitio, quum ad plura loca pertineat, tum vel praecipue ad hunc pertinet. Is igitur summas habet duas tunicas: ex quibus superior a Graecis κερατοειδής vocatur. Ea, qua 25 parte alba est, satis crassa, pupillae loco extenuatur. Huic interior adjuncta est, media parte, qua pupilla est, modico foramine concava; circa tenuis, ulterioribus partibus ipsa quoque plenior: quae χοριοειδής a Graecis nominatur. Hae duae tunicae, quum interiora oculi cingant, rursus sub his' 30 coeunt; extenuataeque et in unum coactae per foramen, quod inter ossa est, ad membranam cerebri perveniunt, eique inhaerescunt. Sub his autem, qua parte pupilla est, locus vacuus est: deinde infra rursus tenuissima tunica, quam Herophilus ἀραχνοειδῆ nominavit. Ea media subsidit; eoque 35 cavo continet quiddam, quod a vitri similitudine ὑαλοειδές Graeci vocant. Id neque liquidum, neque aridum est, sed quasi concretus humor: ex cujus colore pupillae color vel niger est, vel caesius, quum summa tunica tota alba sit. Id

autem superveniens ab interiore parte membranula includit.
Sub his gutta humoris est, ovi albo similis; a qua videndi
facultas proficiscitur: κρυσταλλοειδής a Graecis nominatur.
    14. Igitur vel ex morbo, vel ex ictu concrescit humor
sub duabus tunicis, qua locum vacuum esse proposui (p. 279, 5
l. 32); isque paulatim indurescens, interiori potentiae se
opponit. Vitiique ejus plures species sunt; quaedam sana-
biles, quaedam quae curationem non admittunt. Nam si
exigua suffusio est, si immobilis, colorem vero habet marinae aquae, vel ferri nitentis, et a latere sensum aliquem 10
fulgoris relinquit, spes superest. Si magna est, si nigra pars
oculi, amissa naturali figura, in aliam vertitur, si suffusioni
color caeruleus est, aut auro similis, si labat, et hac atque illac movetur, vix umquam succurritur. Fere vero pejor
est, quo ex graviore morbo majoribusve capitis doloribus, 15
vel ictu vehementiore orta est. Neque idonea curationi se-
nilis aetas est, quae sine novo vitio, tamen aciem hebetem
habet: ac ne puerilis quidem; sed inter has media. Oculus
quoque curationi neque exiguus, neque concavus, satis
opportunus est. Atque ipsius suffusionis quaedam matu- 20
ritas est. Exspectandum igitur est, donec jam non fluere,
sed duritie quadam concrevisse videatur. Ante curationem
autem modico cibo uti, bibere aquam triduo debet; pridie ab omnibus abstinere. Post haec in adverso sedili collocandus est loco lucido, lumine adverso sic, ut contra 25
medicus paulo altius sedeat: a posteriore autem parte caput
ejus minister contineat, ut immobile id praestet: nam levi
motu eripi acies in perpetuum potest. Quin etiam ipse oculus
immobilior faciendus est, super alterum lana imposita et de-
ligata. Curari vero sinister oculus dextra manu, dexter si- 30
nistra debet. Tum acus admovenda est acuta ut foret, sed non
nimium tenuis; eaque demittenda recta est per summas duas
tunicas medio loco inter oculi nigrum et angulum tempori
propiorem, e regione mediae suffusionis sic, ne qua vena
laedatur. Neque tamen timide demittenda est, quia inani loco 35
excipitur. Ad quem quum ventum est, ne mediocriter quidem peritus falli potest; quia prementi nihil renititur. Ubi
eo ventum est, inclinanda acus ad ipsam suffusionem est,

leniterque ibi verti, et paulatim eam deducere infra regionem pupillae debet; ubi deinde eam transiit, vehementius imprimi, ut inferiori parti insidat. Si haesit, curatio expleta est: si subinde redit, eadem acu concidenda, et in plu-
5 res partes dissipanda est; quae singulae et facilius conduntur, et minus late officiunt. Postea educenda recta acus est, imponendumque lana molli exceptum ovi album, et supra quod inflammationem coerceat, atque ita devinciendum. Post haec opus est quiete, abstinentia, lenium medicamentorum
10 inunctionibus, cibo, qui postero die satis mature datur, primum liquido, ne maxillae laborent; deinde, inflammatione finita, tali, qualis in vulneribus propositus est. Quibus ut aqua quoque diutius bibatur necessario accedit.

15. De pituitae quoque tenuis cursu, qui oculos infestat,
15 quatenus medicamentis agendum est, jam explicui (cf. VI, 6). Nunc ad ea veniam, quae curationem manus postulant. Animadvertimus autem quibusdam numquam siccescere oculos, sed semper humore tenui madere: quae res aspritudinem continuat, ex levibus momentis inflammationes et lip-
20 pitudines excitat, totam denique vitam hominis infestat. Idque in quibusdam nulla ope adjuvari potest, in quibusdam sanabile est. Quod primum discrimen nosse oportet, ut alteris succurratur, alteris manus non injiciatur. Ac primum supervacua curatio est in iis, qui ab infantibus id vitium ha-
25 bent; quia necessario mansurum est usque mortis diem. Deinde non necessaria etiam in iis, quibus non multa, sed acris pituita est: siquidem manu nihil adjuvantur; medicamentis, et victus ratione, quae crassiorem pituitam reddit, ad sanitatem perveniunt. Lata etiam capita vix medicinae
30 patent. Tum interest, venae pituitam mittant, quae inter calvariam et cutem sunt, an quae inter membranam cerebri et calvariam. Superiores fere per tempora oculos rigant; inferiores per eas membranas, quae ab oculis ad cerebrum tendunt. Potest autem adhiberi remedium iis, quae supra os
35 fluunt; non potest iis, quae sub osse [1]). Ac ne iis quidem

---

1) Id est, per eas venas quae sunt inter membranas cerebri, et calvariam; ut explicat Morgagnus.

succurritur, quibus pituita utrimque descendit: quia levata
altera parte, nihilominus altera infestat. Quid sit autem,
hac ratione cognoscitur. Raso capite ea medicamenta, quibus in lippitudine pituita suspenditur, a superciliis usque ad
verticem illini debent: si sicci oculi esse coeperunt, appa- 5
ret per eas venas, quae sub cute sunt, irrigari: si nihilo
minus madent, manifestum est sub osse descendere: si est
humor, sed levior, duplex vitium est. Plurimi tamen ex laborantibus reperiuntur, quos superiores venae exerceant;
ideoque pluribus etiam opitulari licet. Idque non in Graecia 10
tantummodo, sed in aliis quoque gentibus celebre est: adeo
ut nulla medicinae pars magis per nationes quasque exposita
sit (P. Aeg. VI, 6)   Reperti in Graecia sunt, qui novem lineis cutem capitis inciderent: duabus in occipitio rectis, una
super eas transversa: dein duabus super aures, una inter 15
eas item transversa: tribus inter verticem et frontem rectis.
Reperti sunt, qui a vertice rectas eas lineas ad tempora deduce-
rent; cognitisque ex motu maxillarum musculorum initiis,
leviter super eos cutem inciderent, diductisque per retusos
hamos oris, insererent linamenta, ut neque inter se cutis 20
antiqui fines committerentur, et in medio caro incresceret,
quae venas, ex quibus humor ad oculos transiret, adstringe-
ret. Quidam etiam atramento duas lineas duxerunt a media
aure ad mediam alteram aurem, deinde a naribus ad verticem: tum ubi lineae committebantur, scalpello inciderunt; 25
et post, sanguine effuso, os ibidem adusserunt. Nihilo minus autem et in temporibus, et inter frontem atque verticem
eminentibus venis idem candens ferrum admoverunt. Frequens curatio est, venas in temporibus adurere: quae fere
quidem in ejusmodi malo tument; sed tamen, ut inflentur 30
magisque se ostendant, cervix ante modice deliganda est:
tenuibusque ferramentis, et retusis venae adurendae; donec
in oculis pituitae cursus conquiescat. Id enim signum est
quasi excaecatorum itinerum, per quae humor ferebatur.
Valentior tamen medicina est, ubi tenues conditaeque venae 35
sunt, ideoque legi non possunt, eodem modo cervice deli-
gata, retentoque ab ipso spiritu, quo magis venae prodeant,
atramento notare eas contra tempora, et inter verticem ac

frontem: deinde cervice resoluta, qua notae sunt, venas incidere, et sanguinem mittere: ubi satis fluxit, tenuibus ferramentis adurere: contra tempora quidem timide, ne subjecti
musculi, qui maxillas tenent, sentiant: inter frontem vero et
5 verticem vehementer, ut squama ab osse secedat. Efficacior
tamen etiamnum est Afrorum curatio, qui verticem usque ad
os adurunt sic, ut squamam remittat. Sed nihil melius est,
quam quod in Gallia quoque Comata fit, ubi venas in temporibus et in superiore capitis parte legunt. Adusta quo modo
10 curanda sint, jam explicui. Nunc illud adjicio; neque ut
crustae decidant, neque ut ulcus impleatur, adustis venis,
esse properandum; ne vel sanguis erumpat, vel cito pus
supprimatur : quum per hoc siccescere eas partes opus sit;
per illud exhauriri opus non sit ; si quando tamen sanguis
15 eruperit, infrianda medicamenta esse, quae sic sanguinem
supprimant, ne adurant. Quemadmodum autem venae legen-
dae sint, quidque lectis his faciendum sit, quum venero ad
crurum varices, dicam (cap. 31).

CAPUT VIII.

20 De aurium morbis qui manu et scalpello curantur.

Verum ut oculi multiplicem curationem, etiam manus
exigunt; sic in auribus admodum pauca sunt, quae in hac
medicinae parte tractentur. Solet tamen evenire vel a primo
natali die protinus, vel postea facta exulceratione, deinde
25 per cicatricem aure repleta, ut foramen in ea nullum sit,
ideoque audiendi usu careat. Quod ubi incidit, specillo tentandum est, altene id repletum, an in summo tantum glutinatum sit. Nam si alte est, prementi non cedit: si in summo, specillum protinus recipit. Illud attingi non oportet,
30 ne sine effectus spe distentio oriatur nervorum, et ex ea
mortis periculum sit: hoc facile curatur. Nam qua cavum
esse debet, vel medicamentum aliquod imponendum est ex
adurentibus, vel candente ferro aperiendum, vel etiam scalpello incidendum. Quumque id patefactum, et jam ulcus
35 purum est, conjicienda eo pinna est, illita medicamento ci-

catricem inducente; circaque idem medicamentum dandum,
ut cutis circa pinnam sanescat: quo fit, ut ea remota, postea
facultas audiendi sit. At ubi aures, in viro puta, perforatae
sunt, et offendunt (cf. Plin. XI, 37, 50), trajicere id cavum
celeriter candente acu satis est, ut leviter ejus orae exulce- 5
rentur; aut etiam adurente medicamento idem exulcerare:
postea deinde imponere id quod purget; tum quod eum locum repleat, et sic cicatricem inducat. Quod si magnum id
foramen est, sicut solet esse in iis, qui majora pondera auribus gesserunt, incidere quod superest ad extremum opor- 10
tet: supra deinde oras scalpello exulcerare, et postea suere,
ac medicamentum, quo id glutinetur, imponere. Tertium' est,
si quid ibi curti est, sarcire · quae res quum in labris quoque
et naribus fieri possit, eamdemque etiam rationem (*curandi*
rationem?) habeat, simul explicanda est.   15

CAPUT IX.

Curta igitur in his tribus, si qua parva sunt, curari possunt: si qua majora sunt, aut non recipiunt curationem, aut 20
ita per hanc ipsam deformantur, ut minus indecora ante fuerint. Atque in aure quidem et naribus deformitas sola timeri
potest: in labris vero, si nimium contracta sunt, usus quoque necessario jactura fit, quia minus facile et cibus assumitur, et sermo explicatur. Neque enim creatur ibi corpus, 25
sed ex vicino adducitur: quod in levi mutatione et nihil eri-
pere, et fallere oculum potest; in magna non potest. Neque senile autem corpus, neque quod mali habitus est, neque in quo difficulter ulcera sanescunt, huic medicinae idoneum est; quia nusquam celerius cancer occupat, aut diffici- 30
lius tollitur. Ratio curationis ejusmodi est (cf. P. Aeg. VI,
26; Antyll. in Oribas. *Coll. med.* XLV, 21): id quod cur-
tum est in quadratum redigere; ab interioribus ejus angulis
lineas transversas incidere, quae citeriorem partem ab ulteriore ex toto diducant; deinde ea, quae sic resolvimus, in 35

unum adducere. Si non satis junguntur, ultra lineas, quas
ante fecimus, alias duas lunatas, et ad plagam conversas
immittere, quibus summa tantum cutis diducatur: sic enim
fit, ut facilius quod adducitur, sequi possit. Quod non est
5 cogendum; sed ita adducendum, ut facilius subsequatur,
et dimissum non multum recedat [1]). Interdum tamen ab altera parte cutis haud omnino adducta deformem, quem reliquit, locum reddit. Hujusmodi loci altera pars incidenda,
altera intacta habenda est [2]). Ergo neque ex imis auribus,
10 neque ex medio naso imisve narium partibus, neque ex angulis labrorum quidquam attrahere tentabimus. Utrimque autem petemus, si quid summis auribus, si quid imis, si quid
aut medio naso, aut mediis naribus, aut mediis labris deerit.
Quae tamen interdum etiam duobus locis curta esse consue-
15 runt: sed eadem ratio curandi est. Si cartilago in eo, quod
incisum est, eminet, excidenda est: neque enim aut glutinatur, aut acu tuto trajicitur. Neque longe tamen excidi debet, ne inter duas oras liberae cutis utrimque coitus puris
fieri possit. Tum junctae orae inter se suendae sunt, utrim-
20 que cute apprehensa; et qua priores lineae sunt, ea quoque
suturae injiciendae sunt. Siccis locis, uti naribus, illita spuma
argenti satis proficit. In ulteriores vero lunatasque plagas
linamentum dandum est, ut caro increscens vulnus impleat.
Summaque cura, quod ita sutum est, tuendum esse, appa-
25 rere ex eo potest quod de cancro supra posui (V, 28). Ergo
etiam tertio quoque die fovendum erit vapore aquae calidae; rursusque idem medicamentum injiciendum: fereque

---

1) Eduard. Zeis hanc figuram exhibet operationis Celsi labro inferiori accommodatae;

(| |)

Ego vero eam figuram hoc modo correxi. Vide *Gaz. méd. de Paris*;
année 1847, p. 105 sqq.

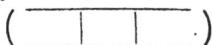

(| | .)

2) (|)

septimo die glutinatum est. Tum suturae eximi, et ulcus ad
sanitatem perduci debet.

CAPUT X.
De polypo.

Polypum vero, qui in naribus nascitur (P. Aeg. VI, 25), 5
ferro praecipue curari jam alias posui (VI, 8). Ergo hunc
ferramento acuto, in modum spathae facto, resolvere ab
osse oportet: adhibita diligentia, ne infra cartilago laedatur; in qua difficilis curatio est. Ubi abscissus est, unco
ferramento extrahendus est. Tum implicitum linamentum, vel 10
aliquid ex penicillo respergendum est medicamento, quo sanguis supprimitur, eoque naris leviter implenda. Sanguine
suppresso, linamento ulcus purgandum est. Ubi purum est,
eo pinna, eodem modo, quo in aure supra positum est (p. 283,
l. 34), medicamento illita, quo cicatrix inducitur, intus de- 15
mittenda, donec ex toto id sanescat.

CAPUT XI.
De ozaena.

Id autem vitium, quod ὄζαινα a Graecis vocatur (cf. VI,
8), si medicamentis non cederet, quemadmodum manu curan- 20
dum esset, apud magnos chirurgos non reperi: credo, quia
res raro ad sanitatem satis proficit, quum aliquod in ipsa curatione tormentum habeat. Apud quosdam tamen positum est,
vel fictilem fistulam, vel enodem scriptorium calamum in narem esse conjiciendum, donec sursum ad os perveniat: tum 25
per id tenue ferramentum candens dandum esse ad ipsum os:
deinde adustum locum purgandum esse aerugine et melle:
ubi purus est, lycio ad sanitatem perducendum. Vel narem
incidendam esse ab ima parte ad os, ut et conspici locus
possit, et facilius candens ferramentum admoveri. Tum sui 30
narem debere; et adustum quidem ulcus eadem ratione curari: suturam vero illini vel spuma argenti, vel alio glu-
tinante.

CAPUT XII.

De oris vitiis, quae manu, et ferro curantur.

1. In ore quoque quaedam manu curantur. Ubi in primis dentes nonnumquam moventur, modo propter radicum imbecillitatem, modo propter gingivarum arescentium vitium. Oportet in utrolibet candens ferramentum gingivis admovere, ut attingat leviter, non insidat. Adustae gingivae melle illinendae, et mulso eluendae sunt. Ut pura ulcera esse coeperunt, arida medicamenta infrianda sunt ex iis, quae reprimunt. Si vero dens dolores movet, eximique eum, quia medicamenta nihil adjuvant, placuit, circumradi debet, ut gingiva ab eo resolvatur: tum is concutiendus est: eaque facienda, donec bene moveatur: nam dens haerens cum summo periculo evellitur, ac nonnunquam maxilla loco movetur. Idque etiam majore periculo in superioribus dentibus fit; quia potest tempora oculosque concutere. Tum, si fieri potest, manu; si minus, forcipe (id est ὀδοντάγρα) dens excipiendus est: ac, si exesus est, ante id foramen vel linamento, vel bene accommodato plumbo replendum est, ne sub forcipe confringatur. Recta vero forceps ducendus est, ne inflexis radicibus os rarum, cui-dens inhaeret, parte aliqua frangatur. Neque ideo nullum ejus rei periculum est; utique in dentibus brevibus, qui fere longiores radices habent: saepe enim forceps, quum dentem comprehendere non possit, aut frustra comprehendat, os gingivae prehendit et frangit (P. Aeg. VI, 28). Protinus autem, ubi plus sanguinis profluit, scire licet aliquid ex osse fractum esse. Ergo specillo conquirenda est testa, quae recessit, et vulsella protrahenda est: si non sequitur, incidi gingiva debet, donec labans ossis testa recipiatur. Quod si factum statim non est, indurescit extrinsecus maxilla, ut is hiare non possit. Imponendum calidum ex farina et fico cataplasma est, donec ibi pus moveatur: tum incidi gingiva debet. Pus quoque multum profluens, ossis fracti nota est. Itaque etiam tunc id extrahi convenit. Nonnunquam etiam, eo laeso, fissura fit: quae eradi debet. Dens autem scaber, qua parte niger est, radendus

est, illinendusque rosae flore contrito, cui gallae quarta pars et altera myrrhae sit adjecta: continendümque ore crebro vinum meracum. Atque in eo casu velandum caput, ambulatione multa, frictione capitis, cibo non acri utendum est. At si ex ictu vel alio casu aliqui labant dentes, auro cum 5 iis, qui bene haerent, vinciendi sunt; continendaque ore reprimentia: ut vinum, in quo malicorium decoctum, aut in quod galla candens conjecta sit. Si quando etiam in pueris ante alter dens nascitur, quam prior excidat, is, qui cadere debuit, circumpurgandus et evellendus est; is, qui natus est, 10 in locum prioris quotidie digito adurgendus, donec ad justam magnitudinem perveniat. Quotiescumque dente exemto radix relicta est, protinus ea quoque ad id facto forcipe, quam ῥιζάγραν Graeci vocant, eximenda est.

2. Tonsillas autem, quae post inflammationes induruerunt, ~~ἀντιάδες autem a Graecis appellantur~~, quum sub levi 15 tunica sint, oportet digito circumradere et evellere: si ne sic quidem resolvuntur, hamulo excipere, et scalpello excidere: tum os aceto eluere, et illinere vulnus medicamento, quo sanguis supprimatur (cf. p. 256, l. 32; et P. Aeg. VI, 30). 20

3. Uva (P. Aeg. VI, 31), si cum inflammatione descendit, dolorique est, et subrubicundi coloris, praecidi sine periculo non potest: solet enim multum sanguinem effundere: itaque melius est iis uti, quae alias proposita sunt (VI, 14). Si vero inflammatio quidem nulla est, nihilominus autem ea 25 ultra justum modum a pituita deducta est, et tenuis, acuta, alba est, praecidi debet: itemque, si ima, livida et crassa; summa tenuis est. Neque quidquam commodius est, quam vulsella prehendere, sub eaque, quod volumus, excidere. Neque enim ullum periculum est, ne plus minusve praecidatur: 30 quum liceat tantum infra vulsellam relinquere, quantum inutile esse manifestum est; idque praecidere, quo longior uva est, quam esse naturaliter debet. Post curationem eadem facienda sunt, quae in tonsillis proxime posui (§ 2).

4. Lingua vero quibusdam cum subjecta parte a primo 35 natali die juncta est; qui ob id ne loqui quidem possunt (P. Aeg. VI, 29). Horum extrema lingua vulsella prehendenda est; sub eaque membrana incidenda: magna cura habita, ne

venae, quae juxta sunt, violentur, et profusione sanguinis
noceant. Reliqua curatio vulneris in prioribus posita est.
Et plerique quidem, ubi consanuerunt, loquuntur. Ego autem cognovi qui, succisa lingua, quum abunde super den-
5 tes eam promeret, non tamen loquendi facultatem consequu-
tus est. Adeo in medicina, etiam ubi perpetuum est, quod
fieri debet, non tamen perpetuum est id, quod sequi convenit.

5. Sub lingua quoque interdum aliquid abscedit (*gre-*
10 *nouillette*); quod fere consistit in tunica, doloresque magnos
movet. Quod, si exiguum est, incidi semel. satis est: si
majus, summa cutis usque ad tunicam excidenda est, deinde
utrimque orae hamulis excipiendae, et, tunica undique circumdata liberanda est: magna diligentia per omnem cura-
15 tionem habita, ne qua major vena incidatur.

6. Labra autem saepe finduntur; eaque res habet cum
dolore etiam hanc molestiam, quod sermo prohibetur; qui
subinde eas rimas cum dolore diducendo sanguinem citat.
Sed has, si in summo sunt, medicamentis curare commodius
20 est, quae ad ulcera oris fiunt: si vero altius descenderunt,
necessarium est tenui ferramento adurere, quod spathae simile, quasi transcurrere, non imprimi debet. Postea facienda
eadem sunt, quae in auribus adustis exposita sunt.

CAPUT XIII.

25 De cervicis vitio.

At in cervice, inter cutem et asperam arteriam, tumor
increscit: βϱογχοκήλην Graeci vocant (P. Aeg. VI, 38).
Quo modo caro hebes, modo humor aliquis, melli aquaeve
similis, includitur; interdum etiam minutis ossibus pili im-
30 mixti. Ex quibus quidquid est, tunica continetur. Potest
autem adurentibus medicamentis curari: quibus summa cutis
cum subiecta tunica exeditur. Quo facto, sive humor est,
profluit; sive quid densius, digitis educitur: tum ulcus sub
linamentis sanescit. Sed scalpelli curatio brevior est. Me-
35 dio tumore una linea inciditur usque ad tunicam. deinde

vitiosus sinus ab integro corpore digito separatur, totusque
cum velàmento suo eximitur: tum aceto, cui vel salem vel
nitrum aliquis adjecit, eluitur; oraeque una sutura junguntur; ceteraque eadem, quae in aliis suturis, superinjiciun-
tur: leniter deinde, ne fauces urgeat, deligatur. Si quando 5
autem tunica eximi non potuit, intus inspergenda adurentia,
linamentisque id curandum est, et ceteris pus moventibus
(cf. V, 3).

CAPUT XIV.
De umbilici vitiis.   10

Sunt etiam circa umbilicum plura vitïa: de quibus propter raritatem inter auctores parum constat. Verisimîle est
autem, id a quoque praetermissum, quod ipse non cognove-
rat: a nullo id, quod non viderat, fictum. Commune omnibus est, umbilicum˙ indecore prominere (P. Aeg. VI, 51): 15
causae requiruntur. Meges tres has posuit: modo intestinum
eo irrumpere, modo omentum, modo humorem. Sostratus
nihil de omento dixit: duobus iisdem adjecit, carnem ibi interdum increscere; eamque modo integram esse, modo carcinomati similem. Gorgias ipse quoque omenti mentionem 20
omisit; sed eadem tria causatus, spiritum quoque interdum
eo dixit irrumpere. Heron omnibus his quatuor positis, et
omenti mentionem habuit, et ejus, quod simul et omentum et
intestinum habuerit. Quid autem horum sit, his indiciis cognoscitur. Ubi intestinum prolapsum est, tumor neque du- 25
rus, neque mollis est; omni frigore minuitur; non solum sub
omni calore, sed etiam retento spiritu crescit; sonat interdum; atque ubi resupinatus est aliquis, delapso intestino,
ipse desidit. Ubi vero omentum est, cetera similia sunt; tumor mollior, et ab ima parte latus, extenuatus in vertice 30
est: si quis apprehendit, elabitur. Ubi utrumque est, indicia quoque mixta sunt, et inter utrumque mollities. At caro
durior est, semperque etiam resupinato corpore tumet, pre-
mentique non cedit, prioribus facile cedentibus. Si vitiosa
est, easdem notas habet, quas in carcinomate exposui. Hu 5
mor autem, si premitur, circumfluit. * spiritus pressus ce

dit, sed protinus redit: resupinato quoque corpore tumorem
in eadem figura tenet. Ex his id, quod ex spiritu vitium est,
medicinam non admittit. Caro quoque carcinomati similis
cum periculo tractatur: itaque omittenda est. Sana excidi
5 debet; idque vulnus linamentis curari. Humorem quidem vel
inciso summo tumore effundunt, et vulnus iisdem linamentis
curant. In reliquis variae sententiae sunt. Ac resupinandum
quidem corpus esse, res ipsa testatur; ut in uterum, sive intestinum, sive omentum est, delabatur. Sinus vero umbilici,
10 tum vacuus, a quibusdam duabus regulis exceptus est; vehe-
menterque earum capitibus deligatis, ibi emoritur: a quibusdam, ad imum acu trajecta, duo lina ducente, deinde utriusque lini duobus capitibus diversae partes adstrictae; quod in
uva quoque oculi fit: nam sic id, quod supra vinculum est
15 (cf. supr. 7, 11), emoritur. Adjecerunt quidam, ut, antequam vincirent, summum una linea inciderent, exciderent-
que; quo facilius digito demisso, quod illuc irrupisset, de-
pellerent: tum deinde vinxerunt. Sed abunde est, jubere
spiritum continere, ut tumor, quantus maximus esse potest,
20 se ostendat: tum imam basim ejus atramento notare; resu-
pinatoque homine, digitis tumorem eum premere, ut si quid
delapsum non est, manu cogatur: post haec umbilicum attrahere, et qua nota atramenti est, lino vehementer adstringere: deinde partem superiorem aut medicamentis, aut ferro
25 adurere, donec emoriatur: atque, ut cetera usta, ulcus nutrire. Idque non solum ubi intestinum, vel omentum, vel
utrumque est; sed etiam ubi humor est, optime proficit. Sed
ante quaedam visenda sunt, ne quod ex vinculo periculum
sit. Nam curationi neque infans, neque aut robustus annis,
30 aut senex aptus est; sed a septimo fere anno ad quartumdecimum. Deinde ei corpus idoneum est id, quod integrum
est: at quod mali habitus est, quodque papulas, impetigi-
nes, similiaque habet, idoneum non est. Levibus quoque tumoribus facile subvenitur: at in eorum, qui nimis magni
35 sunt, curatione periculum est. Tempus autem anni et au-
~ tumnale, et hibernum vitandum est: ver idoneum maxime
est: ac prima aestas non aliena est. Praeter haec abstinere
pridie debet. Neque id satis est; sed alvus quoque ei

cenda est; quo facilius omnia quae excesserunt, intra uterum
considant.

CAPUT XV.

Quomodo aqua hydropicis emittatur.

Aquam iis, qui hydropici sunt, emitti oportere, alias dixi 5
(III, 21). Nunc, quemadmodum id fiat, dicendum est (cf. P. Aeg.
VI, 50). Quidam autem sub umbilico, fere quatuor interpositis
digitis a sinistra parte: quidam, ipso umbilico perforato, id facere consuerunt: quidam, cute primum adusta, deinde interiore
abdomine inciso; quia, quod per ignem divisum est, minus 10
celeriter coit. Ferramentum autem demittitur magna cura
habita, ne qua vena incidatur. Id tale esse debet, ut fere
tertiam digiti partem latitudo mucronis impleat; demittendumque ita est, ut membranam quoque transeat, qua caro ab
interiore parte finitur: eo tum plumbea aut aenea fistula con- 15
jicienda est, vel recurvatis in exteriorem partem labris, vel
in media circumsurgente quadam mora, ne tota intus delabi
possit. Hujus ea pars, quae intra, paulo longior esse debet,
quam quae extra; ut ultra interiorem membranam procedat.
Per hanc effundendus humor est: atque ubi major pars ejus 20
evocata est, claudenda demisso linteolo fistula est; et in vulnere, si id ustum non est, relinquenda. Deinde per insequen-
tes dies circa singulas heminas emittendum, donec nullum
aquae vestigium appareat. Quidam tamen etiam non usta cute,
protinus fistulam recipiunt, et super vulnus spongiam *** [1]) 25
expressam deligant: deinde postero die rursus fistulam de-
mittunt, quod recens vulnus paulum diductum patitur, ut, si
quid humoris superest, emittatur: idque bis ita fecisse contenti sunt.

---

1) Verba aliqua desunt. Forsan *ex aceto*. Vide proximo cap. 16;
p. 294, l. 10: spongiam, aut succidam lanam ex aceto expressam. Pau-
lus habet *l. l.* (p. 220 ed. Priau): μόνου στορπτάριον.

CAPUT XVI.

De ventre ictu perforato, et intestinis vulneratis.

Nonnumquam autem venter ictu aliquo perforatur; sequiturque, ut intestina evolvantur (P. Aeg. VI, 52). Quod ubi
5 incidit, protinus considerandum est, an integra ea sint; deinde, an iis color suus maneat. Si tenuius intestinum perforatum est, nihil profici posse, jam retuli. Latius intestinum sui potest: non quod certa fiducia sit; sed quod dubia spès certa desperatione sit potior; interdum enim glutinatur. Tum
10 si utrumlibet intestinum lividum, aut pallidum, aut nigrum est, quibus illud quoque necessario accedit, ut sensu careat, medicina omnis inanis est. Si vero adhuc ea sui coloris sunt, cum magna festinatione succurrendum est: momento enim alienantur externo et insueto spiritu circumdata. Re-
15 supinandus autem homo est, coxis erectioribus; et, si angustius vulnus est, quam ut intestina commode refundantur, incidendum est, donec satis pateat: ac, si jam sicciora intestina sunt, perluenda aqua sunt, cui paulum admodum olei sit adjectum. Tum minister oras vulneris leniter diducere mani-
20 bus suis, vel etiam duobus hamis interiori membranae injectis, debet: medicus priora semper intestina, quae posteriora prolapsa sunt, condere sic, ut orbium singulorum locum servet. Repositis omnibus, leniter homo concutiendus est: quo fit ut per se singula intestina in suas sedes deducantur, et in
25 his considant. His conditis, omentum quoque considerandum est: ex quo, si quid jam nigri et emortui est, forfice excidi debet: si integrum est, leniter super intestina deduci. Sutura autem neque summae cutis, neque interioris membranae per se satis proficit; sed utriusque: et quidem duo-
30 bus linis injicienda est, spissior quam alibi; quia et rumpi facilius motu ventris potest; et non aeque magnis inflammationibus pars ea exposita est. Igitur in duas acus fila conjicienda, eaeque duabus manibus tenendae; et prius interiori membranae sutura injicienda est sic, ut sinistra manus in dex-
35 teriore ora, dextra in sinisteriore a principio vulneris orsa, ab interiore parte in exteriorem acum immittat: quo fit, ut ab intestinis ea pars semper acuum sit, quae retusa est. Se-

mel utraque parte trajecta, permutandae acus inter manus
sunt, ut ea sit in dextra, quae fuit in sinistra, ea veniat in
sinistram, quam dextra continuit: iterumque eodem modo
per oras immittendae sunt: atque ita tertio et quarto, dein-
cepsque permutatis inter manus acubus plaga includenda. 5
Post haec, eadem fila, eaedemque acus ad cutem transfe-
rendae, similique ratione ei quoque parti sutura injicienda;
semper ab interiore parte acubus venientibus, semper inter
mănus trajectis: dein glutinantia injicienda. Quibus aut spongiam, aut succidam lanam ex aceto expressam accedere de- 10
bere manifestius est, quam ut semper dicendum sit. Imposi-
tis his leniter deligari venter debet.

CAPUT XVII.
De interiore membrana abdominis rupta.

1. Interdum autem vel ex ictu aliquo, vel retento diutius 15
spiritu, vel sub gravi fasce, interior abdominis membrana,
superiore cute integra, rumpitur. Quod feminis quoque ex
utero saepe evenire consuevit: fitque praecipue circa ilia.
Sequitur autem, quum superior caro mollis sit, ut non satis
intestina contineat, hisque intenta cutis indecora intumescat. 20
Atque id quoque aliter ab aliis curatur. Quidam enim per
acum duobus linis ad imam basim immissis sic utrimque devinciunt, quemadmodum et in umbilico, et in uva positum
est, ut, quidquid super vinculum est, emoriatur. Quidam
medium tumorem excidunt ad similitudinem murtacei folii; 25
quod semper eodem modo servandum esse jam posui; et
tum oras sutura jungunt. Commodissimum est autem, resupinato corpore, experiri manu, qua parte is tumor maxime cedat, quia necesse est, ea parte rupta membrana
sit; quaque integra est, ea magis obnitatur: tum, qua rupta 30
videbitur, immittendae scalpello duae lineae sunt, ut, exciso
medio, interior membrana utrimque recentem plagam habeat;
quia, quod vetus est, sutura non coit. Loco patefacto, si qua
parte membrana non novam plagam, sed veterem habet, tenuis excidenda habena est, quae tantum ora ejus exulceret 35

Cetera, quae ad suturam reliquamque curationem pertinent, supra (cap. 16) comprehensa sunt.

2. Praeter haec evenit, ut in quorumdam ventribus varices sint, quarum quia nulla alia curatio est, quam quae in 5 cruribus esse consuevit, tum eam partem explanaturus, hanc quoque eo differo (cap. 31).

CAPUT XVIII.
De testiculorum morbis.

Venio autem ad ea, quae naturalibus partibus circa testi-
10 culos oriri solent: quae quo facilius explicem, prius ipsius loci natura paucis proponenda est. Igitur testiculi simile quiddam medullis habent: nam sanguinem non emittunt, et omni sensu carent: dolent autem in ictibus et inflammationibus tunicae, quibus ii continentur. Dependent vero ab in-
15 guinibus per singulos nervos, quos κρεμαστῆρας Graeci nominant: cum quorum utroque binae descendunt et venae et arteriae. Haec autem tunica conteguntur tenui, nervosa, sine sanguine, alba, quae ἐλυτροειδής a Graecis nominatur. Super eam valentior tunica est, quae interiori vehemen-
20 ter ima parte inhaeret: δαρτόν Graeci vocant. Multae deinde membranulae venas et arterias, eosque nervos comprehendunt; atque inter duas quoque tunicas superioribus partibus leves parvulaeque sunt. Hactenus propria utrique testiculo et velamenta et auxilia sunt. Communis deinde utrique,
25 omnibusque interioribus sinus est, qui jam conspicitur a nobis: ὄσχεον Graeci, scrotum nostri vocant. Isque ab ima parte mediis tunicis leviter innexus, a superiore tantum circumdatus est. Sub hoc igitur plura vitia esse consuerunt: quae modo ruptis tunicis, quas ab inguinibus incipere pro-
30 posui, modo his integris fiunt. Siquidem interdum vel ex morbo primum inflammatur, deinde postea pondere abrumpitur; vel ex ictu aliquo protinus rumpitur tunica, quae diducere ab inferioribus partibus intestina debuit: tum pondere eo devolvitur aut omentum, aut etiam intestinum: idque ibi
35 reperta via, paulatim ab inguinibus in inferiores quoque partes nisum, subinde nervosas tunicas, et ob id ejus rei patientes, diducit. Ἐντεροκήλην, et ἐπιπλοκήλην Graeci vo-

cant: apud nos indecorum, sed commune his, herniae nomen est. Deinde si descendit omentum, numquam in scroto
tumor tollitur, sive inedia fuit, sive corpus huc illucve conversum, aut alio quo modo collocatum est: itemque, si retentus est spiritus, non magnopere increscit, tactu vero in- 5
aequalis est et mollis et lubricus. At si intestinum quoque
descendit, tumor is sine inflammatione modo minuitur, modo
increscit; estque fere sine dolore, et quum conquiescit aliquis aut jacet, interdum ex toto desidit, interdum sic dividitur, ut in scroto exiguae reliquiae maneant: at clamore, 10
et satietate, et si sub aliquo pondere is homo nisus est, crescit: frigore omni contrahitur, calore diffunditur; estque tum
scrotum et rotundum, et tactu laeve: idque, quod subest, lu-
bricum est; si pressum est, ad inguen revertitur; dimissum-
que, iterum cum quodam quasi murmure devolvitur. Et id 15
quidem in levioribus malis evenit. Nonnumquam autem stercore accepto vastius tumet, retroque compelli non potest:
adfertque tum dolorem et scroto et inguinibus et abdomini:
nonnumquam stomachus quoque affectus primum rufam bilem
per os reddit, deinde viridem, quibusdam etiam nigram. In- 20
tegris vero membranis interdum eam partem 'humor distrin-
git. Atque ejus quoque species duae sunt. Nam vel inter
tunicas is increscit, vel in membranis quae ibi circa venas
et arterias sunt, ubi eae gravatae occalluerunt. Ac ne ei
quidem humori, qui inter tunicas est, una sedes est. Nam 25
modo inter summam et mediam, modo inter mediam et imam
consistit. Graeci communi nomine, quidquid est, ὑδροκή-
λην appellant: nostri, ut scilicet nullis discriminibus satis
cognitis, haec quoque sub eodem nomine, quo priora, habent. Signa autem quaedam communia sunt, quaedam pro- 30
pria; communia, quibus humor deprehenditur; propria, quibus locus. Humorem subesse discimus, si tumor est, numquam ex toto se remittens, sed interdum levior aut propter
famem, aut propter febriculam, maximeque in pueris: isque
mollis est, si non nimius humor subest; at si is vehementer 35
increvit, renititur sicut uter repletus et arcte adstrictus: venae quoque in scroto inflantur; et, si digito pressimus, cedit
humor, circumfluensque id, quod non premitur, attollit. et

tamquam in vitro cornuve per scrotum apparet; isque, quantum in ipso est, sine dolore est. Sedes autem ejus sic deprehenditur. Si inter summam mediamque tunicam est, quum digitis duobus pressimus, paulatim humor inter eos revertens
5 subit: scrotum albidius est; si ducitur, aut nihil, aut parvulum intenditur: testiculus ea parte neque visu, neque tactu sentitur. At si sub media tunica est, intentum scrotum magis se attollit, adeo ut superior coles sub tumore eo delitescat.

Praeter haec aeque integris tunicis ramex innascitur: κιρ-
10 σοκήλην Graeci appellant (P. Aeg. 64, 63, 66). Venae intumescunt; eaeque intortae, conglomerataeque a superiore parte vel ipsum scrotum implent, vel mediam tunicam, vel imam: interdum etiam sub ima tunica, circa ipsum testiculum nervumque ejus, increscunt. Ex his eae, quae in ipso
15 scroto sunt, oculis patent: eae vero, quae mediae imaeve tunicae insidunt, ut magis conditae, non aeque quidem cernuntur, sed tamen etiam visui subjectae sunt: praeterquam quod et tumoris aliquid est, pro venarum magnitudine ac modo, et id prementi magis renititur, ac per ipsos venarum
20 toros inaequale est; et, qua parte id est, testiculus magis justo dependet. Quum vero etiam super ipsum testiculum nervumque ejus id malum increvit, aliquanto longius testiculus ipse descendit, minorque altero fit utpote alimento amisso. Raro, sed aliquando caro quoque inter tunicas increscit:
25 σαρκοκήλην Graeci vocant. Interdum etiam ex inflammatione tumet ipse testiculus, ac febres quoque affert; et, nisi celeriter ea inflammatio conquievit, dolor ad inguina atque ilia pervenit, partesque eae intumescunt; nervus ex quo testiculus dependet plenior fit, simulque indurescit. Super
30 haec inguen quoque nonnumquam ramice impletur: βουβω-νοκήλην appellant.

CAPUT XIX.

De testiculorum curationibus, et primo de incisione, et curatione
inguinis vel scroti.

35 His cognitis, de curatione dicendum est: in qua quaedam communia omnium sunt, quaedam propria singulorum.

Prius de communibus dicam. Loquar antem nunc de iis, quae
scalpellum desiderant: nam quae vel sanari non possint, vel
aliter nutriri debeant, dicendum erit, simul ad species singulas venero. Inciditŭr autem interdum inguen, interdum scrotum. In utraque curatione homo ante triduum bibere aquam; ₅
pridie abstinere etiam a cibo debet, ipso autem die collocari
supinus; deinde, si inguen incidendum est, idque jam pube
contegitur, ante radendum est; et tum, extento scroto, ut
cutis inguinis intenta sit, id incidendum sub imo ventre, qua
cum abdomine tunicae inferiores committuntur. Aperien-₁₀
dum autem audacter est, donec summa tunica, quae ipsius
scroti est, incidatur, perveniaturque ad eam, quae media
est. Plaga facta, foramen deorsum versus subest. In id demittendus est sinistrae manus digitus index, ut diductis in-
tervenientibus membranulis, sinum laxet. Minister autem,₁₅
sinistra manu comprehenso scroto, sursum versus id debet
extendere, et quam maxime ab inguinibus abducere; primum
cum ipso testiculo, dum medicus omnes membranulas, quae
super mediam tunicam sunt, si digito diducere non potest,
scalpello abscindat: deinde sine eo, ut is delapsus ipsi pla-₂₀
gae jungatur, digitoque inde promatur, et super ventrem
cum duabus suis tunicis collocetur. Inde, si qua vitiosa sunt,
circumcidenda sunt. In quibus quum multae venae discur-
rant, tenuiores quidem praecidi protinus possunt: majores
vero ante longiore lino deligandae sunt, ne periculose san-₂₅
guinem fundant. Sin media tunica vexata erit, aut sub ea
malum increverit, excidenda erit sic, ut alte'ad ipsum inguen praecidatur. Infra tamen non tota demenda est: nam
quod ad basim testiculi vehementer cum ima tunica connexum
est, excidi sine summo periculo non potest: itaque ibi re-₃₀
linquendum est. Idem in ima quoque tunica, si laesa est, faciendum est. Sed non a summa inguinis plaga, verum infra
paulum ea abscindenda, ne laesa abdominis membrana inflammationes moveat. Neque tamen nimium ex ea sursum relinquendum est, ne postea sinuetur, et sedem eidem malo₃₅
praestet. Purgatus ita testiculus per ipsam plagam cum venis et arteriis et nervo suo leniter demittendus est; viden-
dumque ne sanguis in scrotum descendat, neve concretus

aliquo loco maneat. Quae ita fient, si venis vinciendo medicus prospexerit. Lina, quibus capita earum continebuntur, extra plagam dependere debebunt: quae, pure orto, sine ullo dolore excident. Ipsi autem plagae injiciendae duae
5 fibulae sunt; et insuper medicamentum, quo glutinetur. Solet autem interdum ab altera ora necessarium esse aliquid excidi, ut cicatrix major et latior fiat. Quod ubi incidit, linamenta super non fulcienda, sed leviter tantum imponenda sunt; supraque ea, quae inflammationem repellant, id est ex
10 aceto vel lana succida, vel spongia: cetera eadem, quae, ubi pus moveri debet, adhibenda sunt. At quum infra incidi oportet, resupinato homine, subjicienda sub scroto sinistra manus est; deinde id vehementer apprehendendum, et incidendum; si parvulum est quod nocet, modice, ut tertia pars
15 integra, ad sustinendum testiculum, infra relinquatur: si majus est, etiam amplius, ut paulum tantummodo ad imum, cui testiculus insidere possit, integrum maneat. Sed primo rectus scalpellus quam levissima manu teneri debet, donec scrotum ipsum diducat: tum inclinandus mucro est, ut
20 transversas membranas secet, quae inter summam mediamque tunicam sunt. Ac, si vitium in proximo est, mediam tunicam attingi non oportet: si sub illa quoque conditur, etiam illa incidenda est; sicut tertia quoque, si illa vitium tegit. Ubicumque autem repertum malum est, ministrum ab
25 inferiore parte exprimere moderate scrotum oportet: medicum, digito manubriolove scalpelli diductam inferiore parte tunicam extra collocare; deinde eam ferramento, quod a similitudine corvum vocant, incidere sic ut intrare duo digiti, index et medius, possint: his deinde conjectis, excipienda re-
30 liqua pars tunicae et inter digitos scalpellus immittendus est, eximendumque aut effundendum quidquid est noxium. Quamcumque autem tunicam quis violavit, illam quoque debet excidere; ac mediam quidem, ut supra dixi, quam altissime ad inguen; imam autem, paulo infra. Ceterum antequam ex-
35 cidantur, venae quoque vinciri lino summae debent: et ejus lini capita extra plagam relinquenda sunt, sicut in aliis quoque venis, quae id requisierint. Eo facto, testiculus intus reponendus est: oraeque scroti suturis inter se committen-

dae, neque paucis, ne parum glutinentur, et longior fiat curatio; neque multis, ne inflammationem augeant. Atque hic
quoque videndum est, ne quid in scroto sanguinis maneat:
tum imponenda glutinantia sunt. Si quando autem in scrotum sanguis defluxit, aliquidve concretum ex eo decidit, in- 5
cidi subter id debet; purgatoque eo, spongia acri aceto madens, circumdari. Deligatum autem vulnus omne quod ex
his causis factum est, si dolor nullus est, quinque primis
diebus non est resolvendum, sed bis die tantum aceto irroranda lana, vel spongia: si dolor est, tertio die resolven- 10
dum; et, ubi fibulae sunt, hae incidendae; ubi linamentum,
id mutandum est; rosaque et vino madefaciendum id, quod
imponitur. Si inflammatio increscit, adjiciendum prioribus
cataplasma ex lenticula et melle; vel ex malicorio, quod in
austero vino coctum sit; vel ex his mixtis. Si sub his inflam- 15
matio non conquieverit, post diem quintum multa calida aqua
vulnus fovendum, donec scrotum ipsum et extenuetur, et rugosius fiat: tum imponendum cataplasma ex triticea farina,
cui resina pinea adjecta sit: quae ipsa, si robustus curatur,
ex aceto; si tener, ex melle coquenda sunt. Neque dubium 20
est, quodcumque vitium fuit, si magna inflammatio est, quin
ea, quae pus movent, imponenda sint. Quod si pus in ipso
scroto ortum est, paulum id incidi debet, ut exitus detur; li
·namentumque eatenus imponendum est, ut foramen tegat.
Inflammatione finita, propter nervos priore cataplasmate, 25
dein cerato utendum est. Haec proprie ad ejusmodi vulnera
pertinent: cetera et in curatione, et in victu, similia iis esse
debent, quae in alio quoque vulnerum genere praecepimus.

CAPUT XX.

De intestini in scrotum devoluti curatione.   30

His propositis ad singulas species veniendum est. Ac si
cui parvulo puero intestinum descendit, ante scalpellum experienda vinctura est. Fascia ejus rei causa fit, cui imo loco
pila assuta est ex panniculis facta, quae ad repellendum in
testinum ipsi illi subjicitur: deinde reliqua fasciae pars arcte
circumdatur. Sub quo saepe et intus compellitur intestinum.

et inter se tunicae glutinantur. Rursus, si aetas processit,
multumque intestini descendisse ex tumore magno patet, adjiciunturque dolor et vomitus; quae ex stercore, ex cruditate eo delapso, fere accidunt, scalpellum adhiberi sine per-
5 nicie non posse manifestum est: levandum tantummodo malum, et per alias curationes extrahendum est. Sanguis mitti
ex brachio debet: deinde, si vires patiuntur, imperanda tri-
dui abstinentia est; si minus, certe pro vi corporis quam
longissima. Eodem vero tempore superhabendum cataplasma
10 ex lini semine, quod ante aliquis ex mulso decoxerit. Post
haec, et farina hordeacea cum resina injicienda; et is demittendus in solium aquae calidae, cui oleum quoque adjectum
sit; dandumque aliquid cibi levis, calidi. Quidam etiam alvum ducunt. Id deducere aliquid in scrotum potest, educere
15 ex eo non potest. Per ea vero, quae supra scripta sunt, levato malo, si quando alias dolor reverterit, eadem erunt facienda. Sine dolore quoque si multa intestina prolapsa sunt,
secari supervacuum est: non quo excludi a scroto non possint; nisi tamen id inflammatio prohibuit; sed quod repulsa
20 inguinibus immorentur, ibique tumorem excitent, atque ita
fiat mali non finis, sed mutatio. At in eo, quem scalpello
curari oportebit, simul atque ad mediam tunicam vulnus in
inguine factum pervenerit, duobus hamulis ea juxta ipsas
oras apprehendi debebit, dum diductis omnibus membranulis
25 medicus eam liberet. Neque enim cum periculo laeditur,
quae excidenda est; quum intestinum esse nisi sub ea non
possit. Ubi diducta autem erit, ab inguine usque ad testiculum incidi debebit sic, ne is ipse laedatur; tum excidi. Fere
tamen hanc curationem puerilis aetas, et modicum malum
30 recipit. Si vir robustus est, majusque id vitium est, extrahi
testiculus non debet, sed in sua sede permanere. Id hoc
modo fit. Inguen eadem ratione usque ad mediam tunicam
scalpello aperitur; eaque tunica eodem modo duobus hamis
excipitur sic, ut a ministro testiculus eatenus contineatur, ne
35 per vulnus exeat: tum ea tunica deorsum versus scalpello
inciditur; sub eaque index digitus sinistrae manus ad imum
testiculum demittitur, eumque ad plagam compellit: deinde
dextrae manus duo digiti, pollex atque index, venam et ar-

teriam et nervum tunicamque eorum a superiore tunica di-
ducunt. Quod si aliquae membranulae prohibent, scalpello
resolvuntur, donec ante oculos tota jam tunica sit. Excisis,
quae excidenda sunt, repositoque testiculo, ab ora quoque
ejus vulneris, quod in inguine est, demenda habenula paulo ₅
latior est, quo major plaga sit, et plus creare carnis possit.

CAPUT XXI.

De omenti in scrotum prolapsi curatione.

1. At si omentum descendit, eodem quidem modo, quo
supra scriptum est (cap. 19, 20), aperiendum inguen, didu- ₁₀
cendaeque tunicae sunt: considerandum autem est, majorne
is modus, an exiguus sit. Nam quod parvulum est, super inguen in uterum vel digito vel averso specillo repellendum
est: si plus est, sinere oportet dependere quantum ex utero
prolapsum est; idque adurentibus medicamentis illinere, do- ₁₅
nec emoriatur et excidat. Quidam hic quoque duo lina acu
trajiciunt, binisque singulorum capitibus diversas partes adstringunt; sub quo aeque, sed tardius emoritur. Adjicitur
tamen hic quoque celeritati, si omentum super vinculum illinitur medicamentis, quae sic exedunt, ne erodant: σηπτά ₂₀
Graeci vocant. Fuerunt etiam qui omentum forfice praecide-
rent: quod in parvulo non est necessarium; si majus est, potest profusionem sanguinis facere; siquidem omentum quoque
venis quibusdam, etiam majoribus illigatum est. Neque vero,
si discisso ventre id prolapsum forfice praeciditur, quum et ₂₅
emortuum sit, et aliter tutius avelli non possit, inde huc
exemplum transferendum est. Vulnus autem curari, si relictum omentum est, sutura debet: si id amplius fuit, et extra emortuum est, excisis oris, sicut supra propositum est.

2. Si vero humor intus est, incidendum est, in pueris ₃₀
quidem, inguen; nisi in his quoque id liquoris ejus major
modus prohibet: in viris vero, et ubicumque multus humor
subest, scrotum. Deinde, si inguen incisum est, eo protra-
ctis tunicis, humor effundi debet: si scrotum, et sub hoc
protinus vitium est, nihil aliud quam humor effundendus, ab- ₃₅
scindendaeque membranae sunt, si quae eum continuerunt;

deinde eluendum id ex aqua, quae vel salem adjectum, vel
nitrum habeat: si sub media, imave tunica, totae eae extra
scrotum collocandae excidendaeque sunt.

CAPUT XXII.

5 De ramicis curatione.

Ramex (cf. cap. 18, fine — P. Aeg. VI, 64) autem, si
super ipsum scrotum est, adurendus est tenuibus et acutis
ferramentis, quae ipsis venis infigantur; cum eo, ne amplius
quam has urant; maximeque ubi inter se implicatae glome-
10 rantur, eo ferrum id admovendum est; tum super farina ex
aqua frigida subacta injicienda est; utendumque eo vinculo,
quod idoneum esse ani curationibus posui: tertio die lenticula cum melle imponenda est: post, ejectis crustis, ulcera
melle purganda, rosa implenda, ad cicatricem aridis lina-
15 mentis perducenda sunt. Quibus vero super mediam tunicam venae tument, incidendum inguen est, atque tunica promenda, ab eaque venae digito vel manubriolo scalpelli se-
parandae. Qua vero inhaerebunt, et ab superiore et ab inferiore parte lino vinciendae; tum sub ipsis vinculis prae-
20 cidendae, reponendusque testiculus est. At ubi supra tertiam tunicam ramex insedit, mediam excidi necesse est. Deinde, si duae tresve venae tument, et ita pars aliqua obside-
tur, ut major eo vitio vacet, idem faciendum, quod supra
scriptum est (cf. cap. 18, in fine); ut et ab inguine, et a
25 testiculo deligatae venae praecidantur, isque condatur. Sin
totum id ramex obsederit, per plagam demittendus digitus
index erit, subjiciendusque venis sic, ut paulatim eas protra-
hat; eaeque adducendae, donec is testiculus par alteri fiat;
tum fibulae oris sic injiciendae, ut simul eas quoque venas
30 comprehendant. Id hoc modo fit. Acus ab exteriore parte
oram vulneris perforat: tum non per ipsam venam, sed per
membranam ejus immittitur, per eamque in alteram oram
compellitur. Vena vulnerari non debet, ne sanguinem fundat. Membrana semper inter has venas est, ac neque peri-
35 culum affert, et filo comprehensa illas abunde tenet. Itaque
etiam satis est duas fibulas esse. Tum venae, quaecumque

protractae sunt, in ipsum inguen averso specillo compelli debent. Solvendi fibulas tempus, inflammatione finita, et purgato vulnere est; ut una simul et oras et venas cicatrix de-
vinciat. Ubi vero inter imam tunicam et ipsum testiculum
nervumque ejus ramex ortus est, una curatio est, quae to- 5
tum testiculum abscindit. Nam neque ad generationem quidquam is confert, et omnibus indecore, quibusdam etiam cum
dolore dependet. Sed tum quoque inguen incidendum; media tunica promenda, atque excidenda est; idem in ima faciendum; nervusque, ex quo testiculus dependet, praeci- 10
dendus: post id venae et arteriae ad inguen lino deligandae,
et infra vinculum abscindendae sunt.

CAPUT XXIII.

De carne quae inter tunicas testiculorum increvit, et de nervo
indurato.   15

Caro quoque, si quando inter tunicas increvit, nihil dubii est, quin eximenda sit: sed id, ipso scroto inciso, fieri
commodius est. At si nervus induruit, curari res neque manu,
neque medicamento potest. Urgent enim febres ardentes, et
aut virides, aut nigri vomitus; praeter haec, ingens sitis, et 20
linguae aspritudo; fereque a die tertio spumans bilis alvo
cum rosione redditur: ac neque assumi facile cibus, neque
contineri potest: neque multo post extremae partes frigescunt, tremor oritur, manus sine ratione extenduntur; deinde
in fronte frigidus sudor, eumque mors sequitur.   25

CAPUT XXIV.

De ramice inguinis.

Ubi vero in ipso inguine ramex est, si tumor modicus
est, semel incidi; si major, duabus lineis debet, ut medium
excidatur: deinde, non extracto testiculo, sicut intestinis 30
quoque prolapsis interdum fieri docui, colligendae venae
vinciendaeque, ubi tunicis inhaerebunt, et sub his nodis
praecidendae sunt. Neque quidquam novi curatio vulneris
ejus requirit.

CAPUT XXV.
Ad tegendam glandem colis, si nuda est.

1. Ab his ad ea transeundum est, quae in cole ipso fiunt.
In quo si glans nuda est (P. Aeg. VI, 53), vultque aliquis
5 eam decoris causa tegere, fieri·potest· sed expeditius in
puero, quam in viro; in eo, cui id naturale est, quam in
eo, qui quarumdam gentium more circumcisus est; in eo,
cui glans parva juxtaque eam cutis spatiosior, brevis ipse
coles est, quam in quo contraria his sunt. Curatio autem
10 eorum, quibus id naturale est, ejusmodi est. Cutis circa
glandem prehenditur et extenditur, donec illam ipsam con-
dat; ibique deligatur: deinde, juxta pubem, in orbem tergus
. inciditur, donec coles nudetur; magnaque cura cavetur, ne
vel urinae iter, vel venae, quae ibi sunt, incidantur. Eo
15 facto, cutis ad vinculum inclinatur, nudaturque circa pubem
velut circulus; eoque linamenta dantur, ut caro increscat,
.et id impleat, satisque velamenti supra latitudo plagae praestet. Sed, donec cicatrix sit, vinctum esse id debet, in medio tantum relicto exiguo urinae itinere. At in eo, qui cir-
20 cumcisus est, sub circulo glandis scalpello diducenda cutis
ab interiore cole est. Non ita dolet, quia, summo soluto, diduci deorsum usque ad pubem manu potest; neque ideo sanguis profluit. Resoluta autem cutis rursus extenditur ultra
glandem: tum multa frigida aqua fovetur; emplastrumque
25 circa datur, quod valenter inflammationem reprimat; proximisque diebus.... [1]) et prope a fame victus est, ne forte eam
partem satietas excitet. Ubi jam sine inflammatione est, deligari debet a pube usque circulum: super glandem autem,
adverso emplastro imposito, induci. Sic enim fit, ut infe-
30 rior pars glutinetur; superior ita sanescat, ne inhaereat.

2. Contra, si glans ita contecta est, ut nudari non pos-

---

1) Veteres libri habent *proximisque diebus, ut prope a fame victus est.* Sed evidens est, post verba *proximisque diebus* aliqua deesse. Palavicinus legit *proximisque diebus ut prope a fame victus
est, abstineat.* Lindenius vero ita supplet, *proximisque diebus abstinere,
donec prope a fame victus sit.* Haec quidem videtur esse Celsi sententia; sed constructio laborat, nisi nova adhibita licentia, verbo *abstinere* additur *debet.*

sit, quod vitium Graeci φίμωσιν appellant, aperienda est; quod hoc modo fit (P. Aeg. VI, 55): subter a summa ora, cutis inciditur recta linea usque ad frenum; atque ita superius tergus relaxatum, cedere retro potest. Quod si parum sic profectum est, aut propter angustias, aut propter du- 5 ritiem tergoris, protinus triangula forma cutis ab inferiore parte excidenda est sic, ut vertex ejus ad frenum, basis in tergo extremo sit. Tum superdanda linamenta sunt, aliaque medicamenta quae ad sanitatem perducant. Necessarium autem est, donec cicatrix sit, conquiescere: nam ambulatio at- 10 terendo ulcus sordidum reddit.

Infibulare quoque adolescentulos interdum vocis, interdum valetudinis causa, quidam consuerunt: ejusque haec ratio est. Cutis, quae super glandem est, extenditur, notaturque utrimque a lateribus atramento, qua perforetur; deinde 15 remittitur. Si super glandem notae revertuntur, nimis apprehensum est, et ultra notari debet: si glans ab his libera est, is locus idoneus fibulae est. Tum, qua notae sunt, cutis acu filum ducente transsuitur, ejusque fili capita inter se deligantur, quotidieque id movetur, donec circa foramina ci- 20 catriculae fiant. Ubi eae confirmatae sunt, exemto filo fibula additur, quae quo levior, eo melior est. Sed hoc quidem saepius inter supervacua, quam inter necessaria est.

CAPUT XXVI.

De mingendi difficultate, et curatione. 25

1. Res vero interdum cogit emoliri manu urinam, quum illa non redditur, aut quia senectute iter ejus collapsum est, aut quia calculus, vel concretum aliquid ex sanguine intus se opposuit: ac mediocris quoque inflammatio saepe eam reddi naturaliter prohibet (P. Aeg. VI, 60). Idque non in 30 viris tantummodo, sed in feminis quoque interdum necessarium est. Ergo aeneae fistulae fiunt; quae, ut omni corpori ampliori minorique sufficiant, ad mares tres; ad feminas duae medico habendae sunt: ex virilibus maxima decem et quinque digitorum; media duodecim; minima novem: ex mulie- 35 bribus major novem; minor sex. Incurvas vero esse eas

paulum, sed magis viriles oportet, laevesque admodum; ac
neque nimis plenas, neque nimis tenues. Homo tum resupinus, super subsellium aut lectum collocandus est. Medicus
autem a dextro latere sinistra quidem manu colem masculi
5 continere, dextra vero fistulam demittere in iter urinae debet: atque ubi ad cervicem vesicae ventum est, simul cum
cole fistulam inclinatam in ipsam vesicam compellere, eamque, urina reddita, recipere. Femina brevius urinae iter, simul et rectius habet; quod mammulae simile, inter imas oras
10 super naturale positum, non minus saepe auxilio eget, aliquanto minus difficultatis exigit Nonnumquam etiam prolapsus in ipsam fistulam calculus, quia subinde ea extenuatur, non longe ab exitu inhaerescit. Eum, si fieri potest,
oportet evellere vel oriculario specillo, vel eo ferramento,
15 quo in sectione calculus protrahitur. Si id fieri non potuit,
cutis extrema quamplurimum attrahenda, et, condita glande,
lino vincienda est: deinde a latere recta plaga coles inci-
dendus, et calculus eximendus est: tum cutis remittenda.
Sic enim fit, ut incisum colem integra pars cutis contegat,
20 et urina naturaliter profluat.

2. Quum vesicae vero calculique facta mentio sit; locus
ipse exigere videtur, ut subjiciam quae curatio calculosis,
quum aliter succurri non potest, adhibeatur (P. Aeg. VI, 60).
Ad quam festinare, quum praeceps sit, nullo modo conve-
25 nit. Ac neque omni tempore, neque in omni aetate, neque
in omni vitio id experiendum est: sed solo vere; in eo corpore, quod jam novem annos, nondum quatuordecim excessit; et si tantum mali subest, ut neque medicamentis vinci
possit, neque jam trahi posse videatur, quominus interpo-
30 sito aliquo spatio interimat. Non quo non interdum etiam temeraria medicina proficiat; sed quo saepius utique in hoc fallat, in quo plura et genera et tempora periculi sunt. Quae
simul cum ipsa curatione proponam. Igitur, ubi ultima experiri
statutum est, ante aliquot diebus victu corpus praeparandum
35 est: ut modicos, ut salubres cibos, ut minime glutinosos assumat, ut aquam bibat. Ambulandi vero inter haec exercitatione utatur, quo magis calculus ad vesicae cervicem descendat. Quod an inciderit, digitis quoque, sicut in cura-

tione docebo, demissis cognoscitur. Ubi ejus rei fides est,
pridie is puer in jejunio continendus est; et tum loco calido
curatio adhibenda, quae hoc modo ordinatur. Homo praeva-
lens et peritus in sedili alto considit, supinumque eum et
aversum, super genua sua coxis ejus collocatis, comprehen- 5
dit; reductisque ejus cruribus, ipsum quoque jubet, manibus
ad suos poplites datis, eos, quam maxime possit, attrahere;
simulque ipse sic eos continet. Quod si robustius corpus
ejus est, *qui curatur*, duobus sedilibus junctis, duo valentes
insidunt; quorum et sedilia et interiora crura inter se deli- 10
gantur, ne diduci possint: tum is super duorum genua eodem
modo collocatur; atque alter, prout consedit, sinistrum crus
ejus, alter dextrum, simulque ipse poplites suos attrahit.
Sive autem unus, sive duo continent, super humeros ejus
suis pectoribus incumbunt. Ex quibus evenit, ut inter ilia 15
sinus super pubem sine ullis rugis sit extentus, et, in angu-
stum compulsa vesica, facilius calculus capi possit. Praeter
haec, etiamnum a lateribus duo valentes objiciuntur, qui cir-
cumstantes labare vel unum vel duos, qui puerum continent,
non sinunt. Medicus deinde, diligenter unguibus circumci- 20
sis, unctaque sinistra manu [1]), duos ejus digitos, indicem
et medium, leniter prius unum, deinde alterum in anum ejus
demittit; dextraeque digitos super imum abdomen leniter
imponit; ne si utrimque digiti circa calculum vehementer concurrerint, vesicam laedant. Neque vero festinanter in hac 25
re, ut in plerisque, agendum est; sed ita, ut quam maxime
id tuto fiat: nam laesa vesica nervorum distentiones cum periculo mortis excitat. Ac primum circa cervicem quaeritur
calculus: ubi repertus, minore negotio expellitur. Et ideo
dixi, ne curandum quidem, nisi quum hoc indiciis suis cogni- 30
tum est. Si vero aut ubi non fuit, aut recessit retro, digiti
ad ultimam vesicam dantur; paulatimque dextra quoque ma-

---

1) Locus maxime vexatus. Libri antiqui habent *atque sinistra
manu*. Targa pro *atque* reposuit *unctaque;* sic et sententia et constructio recte constant, cf. Cap. 29 hujus lib. — P. Aeg. *l. l.* p. 252
ed. Briau exhibet: τὸν λιχανὸν τῆς ἀριστερᾶς χειρὸς δάκτυλον εἰ
παιδίον εἴη τὸ νοσοῦν ἢ καὶ τὸν μέσον ἐὰν τελειότερον, ἀλείφαν-
τες ἐλαίῳ καθίσομεν εἰς τὴν ἕδραν.

nus ultra translata subsequitur. Atque ubi repertus est calculus; qui necesse est in manus incidat; eo curiosius deduci-
tur, quo minor laeviorque est; ne effugiat, id est ne saepius
agitanda vesica sit. Ergo ultra calculum dextra semper ma-
5 nus opponitur, sinistrae digiti deorsum eum compellunt, donec ad cervicem pervenitur. In quam, si oblongus est, sic
compellendus est, ut pronus exeat; si planus, sic, ut transversus sit; si quadratus, ut duobus angulis sedeat; si altera
parte plenior, sic, ut prius ea, qua tenuior sit, evadat. In
10 rotundo nihil interesse, ex ipsa figura patet; nisi, si laevior
altera parte est, ut ea antecedat. Quum jam eo venit, incidi
juxta anum cutis plaga lunata usque ad cervicem vesicae debet, cornibus ad coxas spectantibus paulum: deinde ea parte,
qua resima plaga est, etiamnum sub cute altera transversa
15 plaga facienda est, qua cervix aperiatur; donec urinae iter
pateat sic, ut plaga paulo major, quam calculus sit. Nam
qui metu fistulae, quam illo loco ῥυάδα Graeci vocant, parum patefaciunt cum majore periculo eodem revolvuntur:
quia calculus iter, quum vi promitur, facit, nisi accipit: id-
20 que etiam perniciosius est, si figura quoque calculi, vel aspritudo aliquid eo contulit. Ex quo et sanguinis profusio,
et distentio nervorum fieri potest: quae si quis evasit, multo
tamen patentiorem fistulam habiturus est rupta cervice, quam
habuisset incisa. Quum vero ea patefacta est, in conspectum
25 calculus venit: in cujus colore nullum discrimen est. Ipse,
si exiguus est, digitis ab altera parte propelli, ab altera protrahi potest: si major, injiciendus a superiore parte uncus
est, ejus rei causa factus. Is est ad extremum tenuis, in se-
micirculi speciem retusae latitudinis; ab exteriore parte lae-
30 vis, qua corpori jungitur; ab interiore asper, qua calculum
attingit. Isque longior potius esse debet: nam brevis extrahendi vim non habet. Ubi injectus est, in utrumque latus inclinandus est, ut appareat, an calculus teneatur; quia, si apprehensus est, ille simul inclinatur. Idque eo nomine opus
35 est, ne quum adduci uncus coeperit, calculus intus effugiat,
hic in oram vulneris incidat, eamque convulneret. In qua re
quod periculum esset, jam supra proposui. Ubi satis teneri
calculum patet, eodem paene momento triplex motus adhiben-

dus est: in utrumque latus; deinde extra, sic tamen, ut leniter
id fiat, paulumque primo calculus attrahitur: quo facto, attollendus uncus extremus est, uti intus magis maneat, faciliusque
illum producat. Quod si quando a superiore parte calculus parum commode comprehendetur, a latere erit apprehendendus. ₅
  Haec est simplicissima curatio. Sed varietas rerum quasdam etiamnum animadversiones desiderat. Sunt enim quidam
non asperi tantummodo, sed spinosi quoque calculi, qui per
se quidem delapsi in cervicem, sine ullo periculo eximuntur:
in vesica vero non tuto vel hi conquiruntur, vel attrahun- ₁₀
tur; quoniam, ubi illam convulnerarunt, ex distentione nervorum mortem maturant; multoque magis, si spina aliqua vesicae inhaeret, eamque quum duceretur, duplicavit. Colligitur autem eo, quod difficilius urina redditur, in cervice calculum esse; eo, quod cruenta destillat illum esse spino- ₁₅
sum: maximeque id subjectis digitis quoque experiundum
est, neque adhibenda manus, nisi id constitit. Ac tum quoque leniter intus digiti objiciendi, ne violenter promo-
vendo convulnerent: tum incidendum. Multi hic quoque
scalpello usi sunt. Meges, quoniam is infirmior est, po- ₂₀
testque in aliquam prominentiam incidere, incisoque super
illam corpore, qua cavum subest, non secare, sed relinquere,
quod iterum incidi necesse sit, ferramentum fecit rectum, in
summa parte labrosum, in ima semicirculatum acutumque [1]).

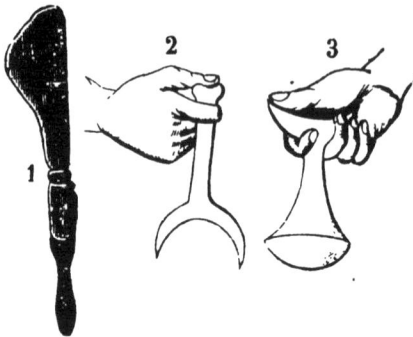

1) 1. Ferramentum
Megetis secundum
Vulpes (ex instru-
mentisPompejanis in
R. Musaeo Neap. col-
lectis). 2. Id. ex con-
jectura des Etangs.
8. Idem ex mea conje-
ctura. Vide*Gaz. méd.
de Paris* 1847, p. 103
sqq.

Id receptum inter duos digitos, indicem ac medium, super pollice imposito sic deprimebat, ut simul cum carne, si quid ex calculo prominebat, incideret: quo consequebatur, ut semel, quantum satis esset, aperiret. Quocum-5que autem modo cervix patefacta est, leniter extrahi, quod asperum est, debet; nulla, propter festinationem, vi admota.

3. At calculus arenosus, et ante manifestus est; quoniam urina quoque redditur arenosa: et in ipsa curatione; quoniam inter subjectos digitos neque aeque renititur, et insu-10per dilabitur. Item molles calculos, et ex pluribus minutisque, sed inter se parum adstrictis, compositos indicat urina, trahens quasdam quasi squamulas. Hos omnes, leniter permutatis subinde digitorum vicibus, sic oportet adducere, ne vesicam laedant, neve intus aliquae dissipatae reliquiae ma-15neant, quae postmodum curationi difficultatem faciant. Quidquid autem ex his in conspectum venit, vel digitis, vel unco eximendum est. At si plures calculi sunt, singuli protrahi debent; sic tamen, ut si quis exiguus supererit, potius relinquatur: siquidem in vesica difficulter invenitur, 20inventusque celeriter effugit. Ita longa inquisitione vesica laeditur, excitatque inflammationes mortiferas; adeo ut quidam secti, quum diu frustraque per digitos vesica esset agitata, decesserint. Quibus accedit etiam, quod exiguus calculus ad plagam urina postea promovetur, et ex-*ente* 25cidit. Si quando autem is major non videtur nisi rupta cervice extrahi posse, findendus est: cujus repertor Ammonius, ob id λιθοτόμος cognominatus est. Id hoc modo fit: Uncus injicitur calculo sic, ut facile eum concussum quoque teneat, ne is retro revolvatur: tum ferramentum adhibetur crassitu-30dinis modicae, prima parte tenui, sed retusa, quod admotum calculo, et ex altera parte ictum, eum findit; magna cura habita, ne aut ad ipsam vesicam ferramentum perveniat, aut calculi fractura ne quid incidat.

4. Hae vero curationes in feminis quoque similes sunt; 35de quibus tamen proprie quaedam dicenda sunt. Siquidem in his, ubi parvulus calculus est, scalpellus supervacuus est; quia is urina in cervicem compellitur; quae et brevior quam in maribus, et laxior est. Ergo et per se saepe excidit, et

si in primo, quod est angustius, inhaeret, eodem tamen unco
sine ulla noxa educitur. At in majoribus calculis necessaria
eadem curatio est. Sed virgini subjici digiti tamquam ma-
sculo, mulieri per naturale ejus debent. Tum virgini quidem
sub ima sinisteriore ora; mulieri vero inter urinae iter, et os 5
pubis incidendum est sic, ut utroque loco plaga transversa
sit. Neque terreri convenit, si plus ex muliebri corpore
sanguinis profluit.

5. Calculo evulso, si valens corpus est, neque magnopere vexatum, sinere oportet sanguinem fluere, quo minor 10
inflammatio oriatur: atque ingredi quoque eum ꞌpaulum non
alienum est, ut excidat, si quid intus concreti sanguinis mansit. Quod si per se non destitit, rursus, ne vis omnis inter-
eat, supprimi debet: idque protinus in imbecillioribus ab
ipsa curatione faciendum est: siquidem, ut distentione ner- 15
vorum periclitatur aliquis, dum vesica ejus agitatur; sic alter metus excipit, ne tantum sanguinis profluat, ut occidat.
Quod ne incidat, desidere is debet in acre acetum, cui aliquantum salis sit adjectum: sub quo et sanguis fere conquiescit, et adstringitur vesica, ideoque minus inflammatur. 20
Quod si parum proficit, agglutinanda cucurbitula est et inguinibus, et coxis, et super pubem. Ubi jam satis vel evocatus est sanguinis, vel prohibitus, resupinus collocandus
est sic, ut caput humile sit, coxae paulum excitentur: ac super ulcus imponendum est duplex aut triplex linteolum, 25
aceto madens. Deinde, interpositis duabus horis, in solium
is aquae calidae resupinus demittendus est sic, ut a genibus
ad umbilicum aqua teneat, cetera vestimentis circumdata
sint; manibus tantummodo pedibusque nudatis, ut et minus
digeratur, et ibi diutius maneat. Ex quo multus sudor oriri 30
solet; qui spongia subinde in facie detergendus est: finisque
ejus fomenti est, donec infirmando offendat. Tum multo is
oleo perungendus, inducendusque hapsus lanae mollis, tepido
oleo repletus, qui pubem, et coxas, et inguina, et plagam
ipsam, contectam eodem ante linteolo, protegat: isque sub- 35
inde oleo tepido madefaciendus est; ut neque frigus ad vesicam admittat, et nervos leniter molliat. Quidam cataplasmatis calefacientibus utuntur. Ea plus pondere nocent, quo

vesicam urgendo vulnus irritant, quam calore proficiunt.
Ergo ne vinculum quidem ullum necessarium est. Proximo
die, si spiritus difficilius redditur, si urina non excedit, si
locus circa pubem mature intumuit, scire licet in vesica
5 sanguinem concretum remansisse. Igitur, demissis eodem
modo digitis, leniter pertractanda vesica est, et discutienda
si qua coierunt: quo fit, ut per vulnus postea procidant. Non
alienum etiam est, oriculario clystere acetum nitro mixtum
per plagam in vesicam compellere: nam sic quoque discu-
10 tiuntur, si qua cruenta coierunt. Eaque facere etiam primo
die convenit, si timemus ne quid intus sit: maximeque ubi
ambulando id elicere imbecillitas prohibuit. Cetera eadem
facienda sunt: ut demittatur in solium, ut eodem modo panniculus, eodem lana superinjiciatur. Sed neque saepe, ne-
15 que tamdiu in aqua calida puer habendus, quam adolescens
, est; infirmus, quam valens; levi, quam graviore inflammatione affectus; is, cujus corpus digeritur, quam is, cujus
adstrictum est. Inter haec vero, si somnus est, et aequalis spiritus, et madens lingua, et sitis modica, et venter imus
20 sedet, et mediocris est cum febre modica dolor, scire licet
recte curationem procedere. Atque in his inflammatio fere
quinto vel septimo die finitur: qua levata, solium supervacuum est: supini tantummodo vulnus aqua calida fovendum
est, ut, si quid urina rodit, eluatur. Imponenda autem medi-
25 camenta sunt pus moventia; et, si purgandum vulnus videbitur, melle linendum. Id si rodet, rosa temperabitur. Linamenta vero tum super ~~vulnus~~ non sunt necessaria; super me- *llicu*
dicamentum, ad id continendum, recte imponuntur. At ubi
~~vulnus~~ purgatum est, puro linamento ad cicatricem perdu- *ulicu*
30 cendum est. Quibus temporibus tamen, si felix curatio non
fuit, varia pericula oriuntur. Quae praesagire protinus licet,
si continua vigilia est, si spiritus difficultas, si lingua arida
est, si sitis vehemens, si venter imus tumet, si vulnus hiat,
si transfluens urina id non rodit, si ante tertium diem quae- *sunu*
35 dam livida excedunt, si is aut nihil, aut tarde respondet; si
vehementes dolores sunt, si post diem quintum magnae febres urgent, et fastidium cibi permanet, si cubare in ventrem jucundius est. Nihil tamen pejus est distentione nervo-

rum, et ante nonum diem vomitu bilis. Sed quum inflammationis sit metus, succurri abstinentia, modicis et tempestivis cibis; inter haec fomentis, et quibus supra scripsimus,
oportet.

CAPUT XXVII.

De cancro qui excisa vesica nascitur.

Proximus cancri metus est. Is cognoscitur, si et per vulnus, et per ipsum colem fluit sanies mali odoris, cumque ea
quaedam a concreto sanguine non abhorrentia, tenuesque carunculae lanulis similes: praeter haec, si orae vulneris ari- 10
dae sunt, si dolent inguina, si febris non desinit, eaque in
noctem augetur, si inordinati horrores accedunt. Considerandum autem est in quam partem cancer is tendat. Si ad
colem, indurescit is locus, et rubet, et tactu dolorem excitat, testiculique intumescunt: si in ipsam vesicam, ani dolor 15
sequitur, coxae durae sunt, non facile crura extendi possunt: at si in alterutrum latus, oculis id expositum est, pares-
que utrimque easdem notas, sed minores, habet. Primum
autem ad rem pertinet corpus recte jacere, ut superior pars
semper ea sit, in quam vitium fertur. Ita, si ad colem it, 20
supinus is collocari debet; si ad vesicam, in ventrem; si in
latus, in id quod integrius est. Deinde, ubi ventum fuerit ad
curationem, homo in aquam demittetur in qua marrubium decoctum sit, aut cupressus, aut myrtus; idemque humor clystere intus adigetur: tum superponetur lenticula cum mali- 25
corio mixta; quae utraque ex vino decocta sint; vel rubus,
aut oleae folia eodem modo decocta; aliave medicamenta,
quae ad cohibendos purgandosque cancros proposuimus (cf.
V, 28, 2). Ex quibus, si qua erunt arida, per scriptorium calamum inspirabuntur. Ubi stare coeperit cancer, mulso vulnus 30
eluetur: vitabiturque eo tempore ceratum, quod, ad recipiendum id malum, corpus emollit: potius plumbum elotum cum
vino inungetur; superque idem linteolo illitum imponetur. Sub
quibus perveniri ad sanitatem potest: cum eo tamen, quod non
ignoremus, orto cancro saepe affici stomachum, cui cum ve- 35

sica quaedam consortio est: exque eo fieri, ut neque retinea-
tur cibus, neque, si quis retentus est, concoquatur, neque
corpus alatur; ideoque ne vulnus quidem aut purgari, aut ali
possit: quae necessario mortem maturant. Sed ut his suc-
5 curri nullo modo potest, sic a primo tamen die tenenda ratio
curationis est. In qua quaedam observatio, ad cibum quoque
potionemque pertinens, necessaria est. Nam cibus inter principia non nisi humidus dari debet: ubi vulnus purgatum est,
ex media materia: olera et salsamenta semper aliena sunt.
10 Potione opus est modica. Nam, si parum bibitur, accenditur
vulnus, et vigilia urget, et vis corporis minuitur: si plus aequo assumitur, subinde vesica impletur, eoque irritatur. Non
nisi aquam autem bibendam esse manifestius est, quam ut subinde dicendum sit. Solet vero sub ejusmodi victu evenire,
15 ut alvus non reddatur. Haec aqua ducenda est, in qua vel
foenum graecum, vel malva decocta sit. Idem humor rosa
mixtus in ipsum vulnus oriculario clystere agendus est, ubi
id rodit urina, neque purgari patitur. Fere vero primo per
vulnus exit haec: deinde, eo sanescente, dividitur, et pars
20 per colem descendere incipit, donec ex toto plaga claudatur. Quod interdum tertio mense, interdum non ante sextum,
nonnumquam exacto quoque anno fit. Neque desperari debet solida glutinatio vulneris, nisi ubi aut vehementer rupta
cervix est, aut ex cancro multae magnaeque carunculae, si-
25 mulque nervosa aliqua exciderunt. Sed, ut vel nulla ibi fistula,
vel exigua admodum relinquatur, summa cura providendum
est. Ergo, quum jam ad cicatricem vulnus tendit, extentis
jacere feminibus et cruribus oportet: nisi tamen molles are-
nosive calculi fuerunt. Sub his enim tardius vesica purga-
30 tur: ideoque diutius plagam patere necessarium est; et tum
demum, ubi jam nihil tale extra fertur, ad cicatricem perduci. Quod si, antequam vesica purgata est, orae se gluti-
narunt, dolorque et inflammatio redierunt, vulnus digitis vel
averso specillo diducendum est; ut torquentibus exitus de-
35 tur: hisque effusis, quum diutius pura urina descendit, tum
demum, quae cicatricem inducant, imponenda sunt; exten-
dendique, ut supra docui, pedes quam maxime juncti. Quod
si fistulae metus ex his causis quas proposui, subesse vide-

bitur, quo facilius claudatur ea, vel certe coangustetur, in
anum quoque danda plumbea fistula est, extentisque cruribus femina talique inter se deligandi sunt, donec, qualis futura est, cicatrix sit.

CAPUT XXVIII.

De naturalium feminarum concubitum non admittentium curatione.

Et hoc quidem commune esse maribus et feminis potest.
Proprie vero quaedam ad feminas pertinent: ut in primis,
quod earum naturalia nonnumquam, inter se glutinatis oris,
concubitum non admittunt (P. Aeg. VI, 72). Idque interdum evenit protinus in utero matris: interdum exulceratione [10]
in his partibus facta, et per malam curationem his oris sanescendo junctis. Si ex utero est, membrana ori vulvae opposita est: si ex ulcere, caro id replet. Oportet autem
membranam duabus lineis inter se transversis incidere ad similitudinem litterae X, magna cura habita, ne urinae iter [15]
violetur: deinde undique eam membranam excidere. At si
caro increvit, necessarium est recta linea patefacere: tum
ab ora vel vulsella, vel hamo apprehensa, tamquam habenu-
lam excidere; et intus implicitum in longitudinem linamentum; λημνίσκον Graeci vocant; in aceto tinctum demittere, [20]
supraque succidam lanam aceto madentem deligare: tertio
die solvere, et ulcus, sicut alia ulcera, curare. Quumque
jam ad sanitatem tendet, plumbeam fistulam medicamento
cicatricem inducente illinere, eamque intus dare: supraque idem medicamentum injicere, donec ad cicatricem plaga [25]
perveniat.

CAPUT XXIX.

Qua ratione partus emortuus ex utero excutiatur.

Ubi concepit autem aliqua, si jam prope maturus partus intus emortuus est, neque excidere per se potest, adhi- [30]
benda curatio est: quae numerari inter difficillimas potest

(P. Aeg. VI, 74, 75). Nam et summam prudentiam moderationemque desiderat, et maximum periculum affert. Sed
vulvae natura mirabilis, quum in multis aliis, tum in hac re
quoque facile cognoscitur. Oportet autem ante omnia resu
5 pinam mulierem transverso lecto sic collocare, ut feminibus
ejus ipsius ilia comprimantur: quo fit, ut et imus venter in
conspectu medici sit, et infans ad os vulvae compellatur:
quae, emortuo partu, id comprimit: ex intervallo vero paulum dehiscit. Hac occasione usus medicus, unctae manus
10 indicem digitum primum debet inserere, atque ibi continere,
donec iterum id os aperiatur, rursusque alterum digitum demittere, et per easdem occasiones alios, donec tota esse
intus manus possit. Ad cujus rei facultatem multum confert
et magnitudo vulvae, et vis nervorum ejus, et corporis to
15 tius habitus, et mentis etiam robur: quum praesertim intus
nonnumquam etiam duae manus dari debeant. Pertinet etiam
ad rem, quam calidissimum esse imum ventrem, et extrema
corporis; nequedum inflammationem coepisse, sed recenti
re protinus adhiberi medicinam. Nam, si corpus jam intu
20 muit, neque demitti manus, neque educi infans nisi aegerrime potest: sequiturque saepe cum vomitu, et cum tremore
mortifera nervorum distentio. Verum intus emortuo corpori
manus injecta protinus habitum ejus sentit: nam aut in caput, aut in pedes conversum est; aut transversum jacet:
2, fere tamen sic, ut vel manus ejus, vel pes in propinquo sit.
Medici vero propositum est, ut eum manu dirigat vel in caput, vel etiam in pedes, si forte aliter compositus est. Ac,
si nihil aliud est, manus vel pes apprehensus, corpus rectius
reddit: nam manus in caput, pes in pedes eum convertit.
30 Tum, si caput proximum est, demitti debet uncus undique
laevis, acuminis brevis qui vel oculo, vel auri, vel ori, interdum etiam fronti recte injicitur; deinde attractus infantem educit. Neque tamen quolibet is tempore extrahi debet.
Nam, si compresso vulvae ore id tentatum est, non emit
35 tente eo, infans abrumpitur, et unci acumen in ipsum os
vulvae delabitur; sequiturque nervorum distentio, et ingens
periculum mortis. Igitur, compressa vulva, conquiescere;
hiante, leniter trahere oportet; et per has occasiones pau

latim eum educere. Trahere autem dextra manus uncum; sinistra intus posita infantem ipsum, simulque dirigere eum
debet. Solet etiam evenire, ut is infans humore distendatur,
exque eo profluat foedi odoris sanies. Quod si tale est, indice
digito corpus illud forandum est, ut effuso humore extenuetur; 5
tum id leniter per ipsas manus recipiendum est; nam uncus injectus hebeti corpusculo facile elabitur: in quo, quid periculi
sit, supra positum est. In pedes quoque conversus infans non
difficulter extrahitur; quibus apprehensis per ipsas manus
commode educitur. Si vero transversus est, neque dirigi po- 10
tuit, uncus alae injiciendus, paulatimque attrahendus est. Sub
quo fere cervix replicatur, retroque caput ad reliquum corpus spectat. Remedio est, cervix praecisa; ut separatim
utraque pars auferatur. Id unco fit, qui, priori similis, in interiore tantum parte per totam aciem exacuitur. Tum id 15
agendum est, ut ante caput, deinde reliqua pars auferatur:
quia fere, majore parte extracta, caput in vacuam vulvam
prolabitur, extrahique sine summo periculo non potest. Si
tamen id incidit, super ventrem mulieris duplici panniculo
injecto, valens homo, non imperitus, a sinistro latere ejus 20
debet assistere, et super imum ventrem ejus duas manus imponere, alteraque alteram premere: quo fit, ut illud caput
ad os vulvae compellatur; idque eadem ratione, quae supra
posita est, unco extrahitur. At si pes alter juxta repertus
est, alter retro cum corpore est, quidquid protractum est, 25
paulatim abscindendum est: et, si clunes os vulvae urgere
coeperunt, iterum retro repellendae sunt, conquisitusque pes
ejus adducendus. Aliaeque etiamnum difficultates faciunt,
ut, qui solidus non exit, concisus eximi debeat. Quoties autem infans protractus est, tradendus ministro est. Is eum su- 30
pinis manibus sustinere; medicus deinde sinistra manu leniter trahere umbilicum debet ita, ne abrumpat, dextraque
eum sequi usque ad eas, quas secundas vocant, quod velamentum infantis intus fuit; hisque ultimis apprehensis, venu-
las membranulasque ómnes eadem ratione manu diducere a 35
vulva, totumque illud extrahere, et si quid intus praeterea
concreti sanguinis remanet. Tum compressis in unum feminibus, illa conclavi collocanda est, modicum calorem, sine

ullo perflatu, habente; et super imum ventrem ejus imponenda lana succida in aceto et rosa tincta. Reliqua curatio
talis esse debet, qualis in inflammationibus, et in iis vulneribus, quae in nervosis locis sunt, adhibetur.

5   CAPUT XXX.
                          De ani vitiis.

1. Ani quoque·vitia, ubi medicamentis non vincuntur,
manus auxilium desiderant. Ergo, si qua scissa in eo vetustate induruerunt, jamque callum habent, commodissimum
10 est ducere alvum, tum spongiam calidam admovere, ut rela-
xentur illa, et foras prodeant: ubi in conspectu sunt, scalpello singula excidere et ulcera removare; deinde imponere
linamentum molle, et super linteolum illitum melle; locum-
que eum molli lana implere, et ita vincire: altero die, dein-
15 cepsque ceteris, lenibus medicamentis uti, quae ad recentia
eadem vitia necessaria esse, alias proposui: et utique per
primos dies sorbitionibus eum sustinere; paulatim deinde cibis adjicere aliquid, generis·tamen ejus, quod eodem loco
praeceptum est. Si quando autem ex inflammatione pus in
20 his oritur, ubi primum id apparuit, incidendum est; ne anus
ipse suppuret. Neque tamen ante properandum est: nam, si
crudum incisum est, inflammationis multum accedit, et puris
aliquanto amplius concitatur. His quoque vulneribus, lenibus cibis, iisdemque medicamentis opus est.

25   2. At tubercula, quae κονδυλώματα appellantur, ubi
induruerunt, hac ratione curantur (P. Aeg. VI, 80): Alvus
ante omnia ducitur; tum vulsella tuberculum apprehensum
juxta radices praeciditur. Quod ubi factum est, eadem sequuntur, quae supra post curationem adhibenda esse pro-
30 posui: tantummodo, si quid increscit, squama aeris coer-
cendum est.

3. Ora etiam venarum, fundentia sanguinem, ·sic tolluntur. Ubi sanguini, qui effluit, sanies adjicitur, alvus acribus
ducitur; quo magis ora promoveantur: eoque fit, ut omnia
35 venarum quasi capitula conspicua sint. Tum si capitulum
exiguum est, basimque tenuem habet, adstringendum lino

paulum supra est, quam ubi cum ano committitur: imponenda
spongia ex aqua calida' est, donec id liveat: deinde aut ungue, aut scalpello supra nodum id exulcerandum est. Quod
nisi factum est, magni dolores subsequuntur; interdum etiam
urinae difficultas. Si id majus est, et basis latior, hamulo 5
uno aut altero excipiendum est, paulumque supra basim incidendum: neque relinquendum quidquam ex eo capitulo, neque quidquam ex ano demendum est; quod consequitur is,
qui neque nimium, neque parum hamos ducit. Qua incisum
est, acus debet immitti, infraque eam lino id capitulum alli- 10
gari. Si duo triave sunt, imum quodque primum curandum
est: si plura, non omnia simul; ne tempore eodem undique
tenerae cicatrices sint. Si sanguis profluit, excipiendus est
spongia: deinde linamentum imponendum, ungenda femina,
et inguina, et quidquid juxta ulcus est, ceratumque super- 15
dandum, et farina hordeacea calida implendus is locus, et
sic deligandus est. Postero die is desidere in aqua calida
debet, eodemque cataplasmate foveri. Ac bis die, et ante
αἰ curationem, et post eam, cox~~endices~~ ac femina liquido cerato perungenda sunt; tepidoque is loco continendus. Inter- 20
positis quinque aut sex diebus, oriculario specillo linamenta
educenda; si capitula simul non exciderunt, digito promo-
venda: tum lenibus medicamentis, iisdemque, quae alibi posui (V; passim), ulcera ad sanitatem perducenda. Finito vitio, quemadmodum agendum esset, jam alias exposui.   25

CAPUT XXXI.

De varicibus.

Ab his ad crura proximus transitus est; in quibus orti varices non difficili ratione tolluntur. Huc autem et earum venarum, quae in capite nocent; et eorum varicum, qui in ventre 30
(cap. 17) sunt, curationem distuli: quoniam ubique eadem est.
Igitur vena omnis, quae noxia est, aut adusta tabescit, aut
manu eximitur. Si recta; si, quamvis transversa, tamen simplex; si modica est, melius aduritur. Si curva est, et velut
in orbes quosdam implicatur, pluresque inter se involvuntur, 35

utilius eximere est. Adurendi ratio haec est. Cutis super-
inciditur: tum patefacta vena, tenui et retuso ferramento
candente modice premitur; vitaturque, ne plagae ipsius orae
adurantur: quas reducere hamulis facile est. Id interpositis
5 fere quaternis digitis per totum varicem fit: et tum superimponitur medicamentum, quo adusta sanantur. At exciditur
hoc modo: cute eadem ratione super venam incisa, hamulo
orae excipiuntur; scalpelloque undique a corpore vena diducitur; caveturque, ne inter haec ipsa laedatur; eique retusus
10 hamulus subjicitur; interpositoque eodem fere spatio, quod
supra positum est, in eadem vena idem fit: quae, quo tendat, facile hamulo extento cognoscitur. Ubi jam idem, quacumque varices sunt, factum est., uno loco adducta per hamulum vena praeciditur: deinque, qua proximus hamus est,
15 attrahitur et evellitur; ibique rursus abscinditur. Ac sic undique varicibus crure liberato, plagarum orae committuntur,
et super emplastrum glutinans injicitur.

CAPUT XXXII.
De digitis cohaerentibus, et curvatis.

20 At, si digiti vel in utero protinus, vel propter commu-
nem exulcerationem postea cohaeserunt, scalpello diducuntur: dein separatim uterque non pingui emplastro circumdatur: atque ita per se uterque sanescit. Si vero fuit ulcus in
digito, posteaque male inducta cicatrix curvum eum reddit:
25 primum malagma tentandum est: dein si id nihil prodest,
quod et in veteri cicatrice, et ubi nervi laesi sunt, evenire
consuevit, videre oportet, nervine id vitium, an cutis sit. Si
nervi est, attingi non debet; neque enim sanabile est. Si cutis, tota cicatrix excidenda; quae fere callosa extendi digi-
30 tum minus patiebatur: tum rectus sic ad novam cicatricem
perducendus est.

CAPUT XXXIII.
De gangraena.

Gangraenam inter ungues alasque aut inguina nasci; et,
35 si quando medicamenta vincuntur, membrum praecidi opor-

tere (P. Aeg. VI, 84), alio loco mihi dictum est (V, 26, 34). Sed id quoque cum periculo summo fit; nam saepe in ipso opere vel profusione sanguinis, vel animae defectione moriuntur. Verum hic quoque nihil interest, an satis tutum praesidium sit, quod unicum est. Igitur inter sanam vitia- 5 tamque partem incidenda scalpello caro usque ad os est sic, ut neque contra ipsum articulum id fiat, et potius ex sana parte aliquid excidatur, quam ex aegra relinquatur. Ubi ad os ventum est, reducenda ab eo sana caro, et circa os subsecanda est, ut ea quoque parte aliquid os nudetur: dein id 10 serrula praecidendum est, quam proxime sanae carni etiam inhaerenti: ac tum frons ossis, quam serrula exasperavit, laevanda est, supraque inducenda cutis; quae sub ejusmodi curatione laxa esse debet, ut quam maxime undique os contegat. Quo cutis inducta non fuerit, id linamentis erit conte- 15 gendum, et super id spongia ex aceto deliganda. Cetera postea sic facienda, ut in vulneribus, in quibus pus moveri debet [1]), praeceptum est (V, 26, 16 sqq.).

---

1) Hanc veterum librorum lectionem firmat P. Aeg. p. 338, ed. Briau: *Tῇ πνοποιῷ χρῆσθαι θεραπείᾳ.*

A. CORNELII CELSI
ARTIUM LIBER DECIMUS TERTIUS.
IDEM
MEDICINAE OCTAVUS.

CAPUT I.

De positu et figura ossium totius humani corporis.

Superest ea pars, quae ad ossa pertinet: quae quo facilius accipi possit, prius positus figurasque eorum indicabo.
5 Igitur calvaria incipit ex interiore parte concava, extrinsecus gibba, utrimque laevis, et qua cerebri membranam contegit, et qua cute, capillum gignente, contegitur: eaque simplex ab occipitio et temporibus; duplex usque in verticem
a fronte est: ossaque ejus ab exterioribus partibus dura ·
10 ab interioribus, quibus inter se connectuntur, molliora sunt:
interque ea venae discurrunt, quas his alimentum submini-
strare, credibile est. Raro autem calvaria solida sine suturis est: locis tamen aestuosis facilius invenitur; et id caput
firmissimum, atque a dolore tutissimum est. Ex ceteris, quo
15 suturae pauciores sunt, eo capitis valetudo commodior est.
Neque enim certus earum numerus est, sicut ne locus quidem. Fere tamen duae super aures tempora a superiore
capitis parte discernunt (*s. squamosa*): tertia ad aures per
verticem tendens, occipitium a summo capite diducit (*s.*
20 *lambdoides*): quarta ab eodem vertice per medium caput
ad frontem procedit (*s. biparietalis*); eaque modo sub imo
capillo desinit, modo frontem ipsam secans (*s. frontalis*) inter supercilia finitur. Ex his ceterae quidem suturae in unguem committuntur: eae vero, quae super aures transver-
25 sae sunt, totis oris paulatim extenuantur; atque ita inferiora
ossa superioribus leniter insidunt. Crassissimum vero in

21 *

capite os post aurem est, qua capillus, ut verisimile est, ob
id ipsum non gignitur. Sub iis quoque musculis, qui tempora connectunt, os medium (cf. Gal. *De ossibus,* et *Oribas.*
Coll. med. XXIV, 3), in exteriorem partem inclinatum, positum est (*o. cuneiforme*). At facies suturam habet maxi- 5
mam; quae a tempore incipiens, per medios oculos naresque transversa pervenit ad alterum tempus. A qua breves
duae sub interioribus angulis deorsum spectant. Et malae
quoque in summa parte singulas transversas suturas habent.
A mediisque naribus, aut superiorum dentium gingivis per 10
medium palatum una procedit; aliaque transversa idem palatum secat. Et suturae quidem in plurimis hae sunt. Foramina autem intra caput maxima oculorum sunt; deinde narium;
tum quae in auribus habemus. Ex his quae oculorum sunt, recta
simpliciaque ad cerebrum tendunt. Narium duo foramina 15
osse medio discernuntur: siquidem hae primum a superciliis, angulisque oculorum osse inchoantur ad tertiam fere
partem: deinde in cartilaginem versae, quo propius ori descendunt, eo magis caruncula quoque molliuntur. Sed ea
foramina, quae a summis ad imas nares simplicia sunt, ibi 20
rursus in bina itinera dividuntur: aliaque ex his ad fauces
pervia, spiritum et reddunt et accipiunt; alia, ad cerebrum
tendentia, ultima parte in multa et tenuia foramina dissi-
pantur, per quae sensus odoris nobis datur. In aure quoque
primo rectum et simplex iter, procedendo flexuosum, juxta 25
cerebrum in multa et tenuia foramina diducitur, per quae
facultas audiendi est. Juxtaque ea duo parvuli quasi sinus
sunt; superque eos finitur os, quod transversum a genis tendens, ab inferioribus ossibus sustinetur. Jugale appellari potest
ab eadem similitudine, a qua id Graeci ζύγωμα appellant. 30
Maxilla vero est molle os, eaque una est: cujus eadem et media, et ima pars mentum est: a quo utrimque procedit ad
tempora; solaque ea movetur. Nam malae cum toto osse,
quod superiores dentes exigit, immobiles sunt. Verum
ipsius maxillae partes extremae quasi bicornes sunt. Alter 35
processus, infra latior, vertice ipso tenuatur, longiusque
procedens sub osse jugali subit, et super id temporum musculis illigatur. Alter brevior et rotundior, et in eo sinu,

qui juxta foramina auris est, cardinis modo fit; ibique huc
et illuc se inclinans maxillae facultatem motus praestat. Duriores osse dentes sunt: quorum pars maxillae, pars superiori ossi malarum haeret. Ex his quaterni primi, quia se-
5 cant, τομεῖς a Graecis nominantur. Hi deinde quatuor caninis dentibus ex omni parte cinguntur. Ultra quos utrimque
fere maxillares quini sunt, praeterquam in iis, in quibus ul-
timi, qui sero gigni solent, non increverunt. Ex his primo-
res singulis radicibus; maxillares utique binis, quidam etiam
10 ternis, quaternisve nituntur. Fereque longior radix brevio-
rem dentem edit; rectique dentis recta etiam radix, curvi
flexa est. Exque eadem radice in pueris novus dens subit,
qui multo saepius priorem expellit: interdum tamen supra
infrave eum se ostendit.
15   Caput autem spina excipit. Ea constat ex vertebris quatuor et viginti. Septem in cervice sunt, duodecim ad costas,
reliquae quinque sunt proximae costis. Eae teretes brevesque ab utroque latere processus duos exigunt: mediae perforatae, qua spinae medulla cerebro commissa descendit:
20 circa quoque per duos processus tenuibus cavis perviae, per
quae a membrana cerebri similes membranulae deducuntur.
Omnesque vertebrae, exceptis tribus summis, a superiore parte
in ipsis processibus paulum desidentes sinus habent: ab inferiore alios deorsum versus processus exigunt [1]). Summa
25 igitur protinus caput sustinet, per duos sinus receptis exiguis ejus processibus; quo fit, ut caput sursum deorsum
versum tuberibus exasperetur; secunda superior/ part/ in- ℓ ⅄⁚
/erior/. Quod ad circuitum pertinet, pars summa angustiore ⸴ . ⸴
orbe finitur: ita superior ei summae circumdata in latera
30 quoque caput moveri sinit. Tertia eodem modo secundam
excipit: ex quo facilis cervici mobilitas est. Ac ne sustineri
quidem caput posset, nisi utrimque recti valentesque nervi
collum continerent, quos τένοντας Graeci appellant: siquidem horum inter omnes flexus alter semper intentus ultra
35 prolabi superiora non patitur. Jamque vertebra tertia tuber-

_____

1) Locus hic maxime vexatus, mihi videtur integerrimus si ad si-
mias specto.

cula, quae inferiori inserautur, exigit. Ceterae processibus
deorsum spectantibus in inferiores insinuantur, ac per sinus
quos utrimque habent, superiores accipiunt; multisque nervis et multa cartilagine continentur. Ac sic uno flexu modico in pronum dato, ceteris negatis, homo et rectus insistit, 5
et aliquid ad necessaria opera curvatur. Infra cervicem vero
summa costa contra humerum sita est. Inde sex inferiores usque ad imum pectus proveniunt : eaeque, primis partibus ro-
tundae, et leniter quasi capitulatae, vertebrarum transversis
processibus ibi quoque paulum sinuatis, inhaerent : inde la- 10
tescunt, et in exteriorem partem recurvatae paulatim in cartilaginem degenerant; eaque parte rursus in interiora leniter
flexae committuntur cum osse pectoris. Quod valens et durum a faucibus incipit, ab utroque latere lunatum, et a praecordiis, jam ipsum quoque cartilagine mollitum, termina- 15
tur. Sub costis vero prioribus quinque, quas νόϑας Graeci
nominant, breves tenuioresque, atque ipsae quoque paulatim in cartilaginem versae, extremis abdominis partibus inhaerescunt; imaque ex his, majore jam parte nihil, nisi cartilago est. Rursus a cervice duo lata ossa utrimque ad sca- 20
pulas tendunt : nostri scutula operta, ὠμοπλάτας Graeci
nominant. Ea in summis verticibus sinuata, ab his triangula,
paulatimque latescentia ad spinam tendunt; et quo latiora
quaque parte sunt, hoc hebetiora. Atque ipsa quoque, in
imo cartilaginosa, posteriore parte velut innatant; quoniam, 25
nisi in summo, nulli ossi inhaerescunt. Ibi vero validis musculis nervisque constricta sunt. At a summa costa paulo
interius, quam ubi ea media est, os excrescit (*acromion spi-
naque scapulae*), ibi quidem tenue, procedens vero, quo
propius lato scapularum ossi fit, eo plenius latiusque et 30
paulum in exteriora curvatum, quod altera verticis parte modice intumescens, sustinet jugulum. Id autem ipsum recur-
vum, ac neque inter durissima ossa numerandum, altero capite in eo, quod posui, altero in exiguo sinu pectoralis ossis
insidit, paulumque motu brachii movetur, et cum lato osse 35
scapularum infra caput ejus nervis et cartilagine connectitur.

Hinc humerus incipit, extremis utrimque capitibus tumi-
dus, mollis, sine medulla, cartilaginosus : medius teres, du-

rus, medullosus leniter gibbus in priorem et posteriorem
et interiorem; cavus in exteriorem partem. Prior autem
pars est, quae a pectore est; posterior, quae ab scapulis;
interior, quae ad latus tendit; exterior, quae ab eo rece-
5 dit: quod ad omnes articulos pertinere in ulterioribus pate-
bit. Superius autem humeri caput rotundius, quam cetera
ossa, de quibus adhuc dixi, parvo excessu vertici lati scapularum ossis inseritur, ac majore parte extra situm nervis
deligatur. At inferius duos processus habet: inter quos,
10 quod medium est, magis etiam extremis partibus sinuatur.
Quae res sedem brachio praestat: quod constat ex ossibus
duobus. Radius, quem κερκίδα Graeci appellant, superior
breviorque, et primo tenuior, rotundo et leniter cavo capite exiguum humeri tuberculum recipit; idque ibi nervis et
15 cartilagine continetur. Cubitus inferior longiorque, et primo plenior, in summo capite duobus quasi verticibus ex-
stantibus in sinum humeri, quem inter duos processus ejus
esse proposui, se inserit. Primo vero duo brachii ossa juncta paulatim, dirimuntur, rursusque ad manum coeunt, modo
20 crassitudinis mutato: siquidem ibi radius plenior, cubitus admodum tenuis est. Dein radius, in caput cartilaginosum con-
surgens, in vertice sinuatur: cubitus rotundus in extremo,
parte altera paulum procedit. Ac, ne saepius dicendum sit,
illud ignorari non oportet, plurima ossa in cartilaginem de-
25 sinere, nullum articulum non sic finiri. Neqłe enim aut moveri posset, nisi laevi inniteretur; aut cum carne nervisque
conjungi, nisi ea media quaedam materia committeret. In
manu vero prima palmae pars ex multis minutisque ossibus
constat, quorum numerus incertus est. Sed oblonga omnia
30 et triangula, structura quadam inter se connectuntur, quum
invicem superior alterius angulus alterius planities sit: eoque
fit ex his unius ossis paulum in interiora concavi species. Verum ex manu duo exigui processus in sinum radii conjiciuntur.
Tum ex altera parte recta quinque ossa, ad digitos tendentia,
35 palmam explent. A quibus ipsi digiti oriuntur; qui ex ossibus
ternis constant: omniumque eadem ratio est. Interius os
in vertice sinuatur, .recipitque exterioris exiguum tuberculum; nervique ea continent. A quibus orti ungues indu-

rescunt: ideoque non ossi, sed carni magis radicibus suis
inhaerent.

Ac superiores quidem partes sic ordinatae sunt. Ima
vero spina in coxarum osse desidit; quod transversum longeque valentissimum, vulvam, vesicam, rectum intestinum 5
tuetur. Idque ab exteriore parte gibbum; ad spinam resu-
pinatum; a lateribus, id est in ipsis coxis, sinus rotundos
habet. A quibus oritur os, quod pectinem vocant; idque super intestina sub pube transversum, ventrem firmat: rectius
in viris, recurvatum magis in exteriora in feminis, ne partum 10
prohibeat. Inde femina ordiuntur, quorum capita rotundiora
etiam quam humerorum sunt; quum illa ex ceteris rotundis-
sima sint. Infra vero duos processus a priore et a posteriore parte habent. Dein dura et medullosa et ab exteriore
parte gibba, rursus ab inferioribus quoque capitibus intu- 15
mescunt. Superiora in sinus coxae, sicut humeri in ea ossa,
quae scapularum sunt, conjiciuntur: tum infra introrsus leniter tendunt, quo aequalius superiora membra sustineant.
Atque inferiora quoque capita media sinuantur, quo facilius
excipi a cruribus possint. Quae commissura osse parvo, 20
molli, cartilaginoso tegitur: patellam vocant. Haec super
innatans, neque ulli ossi inhaerens, sed carne et nervis de-
ligata, pauloque magis ad femoris os tendens, inter omnes
crurum flexus juncturam tuetur. Ipsum autem crus est ex
ossibus duobus. Etenim per omnia femur humero, crus bra- 25
chio simile est: adeo ut habitus quoque et decor alterius ex
altero cognoscatur: quod ab ossibus incipiens, etiam in carne
respondet. Verum alterum os ab exteriore parte surae positum est; quod ipsum quoque sura nominatur. Id brevius,
supraque tenuius, ad ipsos talos intumescit. Alterum a 30
priore parte positum, cui tibiae nomen est, longius et in superiore parte plenius, solum cum femoris inferiore capite
committitur; sicut cum humero cubitus. Atque ea quoque
ossa, infra supraque conjuncta, media, ut in brachio, dehiscunt. Excipitur autem crus infra osse transverso talorum; 35
idque ipsum super os calcis situm est, quod quadam parte
sinuatum, quadam excessus habens, et procedentia ex talo
recipit, et in sinum ejus inseritur. Idque sine medulla du-

rum, magisque in posteriorem partem projectum, teretem ibi figuram repraesentat. Cetera pedis ossa ad eorum, quae in manu sunt, similitudinem structa sunt: planta palmae, digiti digitis, ungues unguibus respondent.

5   CAPUT II.

Ossa vitiata et corrupta quibus signis cognoscantur, et qua ratione curentur.

Omne autem os, ubi injuria accessit, aut vitiatur, aut finditur, aut frangitur, aut foratur, aut colliditur, aut loco 10 movetur. Id, quod vitiatum est, primo fere pingue fit; deinde vel nigrum, vel cariosum: quae, supernatis gravibus ulceribus aut fistulis, hisque vel longa vetustate, vel etiam cancro occupatis, eveniunt. Oportet autem ante omnia os nudare, ulcere exciso; et, si latius est ejus vitium, quam 15 ulcus fuit, carnem subsecare, donec undique os integrum pateat; tum id, quod pingue est, semel iterumve satis est admoto ferramento adurere, ut ex eo squama secedat; aut radere, donec jam aliquid cruoris ostendatur, quae integri ossis nota est. Nam necesse est aridum sit id, quod vitia-20 tum est. Idem in cartilagine quoque laesa faciendum est: siquidem ea quoque scalpello radenda est, donec integrum id sit, quod relinquitur. Deinde, sive os sive cartilago rasa est, nitro bene trito respergenda est. Neque alia facienda sunt, ubi caries, nigritiesve in summo osse est: siquidem 25 id vel paulo diutius eodem ferramento adurendum, vel radendum est. Qui radit haec, audacter imprimere ferramentum debet, ut et agat aliquid, et maturius desinat. Finis est, quum vel ad album os, vel ad solidum ventum est. Albo finiri ex nigritie vitium, soliditate quadam ex carie, mani-30 festum est. Accedere etiam cruoris aliquid integro supra dictum est. Si quando autem an altius descenderit utrumlibet dubium est, in carie quidem expedita cognitio est. Specillum tenue in foramina demittitur: quod magis minusve intrando, vel in summo cariem esse, vel altius descendisse, 35 testatur. Nigrities colligi quidem potest etiam ex dolore et

ex febre, quae ubi mediocria sunt, illa alte descendisse non
potest. Manifestior tamen adacta terebra fit: nam finis vitii
est, ubi scobis nigra esse desiit. Igitur, si caries alte descendit, per terebram urgenda crebris foraminibus est, quae
altitudine vitium aequent: tum in ea foramina demittenda 5
candentia ferramenta sunt, donec siccum os ex toto fiat.
Simul enim post haec et resolvetur ab inferiore osse, quodcumque vitiatum est; et is sinus carne replebitur; et humor
aut nullus postea feretur, aut mediocris. Sin autem nigrities, ad alteram quoque partem ossis transiit, oportet ex- 10
cidi. Atque idem quoque in carie, ad alteram partem ossis
penetrante fieri potest. Sed, quod totum vitiatum totum eximendum est: si inferior pars integra est, eatenus, quod corruptum est, excidi debet. Item sive capitis, sive pectoris
os, sive costa cariosa est, inutilis ustio est, et excidendi ne- 15
cessitas est. Neque audiendi sunt qui, osse nudato, diem
tertium exspectant, ut tunc excidant: ante inflammationem
enim tutius omnia tractantur. Itaque, quantum fieri potest,
eodem momento et cutis incidenda est, et os detegendum,
et omni vitio liberandum est. Longeque perniciosissimum 20
est, quod in osse pectoris est: quia vix, etiamsi recte cessit curatio, veram sanitatem reddit.

CAPUT III.
Quomodo os excidatur.

Exciditur vero os duobus modis; si parvulum est, quod 25
laesum est, modiolo, quam χοινικίδα Graeci vocant: si
spatiosius, terebris. Utrinsque rationem proponam. Modiolus ferramentum concavum, teres est, imis oris ser-
ratum; per quod medium clavus, ipse quoque interiore
orbe cinctus, demittitur. Terebrarum autem duo genera 30
sunt: alterum simile ei, quo fabri utuntur: alterum ca-
pituli longioris, quod ab acuto mucrone incipit, deinde subito latius fit; atque iterum ab alio principio paulo
minus quam aequaliter sursum procedit. Si vitium in angusto est, quod comprehendere modiolus possit, ille po- 35

tius aptatur: et, si caries subest, medius clavus in foramen
demittitur; si nigrities, angulo scalpri sinus exiguus fit, qui
clavum recipiat, ut eo insistente, circumactus modiolus delabi non possit: deinde is habena, quasi terebra, converti-
5 tur. Estque quidam premendi modus, ut et foret, et circumagatur: quia, si leviter imprimitur, parum proficit; si
graviter, non movetur. Neque alienum est instillare paulum
rosae vel lactis, quo magis lubrico circumagatur; quod
ipsum tamen, si copiosius est, aciem ferramenti hebetat.
10 Ubi jam iter modiolo impressum est, medius clavus educitur, et ille per se agitur: deinde, quum sanitas inferioris partis scobe cognita est, modiolus removetur. At si latius vitium est, quam ut illo comprehendatur, terebra res agenda
est. Ea foramen fit in ipso fine vitiosi ossis atque integri;
15 deinde alterum non ita longe, tertiumque, donec totus is locus, qui excidendus est, his cavis cinctus sit. Atque ibi
quoque, quatenus terebra agenda sit, scobis significat. Tum
excisorius scalper ab altero foramine ad alterum malleolo
adactus, id, quod inter utrumque medium est, excidit; ac sic
20 ambitus similis ei fit, qui in angustiorem orbem modiolo
imprimitur. Utro modo vero id circumductum est, idem excisorius scalper in osse corrupto planus summam quamque
testam laevet, donec integrum os relinquatur. Vix umquam
nigrities caries interdum totum os perrumpit; maximeque ubi
25 vitiata calvaria est. Id quoque specillo significatur: quod
depressum in id foramen, quod infra solidam sedem habet,
et ob id renitens aliquid invenit, et madens exit: si pervium
invenit, altius descendens inter os et membranam, nihil op-
positum invenit, educiturque siccum: non quo non subsit
30 aliqua vitiosa sanies; sed quoniam ibi, ut in latiore sede,
diffusa sit. Sive autem nigrities, quam terebra detexit, sive
caries, quam specillum ostendit, os transiit, modioli quidem
usus fere supervacuus est; quia latius pateat necesse est,
quod jam alte processit. Terebra vero ea quam secundo
35 loco posui, utendum; eaque, ne nimis incalescat, subinde
in aquam frigidam demittenda est. Sed tunc majore cura
agendum est, quum jam aut simplex os dimidium perforatum
est; aut in duplici superius: illud spatium ipsum; hoc san-

guis significat. Ergo tum lentius ducenda Habena, suspen-
dendaque magis sinistra manus est, et saepius attollenda, et
foraminis altitudo consideranda; ut quandocumque os per-
rumpatur, sentiamus, neque periclitemur, ne mucrone cerebri membrana laedatur: ex quo graves inflammationes 5
cum periculo mortis oriuntur. Factis foraminibus, eodem modo
media septa, sed multo circumspectius, excidenda sunt, ne
forte angulus scalpri eamdem membranam violet; donec fiat
aditus, per quem membranae custos immittatur; μηνιγγο-
φύλακα Graeci vocant. Lamina aenea est, firma, paulum 10
resima, ab exteriore parte laevis; quae demissa sic, ut exterior pars ejus cerebro propior sit, subinde ei subjicitur,
quod scalpro discutiendum est: ac, si excipit ejus angulum,
ultra transire non patitur: eoque et audacius, et tutius, scal-
prum malleolo medicus subinde ferit, donec undique exci- 15
sum os eadem lamina levetur, tollique sine ulla noxa cerebri possit. Ubi totum os ejectum est, circumradendae lae-
vandaeque orae sunt, et, si quid scobis membranae insedit, colligendum. Ubi, superiore parte sublata, inferior relicta est, non orae tantum, sed os quoque totum laevandum 20
est; ut sine noxa postea cutis increscat, quae aspero ossi
innascens protinus non sanitatem, sed novos dolores movet.
Patefacto cerebro, qua ratione agendum sit, dicam, quum
ad fracta ossa venero. Si basis aliqua servata est, superimponenda sunt medicamenta non pinguia, quae recentibus 25
vulneribus accommodantur: supraque imponenda lana succida,
oleo atque aceto madens. Ubi tempus processit, ab ipso
osse caro increscit, eaque factum manu sinum complet. Si
quod etiam os adustum est, a parte sana recedit; subitque
inter integram atque emortuam partem caruncula, quae, quod 30
abscessit, expellit. Potest etiam evenire, ut ex ictu neque
findatur os, neque perfringatur; sed summum tamen colli-
datur, exaspereturque. Quod ubi incidit, radi et laevari satis est. Haec quamvis maxime fiunt in capite, tamen ceteris
quoque ossibus communia sunt: ut, ubicumque idem in- 35
cidit, eodem remedio sit utendum. At quae fracta, fissa, forata, collisa sunt, quasdam proprias in singulis generibus, quasdam communes in pluribus curationes requi-

runt: de quibus protinus dicam, initio ab eadem calvaria accepto.

CAPUT IV.

De calvaria fracta.

5   Igitur, ubi ea percussa est, protinus requirendum est, num bilem is homo vomuerit; num oculi ejus obcaecati sint; num obmutuerit; num per nares auresve sanguis ei effluxerit; num conciderit; num sine sensu quasi dormiens jacuerit. Haec enim non nisi osse fracto eveniunt: atque, ubi incide-
10 runt, scire licet, necessariam, sed difficilem curationem esse. Si vero etiam torpor accessit; si mens non constat; si nervorum vel resolutio vel distentio sequuta est; verisimile est, etiam cerebri membranam esse violatam: eoque in angusto magis spes est. At si nihil horum sequutum est, pot-
15 est etiam dubitari, an os fractum sit: et protinus considerandum est, lapide, an ligno, an ferro, an alio telo percussum sit, et hoc ipso laevi an aspero, mediocri an vastiore, vehementer an leviter; quia quo mitior ictus fuit, eo facilius os ei restitisse credibile est. Sed nihil tamen melius est,
20 quam certiore id nota explorare. Ergo, qua plaga est, demitti specillum oportet neque nimis tenue, neque acutum; ne, quum in quosdam naturales sinus inciderit, opinionem fracti ossis frustra faciat: neque nimis plenum; ne parvulae rimae fallant. Ubi specillum ad os venit, si nihil nisi laeve et lu-
25 bricum occurrit, integrum id videri potest: si quid asperi est, utique qua suturae non sint, fractum os esse testatur. A suturis se deceptum esse, Hippocrates memoriae prodidit (*Epid.* V. § 27. cf. *De vuln. cap.* § 12 *init. et fine*); more scilicet magnorum virorum, et fiduciam magnarum re-
30 rum habentium. Nam levia ingenia, quia nihil habent, nihil sibi detrahunt: magno ingenio, multaque nihilominus habituro, convenit etiam simplex veri erroris confessio; praecipueque in eo ministerio, quod utilitatis causa posteris traditur; ne qui decipiantur eadem ratione, qua quis ante dece-
35 ptus est. Sed haec quidem alioquin memoria magni professoris, uti interponeremus, effecit. Potest autem sutura eo

nomine fallere, quia aeque aspera est; ut aliquis hanc esse, etiamsi rima est, existimet eo loco, quo subesse hanc verisimile est. Ergó eo nomine decipi non oportet: sed os aperire tutissimum est. Nam neque utique certa sedes, ut supra posui (cap. 1, *init.*), suturarum est; et potest idem et natu- 5 raliter commissum et ictu fissum esse, juxtave aliquid fissum habere. Quin etiam, ubi ictus fuit vehementior, quamvis specillo nihil invenitur, tamen aperire commodius est. Ac si ne tum quidem rima manifesta est, inducendum super os atramentum scriptorium est (cf. Hipp. *De vuln. cap.* § 10 14), deinde scalpro id deradendum: nigritiem enim continet, si quid fissum est. Solet etiam evenire, ut altera parte fuerit ictus, et os altera fiderit (*Ib.* § 8). Itaque, si graviter aliquis percussus est, si mala indicia subsequuta sunt, neque ea parte, qua cutis discissa est, rima reperitur; non 15 incommodum est, parte altera considerare, num quis locus mollior sit, et tumeat; eumque aperire: siquidem ibi fissum os reperietur. Nec tamen magno negotio cutis sanescit, etiamsi frustra secta est. Os fractum, nisi si succursum est, gravibus inflammationibus afficit, difficiliusque postea tracta- 20 tur. Raro, sed aliquando tamen, evenit, ut os quidem totum integrum maneat, intus vero ex ictu vena aliqua in cerebri membrana rupta aliquid sanguinis mittat; isque ibi concretus magnos dolores moveat, oculosque obcaecet. Sed fere contra id dolor est, et, eo loco cute incisa pallidum os reperi- 25 tur: ideoque id quoque os excidendum est.

   Quacumque autem de causa curatio haec necessaria est, si nondum satis cutis patefacta est, latius aperienda est, donec, quidquid laesum est, in conspectu sit. In quo ipso videndum est, ne quid ex ipsa membranula, quae sub cute cal- 30 variam cingit, super os relinquatur: siquidem haec scalpro terebrisve lacerata vehementes febres cum inflammationibus excitat. Itaque eam commodius est ex toto ab osse diduci. Plagam, si ex vulnere est, talem necesse est habeamus, qualem acceperimus: si manu facienda est, ea fere commodissi- 35 ma est, quae duabus transversis lineis litterae X figuram accipit: tum deinde a singulis procedentibus lingulis cutis subsecatur. Inter quae, si sanguis fertur, spongia subinde in

aceto tincta cohibendus est, occupandusque objectis linamentis, et caput altius excitandum. Neque id ullum metum,
nisi inter musculos, qui tempora continent, affert: sed ibi
quoque nihil tutius fit (*Ib.*, § 13, *fine*). In omni vero fisso
5 fractove osse protinus antiquiores medici ad ferramenta veniebant, quibus id exciderent. Sed multo melius est ante
emplastra experiri, quae calvariae causa componuntur: eorumque aliquod oportet ex aceto mollitum per se super fissum fractumve os imponere: deinde super id aliquanto la
10 tius, quam vulnus est, eodem medicamento illitum linteolum, et praeterea succidam lanam aceto tinctam: tum vulnus
deligare, et quotidie resolvere; similiterque curare usque ♌
ad diem quintum. A sexto die etiam vapore aquae calidae
per spongiam fovere: ceteraque eadem facere. Quod si ca
15 runcula increscere coeperit, et febricula aut soluta erit, aut
levior, et cupiditas cibi reverterit, satisque somni accedet,
in eodem medicamento erit perseverandum. Procedente deinde tempore emolliendum id emplastrum, adjecto cerato ex
rosa facto; quo facilius carnem producat: nam per se repri
20 mendi vim habet. Hac ratione saepe rimae callo quodam implentur; estque ea ossis velut cicatrix: et latius fracta ossa,
si qua inter se non cohaerebunt, eodem callo glutinantur;
estque id aliquanto melius velamentum cerebro, quam caro,
quae exciso osse increscit. Si vero sub prima curatione fe
25 bris intenditur, brevesque somni, et iidem per somnia tumultuosi sunt, ulcus madet, neque alitur, et in cervicibus glandulae oriuntur, magni dolores sunt, cibique super haec fastidium increscit; tum demum ad manum scalprumque veniendum est.
30 Duo vero sub ictu calvariae pericula sunt; ne vel findatur, vel medium desidat. Si fissum est, possunt orae esse
compressae, vel quia altera super alteram excessit; vel
etiam quia vehementer se rursus commiserunt. Ex quo evenit, ut humor ad membranam quidem descendat, exitum vero
35 non habeat; ac sic eam irritet, et graves inflammationes moveat. At ubi medium desedit, eamdem cerebri membranam
os urget: interdum etiam ex fractura quibusdam velut aculeis pungentibus. His ita succurrendum est, ut tamen quam

minimum ex osse dematur. Ergo, si ora alteri insedit, satis
est id, quod eminet, plano scalpro excidere: quo sublato,
jam rima hiat quantum curationi satis est. At si orae inter
se comprimuntur, a latere ejus, interposito digiti spatio, terebra foramen faciendum est: ab eoque scalper duabus li- 5
neis ad rimam agendus, ad similitudinem litterae V sic, ut
vertex ejus a foramine, basis a rima sit. Quod si rima longius patet, ab altero foramine rursus similis sinus fieri debet: ita nihil latens in eo osse cavum est, abundeque exitus
datur intus laedentibus. Ne si fractum quidem os desedit, 10
totum excidi necesse est: sed, sive totum perfractum est, et
ab alio ex toto recessit, sive circumpositae calvariae inhaeret exigua parte, ab eo, quod naturaliter se habet, scalpro
dividendum est. Deinde in eo, quod desedit, juxta rimam,
quam fecimus, foramina addenda sunt, si in angusto noxa 15
est, duo; si latius patet, tria; septaque eorum excidenda; et
tum scalper utrimque ad rimam agendus sic, ut lunatum sinum faciat, imaque pars ejus intus ad fracturam, cornua ad
os integrum spectent. Deinde, si qua labant, et ex facili
removeri possunt, forcipe ad id facto colligenda sunt, ma- 20
ximeque ea, quae acuta membranam infestant: si id ex facili
fieri non potest, subjicienda lamina est, quam custodem ejus
membranae esse proposui (p. 332, l. 9—10); et super eam,
quidquid spinosum est, et intus eminet, excidendum est: eademque lamina, quidquid deorsum insedit, attollendum. Hoc 25
genus curationis efficit, ut, qua parte fracta ossa tamen inhaerent, solidentur: qua parte abrupta sunt, sine ullo tormento
sub medicamentis tempore excidant; spatiumque inter haec
satis illis magnum ad extrahendam saniem relinquatur; plus-
que in osse propugnaculi cerebrum habeat, quam habiturum 30
fuit, eo exciso. His factis, ea membrana acri aceto respergenda
est: ut, sive aliquid sanguinis ex ea profluit, cohibeatur, sive
intus concretus cruor remanet, discutiatur: tum idem medicamentum eodem modo, qui supra positus est, mollitum, ipsi
membranae imponendum est: ceteraque eodem modo fa- 35
cienda sunt quae ad linteolum illitum, et lanam succidam
pertinent: collocandusque is loco tepido; et curandum quotidie vulnus; bis etiam aestate. Quod si membrana per in-

flammationem intumuerit, infundenda erit rosa tepida: si
usque eo tumebit ut super ossa quoque emineat, coercebit
eam bene trita lenticula, vel folia vitis contrita et cum recenti vel butyro vel adipe anserina mixta; cervixque mol-
5 liri debebit liquido cerato ex irino facto. Ac si parum pura
membrana videbitur, par modus ejus emplastri et mellis miscen-
dus erit: idque superinfundendum: ejusque continendi causa
unum aut alterum linamentum injiciendum, et super linteolo,
cui emplastrum illitum sit, contegendum. Ubi pura mem-
10 brana est, eadem ratione adjiciendum emplastro ceratum, ut
carnem producat. Quod ad abstinentiam vero, et primos ul-
terioresque cibos potionesque pertinet, eadem, quae in vulneribus praecepi, servanda sunt, eo magis, quo periculosius
haec pars afficitur. Quin etiam, quum jam non solum susti-
15 neri, sed ali quoque cibis oportebit, tamen erunt vitanda
quaecumque mandenda sunt: item fumus, et quidquid excitat sternutamentum. Spem vero certam faciunt membrana
mobilis ac sui coloris, caro increscens rubicunda, facilis
motus maxillae atque cervicis. Mala signa sunt, membrana
20 immobilis, nigra, vel livida, vel aliter coloris corrupti, dementia, acris vomitus, nervorum vel resolutio vel distentio,
caro livida, maxillarum rigor, atque cervicis. Cetera, quae
ad somnum, cibi desiderium, febrem, puris colorem atti-
nent, eadem quae in ceteris vulneribus vel salutaria, vel
25 mortifera sunt. Ubi bene res cedit, incipit ab ipsa membrana; vel si os eo loco duplex est, inde quoque caro increscere; eaque id, quod inter ossa vacuum est, replet:
nonnumquam etiam super calvariam excrescit. Quod si incidit, inspergenda squama aeris est, ut id reprimat et cohi-
30 beat: eaque superdanda, quae ad cicatricem perducant.
omnibusque ea locis commode inducitur, excepta frontis ea
parte, quae paulum super id est, quod inter supercilia est.
Ibi enim vix fieri potest, ut non per omnem aetatem sit exulceratio: quae linteolo medicamentum habente contegenda
35 est. Illa utique, capite fracto, servanda sunt, ut, donec jam
valida cicatrix sit, vitentur sol, venus, frequens balneum,
major vini modus.

CAPUT V.

De naso fracto.

In naribus vero et os, et cartilago frangi solet; et quidem modo adversa, modo a latere. Si adversa fracta sunt,
alterumve ex his, nares desidunt, difficulter spiritus trahi- 5
tur. Si a latere os fractum est, is locus cavus est: si cartilago, in alteram partem nares declinantur. Quidquid in cartilagine incidit, excitanda ea leniter est, aut subjecto specillo, aut duobus digitis utrimque compressis: deinde in longitudinem implicata linamenta, et molli pellicula cincta cir- 10
cumsutaque intus adigenda sunt; aut eodem modo compositum aliquid ex arido penicillo; aut grandis pinna, gummi,
vel fabrili glutine illita, et molli pellicula circumdata, quae
desidere cartilaginem non sinat (Hipp. *De artic.* § 36 sq.).
Sed, si adversa ea fracta est, aequaliter utraque naris im- 15
plenda est: si a latere, crassius esse debet ab ea parte, in
quam nasus jacet, ab altera tenuius id, quod inseritur. Extrinsecus autem circumdanda habena est mollis, media illita
mixtis inter se simila et turis fuligine: eaque ultra aures ducenda, et fronti duobus capitibus agglutinanda est (*Ib.* § 38). 20
Id enim corpori quasi gluten inhaerescit, et quum induruit,
nares commode continet. Sin quod intus inditum est laedit,
sicut maxime fit, ubi interior cartilago perfracta est, excitatae nares eadem tantummodo habena continendae sunt ·
deinde post quatuordecim dies id ipsum demendum est. Resol- 25
vitur autem aqua calida; eaque tum is locus quotidie fovendus
est. Sin os fractum est, id quoque digitis in suam sedem reponendum est, atque ubi adversum id ictum est, utraque naris implenda est; ubi a latere, ea in quam os impulsum est: imponendumque ceratum, et paulo vehementius deligandum est; quia 30
callus eo loco non ad sanitatem tantummodo, sed etiam ad
tumorem increscit; a tertio die fovendum id aqua calida est
tantoque magis, quanto propius esse sanitati debet. Quod
si plura erunt fragmenta, nihilo minus singula in suas sedes
digitis erunt compellenda; imponendaque extrinsecus eadem
habena, et super eam ceratum; neque ultra fascia adhibenda
est. At si quod fragmentum und'que resolutum est.

non glutinabitur, intelligetur quidem ex humore, qui multus
ex vulnere feretur; vulsella vero extrahetur: finitisque inflammationibus, imponetur aliquid medicamentum ex iis, quae
leniter reprimunt. Pejus est ubi aut ossi aut cartilagini fra-
5 ctae cutis quoque vulnus accessit. Id admodum raro fit. Si
incidit, illa quidem nihilo minus eadem ratione in suas sedes
excitanda sunt: cuti vero superimponendum emplastrum aliquod ex iis, quae recentibus vulneribus accommodata sunt
(cf. V, 2; 19, § 20): sed insuper nullo vinculo deligandum
10 est (*Ib.* § 39).

CAPUT VI.

De auribus fractis.

In aure quoque interdum rumpitur cartilago. Quod si incidit, antequam pus oriatur, imponendum glutinans medica-
15 mentum est (*Ibid.* § 40): saepe enim suppurationem prohibet,
et aurem confirmat. Illud et in hac et in naribus ignorari non
oportet; non quidem cartilaginem ipsam glutinari, circa tamen carnem increscere, solidarique eum locum. Itaque, si
cum cute cartilago rupta est, cutis utrimque suitur. Nunc
20 autem de ea dico, quae, cute integra, frangitur. In ea vero
si jam pus natum est, aperienda altera parte cutis, et ipsa
cartilago contra lunata plaga excidenda est [1]): deinde utendum est medicamento leniter supprimente, quale lycium est
aqua dilutum, donec sanguis fluere desinat: tum imponen-
25 dum linteolum cum emplastro sic, ut pingue omne vitetur; et
a parte posteriore lana mollis auri subjicienda est, quae,
quod est inter hanc et caput, compleat: tum ea leniter deliganda est; et a tertio die vapore, ut in naribus posui (cap. 5),
fovenda. Atque in his quoque generibus abstinentia primi
30 temporis necessaria est, donec inflammatio finiatur.

---

1) Τάχιστα μὲν ὑγιὲς γίνεται, ἤν τις πέρην διακαύσῃ ...
Ἢν δὲ μὴ πέρην καίηται, τάμνειν χρὴ τὸ μετέωρον μὴ πάνυ σμι-
κρὴν τομήν. Hipp. *De artic.* § 40.

CAPUT VII.

De maxilla fracta, et quibusdam ad omnia ossa pertinentibus.

Ab his ad maxillam venturus, indicanda quaedam puto
communiter ad omnia ossa pertinentia, ne saepius eadem dicenda sint. Omne igitur os modo rectum, ut lignum in lon- 5
gitudinem finditur; modo frangitur transversum; interdum
obliquum; atque id ipsum nonnumquam retusa habet capita,
nonnumquam acuta; quod genus pessimum est; quia neque
facile committuntur, quae nulli retuso innituntur, et carnem
vulnerant, interdum nervum quoque, aut musculum. Quin 10
etiam aliquando plura fragmenta fiunt. Sed in aliis quidem
ossibus ex toto saepe fragmentum a fragmento recedit: maxillae vero semper aliqua parte, etiam vexata ossa inter se
cohaerent. Igitur inprimis digitis duobus utrimque premen-
tibus, et ab ore et ab cute, omnia ossa in suam sedem com- 15
pellenda sunt. Deinde, si maxilla transversa fracta est; sub
quo casu fere dens super proximum dentem excedit; ubi ea
in suam sedem collocata est, duo proximi dentes, aut, si hi
labant, ulteriores inter se seta deligandi sunt. Id in alio genere fracturae supervacuum est: cetera eadem facienda sunt 20
(cf. Hipp. *De artic.* § 32). Nam linteolum duplex, madens
vino et oleo, superinjiciendum cum eadem simila et eadem
turis fuligine est (vid. cap. 5); deinde aut fascia, aut mollis habena, media in longitudinem incisa, ut utrimque mentum complectatur, et inde capita ejus super caput adducta 25
ibi deligentur. Illud quoque ad omnia ossa pertinens dictum
erit; famem primum esse necessariam: deinde a die tertio
humidum cibum: sublata inflammatione, paulo pleniorem,
eumque, qui carnem alat: vinum per omne tempus esse alienum ; deinde tertio die resolvi debere; foveri per spongiam 30
vapore aquae calidae; eademque, quae primo fuerunt, su-
perdari: idem die quinto fieri, et donec inflammatio finiatur; quae vel nono die, vel septimo fere solvitur (*Ib.* § 33):
ea sublata, rursus ossa esse tractanda, ut, si quod fragmentum loco suo non est, reponatur: neque id esse solvendum, 35
nisi duae partes ejus temporis, intra quod quaeque ossa con-
fervent transierint. Fere vero inter quartumdecimum et

unum et vicesimum diem sanescunt maxilla, malae, jugulum,
pectus, latum os scapularum, costae, spina, coxarum os,
tali, calx, manus, planta: inter vicesimum et tricesimum crura, brachiaque (cf. 8, § 2): inter septimum *et* vicesimum et *ac*
5 quadragesimum humeri et femina. Sed de maxilla illud quoque adjiciendum est, quod humidus cibus diu assumendus
est: atque etiam, quum tempus processit, in lagano similibusque aliis perseverandum est, donec ex toto maxillam callus firmarit. Itemque, utique primis diebus, habendum si-
10 lentium.

CAPUT VIII.
De jugulo fracto.

1. Jugulum vero, si transversum fractum est, nonnumquam per se rursus recte coit, et, nisi movetur, sanari sine
15 vinctura potest: nonnumquam vero, maximeque ubi motum
est, elabitur; fereque id, quod a pectore est, super id, quod
ab humero est, in posteriorem partem inclinatur (Hipp. *De
artic.* § 14).[1]) Cujus ea ratio est, quod per se non movetur, sed cum humeri motu consentit; itaque, eo subsistente,
20 subit humerus agitatus.   Raro vero admodum in priorem
partem jugulum inclinatur[2]); adeo ut magni professores
numquam se vidisse memoriae mandarint. Sed locuples tamen ejus rei auctor Hippocrates est (*De artic.* § 15). Verum, ut dissimilis uterque casus est, sic quaedam dissimilia
25 requirit. Ubi ad scapulas jugulum tendit, simul dextra manu
plana propellendus in posteriorem partem humerus est, et
illud in priorem attrahendum. Ubi ad pectus conversum est,
ipsum quidem retro dandum, humerus autem in priorem par-

---

1) Τὸ μὲν ἀπὸ τοῦ στήθεος πεφυκὸς ὀστέον ἐς τὸ ἄνω μέ-
ρος ὑπερέχειν, τὸ δὲ ἀπὸ τῆς ἀκρωμίης ... ἐν τῷ κάτω μέρει
εἶναι. *De artic.* § 14.
    2) Τὸ δὲ ἀπὸ τῆς ἀκρωμίης ὀστέον ὑπερέχειν καὶ ἐποχέε-
σθαι ἐπὶ τοῦ ἑτέρου. *Ibid.* Hoc capitulum aut male ex Hippocrate a
Celso excerptum, aut inepte a librario depravatum.

tem adducendus est: ac, si is inferior est, non id, quod a pectore est, deprimendum est, quia immobile est, sed humerus ipse attollendus (*Ibid.* § 14, *medio*): si casu superior
est, id, quod a pectore est, implendum lana, et humerus ad
pectus deligandus est. Si acuta fragmenta sunt, incidi con- 5
tra cutis debet (Paul. Aeg. VI, 93, ed. Briau); ex ossibus
ea, quae carnem vulnerant, praecidenda; tum retusa ossa
committenda sunt; si quod ab aliqua parte eminet, opponen-
dum ei triplex linteolum est, in vino et oleo tinctum. Si plura
fragmenta sunt, excipienda sunt ex ferula facto canaliculo, 10
eodemque intus incerato, ne fascia diducatur. Quae jugulo
composito circumdanda est saepius potius quam valentius:
quod ipsum quoque in omnibus ossibus fractis perpetuum
est. A dextro vero jugulo, si id fractum est, ad alam sinistram; a sinistro ad dextram, rursusque sub ala sana fascia 15
dari debet: post haec, si jugulum ad scapulas inclinatum est,
brachium ad latus; si in partem priorem, ad cervicem deligandum est: supinusque homo collocandus. Cetera eadem
facienda, quae supra comprehensa sunt.

2. Sunt vero plura ossa fere immobilia, vel dura, vel car- 20
tilaginosa, quae vel franguntur, vel forantur, vel colliduntur,
vel finduntur; ut malae, pectus, latum os scapularum, costae,
spina, coxarum os, tali, calx, manus, planta (cf. 7, p. 341).
Horum omnium eadem curatio est. Si supra vulnus est, id
suis medicamentis nutriendum est: quo sanescente, rimas 25
quoque ossis, aut, si quod foramen est, callus implet. Si
cutis integra est, et os laesum esse ex dolore colligimus,
nihil aliud, quam quiescendum; imponendumque ceratum
est, et leniter deligandum, donec sanitate ossis dolor finiatur.

CAPUT IX.   30

De costis fractis.

1. Proprie tamen quaedam de costa dicenda sunt; quia
juxta viscera est, gravioribusque periculis is locus exposi-
tus est. Haec quoque igitur interdum sic finditur, ut ne summum quidem os, sed interior pars ejus, quae rara est, lae- 35

datur: interdum sic, ut eam totam is casus perruperit. Si
tota fracta non est, nec sanguis expuitur, nec febricula sequitur, nec quidquam suppurat, nisi admodum raro, nec dolor magnus est; tactu tamen is locus leviter indolescit (Hipp.
5 *De artic.* § 49). Sed abunde est eadem, quae supra scripta
sunt (cap. 8), facere; et a media fascia incipere deligare, ne in
alterutram partem haec cutem inclinet: ab uno vero et vicesimo die, quo utique os esse debet glutinatum, id agendum
cibis uberioribus est, ut corpus quam plenissimum fiat, quo
10 melius os vestiat; quod illo loco tenerum adhuc injuriae sub
tenui cute expositum est. Per omne autem tempus curationis vitandus clamor, sermo quoque multus, ira, motus vehementior corporis, fumus, pulvis, et quidquid vel tussim
vel sternutamentum movet: ne spiritum quidem magnopere
15 continere expedit. At si tota costa perfracta est, casus asperior est: nam et graves inflammationes, et febris, et suppuratio, et saepe vitae periculum sequitur. Ergo, si vires
patiuntur, ab eo brachio, quod super eam costam est, sanguis mittendus est: si non patiuntur, alvus tamen sine ullo
20 acri ducenda est; diutiusque inedia pugnandum. Panis vero
ante septimum diem non assumendus; sed una sorbitione vi-
vendum: imponendumque ei loco ceratum ex irino (cf. cap.
4, et IV, 4, 2) factum, cui cocta quoque resina adjecta sit; aut
Polyarchi (cf. V, 18, 8) malagma; aut panni ex vino et rosa et
25 oleo; superque imponenda lana succida mollis, et duae fasciae
a mediis orsae, minimeque adstrictae: multo vero magis omnia
vitanda, quae supra posui; adeo ut ne spiritus quidem saepius movendus sit. Quod si tussis infestabit, potio sumenda
erit vel ex trixagine, vel ex ruta, vel ex stoechade, vel ex
30 cumino et pipere. Gravioribus vero doloribus urgentibus,
cataplasma imponi quoque conveniet vel ex lolio, vel ex hordeo, cui pinguis fici tertia pars sit adjecta. Et id quidem interdiu superjacebit: noctu vero idem aut ceratum, aut malagma, aut panni; quia potest cataplasma decidere. Ergo
35 quotidie quoque resolvetur, donec jam cerato aut malagmate
possimus esse contenti. Et decem quidem diebus extenua-
bitur fame corpus: ab undecimo vero ali incipiet; ideoque
etiam laxior, quam primo, fascia circumligabitur. Fereque

ea curatio ad quadragesimum diem perveniet. Quod si metus erit suppurationis, plus malagma, quam ceratum ad digerendum proficiet. Si suppuratio vicerit, neque per quae supra scripta sunt, discuti potuerit; omnis mora vitanda erit, ne os infra vitietur: sed, qua parte maxime tumebit, demit- 5 . tendum erit candens ferramentum, donec ad pus perveniat; idque effundendum. Si nusquam caput se ostendet, ubi maxime pus subsit sic intelligemus: creta cimolia totum locum illinemus, et siccari patiemur: quo loco maxime humor in ea perseverabit, ibi pus proximum erit; eoque uri debebit. 10 Si latius aliquid abscedet, duobus aut tribus locis erit perforandum; demittendumque linamentum, aut aliquid ex penicillo, quod summum lino sit devinctum, ut facile educatur. Reliqua eadem, quae in ceteris adustis, facienda sunt. Ubi purum erit ulcus, ali corpus debebit, ne tabes, perniciosa fu- 15 tura; id malum subsequatur. Nonnumquam etiam, levius ipso osse affecto, et inter initia neglecto, non pus, sed humor quidam mucis similis intus coit; mollescitque contra cutis: in qua simili ustione utendum est (cf. Hipp. *loc. laud.* § 50).

2. In spina quoque est, quod proprie notemus. Nam si 20 id, quod ex vertebra excedit, aliquo modo fractum est, locus quidem concavus fit; punctiones autem in eo sentiuntur; quia necesse est ea fragmenta spinosa esse, quo fit, ut homo in anteriorem partem subinde nitatur. Haec noscendae rei causa sunt. Medicamentis vero iisdem opus est, quae prima 25 parte hujus capitis exposita sunt.

CAPUT X.

De humerorum, brachiorum, femorum, crurum, digitorum
fractorum curatione.

1. Similes rursus ex magna parte casus curationesque 30 sunt humeri et femoris: communia etiam quaedam humeris, brachiis, feminibus, cruribus, digitis. Siquidem ea minime periculose media franguntur: quo propior fractura capiti vel superiori vel inferiori est, eo pejor est: nam et majores dolores adfert, et difficilius curatur. Ea maxime tolerabilis est 35

simplex, transversa: pejor ubi obliqua, atque ubi multa fragmenta: pessima, ubi eadem acuta sunt. Nonnumquam autem
fracta in his ossa in suis sedibus remanent: multo saepius
excidunt, aliudque super aliud effertur: idque ante omnia
5 considerari debet; et sunt notae certae. Si suis sedibus sunt,
mota resonant, punctionisque sensum repraesentant; tactu
inaequalia sunt. Si vero non adversa, sed obliqua junguntur, quod fit ubi loco suo non sunt, membrum id altero brevius est, et musculi ejus tument. Ergo, si hoc deprehen-
10 sum est, protinus id membrum oportet extendere: nam nervi
musculique, intenti per ossa, contrahuntur; neque in suum
locum veniunt, nisi illos per vim aliquis intendit. Rursus, si
primis diebus id omissum est, inflammatio oritur; sub qua et
difficile et periculose vis nervis adhibetur: nam distentio
15 nervorum, vel cancer sequitur; vel certe, ut mitissime aga-
tur, pus. Itaque, si ante reposita ossa non sunt, postea reponenda sunt. Intendere autem digitum, vel aliud quoque
membrum, si adhuc tenerum est, etiam unus homo potest:
quum alteram partem dextra, alteram sinistra prehendit. Va-
20 lentius membrum duobus eget, qui in diversa contendant.
Si firmiores nervi sunt, ut in viris robustis, maximeque eorum feminibus et cruribus, habenis quoque, vel linteis fasciis utrimque capita articulorum deliganda, et per plures in
diversa ducenda sunt. Ubi paulo longius quam naturaliter
25 esse debet, membrum vis fecit, tum demum ossa manibus
in suam sedem compellenda sunt: indiciumque ossis repositi est dolor sublatus, et membrum alteri aequatum. Involvendum duplicibus triplicibusve pannis in vino et oleo tin-
ctis; quos linteos esse, commodius est. Fere vero fasciis
30 sex opus est: prima brevissima, quae circa fracturam tervo-
luta sursum versum feratur, et quasi in cochleam serpat;
satisque est eam ter hoc quoque modo circuire (Hipp. *De
fract.* § 4): altera dimidio longiore; eaque, si qua parte os
eminet, ab ea: si totum aequale est, undelibet super fra-
35 cturam debet incipere, priori adversa, deorsumque tendere;
atque iterum ad fracturam reversa, in superiore parte ultra
priorem fasciam desinere. Super has injiciendum latiore linteo ceratum est, quod eas contineat. Ac, si qua parte os

eminet, triplex ea pannus objiciendus, eodem vino et oleo
madens. Haec tertia fascia comprehendenda sunt, quartaque
sic, ut semper insequens priori adversa sit, et tertia tantum
in inferiore parte, tres in superiore finiantur: quia satius est
saepius circuire, quam adstringi: siquidem id, quod adstri- 5
ctum est, alienatur, et cancro opportunum est. Articulum
autem quam minime vincire opus est: sed, si juxta hunc os
fractum est, necesse est. Deligatum vero membrum in diem
tertium continendum est: eaque vinctura talis esse debet, ut
primo die nihil offenderit, non tamen laxa visa sit; secundo 10
laxior; tertio jam paene resoluta. Ergo tum rursum id membrum deligandum, adjiciendaque prioribus quinta fascia est:
iterumque quinto die resolvendum est, et sex fasciis involvendum sic, ut tertia et quinta infra, ceterae supra finiantur.
Quotiescumque autem solvitur membrum, calida aqua foven- 15
dum est. Sed, si juxta articulum fractura est, diu instillan-
dum vinum est, exigua parte olei adjecta; eademque omnia
facienda, donec adeo inflammatio solvatur, et tenuius quoque, quam ex consuetudine, id membrum fiat: quod si septimus dies non dedit, certe nonus exhibet: tum facillime ossa 20
tractantur. Rursus ergo, si parum commissa sunt, committi
debent: si qua fragmenta eminent, in suas sedes reponenda
sunt: deinde eodem modo membrum deligandum, ferulaeque
super accommodandae sunt, quae fissae circumpositaeque
ossa in sua sede contineant: et in quam partem fractura in- 25
clinat, ab ea latior valentiorque ferula imponenda est. Easque omnes circa articulum esse oportet resimas, ne hunc
laedant; nec ultra adstringi, quam ut ossa contineant: et
quum spatio laxentur, tertio quoque die paulum habenis suis
coarctari: ac, si nulla prurigo, nullus dolor est, sic ma- 30
nere, donec duae partes ejus temporis, quo quodque os
confervet, compleantur: postea levius aqua calida fovere,
quia primo digeri materiam opus est, tum evocari. Ergo cerato quoque liquido id leniter est ungendum, perfricanda-
que summa cutis est; laxiusque id deligandum, et tertio quo- 35
que die solvendum sic, ut, remota calida aqua, cetera eadem fiant; tantummodo singulae fasciae, quoties resolutae
fuerint, subtrahantur.

2. Haec communia sunt: illa propria. Siquidem humerus fractus non sic, ut membrum aliud, intenditur[1]): sed homo
collocatur alto sedili, medicus autem humiliore adversus.

Una fascia (a), brachium amplexa, ex cervice ipsius,
5 id sustinet: altera (b), ab altera parte super caput
data, ibi accipit nodum: tertia (c) vincto imo humero
deorsum dèmittitur, ibi quoque capitibus ejus inter se vin-
ctis. Deinde ab occipitio ipsius minister sub ea fascia, quam
secundo loco posui, porrecto, si dexter humerus ducendus
10 est, dextro, si sinister, sinistro brachio, demissum inter femina ejus baculum (A) tenet: medicus super eam fasciam, de qua tertio loco dixi, plantam injicit dextram, si
sinister; sinistram, si dexter humerus curatur; simulque alteram fasciam minister attollit, alteram premit medicus: quo
15 fit, ut leniter humerus extendatur. Fasciis vero, si medium
aut imum os fractum est, brevioribus opus est; si summum,
longioribus: ut ab eo sub altera quoque ala per pectus et
scapulas porrigantur. Protinus vero brachium, quum deligatur, sic inclinandum est; idque efficit, ut ante fascias quo-

---

1) Cf. *Gazette médicale de Paris;* 1847, p. 126.

que sic figurandum sit; ne postea suspensum aliter atque
quum deligabatur, humerum inclinet (cf. Hipp. *De fract.* 8).
Brachioque suspenso, ipse quoque humerus ad latus leniter
deligandus est: per quae fit, ut minime moveatur: ideoque
ossa sic se habeant, ut aliquis composuit. Quum ad ferulas 5
ventum est, extrinsecus esse earum longissimae debent; a
lacerto breviores: sub ala brevissimae: saepiusque eae re-
solvendae sunt, ubi in vicinia cubiti humerus fractus est; ne
ibi nervi rigescant, et inutile brachium efficiant. Quoties
solutae sunt, fractura manu continenda; cubitus aqua calida 10
fovendus, et molli cerato perfricandus; ferulaeque vel omnino
non imponendae contra eminentia cubiti, vel aliquanto breviores sunt.

3. At si brachium fractum est, in primis considerandum
est, alterum os, an utrumque comminutum sit (*Ibid.* § 4): 15
non quo alia in ejusmodi casu curatio sit admovenda; sed
primum, ut valentius extendatur, si utrumque os fractum
est; quia necesse est minus nervos contrahi altero osse integro, eosque intendente; deinde, ut curiosius omnia in continendis ossibus fiant, si neutrum alteri auxilio est. Nam, 20
ubi alterum integrum est, plus opis in eo, quam in fasciis
ferulisque est. Deligari autem brachium debet paulum pollice
ad pectus inclinato; siquidem is maxime brachii naturalis habitus est: idque involutum mitella commodissime excipitur;
quae latitudine ipsi brachio, perangustis capitibus collo injici- 25
tur: atque ita commode brachium ex cervice suspensum est.
Idque paulum supra cubiti alterius regionem pendere oportet.

4. Quod si ex summo cubito quid fractum sit, glutinare id
vinciendo alienum est: fit enim brachium immobile. At si nihil
aliud quam dolori occursum est, idem, qui fuit, ejus usus est. 30

5. In crure aeque ad rem pertinet, alterum saltem os
integrum manere. Commune vero ei femorique est, quod,
ubi deligatum est, in canalem conjiciendum est. Is canalis
et inferiore parte foramina habere debet, per quae, si quis
humor excesserit, descendat: et a planta moram, quae si- 35
mul et sustineat eam, et delabi non patiatur; et a lateribus
cava, per quae loris datis, morae quaedam crus femurque,
ut collocatum est, detineant. Esse etiam is debet a planta,

si crus fractum est, circa poplitem; si femur, usque ad coxam; si juxta superius caput femoris sic, ut ipsa quoque ei
coxa insit. Neque tamen ignorari oportet, si femur fractum
est, fieri brevius; quia numquam in antiquum statum revertitur;
5 summisque digitis postea cruris ejus insisti: sed multo tamen
foedior debilitas est, ubi fortunae negligentia quoque accessit.
  6. Digitum satis est ad unum surculum post inflammationem deligari.
  7. His proprie ad singula membra pertinentibus, rursus
10 illa communia sunt: primis diebus fames; deinde tum, quum
jam increscere callum oportet, liberalius alimentum; longa
a vino abstinentia; fomentum aquae calidae, dum inflammatio est, liberale; quum ea desiit, modicum: tum etiam longior ulterioribus e liquido cerato membris, et mollis tamen
15 unctio. Neque protinus exercendum id membrum, sed paulatim ad antiquos usus reducendum est. Gravius aliquanto
est, quum ossis fracturae carnis quoque vulnus accessit; maximeque si id musculi femoris aut humeri senserunt: nam et
inflammationes multo graviores, et promtiores cancros ha-
20 bent. Ac femur quidem, si ossa inter se recesserunt, fere
praecidi necesse est. Humerus, quoque in periculum venit; sed facilius conservatur. Quibus periculis etiam magis
id expositum, quod juxta ipsos articulos ictum est. Curiosius igitur agendum est; et musculus quidem per mediam
25 plagam transversus praecidendus: sanguis vero, si parum
fluxit, mittendus: corpus inedia extenuandum. Ac reliqua
quidem membra lentius intendenda, et lenius in iis ossa in
suam sedem reponenda sunt: in his vero neque intendi nervos, neque ossa tractari, satis expedit: ipsique homini per-
30 mittendum est, ut sic ea collocata habeat, quemadmodum
minime laedunt. Omnibus autem his vulneribus imponendum
primo linamentum est, vino madens, cui rosae paulum admodum adjectum sit. Deligandaque fasciis sunt aliquanto laxioribus quam si ea plaga non esset (cf. V, 26, 24); quanto
35 facilius et alienari et occupari cancro vulnus potest: numero
potius fasciarum id agendum est, ut laxae quoque aeque contineant. Quod in femore humeroque sic fiet, si ossa forte
recte concurrerint: sin aliter se habebunt, eatenus circum-

dari fascia debebit, ut impositum medicamentum contineat.
Cetera eadem, quae supra scripsi, facienda sunt: praeterquam quod neque ferulis, neque canalibus, inter quae vulnus sanescere non potest, sed pluribus tantummodo et laxioribus fasciis opus est: ingerendumque subinde in eas est 5
calidum oleum, et vinum; magisque in primo fame utendum;
vulnus calida aqua fovendum; frigusque omni ratione vitandum; et transeundum ad medicamenta, quae puri movendo
sunt: majorque vulneri, quam ossi cura·adhibenda. Ergo
quotidie solvendum nutriendumque est. Inter quae si quod 10
parvulum fragmentum ossis eminet, id, si retusum est, in
suam sedem dandum: si acutum, ante acumen ejus; si longius est, praecidendum; si brevius, limandum, et utrumque
scalpro laevandum: tum ipsum recondendum est: ac, si id
manus facere non potest, vulsella, quali fabri utuntur, inji- 15
cienda est recte se habenti capiti ab ea parte, qua sima est;
ut ea parte qua gibba est, eminens os in suam sedem com-
pellat. Si id majus est, membranulisque cingitur, sinere
oportet eas sub medicamentis resolvi, idque os, ubi jam nu-
datum est, abscindere; quod maturius scilicet faciendum est: 20
potestque ea ratione et os coire, et vulnus sanescere: illud
suo tempore; hoc, prout se habet. Nonnumquam etiam in
magno vulnere evenit, ut fragmenta quaedam velut emoriantur, neque cum ceteris coeant: quod hic quoque ex modo
fluentis humoris colligitur. Quo magis necessarium est, sae- 25
pius vulnus resolvere, atque nutrire. Sequitur vero, ut id os
per se post aliquot dies excidat. Quum tam misera antea
conditio vulneris sit, tamen id interdum manus diutiusque facit; saepe enim integra cute os abrumpitur, protinusque prurigo et dolor oritur. Quod solvere, si accidit, maturius opor- 30
tet, et fovere aqua; per aestatem, frigida; per hiemem, egelida: deinde ceratum murteum imponere. Interdum fractura
quibusdam velut aculeis carnem vexat. Quo a prurigine et
punctionibus cognito, aperire id medicus, eosque aculeos
praecidere necesse habet. Reliqua vero curatio in utroque 35
hoc casu eadem est, quae ubi plagam ictus protinus intulit.
Puro jam ulcere, cibis hic quoque utendum est carnem pro-
ducentibus. Si brevius adhuc membrum est, et ossa loco

suo non sunt, paxillus tenuis quam laevissimi generis inter
ea demitti debet sic, ut capite paulum supra ulcus emineat;
isque quotidie plenior adigendus est, donec par id membrum
alteri fiat. Tum paxillus removendus; vulnus sanandum est;
5 cicatrix inducta fovenda frigida aqua est, in qua myrtus, hedera, aliaeve similes verbenae decoctae sint, illinendumque
medicamentum est, quod siccet: et magis etiam hic quiescendum, donec id membrum confirmetur. Si quando vero
ossa non conferbuerunt, quia saepe soluta, saepe mota sunt,
10 in aperto deinde curatio est: possunt enim coire. Si vetustas occupavit, membrum extendendum est; ossa inter se
manu dividenda, ut concurrendo exasperentur, et si, quid
pingue est, eradatur, totumque id quasi recens fiat: magna
tamen cura habita, ne nervi musculive laedantur. Tum vino
15 fovendum est, in quo malicorium decoctum sit; imponendumque id ipsum ovi albo mixtum: tertio die resolvendum, fo-
vendumque aqua in qua verbenae, de quibus supra dixi (l. 6),
decoctae sint: quinto die idem faciendum, ferulaeque circum-
dandae: cetera, et ante, et post, eadem facienda, quae su-
20 pra scripsi. Solent tamen interdum transversa inter se ossa
confervere: eoque et brevius membrum, et indecorum fit;
et, si capita acutiora sunt, assiduae punctiones sentiuntur.
Ob quam causam frangi rursus ossa et dirigi debent. Id hoc
modo fit. Calida aqua multa membrum id fovetur, et ex
25 cerato liquido perfricatur, intenditurque: inter haec medicus
pertractans ossa, ut adhuc tenero callo, manibus ea diducit,
compellitque id quod eminet in suam sedem: et, si parum va-
luit, ab ea parte, in quam os se inclinat, involutam lana re-
gulam objicit; atque ita deligando, assuescere iterum vetu-
30 stae sedi cogit. Nonnumquam autem recte quidem ossa coierunt, superincrevit vero nimius callus; ideoque locus is intumuit. Quod ubi incidit, diu leniterque id membrum perfricandum est ex oleo et sale et nitro; multaque aqua calida
salsa fovendum; et imponendum malagma, quod digerat; ad-
35 strictiusque alligandum; oleribusque, et praeterea vomitu
utendum: per quae cum carne callus quoque extenuatur.
Confertque aliquid sinapi cum ficu in alterum membrum impositum, donec id paulum erodat, eoque evocet materiam.

Ubi is tumor extenuatus est, rursus ad ordinem vitae revertendum est.

CAPUT XI.
De ossibus luxatis.

Ac de fractis quidem ossibus hactenus dictum sit. Mo- 5
ventur autem ea sedibus suis duobus modis; nam modo, quae
juncta sunt inter se dehiscunt; ut quum latum scapularum os
ab humero recedit; et in brachio radius a cubito; et in crure
tibia a sura; et interdum a saltu calcis os a talo, quod raro
tamen fit; modo articuli suis sedibus excidunt. Ante de prio- 10
ribus dicam. Quorum ubi aliquid incidit, protinus is locus cavus est, depressusque digitus sinum invenit: deinde gravis inflammatio oritur; atque in talis praecipue: siquidem febres
quoque, et cancros, et nervorum vel distentiones, vel ri-
gores, qui caput scapulis annectunt, movere consuevit. Quo- 15
rum vitandorum causa facienda eadem sunt, quae in ossibus
mobilibus laesis proposita sunt; ut dolor tumorque per ea
tollantur. Nam diducta ossa numquam rursus inter se junguntur; et, ut aliquid decoris eo loco, sic nihil usus amit-
titur. Maxilla vero, et vertebra, omnesque articuli, quum 20
validis nervis comprehendantur, excidunt aut vi expulsi, aut
aliquo casu nervis vel ruptis, vel infirmatis; faciliusque in
pueris et adolescentulis, quam in robustioribus. Hique ela-
buntur in priorem [et in posteriorem, in interiorem] et in exteriorem partem; quidam omnibus modis, quidam certis: 25
suntque quaedam communia omnium signa, quaedam propria
cujusque. Siquidem semper ea parte tumor est, in quam os
prorumpit; ea sinus, a qua recessit. Et haec quidem in omnibus deprehenduntur: alia vero in singulis; quae simul atque de quoque dicam, proponenda erunt. Sed ut excidere 30
omnes articuli possunt, sic non omnes reponuntur. Caput
enim numquam compellitur, neque in spina vertebra, neque
ea maxilla, quae, utraque parte prolapsa, antequam repone-
retur, inflammationem movit. Rursum, qui nervorum vitio
prolapsi sunt, compulsi quoque in suas sedes iterum excidunt. 35

Ac quibus in pueritia exciderunt, neque repositi sunt, minus quam ceteri crescunt. Omniumque, quae loco suo non
sunt, caro emacrescit, magisque in proximo membro, quam
in ulteriore: ut, puta, si humerus loco suo non est, ma-
5 jor in eo ipso fit, quam in brachio; major in hoc, quam in
manu, macies. Tum pro sedibus, et pro casibus, qui inciderunt, aut major aut minor usus ejus membri relinquitur:
quoque in eo plus usus superest, eo minus id extenuatur.
Quidquid autem loco suo motum est, ante inflammationem
10 reponendum est. Si illa occupavit, dum conquiescat, non la-
cessendum est: ubi finita est, tentandum est in iis membris,
quae id patiuntur. Multum autem eo confert et corporis et
nervorum habitus; nam, si corpus tenue, si humidum est,
si nervi infirmi, expeditius os reponitur: sed et primo faci-
15 lius excidit, et postea minus fideliter continetur. Quae contraria his sunt, melius continent: sed id, quod expulsum est,
difficulter admittunt. Oportet autem ipsam inflammationem
levare, super succida lana ex aceto imposita: a cibo, si va-
lentioris articuli casus est, triduo: interdum etiam quinque
20 diebus abstinere: bibere aquam calidam, dum sitim finiat:
curiosiusque haec facere, iis ossibus motis, quae validis ple-
ñisque musculis continentur: si vero etiam febris accessit,
multo magis; deinde ex die quinto fovere aqua calida, re-
motaque lana, ceratum imponere ex cyprino factum, nitro
25 quoque adjecto, donec omnis inflammatio finiatur; tunc frictionem ei membro adhibere; cibis uti bonis; vino modice:
jamque ad usus quoque suos id membrum promovere; quia
motus, ut in dolore pestifer, sic alias saluberrimus corpori
est. Haec communia sunt; nunc de singulis dicam.

30   CAPUT XII.
                    De maxilla luxata.

Maxilla in priorem partem propellitur; sed modo altera
parte, modo utraque. Si altera, in contrariam partem ipsa
mentumque inclinatur: dentes paribus non respondent; sed
35 sub iis, qui secant, canini sunt (cf. Hipp. *De artic.* § 30).
At si utraque, totum mentum in exteriorem partem promo-

vetur; inferioresque dentes longius quam superiores excedunt;
intentique super musculi apparent. Primo quoque tempore
homo in sedili collocandus est sic, ut minister a posteriore
parte caput ejus contineat, vel sic, ut juxta parietem is sedeat, subjecto inter parietem et caput ejus scorteo pulvino 5
duro; eoque caput per ministrum urgeatur, quo sit immobi-
lius: tum digiti pollices linteolis vel fasciis, ne delabantur,
involuti in os ejus conjiciendi, ceteri extrinsecus admovendi
sunt. Ubi vehementer maxilla apprehensa est, si una parte
procidit, concutiendum mentum, et ad guttur adducendum 10
est: tum simul et caput apprehendendum, et, excitato mento,
maxilla in suam sedem compellenda, et os ejus comprimendum est sic, ut omnia paene uno momento fiant. Sin utraque
parte prolapsa est, eadem omnia facienda; sed aequaliter
retro maxilla agenda est. Reposito osse, si cum dolore 15
oculorum et cervicis iste casus incidit, ex brachio sanguis
mittendus est. Quum omnibus vero, quorum ossa mota sunt,
primo liquidior cibus conveniat, tum his praecipue: adeo ut
sermo quoque frequens, motu oris per nervos, laedat.

CAPUT XIII.   20
De capite luxato.

Caput duobus processibus in duos sinus summae vertebrae demissis super cervicem contineri, in prima parte proposui (cap. 1). Hi processus interdum in posteriorem partem excidunt: quo fit, ut nervi sub occipitio extendantur, 25
mentum pectori agglutinetur, neque bibere is, neque loqui
possit, interdum sine voluntate semen emittat: quibus celerrime mors supervenit. Ponendum autem hoc esse credidi,
non quo curatio ejus rei ulla sit; sed ut res indiciis cogno-
sceretur, et non putarent sibi medicum defuisse, si qui sic 30
aliquem perdidissent.

CAPUT XIV.
De spina luxata.

Idem casus manet eos, quorum in spina vertebrae exciderunt. Id enim non potest fieri, nisi et medulla, quae per 35

medium, et duabus membranulis, quae per duos ̦a lateribus processus feruntur, et nervis, qui continent, ruptis. Excidunt autem et in posteriorem partem, et in priorem; et supra septum transversum, et infra. In utram partem excide-
5 rint, a posteriore parte vel tumor, vel sinus oritur. Si super septum id incidit, manus resolvuntur, vomitus, aut distentio nervorum insequitur, spiritus difficulter movetur, dolor urget, et aures obtusae sunt. Si sub septo, femina resolvuntur, urina supprimitur, interdum etiam sine voluntate pro-
10 rumpit. Ex ejusmodi casibus, ut tardius, quam ex capitis, sic tamen intra triduum homo moritur. Nam quod Hippocrates (*De artic.* § 47; T. IV p. 208) dixit, vertebra in exteriorem partem prolapsa, pronum hominem collocandum esse, et extendendum, tum calce aliquem super ipsum os debere
15 consistere, et id intus impellere: in iis accipiendum est, quae paulum excesserunt; non in iis, quae totae loco motae sunt. Nonnumquam enim nervorum imbecillitas efficit, ut, quamvis non exciderit vertebra, paulum tamen aut in posteriorem, aut in priorem partem promineat. Id non jugulat: sed
20 ab interiore parte ne contingi quidem potest: ab exteriore si propulsum est, plerumque iterum redit; nisi, quod admodum rarum est, vis nervis restituta est.

CAPUT XV.
De humero luxato.

25 Humerus autem modo in alam excidit, modo in partem priorem. Si in alam delapsus est, cubitus recedit ab latere; sursum juxta ejusdem partis aurem cum humero porrigi non potest; longiusque altero id brachium est. Si in priorem partem, summum quidem brachium extenditur, minus
30 tamen quam naturaliter; difficiliusque in priorem partem, quam in posteriorem cubitus porrigitur. Igitur, si in alam humerus excidit, et vel puerile adhuc est corpus, vel molle certe, et imbecillis nervis intentum est, satis est collocare id in sedili; et ex duobus ministris alteri imperare, ut caput
35 lati scapularum ossis leniter reducat [1]); alteri, ut brachium

---

1) Hipp. *l. l.* § 2: ἐμβάλλων τὴν ἑωυτοῦ κεφαλὴν ἐς τὸ ἀκρώμιον ἀντερείσιος ἕνεκα. Quod verisimilius videtur.

extendat: ipsum posteriore parte residentem, manum sub
alam ejus conjicere, simulque et illa os, et altera manu brachium ejus ad latus impellere. At si vastius corpus, nervive
robustiores sunt, necessaria est spatha lignea, quae et crassitudinem duorum digitorum habet, et longitudine ab ala 5
usque ad digitos pervenit: in qua summa capitulum est rotundum et leniter cavum, ut recipere particulam aliquam ex
capite humeri possit. In ea bina foramina tribus locis sunt,
inter se spatio distantibus; in quae lora mollia conjiciuntur.
Eaque spatha, fascia involuta, quo minus tactu laedat, ad 10
alam brachio dirigitur sic, ut caput ejus summae alae subjiciatur: deinde loris suis ad brachium deligatur; uno loco
paulum infra humeri caput; altero paulum supra cubitum;
tertio supra manum: cui rei protinus intervalla quoque fora-
minum aptata sunt. Sic brachium deligatum super scalae gal- 15
linariae gradum trajicitur ita alte, ut consistere homo ipse
non possit; simulque in alteram partem corpus demittitur, in
alteram brachium intenditur: eoque fit, ut capite ligni caput
humeri impulsum in suam sedem, modo cum sono, modo sine
hoc compellatur. Multas alias esse rationes scire facile est 20
uno Hippocrate lecto; sed non alia magis usu comprobata
est (*Ibid.* § 6—7). At si in partem priorem humerus excidit, supinus homo collocandus est; fasciaque, aut habena media alae circumdanda est, capitaque ejus post caput hominis
ministro tradenda, brachium alteri; praecipiendumque, ut 25
ille habenam, hic brachium extendat: deinde medicus caput quidem humeri sinistra debet repellere: dextra vero cubitum cum humero attollere, et os in suam sedem compellere: faciliusque id in hoc casu, quam in priore revertitur.
Reposito humero, lana alae subjicienda est; si in interiore 30
parte os fuit, ut ei opponatur; si in priore, ut tamen commodius deligetur. Tum fascia, primum sub ala obvoluta, caput ejus debet comprehendere, deinde per pectus ad alteram
alam, ab eaque ad scapulas, rursusque ad ejusdem humeri
caput tendere, saepiusque eadem ratione circumagi, donec 35
bene id teneat. Vinctus, hac ratione humerus commodius
continetur, si adductus ad latus, ad id quoque fascia deligatur.

CAPUT XVI.

De cubito luxato.

In cubito autem tria coire ossa, humeri, radii, et cubiti ipsius, ex iis, quae prima parte hujus voluminis posita sunt,
5 intelligi potuit. Si cubitus, qui annexus humero est, ab hoc excidit, radius, qui adjunctus est, interdum trahitur, interdum subsistit. In omnes vero quatuor partes excidere cubitus potest (cf. Hipp. *De artic.* § 17 sqq.): sed, si in priorem prolapsus est, extentum brachium est, neque recurva-
10 tur: si in posteriorem, brachium curvum est, neque extenditur, breviusque altero est; interdum febrem, vomitumque bilis movet: si in exteriorem, interioremve, brachium porrectum est, sed paulum in eam partem, a qua os recessit, recurvatum. Quidquid incidit, reponendi ratio una est; ne-
15 que in cubito tantum, sed in omnibus quoque membris longis, quae per articulum longa testa junguntur: utrumque membrum in diversas partes extendere, donec spatium inter ossa liberum sit; tum id os, quod excidit, ab ea parte, in quam prolapsum est, in contrariam impellere. Extendendi
20 tamen alia atque alia genera sunt, prout aut nervi valent, aut ossa huc illucve se dederunt. Ac modo manibus solis utendum est, modo quaedam alia adhibenda. Ergo, si in priorem partem cubitus prolapsus est, extendi per duos manibus, interdum etiam habenis adjectis, satis est: deinde ro-
25 tundum aliquid a lacerti parte ponendum est, et super id repente cubitus ad humerum impellendus est. At in aliis casibus commodissimum est eadem ratione brachium extendere, quae fracto humero supra posita est, et tum ossa reponere. Reliqua curatio eadem est, quae in omnibus. Celerius tan-
30 tum, et saepius id resolvendum est; multo magis aqua calida fovendum; diutius ex oleo et nitro ac sale perfricandum. In cubito enim celerius, quam in ullo alio articulo, sive extra remansit, sive intus revertit, callus circumdatur; isque, si per quietem increvit, flexus illius postea prohibet.

CAPUT XVII.
De manu luxata.

Manus quoque in omnes quatuor partes prolabitur (Hipp.
De artic. § 26 sqq.). Si in posteriorem partem excidit, porrigi digiti non possunt: si in priorem, non inclinantur: si in 5
alterutrum latus, manus in contrarium, id est aut ad polli-
cem, aut ad minimum digitum convertitur. Reponi non difficillime potest. Super durum locum et renitentem ex altera
parte intendi manus, ex altera brachium debet sic, ut prona
sit, si in posteriorem partem os excidit; supina, si in priorem; 10
si in interiorem exterioremve, in latus. Ubi satis nervi diducti
sunt, si in alterutrum latus procidit, manibus in contrarium
repellendum est. At iis, quae in priorem posterioremve partem prolapsa sunt, superimponendum durum aliquid, idque
supra prominens os manu urgendum est; per quod vis ad- 15
jecta facilius id in suam sedem compellit.

CAPUT XVIII.
De palma luxata.

In palma quoque ossa interdum suis sedibus promoven-
tur, modo id priorem partem, modo in posteriorem: in la- 20
tus enim moveri, paribus ossibus oppositis, non possunt. Signum id solum est, quod omnium commune est: tumor ab
ea parte, in quam os venit; sinus ab ea, a qua recessit. Sed
sine intentione, digito tantummodo bene pressum os in suam
sedem revertitur.   25

CAPUT XIX.
De digitis luxatis.

At in digitis totidem fere casus, eademque signa sunt, quae
in manibus (Hipp. *De artic.* §§ 29 et 80). Sed in his exten-
dendis non aeque vi opus est; quum et articuli breviores, et 30
nervi minus validi sint. Super mensam tantummodo intendi

debent, qui vel in priorem, vel in posteriorem partem exciderunt; tum jam palma compelli; ~~at id, quod~~ in latus ~~ala-
poum~~ est, digitis restitui. Potest tamen conditus articulus medius, aut summus canaliculo aliquo contineri.

CAPUT XX.

De femore luxato.

Quum de his dixerim, de iis quoque, quae in cruribus
sunt, vidéri possum dixisse: siquidem etiam in hoc casu
quaedam similitudo est femori et humero, tibiae et cubito,
10 pedi et manui. Quaedam tamen separatim quoque de his dicenda sunt. Femur in omnes quatuor partes promovetur:
saepissime in interiorem; deinde in exteriorem; raro admodum in priorem, aut posteriorem. Si in interiorem partem
prolapsum est, crus longius altero, et vatium est: extra
15 enim pes ultimus spectat; si in exteriorem, brevius, varum-
que fit, pes intus inclinatur; calx in gressu terram non contingit, sed planta ima; meliusque id crus superius corpus,
quam in priore casu, fert, minusque baculo eget; si in
priorem, crus extensum est, complicarique non potest; al-
20 teri cruri ad calcem par est, sed ima planta minus in priorem partem inclinatur: dolorque in hoc casu praecipuus est,
et maxime urina supprimitur. Ubi cum dolore inflammatio
quievit, commode ingrediuntur, rectusque eorum pes est.
Si in posteriorem, extendi non potest crus, breviusque est;
25 ubi consistit, calx hic quoque terram non contingit. Magnum
autem femori periculum est, ne vel difficulter reponatur, vel
repositum rursus excidat. Quidam semper iterum excidere
contendunt: sed Hippocrates (*De artic.* §. 70; Gal. *Comm.
in h. loc.* T. XVIII* p. 731), et Diocles, et Philotimus, et
30 Nileus, et Heraclides Tarentinus, clari admodum auctores,
ex toto se restituisse memoriae prodiderunt. Neque tot genera machinamentorum quoque, ad extendendum in hoc casu
femur, Hippocrates, Andreas, Nileus, Nymphodorus, Protarchus, Heraclides, aliique quidam reperissent, si id frustra
35 esset. Sed ut haec falsa opinio est, sic illud verum est:

quum ibi valentissimi nervi musculique sint, si suum robur
habent, vix admittere; si non habent, postea non continere.
Tentandum igitur est, et, si tenerum membrum est, satis est
habena altera ab inguine, altera a genu intendi: si validius,
melius adducent, qui easdem habenas ad valida bacula de- 5
ligarint; quumque eorum fustium imas partes oppositae morae objecerint, superiores ad se utraque manu traxerint.
Etiamnum valentius intenditur membrum super scamnum, cui
ab utraque parte axes sunt, ad quos habenae illae deligantur: qui, ut in torcularibus, conversi, rumpere quoque, si 10
quis perseveraverit, non solum extendere nervos et musculos possunt. Collocandus autem homo super id scamnum[1])
est aut pronus, aut supinus, aut in latus sic, ut semper ea
pars superior sit, in quam os prolapsum est; ea inferior, a qua recessit. Nervis extentis, si in priorem partem 15
os venit, rotundum aliquid super inguen ponendum; subitoque super id genu adducendum est eodem modo, eademque
de causa, qua idem in brachio fit; protinusque, si compli-
cari femur potest, intus est. In ceteris vero casibus, ubi
ossa per vim paulum inter se recesserunt, medicus debet id, 20
quod eminet, retro cogere; minister contra inde coxam pro-
pellere. Reposito osse, nihil aliud novi curatio requirit,
quam ut diutius is in lecto detineatur; ne, si motum adhuc
nervis laxioribus femur fuerit, rursus erumpat.

CAPUT XXI.   25
De genu luxato.

Genu vero et in exteriorem, et in interiorem, et in posteriorem partem excidere, notissimum est. In priorem non
prolabi plerique scripserunt: potestque id vero proximum
esse, quum inde opposita patella, ipsa quoque caput tibiae 30
contineat. Meges tamen eum, cui in priorem partem exci-
disset, a se curatum esse, memoriae prodidit. In his casibus
intendi nervi rationibus iisdem, quas in femore retuli, pos-

---

1) Cf. Hipp. ed. Littré; T. 1V, p. 40, 297 —301, 305, 311.

sunt. Et id quidem, quod in posteriorem partem excidit, eodem modo rotundo aliquo super poplitem imposito, addu-
ctoque eo crure, reconditur; cetera vero manibus simul dum
ossa in diversas partes compelluntur.

CAPUT XXII.
De talo luxato.

Talus in omnes partes prolabitur. Ubi in interiorem partem excidit, ima pars pedis in exteriorem partem convertitur: ubi huic contrarius casus, contrarium etiam signum est.
At si in priorem partem erumpit, a posteriore latus nervus
durus et intentus est; simusque his pes est; si in posteriorem, calx paene conditur, planta major fit. Reponitur autem is quoque per manus; prius in diversa pede et crure diductis. Et in hoc quoque casu diutius in lectulo perseverandum est; ne is talus, qui totum corpus sustinet, parum confirmatis nervis ferendo oneri cedat, rursusque prorumpat.
Calceamentis quoque humilioribus primo tempore utendum;
ne vinctura talum ipsum laedat.

CAPUT XXIII.
De planta luxata.

Plantae ossa iisdem modis, quibus in manu, prodeunt;
iisdemque conduntur. Fascia tantummodo calcem quoque
debet comprehendere: ne, quum mediam plantam, imumque
ejus vinciri necesse est, liber talus in medio relictus, materiam pleniorem recipiat, ideoque suppuret.

CAPUT XXIV.
De digitis luxatis.

In digitis nihil ultra fieri debet, quam quod in iis, qui
sunt in manu, positum est (cap. 19.)

CAPUT XXV.

De his, quae cum vulnere loco moventur.

Haec facienda sunt in iis casibus, ubi sine vulnere ossa exciderunt [1]) . . . Hic quoque et ingens periculum est, et eo gravius, quo majus membrum est, quove validioribus 5 nervis aut musculis continetur. Ideoque in humeris, femori- busque metus mortis est: ac, si reposita ossa sunt, spes nulla est; non repositis tamen, nonnullum periculum est: eoque major in utroque timor est, quo propius vulnus articulo est. Hippocrates nihil tuto reponi posse, praeter digitos, et plan- 10 tas, et manus, dixit (De artic. §67 — cf. § 63—66): atque in his quoque diligenter esse agendum, ne praecipitarent. Quidam brachia quoque et crura reposuerunt; et, ne cancri, distentionesque nervorum orirentur, sub quibus in ejusmodi casu fieret mors matura, sanguinem ex brachio miserunt. Ve- 15 rum ne digitus quidem; in quo minimum, ut malum, sic etiam periculum est: reponi debet aut ante inflammationem, aut po- stea, quum jam vetus res est. Si quoque reposito osse nervi distenduntur, rursus id protinus expellendum est. Omne au- tem membrum, quod cum vulnere loco motum, neque repo- 20 situm est, sic jacere convenit, ut maxime cubantem juvat; tantum ne moveatur, neve dependeat. In omnique tali morbo magnum ex longa fame praesidium est: deinde ex curatione eadem, quae proposita est ubi ossibus fractis vulnus acces- sit. Si nudum os eminet, impedimento semper futurum est: 25 ideo, quod excedit, abscindendum est; imponendaque super arida linamenta sunt, et medicamenta non pinguia; donec, quae sola esse in ejusmodi re sanitas potest, veniat. Nam et debilitas sequitur, et tenuis cicatrix inducitur; quae ne- cesse est facile noxae postea pateat.   30

---

1) In libris antiquis deest altera periodi pars, quae huic op- ponebatur. Lindenius ita supplet: *saepe tamen cum vulnere loco mo- ventur*. Forte melius: *nonnumquam cum vulnere loco moventur*. Id enim non saepe, sed raro fit.

INDEX

LIBRORUM ET CAPITUM.

CELSUS. 24

INDEX
NOMINUM PROPRIORUM.

INDEX VERBORUM
NOTATU DIGNORUM *).

A.

Abdomen. IV 1 (122, 37). abdominis membrana *ibid. et* VII, 17. imum abdomen VII, 26, 2 (308, 23).

Abellana *seu* avellana. III, 27, 4.

Abortus. II, 1 (30, 2); II, 8 (51, 4).

Abrotonum (*Artemisia abrot.*). urinam movet III, 21 (107, 14). purgat V, 5. discutit V, 11.

Abscedo. II, 7; V, 21; VII, 2, 1; VII, 7, 7; VII, 12, 5.

Abscessus. II, 8 (49, 4); V, 28, 11.

Absinthium (*Artemisia abs.*). stomacho aptum II, 24. urinam movet II, 31. incoctum IV, 16.

Abstinentia. abstinentiae duo genera II, 16. saepe inutilis nimia abstinentia I, 2 (15, 14).

Abstineo *absolute.* III, 4 (80, 2); III, 12; III, 13; III, 15.

Acacia (*Mimosa arabica*). sanguinem supprimit V, 1. acaciae succus corpus exedit V, 7.

Acanthinum gummi (*Gummi acaciae arabicae*). vulnera glutinat V, 2.

Accessio. *accessio febris* II, 12, 2. acc. *morbi comitialis* II, 8 (46, 5).

Accipio *intelligo*. VIII, 14.

Acer. acria mali succi sunt II, 21. nimis austera etc. II, 22. abstinere ab acribus IV, 17. acrioribus utendum est IV, 5. manducare quae sunt acerrima IV, 4. acria medicamenta, et acres cibi VI, 6, 14. curatio acer VI, 6, 1 (226, 21).

Acerbus. mali succi sunt acerba II, 21. acerbum oleum II, 33.

Acesco. res in stomacho acescunt II, 19. cibus acescit cet. I, 8.

Acetabulum. V, 24, 2; V, 18, 15.

Acetum. in media materia est II, 18 (66, 14). acetum acre IV, 16. ac. ex scilla VI, 15. ac. scilliticum V, 19, 19. ac. acerrimum IV, 9.

Acia. V, 26, 23.

Acida. stomacho apta sunt II, 24. pituitam extenuant II, 23. acida adv. lienem IV, 16.

Acies *oculorum*. VI, 6, 37.

Acinus. *v.* Σταφύλωμα.

Acopum. acopa utilia nervis V. 24. acopo articuli perfricentur IV, 31 (158, 21).

Acorum (*Ac. calamus*). urinam movet III, 21 (107, 15).

Actio naturalis. I, *prooem.* 4, 9.

Allium (*A. sativum*). II, 18 (65, 5).
allium mali succi II, 21. acre
II, 22. inflat II, 26. calefacit
II, 27. alvum movet II, 29. allium frictum IV, 8. spica allii
IV, 10. allii semen V, 21, 1.
contra lumbricos IV, 24.

Allobrogicus. *v.* Vinum.

Aloe. sanguinem supprimit V, 1.
qui dejicere vult .... aloen sumat I, 3 (20, 5).

Alumen. sanguinem supprimit V,
1. aperit V, 4. exedit V, 7.
alumen rotundum evocat et
educit V, 12. alumen liquidum
rodit, sed magis rotundum V,
6. alumen scissile adurit V, 8.
alumen et scissile, quod σχιστόν
vocatur, et liquidum reprimunt
V, 2. alumen aridum; al. melinum rotundum VI, 19. alumen
aegyptium V, 28, 12 (215, 6).

Alvus, *pro ea capacitate qua ventriculus, intestina, jecur, lienis,
renes, vesica, vulva continentur.*
I, *prooem.* (7, 16). *uterus* III, 21
(108, 31) *et passim.* — *pro intestinis* II, 12, 2 (56, 33); IV, 19.
*pro materia quam intestina infra
emittunt* IV, 26 (151, 4) *et passim.*

Amaracus (*Origanum majorana*).
discutit V, 11.

Amaritudo. V, 27, 2.

Amarus. amara calefaciunt I, 3
(20, 10). mel quam amarissimum VI, 5.

Ambrosia. V, 23, 2.

Ambubeja (*Cichorium intybus*). alvum adstringit II, 30.

Ambulatio. I, 2 (14, 32); IV, 16;
I, 3 (20, 16); III, 23; III, 27, 3;
III, 27, 4; IV, 8; IV, 10; IV,
31; V, 26, 28; VII, 12, 1.

Ammoniacum (*Gummi ammon.*).
purgat V, 5. discutit V, 11.
ammoniac. thymiama V, 18, 7
et passim.

Ammoniacus. *v.* Sal.

Amomum (*Cissus vitiginea?*). urinam movet III, 21 (107, 11).
somnum provocat III, 18 (100,
25).

Amurca. VI, 19; V, 28, 16.

Amylum. boni succi est II, 20.
lene est II, 22. crassiorem pituitam facit II, 23. contrahere
semen videtur IV, 28.

Anethum (*A. graveolens*). mali
succi est II, 21. inflationes levat II, 26. alvum movet II, 29.
urinam movet II, 31.

Angina. IV, 7; II, 10 (53, 18); II,
7 (42 , 36).

Anguis. V, 27, 10.

Angulus oculorum. VII, 7, 8. anguli labrorum VII, 9.

Anhelatio. *v.* Ἄσθμα.

Anima. II, 1 (29, 24); VII, 3.

Anisum (*Pimpinella anisum*). mali
succi est II, 31. urinam movet
II, 21.

Anser. generis valentissimi est
II, 18 (64, 20).

Anserinus. *v.* Adeps.

Antidotum. V, 25, *initio; cf.* § 1;
V, 25, 2; V, 25, 3.·

Anus. IV, 25; VI, 18, 7; VII, 30, 1.

Aper. generis valentissimi II, 18
(64, 20).

Apium (*A.graveolens*). urinam movet II, 31. reprimit et refrigerat II, 33. apii semen rodit V, 6.

Aqua. aqua omnium imbecillissima II, 18 (66, 16). levissima
pluvialis II, 18 (66, 23). quam
optima aqua VI, 11. aqua pluvialis II, 30. pluviatilis VI, 6,
16. dulcis VI, 18, 9. marina II,
12, 2 (57, 26). salsa III, 24. tepida subsalsa III, 12. tenera
II, 29. dura, id est quae tarde
putescit II, 30. tepida VI, 7, 4.
calida VI, 18, 7. bene calida
ibid. egelida I, 8. bene frigida

Canis. V, 27, 1; V, 27, 2.

Canopita. *v.* Collyrium.

Cantabrica herba (*Convolvulus cant.?*). V, 27, 10.

Cantharides. adurunt V, 8. cantharides purgatae V, 28, 18. si cantharidas aliquis ebibit V, 27, 12.

Capillus. capillis fluentibus VI, 1.

Capitulum. capitula venarum VI, 18, 9.

Capparis *et* cappari (*C. spinosa*). IV, 16. alvum movet II, 29. urinam movet II, 31. cortex IV, 29. radix IV, 8.

Caprea. valentissimi generis est II, 18 (64, 19).

Capreoli. reprimunt et refrigerant II, 33 (73, 9).

Caprificus (*Ficus carica*). lac caprifici exedit V, 7. adurit V, 8.

Caput. IV, 2 (123, 7).

Carbunculus. V, 28, 1; VI, 6, 10; V, 18, 5.

Carcinoma. V, 28, 2.

Cardamomum (*Amomum c.*). urinam movet III, 21 (107, 13). glutinat vulnus V, 2. rodit V, 6. mollit V, 15.

Cardiacus. III, 18 (101, 9).

Cardo. VIII, 1 (325, 1).

Caries. V, 28, 12; VIII, 2 (329, 24); VIII, 2 (330, 11).

Cariosus. VIII, 2 (329, 11); VIII, 2 (330, 15).

Carnosus. I, 3 (20, 10); II, 8 (45, 20); IV, 22.

Caro. tenuioribus magis sanguis, plenioribus magis caro abundat II, 10 (52, 28).

Carnes *ad victum pertinentes* II, 20; II, 21; II, 22; II, 24; II, 27; II, 29; II, 30; V, 28; c. elixa aut assa I, 2 (15, 17); III, 23.

Cartilaginosus. IV, 1 (120, 20); VIII, 8, 2.

Cartilago. VIII, 1 (326, 4).

Caruncula. VII, 7, 4; VIII, 1 (324, 19); VI, 8, 2; VII, 7, 9; V, 26, 31; VII, 27 (314, 9).

Caseus. generis valentissimi est II, 18 (64, 24). caseus mollis boni succi est II, 20. vetus mali succi est II, 21. alienus stomacho est II, 25. inflat II, 26. caseus et recens et vetus facile intus corrumpitur II, 28. caseus vetus II, 30.

Casia (*Laurus c.*). urinam movet III, 21 (107, 13). potiones ex casia IV, 27, 1 (154, 13). discutit V, 11. cortex V, 18, 3. nigra (*C. nigricans*) V, 23, 1.

Castoreum. III, 20 (105, 19); VI, 7, 8.

Castratus. *cf.* VII, 22 (304, 4).

Cataplasma. II, 33; IV, 8; III, 10; V, 28, 11; IV, 15; IV, 12 (136, 19); IV, 31 (157, 28).

Catapotium. IV, 15; V, 25, 1 — 17 (*arteriace*).

Caulis. II, 18 (64, 29); II, 27.

Cauneae. V, 21, 1.

Causa *pro morbo* III, 2; III, 3 (77, 5).

Cedrus (?). discutit V, 11. c. oleum V, 18, 35.

Centaurion (*Gentiana c.*). V, 27, 10.

Cepa (*Allium cepa*). mali succi est II, 21. acris II, 22. inflat II, 26. alvum movet II, 29. urinam movet II, 31. sensus excitat II, 32.

Cera. discutit V, 11. carnem alit et ulcus implet V, 14. mollit V, 15. cera cretica V, 18, 31. cera alba IV, 27, 1 (153, 27).

Cerastes. V, 27, 7.

Cerasum. stomacho aptum II, 24. alvum movet II, 29.

Ceratum. VI, 9; V, 18, 1; IV, 6; VIII, 11; IV, 31 (158, 22); VIII, 9 (343, 22); VIII, 10, 2; VIII, 10, 7; V, 28, 2.

dum quoque medicamentum ad id componebat VI, 6, 22. Hermonis VI, 6, 24. asclepios VI, 6, 25. Canopitae *ibid. et* 28. Euelpidis pyxinum *ibid.* Caesarianum VI, 6, 26—27. Hieracis VI, 6, 28. rhinion VI, 6, 30. Euelpidis βασιλικόν VI, 6, 31. ex crocomagmate VI, 6, 32. διὰ κρόκου VI, 6, 33. *collyria in fistulas demittuntur* VII, 4, 4 (269, 4).

Colubra. V, 27, 3.

Colum. I, 7.

Columba. sanguis purgat V, 5. ad oculos VI, 39. stercus adurit V, 8.

Comitialis morbus. III, 23; II, 8 (46, 3).

Commissura. IV, 3.

Compago. IV, 14 (139, 24).

Compositio nobilissima. V, 17, 1. compositio Apollophanis V, 18, 6.

Concha. III, 6 (87, 36).

Conchula. alvum movet II, 29.

Conchylia. imbecillissimae materiae est II, 18 (64, 31). inflant II, 26.

Concoctio. I, 9; I, 8; III, 22 (110, 29); III, 2 (76, 2); III, 4 (78, 28).

Concoquo *de materia morbi.* V, 3; V, 18, 17.

Concubitus. I, 1 (13, 26); VII, 28.

Conditus. IV, 12 (137, 15); I, 2 (15, 18).

Conferveo. VIII, 10, 1 (346, 31) *et* 7 (351, 21).

Contundo. contunditur cum corticibus seminibusque suis punicum malum IV, 26 (152, 37). quae, *medicamenta,* ex leni vino contunduntur V, 18, 14.

Contusus. II, 10 (53, 24); V, 28, 14 (217, 21).

Cor. IV, 1 (121, 5).

Coriandrum (*C. sativum*). refrigerat II, 27. urinam movet II, 31. folia reprimunt et refrigerant II, 33. semen V, 18, 1.

Cornu. cervinum purgat V, 5. cervinum combustum et elotum VI, 6, 16. cornu cervini ramentum VI, 9 (246, 13). plagae lunatae cornua VII, 26, 2 (309, 13).

Corpusculum. I, *prooem.* (3, 27).

Corvus. *v.* Ferramentum.

Costa. VIII, 1 (325, 16; 326, 16; 326, 27); VIII, 7 (341, 2); VIII, 9 (342, 31); VIII, 9 (343, 15).

Costum (*Costus speciosus?*). urinam movet III, 21 (107, 15). concoquit et movet pus V, 5. purgat V, 3.

Cotoneum (*Pyrus cydonia*). v. Malum.

Coxa. VIII, 1 (328, 4); IV, 29; II, 8 (46, 19); II, 8 (50, 25); II, 7 (42, 4); II, 6 (37, 1).

Coxendix. VII, 30, 3.

Cremor. III, 7, 2; VI, 6, 26; VI, 10; VI, 13.

Creta. vel cimonia vel figularis V, 1; II, 33 (73, 16); VI, 5; I, 3 (20, 22).

Crocomagma. V, 18, 9 *et* 16; VI, 6, 25.

Crocus (*C. sativus*). urinam movet III, 21 (107, 11). purgat V, 5. discutit V, 11. crocum siculum VI, 6, 25. cilicium VI, 6, 33.

Cruditas. I, 9; I, 10.

Crudus. II, 10 (53, 21); V, 28, 11 (212, 21).

Cruento. V, 28, 14 (217, 9).

Cruor. IV, 22 (147, 29).

Cruentus. II, 7 (41, 6).

Crus. VIII, 1 (328, 20) *et passim.*

Crusta. V, 9; V, 10; VI, 7, 7.

Crustominus. II, 24.

Cubile. I, 3 (17, 15); I, 3 (18, 18).

Cubitus. VIII, 1 (327, 15); VIII, 10, 3; VIII, 16.

Cucumis (*C. sativa*). c. agrestis (*Momordica elaterium*) imbecillissimae materiae est II, 18 (64,

IV, 12 (136, 5); IV, 9; I, 3 (18, 19); III, 18 (101, 18); IV, 27, 2; I, 1 (12, 25).

Experientïa. I, *prooem.* (8, 36).

Experimentum. I, *prooem.* (6, 13); IV, 11 (135, 5).

Exulceratio. II, 1 (30, 28); IV, 9; IV, 12 (136, 21); II, 7 (39, 37); V, 28, 4 (208, 35); V, 28, 15 (218, 24); V, 28, 16.

F.

Faba (*Vicia faba*). II, 18 (65, 3); II, 33; IV, 8; V, 18, 21.

Faba aegyptia (*Arum colacasia?*). VI, 7, 1; VI, 7, 2.

Faex. II, 33; III, 19 (103, 17).

Far. II, 33; III, 22 (112, 16).

Fascia. V, 26, 24; VII, 20 (300, 33); VIII, 10, 1; VIII, 10, 7 (349, 36); VIII, 15 (356, 10)..

Fauces. IV, 7.

Favus. IV, 26 (152, 26); V, 28, 13.

Febricula. II, 17 (63, 3); V, 28, 11 (212, 24).

Febris. II, 3. i. acutae febres II, 1 (29, 28). febres vel continuae, vel tertianae, vel ardentes II, 1 (28, 35). f. quartana III, 3 (77, 10). tertiana III, 3 (77, 8); III, 14. febres quae certum habent circuitum III, 12 (03, 20). febres incertae II, 1 (29, 2). febres vagae III, 5 (83, 25). febris interdiu levior II, 7 (44, 6). continuata febris III, 18 (99, 23). febris intenta III, 18 (99, 17). magnae febres IV, 14 (139, 30). continentes febres III, 5 (84, 12); lentae febres III, 9. longae febres II, 4 (34, 18) nulla acuta febris leviter terrere nos debet II, 4 (34, 29). perniciosa quae levi vulneri supervenit V, 26, 26. f. varia genera III, 13 sqq.

Fel. exedit V, 7. evocat et edu-

cit V, 12. purgat V, 5. fel taurinum rodit V, 6. fel caprinum VI, 6, 28. fel *pro vesica fellis* IV, 1 (121, 16).

Femen. VIII, 1 (328, 11 sqq.).

Femur. VIII, 1 (328, 25) *et passim.*

Fermentum. V, 28, 8; II, 24.

Ferramentum. VII, 10; VII, 26, 3. f. quod corvum vocant VII, 19 (299, 28).

Ferula. IV, 17; VIII, 10, 1 (346, 25) *et* 2 (348, 5).

Fibra. IV, 1 (121, 4, 15).

Fibula. V, 26, 23 (191, 23); VII, 25, 2 (306, 18).

Ficedula. v. Avis.

Ficus (*Ficus carica*). arida calefacit II, 27. purgat V, 5. discutit V, 11. mollit V, 15. arida decocta evocat et educit V, 12. arida, sed magis viridis alvum movet II, 29. ficus aridae inflant II, 26. pinguissimae ficus IV, 10. piper cum ficu contusum IV, 6 (128, 22).

Filicula (*Polypodium vulgare*). II, 12, 1 (56, 18).

Filix (*Pteris aquilina?*). V, 26, 35.

Fissura. VII, 12, 1 (287, 35). ad ani fissa V, 20, 5.

Fistula. VII, 11; VII, 15. tenues VII, 26, 1. *urinae iter* II, 8 (47, 17). fistula *ex ulceribus* V, 28. 12; VII, 4, 2; 3, 4.

Foeniculum(*Anethum f.*). mali succi II, 21. inflationes levat II, 26. urinam movet II, 31. foeniculi semen reprimit et refrigerat II, 33.

Foenum graecum (*Trigonella f. g.*). II, 33.

Fomentum. II, 17 (63, 26). fomenta humida IV, 7 (129, 31). fomenta sicca IV, 8 (131, 10).

Fontes medicati quales Cutiliarum Simbruinarumque sunt IV, 12 (137, 7).

Hyssopum et Hyssopus (*Origanum smyrnaeum?*). mali succi est II, 21. stomacho alienum II, 25. urinam movet II, 31. ante vomitum I, 3 (19, 22). potio hyssopi IV, 12 (136, 2). cum mulsa aqua IV, 8.

I.

Jactatio. IV, 20 (147, 6); III, 9 (90, 29).
Ichthyocolla. glutinat vulnus V, 2.
Jecur. IV, 1 (121, 12). jecinoris portae V, 26, 2. jecinoris crassum V, 26, 3. omne jecur boni succi II, 20. alvum adstringit II, 30. j. morbus IV, 15.
Ignis sacer. V, 28, 4.
Ilia. IV, 1 (122, 33).
Impetigo. V, 28, 17.
Inflammatio. I, *prooem.* (3, 24); VI, 6, 1 (226, 11); V, 28, 6; V, 26, 27; V, 26, 31; VII, 19 (300, 15); VI, 13; VII, 26, 3; VI, 14.
Inflatio. II, 3 (33, 20); II, 26; IV, 12 (135, 26); IV, 23; IV, 21.
Inguen. III, 5 (82, 18); IV, 28.
Insania. III, 18; II, 1 (30, 6); II, 7 (41, 25; 42, 13).
Intestinum. IV, 1 (121, 24 sqq.). morbus majoris intestini II, 12, 2. tenuius intestinum VII, 16 (293, 6). int. rectum IV, 1 (122, 34).
Intubus (*Cichorium intybus*). acris II, 22. stomacho aptus II, 24. refrigerat II, 27. alvum adstringit II, 30. reprimit et refrigerat II, 33; IV, 16 (142, 16).
Iris. purgat V, 5. discutit V, 11. iris arida III, 10. iris fricta VI, 15. iris illyrica (*I. germanica*) V, 18, 3. iris macedonica (*I. florentina*) V, 18, 27.
Jugale. VIII, 1 (324, 29).
Juglans (*J. regia*). II, 25; V, 27, 12.

Jugulo. II, 10 (53, 36); III, 20 (104, 19).
Jugulum. VIII, 8, 1 (326, 32).
Juncus quadratus (?). aperit V, 4. discutit V, 11. junci quadrati et rotundi (*Cyperus longus?*) semen III, 21 (107, 16).
Jurulentus. II, 25; II, 26; II, 28; I,. 6.

L.

Labra. VII, 12, 6. labrum pelvis IV, 31 (157, 26).
Lac valentissimi generis II, 18 (66, 12). lac boni succi II, 20. lenis est II, 22. crassiorem pituitam facit II, 23. alienum stomacho est II, 25. inflat II, 26. facile intus corrumpitur II, 28. alvum movet II, 29. laevat id quod exasperatum est V, 13. omnibus longis febriculis recte dari potest III, 22 (112, 5 sqq.).
Laceratio mortuorum. I, *prooem.* (8, 8).
Lacero. II, 10 (54, 31).
Lacertus (*musculus*). VIII, 16 (357, 25). *serpens*, lacerti stercus purgat V, 5. adurit V, 8.
Laconicum. II, 17 (62, 9).
Lactuca (*L. sativa*). boni succi II, 20. acris II, 22. stomacho apta II, 24. refrigerat II, 27. alvum movet II, 29. somno apta II, 32. Lactuca marina (*Euforbia paralias?*) corpus exedit V, 7. adurit V, 8. semen III, 21 (108, 27).
Ladanum (succus *Cisti cretici*). urinam movet III, 21 (107, 12). evocat et educit V, 12; *medic. ex lad.* VI, 1; VI, 2.
Laevitas intestinorum. IV, 23.
Laganum. II, 22.
Lanula. VI, 9 (247, 14).
Lapathum (*Rumex* seu *Polygonum*). mali succi est II, 21. alienum

25

Manipulus. V, 25, 4.

Manubriolum scalpelli. VII, 6 (272, 24).

Manus. VIII, 1 (327, 27).

Marrubium (*M. vulgare?*). exedit V, 7. M. succus III, 22 (113, 1).

Mas. VII, 28.

Materia. *ciborum et potionum* II, 18 (64, 16 sqq.). infirmissima III, 18 (101, 20). tenuissima III, 6 (86, 38). quam levissima *ibid.* (86, 37). *materia medicamentum* V, 17, 1. *materia quae in corpore est* II, 10 (52, 35).

Maxilla. VIII, 1 (324, 31). maxillae fractura VIII, 7. M. luxata VIII, 12.

Medicamentum. I, 4; III, 4 (79,20). omnia fere medicamenta stomachum laedunt, malique succi sunt V, *prooem.*

Medicina. I, *prooem.* (1, 4); I, *prooem.* (2, 20); I, *prooem.* (3, 3); V, *prooem.* ars conjecturalis II, 6 (38, 18); I, *prooem.* (8, 33).

Medicus. I, *prooem.* (11, 5) *et passim.*

Medulla. sensu caret IV, 1 (122, 17). calefacit II, 33. medulla vel cervina, vel vitulina, vel bubula V, 19, 10. medulla, quae in spina est V, 26, 17.

Mel. valentissimi generis est II, 18 (64, 22). acre II, 22. alienum stomacho II, 25. facile intus corrumpitur II, 28. alvum movet II, 29. alvum adstringit II, 30. mel exedit V, 7. discutit V, 11. crudum purgat V, 5. despumatum III, 6 (87, 1). acerrimum VI, 6, 34. amarissimum VI, 5.

Melampsithium. V, 25, 16.

Melinum (*Holcus cernuus*). reprimit et refrigerat II, 33.

Membrana. VII, 28; VIII, 4 (337, 17).

Membranula. IV, 1 (121, 29); VII, 18 (295, 21); VII, 7, 4.

Menstrua. IV, 12 (134, 21) *et passim.*

Menta. urinam movet II, 31; IV, 10; VI, 11. mentae succus VI, 18.

Mentastrum (*Mentha silvestris*). VI, 9 (247, 17).

Merula. alvum adstringit II, 30.

Micula. II, 5.

Milium (*Panicum miliaceum*). II, 18 (64, 35); II, 21; II, 33.

Minister medici. VII, 7, 4 (274, 8); VIII, 15 (355, 34).

Minium. purgat V, 5. minium sinopicum rodit V, 6.

Misy. sanguinem supprimit V, 1. purgat V, 5. rodit V, 6. exedit V, 7. adurit V, 8. crustas inducit V, 9. crudum VI, 18, 2 (254, 31). combustum VI, 6, 22.

Mitella. VIII, 10, 3.

Modiolus. VIII, 3 (330, 26).

Momentum. IV, 26 (152, 24); IV, 18 (144, 2); VII, 7, 15 (281, 19).

Morbus. III, 1 *et passim.*

Morsus. V, 27, 1; *ibid.* 3.

Mortarium. V, 24, 2.

Morum. somno aptum est II, 32. stomacho aptum est II, 24. alvum movet II, 29. medicamentum ex moris VI, 11 (249, 31).

Morus (*M. alba; m. nigra*). III, 18 (100, 26).

Mucosus. II, 8 (50,28); IV, 22 (147, 30).

Mucus. IV, 25.

Mulsum. valentissimi generis II, 18 (66, 30); alienum stomacho est II, 25. facile intus corrumpitur II, 28. alvum movet II, 29. alvum adstringit mulsum quod inferbuit II, 30. tepidum IV, 20. fervens V, 27, 12.

Muralis. herba (*Matricaria parthenion; parietaria diffusa?*) II, 3.

25 *

O.

Obcallesco. IV, 31 (157, 22) *et passim.*

Occipitium. VIII, 1 (323, 8).

Ochra. exedit V, 7. attica carnem alit, et ulcus implet V, 14.

Ocimum (*O. basilicum* et *v. minimum*). acre II, 22. alvum movet II, 29. urinam movet II, 31. simul et reprimit, et refrigerat II, 33.

Oculus. VII, 7, 13; VII, 7, 14. lippientes oculi VII, 7, 1. oculi sicci VII, 7, 15. oculi graves, et aut persicci, aut subhumidi III, 6 (86, 18). scabri VI, 6, 31. facti tumidiores II, 6 (36, 17). oculorum caligo, et rubor II, 8 (47, 7). imbecillitas oculorum est VI, 6, 38. resolutio oculorum *ibid.* 36. oculi minores *ibid.* 14.

Oenanthe (*flores Vitis vinif. var. silvestris?*). purgat V, 5. adurit V, 8.

Oesypum recens. VI, 18, 7 et 8.

Olea. reprimit et refrigerat II, 33.

Oleae. boni succi sunt II, 20. stomacho aptae II, 24. alvum astringunt II, 30.

Oleum. mali succi est II, 21. alienum stomacho est II, 25. concoquit et movet pus V, 3. mollit V, 15. acerbum reprimit et refrigerat II, 33. vetus calefacit *ibid.* calidum VI, 7, 7. cicinum V, 24, 3. irinum VI, 7, 8. oleum ex amaris nucibus rodit V, 6. melinum II, 33. murteum II, 33; VI, 8, 1 (244, 23) *et passim.* syriacum IV, 6 (128, 27). acerbum II, 33 (73, 17).

Onager. valentissimi generis II, 18 (64, 20).

Opobalsamum (succus *Amyris o.*). V, 23, 3.

Opopanax (succus *Ferulae o.*). V, 23, 3.

Oryza (*O. sativa*). boni succi est II, 20. crassiorem pituitam facit II, 23. stomacho apta est II, 24.

Os. *de positu et figura ossium totius humani corporis* VIII, 1. os medium VIII, 1 (324, 3).

Ostreae. stomacho aptae II, 24. facile intus corrumpuntur II, 28. alvum movent II, 29.

Ovum durum valentissimae materiae est; molle vel sorbile imbecillissimae II, 18 (66, 6). ovum sorbile II, 20. molle ovum stomacho aptum II, 24. ova dura alvum astringunt II, 30. ovi et album et vitellus VI, 6, 1 (227, 14). columbina ova cet. VI, 18, 7.

P.

Palatum. IV, 7.

Palma. VIII, 18.

Palmula(*Phoenix dactylifera*). boni succi II, 20. stomacho apta II, 24. contrita II, 33; I, 2 (15, 22).

Palpebra. VII, 7 *et passim.*

Palumbus. alvum adstringit II, 30. sanguis *palumbi* VI, 6, 39. stercus V, 8.

Panaces (cf. *opopanax*). aperit V, 4. mollit V, 15. radix V, 25, 3.

Panicum (*P. italicum*). mali succi II, 21. calefacit II, 33.

Panificium. II, 18 (66, 8).

Panis. II, 18 (64, 34). panis sine fermento stomacho aptus II, 24. panis fermentatus stomacho alienus II, 25. panis tostus III, 6 (88, 18). panis ex siligine, vel ex simila alvum adstringit II, 30. bis coctus *ibid.* panis hesternus I, 3 (19, 31). panis ex lacte VI, 6, 1 (226, 29). panis ex posca frigida IV, 12 (137, 25).

Semen. IV, 28; VIII, 13.
Sepiarum atramentum. II, 29.
Septenarius dies. III, 4 (81, 5).
Septum. IV, 1 (121, 8); VIII, 4 (336, 16).
Serpens. V, 27, 10.
Serpentia ulcera oris. II, 1 (30,25).
Serpyllum (*Thymus s.*). reprimit et refrigerat II, 33. urinam movet IV, 16.
Serrula. VII, 33.
Sertula campana (*Melilotus neapolitana?*). discutit V, 11. mollit V, 15. sertulae campanae semen VI, 5.
Serum. II, 12, 1.
Sesamum (*S. orientale*). mollit V, 15. sesami fricti acetabulum V, 18, 27.
Sescuncia. V, 18, 28.
Sesquicyathus. VI, 7, 2.
Sevum. concoquit et movet pus V, 3. purgat V, 5. mollit V, 15. sevum bubulum V, 18, 12. caprinum III, 22 (112, 19). hircinum IV, 16. vitulinum aut caprinum V, 18. taurinum — vitulinum V, 19, 11.
Sextans. V, 17, 1.
Sextarius. V, 28, 18 *et passim*.
Signa bona et mala II, *prooem.*; 1—6; VII, 3.
Silis *secundo casu* V, 23, 1.
Sinapi (*S. alba et nigra*). mali succi est II, 22. urinam movet II, 31. erodit II, 33 (73, 3).
Siser (*Sium sisarum*). mali succi est II, 21. stomacho aptum est II, 24. urinam movet II, 31. reprimit et refrigerat II, 33.
Solanum (*S. nigrum*). reprimit et refrigerat II, 33; V, 26, 33. solani folia *ibid.*
Solaris herba (*Heliotropium villosum*). V, 27, 5.
Somnus. II, 32; I, 3 (18, 17); II, 4 (34, 31) *et passim.*

Sorbitio lenis est II, 22. stomacho aliena II, 25.
Sorbum. stomacho aptum est II, 24. alvum adstringit II, 30.
Sory. VI, 9.
Spatha. VIII, 15 (356, 10).
Specillum. VIII, 2 (329, 32); VIII, 4 (333, 24). aversum VII, 7, 6.
Spina. constat vertebris quatuor et viginti VIII, 1 (325, 15). ima spina in coxarum osse desidit VIII, 1 (328, 4).
Spiritus. in venas I, *prooem.* (3, 22); III, 27, 1; II, 11. spiritus facilis II, 3 (32, 29). aequalis III, 20 (105, 2). frigidus II, 6 (36, 33). gravis II, 2 (32, 11). rarus V, 26, 18. spiritus difficultas IV, 14 (139, 29). spiritus alvi II, 7 (40, 36); II, 8 (46, 11).
Spodium. exedit V, 7. elotum VI, 6, 12.
Spuma. ex ore spuma III, 23. spuma argenti purgat V, 5. exedit V, 7. discutit V, 11. cocta et elota VI, 6, 16. spuma lycii VI, 7, 1 (240, 1). spuma nitri rodit V, 6.
Sputum. II, 8 (44, 26 sqq.); II, 8 (47, 25); *ibid.* (45, 11); *ibid.* (48, 10).
Squama et ferri et aeris sanguinem supprimit V, 1. squama aeris purgat V, 5. rodit V, 6. exedit V, 7. adurit V, 8. *squama ossis* VII, 7, 7. *ibid.* 15.
Squamula. V, 28, 17.
Stercus. II, 12, 2; IV, 20; IV, 22; V, 27, 8; V, 5; V, 8; V, 12; VI, 18, 5.
Sternumentum. II, 3; II, 8 (47, 33); V, 22, 8.
Stibi. mollit V, 15. stibis cocti VI, 6, 12. stibis combusti et eloti VI, 6, 13.
Stoechas (*Lavandula s.*). VIII, 9, 1 (343, 19).

Vomica. III, 27, 4; IV, 15; II, 7 (43, 38 sqq.); II, 8 (44, 33).

Vomitus. I, 3 (18, 38 sqq.) *et passim.*

Urina. non concocta II, 7 (39, 10). arenosa II, 7 (41, 5). destillat *ibid.* (41, 4). cruenta V, 26, 11. biliosa IV, 5 (126, 12). purulenta II, 8 (44, 24). turbida IV, 5 (126, 15). viridis II, 7 (40, 24). urina varians II, 5 (35, 28). in urina subsidentia II, 3 (33, 9). mala et pessima urina II, 4 (34, 37 et 38); II, 6 (37, 32 sqq.); IV, 27, 2.

Urtica (*U. dioïca; urens*). boni succi II, 20. alvum movet II, 29. urticae contrita semina III, 27, 2.

Uterus. IV, 1 (121, 8); III, 21 (106, 2); VII, 21 et 32; VII, 28; VII, 17; II, 10 (52, 5).

Uva. II, 18 (65, 8); II, 24; II, 29; VI, 7, 7.

Uva taminia (*Delphinium staphysagria*). urinam movet III, 21 (107, 13). aperit V, 4. purgat V, 5. rodit V, 6. adurit V, 8. discutit V, 11. uva taminia sine seminibus VI, 9 (246, 23).

Uva. *oculi* VII, 14.

Uva. *palati* VI, 8, 2; VI, 14; VII, 12, 3.

Vulnus. V, 26 *et passim.*

Vulsella VI, 18, 3; VIII, 5 (339, 2).

Vulva. IV, 1 (122, 29); VII, 29 (317, 4); IV, 27, 1; II, 7 (40, 21); V, 21, 2; V, 21, 4; V, 25, 5; II, 24.

X.

Xylobalsamum. V, 18, 7.

Z.

Zingiber (*Amomum z.*). V, 23, 3.

INDEX VOCABULORUM GRAECORUM

IN MEA EDITIONE LITERIS GRAECIS EXARATORVM *).

*) Asterisco notavi vocabula quae in tribus antiquioribus codd., vel saltem in Med. I et Vat. VIII, literis latinis exarata sunt. — Vide in praefatione quae de hac re scripsi.

INDEX

LOCORUM HIPPOCRATIS ET CELSI

● INTER SE COMPARATORUM*).

*) Loca asterisco notata ea sunt quae iterata me docuit Celsi recensio, ipso textu jam typis exarato, peracta.

INDEX

AUCTORUM ANTIQUORUM A ME IN TEXTU ALLATORUM.

26*

Printed in Great Britain
by Amazon

36058027R00231